名家谈"生活儒学"

刘宏　李慧子————主编

·深圳·

图书在版编目（CIP）数据

"生活儒学"名家谈 / 刘宏，李慧子主编. — 深圳：海天出版社，2022.3
ISBN 978-7-5507-3326-8

Ⅰ．①生… Ⅱ．①刘… ②李… Ⅲ．①儒家－关系－生活－文集 Ⅳ．①B222.05-53

中国版本图书馆CIP数据核字（2021）第233300号

"生活儒学"名家谈
"SHENGHUO RUXUE" MINGJIA TAN

出 品 人	聂雄前
责任编辑	徐娅敏
责任技编	郑　欢
责任校对	万妮霞
封面设计	源画设计

出版发行	海天出版社
地　　址	深圳市彩田南路海天综合大厦（518033）
网　　址	www.htph.com.cn
订购电话	0755-83460239（邮购、团购）
设计制作	深圳市知行格致文化传播有限公司　Tel：0755-83464427
印　　刷	深圳市新联美术印刷有限公司
开　　本	787mm×1092mm　1/16
印　　张	22
字　　数	365千字
版　　次	2022年3月第1版
印　　次	2022年3月第1次
定　　价	68.00元

海天版图书版权所有，侵权必究。
海天版图书凡有印装质量问题，请随时向承印厂调换。

编者前言
PREFACE

黄玉顺先生创立的思想体系"生活儒学"①，自 2004 年问世伊始，即受到学界关注。关于黄玉顺先生"生活儒学"的讨论，迄今已有两部研究专著、近 200 篇讨论文章，其中颇多名家之作。

不仅如此，作为汉语著述的"生活儒学"（Life Confucianism）②，已具有国际性的影响。

应说明的是，这些文章所谈的似乎并不都是"生活儒学"，有一些谈的是"中国正义论"③（The Chinese Theory of Justice）④；但事实上，"中国正义论"隶属于"生活儒学"。具体来说，生活儒学的思想系统包含三大观念层级：前存在者、形而上存在者、形而下存在者。"中国正义论"作为"制度伦理学"，即属于形而下存在者这一层级。

有意思的是，这些评论中有不少批评的意见，然而它们之间并不一致，甚至互相冲突。由此可以说，"生活儒学"充当了一种媒介，学界的不同观

---

① 关于"生活儒学"，参见黄玉顺先生的以下专著和文集：《面向生活本身的儒学：黄玉顺"生活儒学"自选集》，四川大学出版社，2006 年版；《爱与思：生活儒学的观念》，四川大学出版社，2006 年版；《儒家思想与当代生活——"生活儒学"论集》，光明日报出版社，2009 年版；《儒学与生活——"生活儒学"论稿》，四川大学出版社，2009 年版；《生活儒学讲录》，安徽人民出版社，2012 年版；《儒教问题研究》，人民出版社，2012 年版；《时代与思想：儒学与哲学诸问题》，山东人民出版社，2017 年版；《从"生活儒学"到"中国正义论"》，中国社会科学出版社，2017 年版；《生活儒学与现代性问题》，四川人民出版社，2019 年版；《哲学断想："生活儒学"信札》，四川人民出版社，2019 年版；《生活儒学与当代思想》，四川人民出版社，2021 年版。
② Huang Yushun, *Love and Thought: Life Confucianism as a New Philosophy*, trans. Li Xuening and Yan Meirong (Los Angeles: Bridge 21 Publications, 2019).
③ 关于"中国正义论"，参见黄玉顺：《中国正义论的重建——儒家制度伦理学的当代阐释》，安徽人民出版社，2013 年版；《中国正义论的形成》，东方出版社，2015 年版。
④ Huang Yushun, *Voice From The East: The Chinese Theory of Justice*, trans. Hou Pingping and Wang Keyou (London: Paths International Ltd, 2016).

点借此而展现出来。

现将其中知名学者的文章结集,并以《"生活儒学"名家谈》为题名,按发表时间先后排列,以飨读者。

目录
CONTENTS

关于海德格尔与中国哲学之间关系的几点思考
　　——对黄玉顺《生活儒学导论》的批评 …………… 张志伟　1
请用"仁学"代替"儒学"
　　——给儒学朋友的一封信 ………………………… 李幼蒸　13
儒学复兴声浪里的"生活儒学"
　　——评黄玉顺重建儒学的构想 …………………… 干春松　23
生活儒学
　　——中国当代儒学的两种新形态之一 ……………… 吴光　27
作为一种综合儒学的生活儒学 ………………… [美] 安靖如　31
黄玉顺"生活儒学"之理论创构 ……………………… 郭沂　35
"中国正义论——中国古典制度伦理学"系列研究启动仪式专家发言
　　（1）蒙培元 ……………………………………………… 38
　　（2）安乐哲 ……………………………………………… 39
　　（3）余涌 ………………………………………………… 42
　　（4）田辰山 ……………………………………………… 45

（5）李存山 ………………………………………………… 49
　　（6）李翔海 ………………………………………………… 53
　　（7）干春松 ………………………………………………… 55
　　（8）傅有德 ………………………………………………… 58
　　（9）罗传芳 ………………………………………………… 59
　　（10）丁耘 ………………………………………………… 61
　　（11）傅永军 ……………………………………………… 64
　　（12）颜炳罡 ……………………………………………… 66
　　（13）孙春晨 ……………………………………………… 68
　　（14）白彤东 ……………………………………………… 70
生活儒学：一种西绪福斯式的形而上学努力 …………… 傅有德 73
"生活儒学"之我见 ……………………………………… 林存光 78
"生活儒学"的历史哲学述评 …………………………… 徐国利 88
"生活儒学"与儒学在中国的第三期复兴 ……………… 谢爱华 105
生活与自由
　　——论"生活儒学"对"自由儒学"的启示 ……… 郭萍 118
从正义到责任
　　——黄玉顺"中国正义论"略评 ………………… 涂可国 133
儒家应当打造一种高于自由主义的生活方式 ………… 王学典 137
超越国族叙事，走出儒西对抗
　　——评黄玉顺"生活儒学" …………………… 傅永军 140
感动与儒家伦理的生活基础 …………………………… 王庆节 142
生活儒学：当代儒学发展的一种哲学向度 …………… 程志华 147
儒家性情论诠释的新模式 ……………………………… 赵法生 151

怎样对待生活？
　　——略评生活儒学与大陆新儒家 ………………… 林存光　154
回到"存在"而重构"存在者"
　　——关于生活儒学思想进路的一些思考 …………… 胡波　158
儒学的当代形态与现实生活 ………………………… 罗传芳　161
生活儒学与儒家情感理论的关系 ……………………… 沈顺福　165
时代的主题与儒学发展的理路
　　——读"生活儒学"有感 ……………………… 徐庆文　168
生活儒学与缘情制礼 …………………………………… 宋大琦　171
自由儒学："生活儒学"自由之维的开展 …………… 郭萍　175
对话"生活儒学" ………………………………… [美]安靖如　178
儒学与生活："转俗成真"与"回真向俗" ………… 董平　186
爱、思与存在
　　——对生活儒学基本概念的商榷 …………………… 姚新中　194
存在、性情与工夫
　　——生活儒学之性情理论的贡献与局限 ………… 赵法生　205
黄玉顺"生活儒学"的理论勇气与关键问题 ………… 余治平　219
正义的中国面孔
　　——评"生活儒学"的"中国正义论" ………… 方旭东　229
生活儒学与观念问题 …………………………………… 刘梁剑　238
存在即生活，生活即存在
　　——"生活儒学"之形而上学的建构 ………… 程志华　247
从生活儒学看儒学的生长 ……………………………… 林安梧　262
"生活儒学"与"后现代文化哲学" ………………… 周可真　266

生活儒学与生存分析……………………………………… 谢文郁　270
关于生活儒学"大本大源"观念的若干思考……………… 李广良　275
生活儒学与儒家道统：感想与疑惑………………………… 胡发贵　279
关于"生活儒学"哲学创新的若干问题…………………… 高秀昌　282
关于生活儒学的三个问题…………………………………… 谢晓东　287
生活儒学：儒家哲学面向时代的系统建构………………… 何善蒙　291
生活儒学与儒学史的贯通问题……………………………… 翟奎凤　296
生活儒学的哲学突破………………………………………… 郭萍　298
生活儒学的"大本大源"…………………………………… 李广良　305
生活：本源、展开及其意义
　　——关于"生活儒学"三个问题的讨论………………… 郭美华　310
附录一："生活儒学"著述…………………………………………　327
附录二："生活儒学"研究文献……………………………………　333

关于海德格尔与中国哲学之间关系的几点思考
——对黄玉顺《生活儒学导论》的批评

张志伟

◇ 编者按 ◇

此文原载《四川大学学报（哲学社会科学版）》2005年第3期，人大复印报刊资料《外国哲学》2005年第12期全文转载；收入《生活·仁爱·境界——评生活儒学》，崔发展、杜霞等著，安徽人民出版社2012年版。黄玉顺对此文的正式回应《论生活儒学与海德格尔思想——答张志伟教授》，载《四川大学学报（哲学社会科学版）》2005年第4期，人大复印报刊资料《外国哲学》2005年第12期全文转载。张志伟，中国人民大学哲学院教授、博士生导师，教育部高等学校哲学学科教学指导委员会委员、教育部高等学校文化素质教育指导委员会委员，中华全国外国哲学史学会常务理事、秘书长。

◇ 摘要 ◇

本文针对黄玉顺的《生活儒学导论》，思考海德格尔与中国哲学之间的关系。黄玉顺的"生活儒学"提出了一个具有方法论意义的问题：我们的立足点是我们的"生活世界"；但是，作者误读了海德格尔关于"此在"的思想。此在并不是主体性的观念。海德格尔与中国哲学的关系主要体现在与道家老子的关系上，而不是体现在与儒学的关系上。形而上学是西方哲学特有的，中国并没有那样的形而上学。

黄玉顺教授的论文《生活儒学导论》[①] 是一篇很有意思的论文，其中涉及海德格尔与中国哲学之间的关系。由于该文只是"导论"，具体内容语焉不详，加之我对中国哲学没有什么知识，所以我对黄玉顺论文的批评不是针对"生活儒学"的，而是针对该论文对海德格尔的理解的。

[①] 2004年12月11日，北京"青年儒学论坛"讨论黄玉顺教授的这篇论文，本文即当时的发言稿。

一、现象学、存在哲学与中国哲学

如果中国哲学与西方哲学都可以叫作哲学的话,那它们一定是完全不同的两种哲学形态。虽然不同,毕竟可以相互比较、取长补短。在大多数情况下,中西哲学是互相补充的关系,不过现象学是一个例外。在某种意义上说,现象学不是一种理论,而是一种理论视野或者思维方式,这就是所谓"面向事情本身"。正如海德格尔所说,语言是存在的家。从广义上说,"家"即本源之源始境域,"面向事情本身"就是回溯到本源处,回归家园。欧洲人有欧洲人的家,中国人有中国人的家。现象学的好处是不会强使中国人去生活在欧洲人的家中,也不会迫使欧洲人生活在中国人的家中,而是让个人面向自己的家。

一方面,我以为黄玉顺的论文一开篇便提出了一个具有方法论意义的问题:我们的立足点是我们的"生活世界"(并不仅仅是胡塞尔意义上的生活世界,而是"事情本身"意义上的"本源境域")。古、今、中、外在此汇集,并因此而获得其意义。的确,单纯的中国哲学或单纯的西方哲学没有意义,它们的意义源自生活世界。换言之,我们的生活世界是我们理解的"先验视域",一切理解在此基础上得以展开。之所以强调这一点,是因为有感于学术界过分拘泥于中西哲学的差异,好像一定要先"站队"——立场:你是从中国哲学的立场看待西方哲学,还是从西方哲学的立场看待中国哲学。其实,我们可以站在更本源的立场看待中国哲学和西方哲学。

另一方面,黄玉顺在与现象学—海德格尔对话的过程中展开其"生活儒学"的思想,也是有意义的。张祥龙尤其推崇现象学作为中国哲学返本开新的生长点。因为现象学不同于任何主客二元框架下的概念式的西方哲学理论,它倡导的是本源性的构成性原则。尤其是海德格尔,他要回溯的是没有任何先在之物的构成性、生成中的源始境域。对海德格尔来说,认识、知识,尤其是科学知识是派生性的,本源境域不是"知"而是"行"(生存)的境域,这就是"生活"。在我们面前的世界成为我们的认识对象之前,我们早已生活于世界之中,与这个世界水乳交融、不分彼此。这个先于一切知识、科学、理性的"生活世界"——由生活而形成的世界,才是真正意义上的活水源头。显然,这种试图超越主客二元式认识论框架从而回归本源境域的运思道路,与中国哲学不谋而合。

不过，此前现象学基本上是作为研究方法而引入的。例如，北大哲学系有博士生以现象学方法研究《论语》等，也有很好的思考。例如，《论语》是孔子与其弟子在不同场合对话的记录，基本上都是"小零钱"，没有"大钞票"。然而，那些鲜活的对话场景隐而不显了，一切都变成了抽象的观念。从现象学的角度研究《论语》，就是还原到那些特殊场景中去再现孔子的思想。不过，海德格尔与中国哲学之间的关系主要体现在他与道家思想的亲缘关系上。不是以现象学作为研究儒学的方法，而是在对话中回溯"生活"这一本源境域，或者说，儒家思想与"生活"这一本源境域之间可以建立建设性的积极关系（生活儒学）。这是论文的独到之处，也是需要充分论证和说明的。

二、海德格尔与中国哲学的因缘

在西方哲学中，对中国哲学有帮助同时又不会陷入不中不西的尴尬境地的，现象学即使不是唯一的，也是首屈一指。作为现象学运动中的一员，海德格尔尤其值得重视，因为他与胡塞尔不同，直接与中国哲学有关联。

从一般的理论上讲，现象学和海德格尔的存在哲学的主旨在于克服西方哲学的主客二元式的认识论思路，试图回溯到主客未分的本源境域，这与并非认识论类型的中国哲学不谋而合。我之所以说海德格尔尤其值得重视，一方面是因为胡塞尔毕竟还在坚持西方哲学的科学思维方式，而海德格尔则是打开了胡塞尔加在"存在"上的"括弧"，将胡塞尔悬置的"存在"释放了出来，深入到了更本源的境域。另一方面具体说来，海德格尔在二十世纪三十年代思想转向之际就已经可以引用老庄了，四十年代更是与台湾学者萧师毅共同翻译老子《道德经》，五六十年代则多次引用老庄。所以，说海德格尔与中国哲学具有某种亲和性并不过分。在中国研究现象学的人十有八九亲近海德格尔，这很能说明问题。当然，这也与中国知识分子的人文情怀有关。

一般地说，西方哲学的科学思维方式是一种向上抽象的思路。从各式各样的树中抽象出"树"的概念，以为各式各样的树的本质。从花、草、树、木等中抽象出"植物"的概念，以为花、草、树、木等的本质。依此类推，直到最高的普遍性，那就是万事万物共同的本质——存在。这种科学思维方式认为这个抽象的过程是越来越摆脱主观性走向客观性的过程，殊不知始终在主观性的范围之内。胡塞尔与海德格尔则试图走另一条相反的路：不是向上抽象，而是向下回溯，回溯到真正本源的境域。不是通过抽象超越主客之间的界限，而是通过向下回溯，回溯到主客未分的源始境域。因此，海德格尔在某种意义上走出了本质主义的困境。

海德格尔非常重要的一项贡献就是重提存在问题。

三、关于存在与此在

从巴门尼德开始，存在即为形而上学的对象，但海德格尔却说形而上学遗忘了存在，一部形而上学史实乃"在的遗忘史"，皆因形而上学混淆了存在与存在者之间的存在论差别，以追问在者的方式（科学思维方式）追问存在。海德格尔重提存在问题，其立意在于：不是把存在看作名词，看作认识的对象，而是看作动词，看作动词不定式（zu sein, to be），他要消解的就是存在的现成所予性以及主客二元式认识论框架。一切在者都因存在而存在，但在者一旦存在成为在者，存在就隐而不显了。因此，我们必须找到这样一种在者，它不仅能够提出和追问存在问题，而且它的存在就是存在的显现，这就是我们向来所是的在者——海德格尔称之为 Dasein。Dasein 之为 Dasein，就在于 Sein ist da：存在在此存在出来。不能把 Dasein 与 Sein 看作两个东西。Sein 不是存在者。或问：这不是把存在与存在者区别为两个东西了吗？！不然。只有存在者才能是一个东西，或许多东西中的一个东西，存在不是存在者，存在不是东西，存在不能当作东西看待。并没有一个"存在"可以成为认识或者言说的对象，就此而论，"存在不在"，存在"显现"。所以我说存在不是名词而是动词，而且是动词不定式——存在是不定的、未定的、可能性的境域。

我们或许因为海德格尔在前期的《存在与时间》中分析的归根结底是人

而视之为主观主义—主体主义，其实不然。在《存在与时间》中，海德格尔不说人而说 Dasein，乃在于强调人这种在者是通过存在而被规定的，而不是通过生物学意义上的族类来规定的。Dasein 之所以能够成为 Sein 显现的境域，就在于 Dasein 的本性是 zu sein。Dasein 是密林中疏朗见光的"林中空地"（Lichtung）。

论文中多次说海德格尔的 Dasein 是主观性的规定，窃以为这是一个误解。Dasein 这个概念表明的不是任何先在的本质规定，而是由存在规定的"去存在"的"生存活动"（Existenz），就此而论，Dasein 是非现成性的、没有先验本质的、始终处在去存在之中的在者。Dasein 没有现成的本质，而是在让存在显现的方式中获得自身，因而从理论上说，Dasein 不可能规定存在是什么，它的作用是或者使存在显现，或者不使存在显现。当然，不使存在显现并不是不显现，而是非本真地显现，因为 Dasein 无论如何都是去存在的生存活动。因此，Dasein 不是人，不是生物学族类意义的人。作为人的人是有规定的，作为 Dasein 的人是没有规定的，换言之，Dasein 是可能性的存在。就此而论，Dasein 不仅不是主观性的规定，而且恰恰是反主观性的。

首先需要注意的是，存在不是认识对象，存在与此在乃为一体。此在以存在为本源，它出于存在，且显现着存在。存在通过此在显现自身，无此在，存在不在——不是不存在，而是不显现。对海德格尔来说，除非我们说清楚了此在，否则一切存在论都是无根的。所以，对此在的现象学分析——海德格尔称之为生存论存在论分析，就构成了基础存在论——一切存在论的基础。不过，基础存在论是要为存在论奠基，而不是为形而上学奠基，尤其不是为以往的形而上学奠基。传统形而上学不可能因为基础存在论的奠基而获得新生，形而上学完成——终结了。

海德格尔的前期思想不是没有问题的，否则也就不会发生思想的转向了。然而，我们似乎应该把海德格尔自觉的主张和不自觉的局限性区分开。例如，海德格尔所说的 Dasein 在存在论—存在者状态上的优先地位，并不关存在的事——他不可能将 Dasein 设定为"向来""领先"于存在，而且存在也不是异于生存的东西。生存这个概念本身表示的就是存在的显现（Ek—sistenz）。

海德格尔的问题不在这里。

海德格尔的确面临重蹈形而上学覆辙的危险：当他试图通过对 Dasein 的

生存论分析建立基础存在论的时候，由于过分强调了 Dasein 的作用，大有 Dasein 决定 Sein 的危险。Dasein 是"能在"——对 Dasein 来说，"是，先于所是"。就其本真状态而论，它始终处在"去存在"的过程之中，面临可能性筹划自身，正是通过它的去存在，存在得以显现。而这就意味着 Dasein 怎么存在，存在就怎么显现。后来法国存在主义（萨特）就是充分发挥了海德格尔前期的思想——个人与自由，走向了存在主义的人道主义，这是海德格尔无论如何不愿意看到的结果。

我们需要把海德格尔前后期思想分开考察，他的前后期思想虽然一脉相承，但思路是不一样的。

四、关于形而上学

论文中多次提到形而上学（形而上学的奠基讨论的就是形而上学），并且在注释中说明是在中西共通的意蕴上使用这个概念。这一点问题比较大。

形而上学是一个专有名词，是西方哲学的核心概念，但却不是中国哲学的概念。虽然 metaphysics 的译名出自"形而上者谓之道"，但中国哲学在翻译 metaphysics 之前好像没有使用过"形而上学"这个概念。这是其一。其二，形而上学为西方哲学所有，乃出自西方哲学的"科学情结"，体现的是科学思维方式。这无论在海德格尔的批评中，还是就形而上学自身而言，都是如此。显然，中国哲学没有这样的形而上学。其三，形而上学最重要的标志就是关于存在的科学，形而上学是研究存在的，在这个意义上，十六世纪出现的本体论（存在论：ontologia）是作为形而上学的同义语而构造的。我们中国哲学并不把存在当作哲学的研究对象。而且在黑格尔之后，尤其在二十世纪之后，西方哲学以反形而上学为基本特征，这就使我们在使用形而上学这个概念时几乎没有多少选择的余地。更何况，海德格尔从来不是要重建形而上学，当他说哲学的终结的时候，主要说的就是形而上学的终结。就此而论，重新奠基也不可能改变形而上学的命运。所以，海德格尔思考的是在哲学终结之际思想的任务。海德格尔更多地讲"克服"形而上学。因此，形而上学这个概念在海德格尔这里基本上是贬义词。为形而上学"奠基"也好，寻求形而上学的"本源"也好,说的是以往的形而上学没有基础,未及本源。有了基础,通达了本源,建立起来的就不再是形而上学了,而是存在论。形而上学终结了,完成了,作为一个事实,是不可能通过奠基和溯源加以改变的,那是西方文明的天命。海德格尔甚至说,即使让西方文明再来一遍,它还是会走到这条路上去。

形而上学乃为西方哲学所专有,我们没有必要使用这个过了时的而且成问题的概念。

那么,海德格尔在什么意义上说哲学的终结?

用海德格尔的话说,我们不能从消极意义上理解"终结"——这样理解的终结是"单纯的终止",不再有"继续发展"。相反,"关于哲学之终结的谈论却意味着形而上学的完成(Vollendung)。但所谓'完成'并不是指尽善尽美,并不是说哲学在终结处已经臻至完满之最高境界了"①。在他看来,哲学的终结是这样一个位置,"在那里哲学历史之整体把自身聚集到它的最极端的可能性中去了"②。早在希腊哲学时代,哲学的一个决定性特征就已经显露出来了,"这就是科学在由哲学开启的视界内的发展"③,科学从哲学中分离出来独立发展,恰恰是哲学的完成。所以海德格尔又说:"哲学之终结显示为一个科学技术世界以及相应于这个世界的社会秩序的可控制的设置的胜利。哲学之终结就意味着植根于西方—欧洲思维的世界文明之开端。"④

那么,哲学终结了,有可能有一种既不是形而上学又不是科学的思想吗?海德格尔从来没有想过构造一种不同于以往形而上学的形而上学来解决一切问题。哲学成为形而上学就意味着哲学终结了。海德格尔寻求的是"思想"。

---

① 海德格尔:《面向思的事情》,商务印书馆,1996年版,第59页。
② 同①,第59页。
③ 同①,第60页。
④ 同①,第61页。

五、人的有限性——关于康德与海德格尔

这也涉及作者的另一篇论文《形而上学的奠基问题——儒学视域中的海德格尔及其所解释的康德哲学》。①作者说,海德格尔与康德对人的有限性的规定必然导致不可克服的理论困难,而儒学认为人是既有限又无限的。

首先需要明确的是,无论康德还是海德格尔都不是把人仅仅看作有限性的存在。与此相反,人的有限性倒是开启无限性的通道。海德格尔的Dasein并不是暗度陈仓式的走向"人的有限性",它明目张胆地主张有限性。《存在与时间》标题就已经说明了这一点——形而上学向来要超越时间通达永恒,而海德格尔一上来就把存在与时间和有限性联系在一起。

先说康德。海德格尔的确称赞康德发现了人的有限性。但是,我们不能因为海德格尔这么说,我们就这么理解康德,也还要看海德格尔所说的有限性是什么意思。不说海德格尔,我们看一看康德的观点。我们都知道康德的一句名言:"我必须限制知识,为信仰留地盘。"完整地说,康德把人称为"有限的理性存在"。因而,人同时是两个世界的成员:一方面,作为有限的自然存在物,人是自然界的一员,与万物一样必然受自然法则的限制,没有自由;另一方面,人又是有理性的,因而有可能按照理性法则而行动。只不过理性法则对人而言不是必然遵守而是应该遵守的法则,所以理性法则对人就表现为"应该"做什么的道德法则(定言命令)。我们都知道《实践理性批判》最后康德那段脍炙人口的话,他把"头上的星空"与"内心的道德法则"相提并论,以前者说明人的有限性,而以后者来超越有限性:当我们按照理性法则而行动的时候,我们就是在自己立法、自己遵守,自由即自律。

再说海德格尔。《存在与时间》的确强调人的有限性,但是人的有限性(或许说Dasein的有限性更合适),是一种非常独特的有限性,因为Dasein是"能在"即可能之在,其生存乃是在可能性的境域中筹划选择。我愿意借用一个概念,称之为"有界无限":Dasein终有一死,但Dasein只要活着就面临着可能性。海德格尔则试图将"存在到头"的死亡观代之以"向终结存

---

① 黄玉顺:《形而上学的奠基问题——儒学视域中的海德格尔及其所解释的康德哲学》,《四川大学学报(哲学社会科学版)》2004年第2期。

在"。只要 Dasein 本真地生存，他就始终是可能性的存在，唯其如此，存在才于其生存中得以显现。换言之，Dasein 是而且始终保持自身为 zu sein（to be）。Dasein 虽然首先是一个有限的在者，Dasein 虽然终有一死，但 Dasein 之 zu sein 面对的却是无限的可能性。不如说就是可能性本身，这不是从在者而是从存在的规定。

六、真理：无蔽－遮蔽

海德格尔哲学有前后期之分，虽然其关注的问题始终如一，始终是存在问题，但解答存在问题的方式发生了变化。论文批评海德格尔主要基于前期思想，有一些问题在后期的海德格尔那里获得了某种程度的解决，这是我们需要考虑在内的。

例如真理：无蔽—遮蔽。前期的海德格尔的确执着于 Dasein 的显现以获得存在的无蔽（aletheia），不过从 1930 年《论真理的本质》开始，海德格尔的思想发生了转向，很重要的一个问题就是不再突出通过 Dasein 而使存在解蔽，而是更强调遮蔽（非真理的维度）。用海德格尔的话说，遮蔽比解蔽更源始。

当海德格尔通过对思想、诗、语言等问题的思考直面存在问题的时候，其思想与中国哲学的关系更值得研究。顺便说一句，海德格尔的确曾经用道来解释 Ereignis，但 Ereignis 并不就是道。学界迄今为止没有定译。Ereignis 本义为"发生"和"事件"，乃一个十分普通的德语概念，只是海德格尔使用之后神秘了起来。这个 Ereignis 亦即存在的发生，即比存在更源始：一切在者因存在而在，那么存在呢？存在不在，存在"有"——es gibt。这个 es gibt——给出存在的发生就是 Ereignis。在某种意义上可以这么说：在者因"存在"而存在，"存在"则不因什么东西而存在（它自己就是存在），"存在""发生"。"存在"的"发生"就是 Ereignis。

七、存在与时间

　　以形而上学为核心的西方哲学是一种概念哲学，我们可以称之为"向后看的乌托邦"。它寻求先于一切的先验本质（理念、绝对），把宇宙看作是这一先验本质的展开和发展。而其完善和发展作为从潜在到展开，从目的到目的的实现的"圆圈"，体现为一种或者唯一的一种自我运动、自我证明、自我完成的"科学"。最完善的体系就是黑格尔的绝对唯心论。在海德格尔看来，当形而上学在物中寻找本质、寻找存在的时候，形而上学执着于在者而遗忘了存在：在物中我们只能找到"物性"而找不到"存在"。"存在"要存在出来，"存在"要显现为存在，需要一种在者不是凝固的现成所予的东西，而是开放的、未成定型的、始终处在去存在之中的 Dasein。这就是我们向来所是的在者。就 Dasein 的生存而言，存在不是"什么"，不显现为"什么"，是且始终是"显现"，过去的形而上学出于科学思维方式总是在寻求存在"是什么"的那个"什么"，海德格尔关注的则是这个"是"（to be）。就此而论，Dasein 就是 Sein 显现的时间结构，Dasein 就是 Sein 的时间化。海德格尔对 Dasein 的生存论分析试图揭示的就是 Dasein 通过什么方式让"存在"显现。它不是让存在成为这样或者那样，这其实是不可能的，而是让存在显现自身。Dasein 就是 Sein 显现的"通道"，这个"通道"就是时间结构。

　　这就涉及 Dasein 生存之统一整体的统一性：Sorge。陈嘉映旧译为"烦"，新译为"操心"。我比较倾向于张祥龙的翻译——"牵挂"。俗话说："赤条条来去无牵挂。"人来之后、去之前，是为牵挂。最根本的就是牵挂。为什么？因为人虽有限，但却是指向未来的可能性的在者（Dasein）。人作为 Dasein 是没有本质的，它在生存过程中赋予自身意义。由于人作为 Dasein 具有"有限的自由"，所以它面对无限的可能性却只能从中选择某种可能性去实现。这便有了"牵挂"。"牵挂"（Sorge）不是贬义词，说的恰恰就是人作为 Dasein 的"本性"。

　　时间即是"牵挂"的方式。海德格尔的时间不能从通常的时间去理解，它不是以过去为核心，从过去、现在到将来的无限绵延，而是以"将来"为核心的立体三维结构。那么，如何使 Dasein 明白它不是由过去规定的，而是由将来规定的？这就是生存论的死亡概念。死亡不是"存在到头"，而是

"向终结存在"。死亡是一种使一切可能性不再可能的可能性,先行于自身、先行到死、提前到死中去,是一回事。明白这一点,Dasein 就是能在,就是自由,当然,它是有限的能在,有限的自由。由于存在总要通过某个在者而显现,因而可以说 Dasein 恰恰是因为其有限性,才有能在,才有自由。

我之所以要简略地说明存在与时间,是想说明在前期的海德格尔哲学中,Dasein 的生存,也可以说 Dasein 的"生活世界"就是形而上学的"根"。但形而上学由于没有把根扎在这个活水源头,所以是形而上学而不是存在论,所以形而上学终结了,完成了。之所以会这样,是因为 Dasein 自始就已经沉沦,一向是以非本真的状态生存着的。由此可见,生活虽为哲学之根,但生活也可以遮蔽自己的根,这之所以可能,就在于 Dasein 是自由的存在。因而海德格尔要做的工作就是使 Dasein 从沉沦的迷梦中惊醒过来,立足自身而在世。

海德格尔的前期思想出发点就是 Dasein 的 to be,作为一种在者的 to be。此后的所有一切都可以从这个 to be 推出来。

八、几个问题

生活儒学以"生活"为根本,并与现象学和海德格尔哲学进行对话,其中就有一些问题,包括海德格尔前期思想面临的问题,需要深入思考。

个人感觉,以"生活"为本源境域,与海德格尔前期的思想比较接近。Dasein "在世界中存在"——在世,其活水源头是 Dasein 的 to be:Dasein 因 to be 而形成了世界(Umweit),万物因 Dasein 的使用而"物尽其用",显现其存在,这是一个物我不分水乳交融的源始境域。问题是:

(1)"生活儒学"所说的"生活"是什么样的"生活"?它的"活水源头"是什么?"活"在什么地方?谁的"生活"?谁在"生活"?"生活"如何避免主观性和人类学?

(2)作为源始境域的"生活"是如何可能的?(这是一个康德式的问题。海德格尔的基础存在论就是回答这个问题的)什么保证了"生活"的"本源性"?

（3）有没有一种纯洁的"生活"？（按照海德格尔的说法，作为源始境域的"生活"不存在真假对错的问题，其问题是本真还是非本真的存在的问题，因为无论本真还是非本真都源出 Dasein 的 to be）

（4）在海德格尔哲学中，Dasein 生存的非本真的状态形成了传统形而上学，本真的状态则是存在论的根基。换言之，形而上学根源于 Dasein 的沉沦，在的遗忘的根本原因在这里。但是，中国哲学有形而上学吗？如果有，与西方哲学的形而上学是什么关系？不同于西方哲学的形而上学还是形而上学吗？重建的形而上学还是形而上学吗？形而上学能够重建吗？

请用"仁学"代替"儒学"
——给儒学朋友的一封信

李幼蒸

◇ 编者按 ◇

此文原载《四川大学学报（哲学社会科学版）》2007年第2期；收入《生活·仁爱·境界——评生活儒学》，崔发展、杜霞等著，安徽人民出版社2012年版。黄玉顺的回应文章《"儒学"与"仁学"及"生活儒学"问题——与李幼蒸先生商榷》，载《四川大学学报（哲学社会科学版）》2008年第1期。李幼蒸，著名旅美学人，中国社科院世界文明比较研究中心特约研究员、国际符号学学会（IASS）副会长、国际中西哲学比较研究学会（ISCWP）顾问。

◇ 摘要 ◇

本文向儒学学者郑重呼吁：调整两个历史名词的现代用法，即区分中国思想史上的两个标称——"仁学"和"儒学"。仁学指涉着：先秦伦理学思想；儒学指涉着：秦后出现的综合制度性现象和封建政治意识形态。前者是个人性思想，后者是集体性制度。儒学已随封建时代历史的结束而永远逝去，仁学则因针对人性心理特质而可普世长存。当前国学之战略性发展的一个根本的时代课题，是把"仁学"作为一个学科名目建立起来，用以取代极为含混的"儒学"名目。

自从2006年10月中旬返国参加学术活动以来，我产生了与新时期人文学者深入交流的强烈兴趣。而由于工作繁忙，一时难以如愿。四川大学哲学系教授、"中国儒学网"主编黄玉顺先生不久前寄来了他的文集[①]，黄先生的文集、来信和两三年来与他网上交流的经验，使我决定趁年节之际借题发挥一下，提出一个虽相关而未必完全切题的普遍性建言，以期调整和深化黄先生有关今日建构新儒学的理念。

记得我的第一篇网文就是张贴在"中国儒学网"上的。我完全偶然地发

---

① 黄玉顺：《面向生活本身的儒学：黄玉顺"生活儒学"自选集》，四川大学出版社，2006年版。

现了这个网站，并预感该网站会比一些一般哲学或西学的网站，更有可能刊出我的文章，尽管我并不"属于"儒学界。我对该网站产生信任感，固然因为黄先生是儒学界中少数关注现代西方哲学理论的学者之一，更主要的理由却是黄先生与许多大陆儒学学者一样对哲学事业表现出一种"献身"精神，这使得他们的哲学活动不同于当代西方哲学界内纯知识研究类型的学者。不过，通过十几年来的观察，我看出中国儒学界和中国哲学界大致包含两类学者：一类视儒学是"走向世界"的功利主义捷径，另一类视儒学为"安身立命"的自我精神追求。对于前者，我不免持批评的态度，对于后者我则颇予尊重。通过哲学来安身立命的有为之士，今日已不可多得。毫无疑问，此种倾向是根植于中国孔孟精神的。在此意义上，由于我的伦理学方向正好与之相合，所以彼此应该有不少共同语言。

许多年轻一代国学界朋友都能对跨学科对话持开放的，甚至积极参与的态度。这就是说，新时期学者已经不能把当前中外国学界和汉学界占据主流地位的学派和个人当作现成的典范了。这种对新型国学认识论变革的期待，客观地反映出时代要求的根本性变化：新时期学术不能不从更广泛领域和更多元化角度来寻找新的国学思考方向。具体而言，那种盲目地朝向外国汉学界学术方向的兴趣开始失去吸引力，人们开始认识到一个基本区别：海外汉学界方向和中国人文科学方向，为截然不同之两事。因为前者没有任何主观和客观条件来为后者提供高层次的和深层的思想指导。实际上，新时期学人必须全面深入地检讨过去、现在以规划其未来。在此民族学术发展的大变革面前，我们都是起始者和探索者。我们的指导是理性精神，而不是海内外学术偶像或"大师"（偶像化和大师化，往往是商业化时代垄断学术、聚势夺名的行销性手段而已）。为此，我才贸然于此"借题发挥"，从黄先生讨论学理问题的信件出发，去思考一个更为根本的有关国学学术战略性发展的时代课题：把"仁学"作为一个学科名目建立起来，用以部分地取代极为含混的"儒学"名目。顺便指出，我在此强调的仁学和儒学的对比或对立用法，不仅有其历史上的根源，而且特别有其现代社会文化语境中的根据。这正像是我对国际上的"符号学"标称的通行用法做了特别的意义方面之侧重和调整一样，我对今日"仁学"和"儒学"作为今日中国思想史学科范畴的用法，也做了"语用学的"调整，以使它们承担更准确的意指功能。希望黄先生和读者首先能够理解我对传统思想范畴所做的这种"意义结构"之重组。

我的两卷本儒学伦理学研究未曾译成中文，这使得我的儒学研究未能被国内儒学学者充分了解（黄先生却特别在其网站上刊出了该书的中文详目，读者可参照）。但我的中文版《仁学解释学》以及我的许多相关文章也都表达了我对中国儒学身份的独立看法。我在牟博先生主编的英文文集《智慧的两条道路》中的文章《中国哲学和符号学》发表后不久，我还从网上发现，郑家栋先生在韩国哲学会议上宣读的中文论文中有关儒学的一种"解释学"观点，与我的文中有关"符号学"的观点说法十分相似，我随即将此巧合告知牟博，并了解到儒学界关于儒学研究的新方法论探讨也颇有兴趣。不过郑先生对西学和港台知识的理解却极欠深入和条理，其学术得以在海内外流行（我和罗蒂亲自听见斯坦福大学胡佛研究所主持郑家栋讲演会的汉学家墨子刻称，郑为中国今日最佳儒学家。中国哲学于是就是以这种方式"走向世界"的），可证中外儒学颇欠缺清晰思维和严格标准。于是一个普遍性问题出现了：儒学学者如何消化西方理论，如何将中西学术理论相互结合？

中西哲学对话或结合的另一条渠道为中西比较哲学或中西比较文学。前者是以中国学为本位的跨文化研究，后者则是以西学为本位的跨文化研究。前者的天然"盟友"是国学，后者的天然"盟友"是汉学，而国学和汉学又是"国际儒学世界"的两大支柱。这些学科网络为一切有关儒学的研究设定了研究制度与规范，它们有着强大而稳固的、超越政治立场歧见的"中外学术联合系统"来作为其运作基地，并有效地投入了全球化学术市场运作。在此情况下，儒学学者大多可以参与其"游戏规则"，以确定个人学术方向的选择。而越来越多的大陆中青年学人已不满足于简单化地沿袭海外新儒家和汉学家的论述了，因为大陆学人今日的理论视野早已超越了海外儒学——汉学综合体的眼界。

黄先生来信主旨大略如下：

a. 所创"生活儒学"意在朝向现实关切，而非限于单纯思想史研究。

b. 从各种现代理论中吸取养分，特别是胡塞尔和海德格尔的理论，如后者的"在者"概念。

c. 生活儒学企图最终为新的儒学建立现代化的形而上学基础。

d. 生活儒学必须避免古代儒家的"原教旨主义"。

首先，当代中国哲学和文史学者，应该充分重视和爱护儒学界现存的哲学"使命感"。后者除了反映了学者具有超脱俗常物利追求的人生目的外，而且反映了来自中国思想史的永恒伦理精神追求。后者就是我所说的孔孟伦理学。但是黄先生的问题却不可避免地牵扯到若干重大时代思想困境，其"内心困惑"（如果我可以这样解读的话）部分地来自这些客观困境。现代儒者于是首先面对着一个根本性的"二中择一"问题：作为成功学者，是关心如何获得更有效的达至成功的手段呢，还是关心自我认知满意度的提升呢？这个看似简单的问题，实为今日儒学学者所面对的根本动机学问题或学术心术学问题。这也是今日全世界人文学者所共同面对着的基本问题：为"成功"而求知呢，还是为"求道"而求知呢？

为什么要区别这个孔孟伦理学所宣讲的动机学问题？现代儒者如果选择孔孟的"求道"原则（为真理而真理），就须把成功目标放在第二位，就会先关注思想内部的"义理"，次关注社会成效的"功利"。具体而言，现代儒者就会把学术思想之规划加以一分为二：学术理想规划部分和学术实用规划部分，在两个不同范围内设计不同的实践"程序"。学者个人应该有两套计划，而非一套计划。前者针对于理想层次，后者针对于现实层次。二者之间的关联又属于第三个层次。黄先生的问题其实直接与此学术规划策略学有关：学术理想层次和社会现实层次，实际上应该先分离而后沟通，此"沟通"并不是指把两个层次随意连接起来。因为二者的"关系学"要求更复杂的认知条件准备。海外五十年的新儒家思潮未能处理好这个学术策略学问题，而后者又直接相关于孔孟动机学。不顾理智运作层次区分的必要而急于贯通之，乃今日各地儒学研究在理论上的根本困难（职业的运行当然是另一回事，什么课题材料都可以永远在科教系统内运作下去）。

在这里我向儒学学者郑重呼吁：调整两个历史名词的现代用法，即区分中国思想史上的两个标称——仁学和儒学。在古典话语语境内二者之间的异同关系不成问题，但对于"儒学解释学"而言，即对于现代和古典的恰当对话方式而言，我们应该采取对两个思想世界（传统和现代）进行异同辨析时都有效的词语，用以代表新的思考方向和范围。今日海内外儒学研究中存在的普遍混乱性，源于儒学学者未曾对作为关注对象之"儒学"本身的构成加以明确辨析。大家围绕着这个极其含混的汉字——"儒学"进行随意论辩，导致在学术思想界内出现了一个充满词语混乱的对话平台。我请儒学朋友们再次重视我一再提出的儒学和仁学二词在语义构成上的歧异。儒学指涉着：秦后出现的综合制度性现象和封建政治意识形态。仁学指涉着：先秦伦理学思想。前者是集体性制度，后者是个人性思想。二者在"身份构成"上完全不同。儒学已随封建时代历史的结束而永远逝去，仁学则因针对人性心理特质而可普世长存。

这种"前解释学的"名词混乱性，当然也部分地源于学者目标的混合性：学术研究（A）和信仰主张（B）。如果"儒学"指前者，那么大致说，所指基本上是明确的，即中国儒学思想史。如果指后者，那么就会马上遇到"所指"含混的问题。比如说，作为信仰对象的儒学是指中国儒学思想史上的哪一部分呢？在今日世界，你打算提倡古代儒学的哪一部分来作为中国人和世界人的信仰内容呢？你难道不知道儒学是中国封建帝王制度的意识形态吗？什么理由使得现代人要把两千年的帝王意识形态当作新世纪中国人的信仰对象呢？（还不说在这里是否有任何实行的可能性的问题）钱穆和梁漱溟等强调的儒家优秀政治传统究竟指的是什么？他们的思想观念如此混混沌沌，在今日中国亟待吸收现代政治学说以创建新型政治社会之时，竟如此肤浅地以为可以通过政治复古主义来"复兴中华"，这是一种什么样的思想水准呢？什么叫"经学"，它是指皇帝制度（硬件）所运用的"神圣"意识形态工具（软件）？今日太空时代和互联网全球化时代，我们重复此类毫无益处并毫无效力的"化石"语言（早经五四学人所痛斥的新读经主义）究欲何为？

当然，我明白许多儒学学者用"儒学"所指的绝不是这类"封建残余"，而是大有其现代意义的孔孟思想。不过在这里须辨析二事：孔孟不等于儒学；孔孟思想中重要的是其动机或态度伦理学部分，而不是其实现此态度的历史性手段。孔孟解释学需要区分其具有永恒价值的真正伦理学主张和古代为实现此类主张所提出的技术手段（如礼学、孝学、周公、尧舜等）。质言之，孔孟解释学先区分孔孟伦理学和儒家政治意识形态，再区分孔孟的伦理态度学（或心术学）和作为其实践手段的历史性知识论（古人已知："手段"是必须与时更新的）。海外新儒学最大的"反解释学"倾向就是"泥古"，即用幼稚的直意方式在现时代去重复古代"圣贤"话语，不懂得应当区分历史上的永恒"人性"（善与恶）和知识论、技术论方面的历史暂行性。结果"提倡儒学"相当于提倡复古或泥古。试看今日台湾知识界还剩下了多少"儒家思想"？在台湾长年宣扬无效之后今日又意图通过其国外汉学弟子使其（借助大陆广狭两义"崇洋媚外"之氛围）"转战于"大陆，大陆今已无人至此地步乎？竟连"国粹"亦须经海外权威认可之后才能使国人接受乎？

黄先生的生活儒学理念显然属于上述 B 范畴（信仰主张）。因此，我认为黄先生所最终倾心者，与我的孔孟观没有不同，所不同的是方法论而已。我们所赞成的都应属于孔孟伦理学部分，而非属于帝王经学意识形态部分（他所谓的原教旨主义）。如确，那为什么不选用最能代表孔孟精神的"仁学"标称来取代"儒学"标称呢？这种区别的必要性当然基于现时代的社会与文化环境。况且"仁"字的绝妙意涵，还具有丰富的象征学价值。（参照拙著《仁学解释学》）黄先生所关心者实为伦理学层面上的问题。至于黄先生打算为此孔孟伦理学建立形而上学基础的抱负，又因涉及伦理学和哲学的关系方面而非可轻易解决。简言之，后者与今日跨学科理论方向和哲学中心论方向的区别有关。如欲处理这个层次上的问题，那黄先生和其他哲学家还须先从所熟悉的西方哲学史框架撤离一步，以关注当代跨学科认识论问题。黄先生和其他哲学家是否愿意花时间为此开辟新战场呢？此外，即使在西方哲学内部，也须进一步辨析胡塞尔和海德格尔之间的根本区别。（这已是涉及三个宽窄不同哲学领域内的问题了：东方与西方、欧陆与英美、存在主义与现象学）如果连许多西方哲学家都不欲卷入此类复杂理论纠葛，那么我们能够要求中国哲学家这么做吗？但如果不研究这个现象学运动内部的思想流派区别问题，那么就不能了解胡塞尔和古典哲学划清界限，而海德格尔反要圣化古希腊哲学一事的来龙去脉了。当所有这些方面还未曾着手解决之时，能够为所谓"儒学"建立"形而上学"的基础吗？海外新儒家其实也面对着同样的理论困难，原因在于他们没有对现代西方理论做过全面深入研究，而是欣然自闭于当初社会文化环境和今日学科自治区而自行其是。

那么，面对如此繁杂的学术准备要求和时代迫切道德责任之间的张力关系，有志于思想精神事业者，今日该何去何从呢？在此我们可以仍旧借用前述理想和实用的二分法来加以说明。此处"理想"指理想层次上的学术规划，"实用"指现实层面上的时代关怀。此即区分个人的两套思想实践界域：长远的认知探求和眼下的道义追求。一方面，我们有必须涉及古今中外学术背景的长期探索任务，学术理想则务求其高远；另一方面，我们又须根据现行条件来规划眼前生存实践之所需。后者是偏于实用性的、经验性的，但其价值性、丰富性和可行性，均足以使之进入现实学术的规划范围。这就是：勇于参与组织和创建新仁学伦理学事业。孔孟伦理学是一种验证了两千年的、经验主义和心理实证主义方向的、无超越性前提的、普适于人类各族群的基本价值观系统。其独特处表现在：提出了一种人类历史上无与伦比的伦理主体态度学。不只是像其他人类信仰系统一样提出有关人间善恶问题之公言，而且是独一无二地告诉你个人在面对各种伦理情境时应该如何选择正确的人生目标和动机。须知，儒学之精华即孔孟学，而其要义在于"君子学"，即心术学，也即动机学。我们应当号召万千人众去读早已过时的那些儒家"知识论"吗？我们应当鼓动现代人去机械背诵古代文典吗？非也。我们应当在全球商业化时代逆流而进，促使人们关注伦理学层面上的根本信仰问题。"仁学"是一个完全的伦理学信仰系统，而且其经验主义本位，使其在实践论层次上免除了超越性和形上性的高层理论化问题。当然，实际上，仁学可涉及上述理想和现实两个层次而产生不同的知识搭配关系，以及相关于上述理想与现实这两个不同的学术思想实践领域。

"儒学"，今后应该是，借助一切现代人文社会科学手段予以彻底研究的中国社会思想史之对象。"仁学"则可分为两个部分：经验主义的部分，它可直接应用于现代信仰宣导任务，此时它属于B范畴；另一个部分可纳入现代新伦理学建设规划，以作为人类伦理学整体探讨的组成部分。理论化的"仁学"研究必将进入当代人文科学复杂的程序，而参与人类新伦理学研究事业。黄先生所说的形而上学一类的纯学理建设，即可移入此"高层"学术理想领域，去经历其长期的、集体的实践进程，后者不必成为个别人之一时创造性实践的目标（须知，像19世纪德国人那样去创造各种各样形而上学体系的时代已一去不复返了。今日哲学家怎能继续幻想完成某种"哲学体系"呢？牟宗三哲学的落伍性正在于他还迷恋着德国古典哲学体系之观念）。换言之，存在着理论仁学和实践仁学的区分，前者是中国古典智慧如何纳入人类学术思想世界的问题，后者是，仁学经解释学再读解后，立即将其投入社会、文化、学术等现实生活，以作为人类伦理学实践指南的问题。作为儒学核心的仁学，也就是中国的"人学"，它是可以和全世界人道主义精神相通的伦理思想，其内含的主体态度学又可作为全世界人道主义主体实践学之重要基础。今日儒学界的朋友如有"大同世界"之胸怀，何不使之"可实践化""有意义化"以及"可与世界沟通化"呢？仁学虽产生于中国古代，却内含有其人类普适性；儒学则属于中国帝王制度史，为中国历史所特有，与世界其他各国无关，并因其与专制主义互为表里关系而与民主时代格格不入。中国学界何必受此封建社会意识形态老古董之累，而自外于新世纪之地球村呢？关心现实的"生活儒学"，正应是一种"仁学实践学"。

  我提出的现代仁学任务的构想，一定会被儒学研究者认为过于空泛而脱离社会文化之现实要求。请容我再次提出一个符号学式的思考原则：要分层次、分阶段、分方面地设定和解决问题，不能把各种人生愿望挤在一个箩筐里以致"治丝益棼"。此外也要能对社会现实方面的重要性和伦理思想方面的重要性加以分辨。顾颉刚虽在如此"窄小"区域内耕耘一生，却可显示出一种精神的伟大，因为其朝向真理的动机本身伟大；而许多人在如此"广大"的社会领域内毕生作无效驰骋，可能并无伟大可言。思想的"重要性"，不是按照运作对象本身的"宽窄"来衡量的（浮薄之士往往以所选择对象本身的宏伟与否作为个人境界等级的证明），而是按照思想运作的力度及其深层影响大小来评判的。海外新儒家的运作对象是"宇宙、历史、人生"的大千世界，而其运作框架和程序的"不得法"，使其真正的学术成就受到严重限制。简言之，如果目标和方法相互不合辙，那么就等于是两方面浪费了功夫。伟大感，不依赖于话题的"宏伟"（许多宏大话题都是公言常识而已，而人间势利，以为名气大者说出的常识就会与人不同似的），而是依赖于话题和方法的相互"适切性"。一个人可以"关心"任何话题，但只能"运作"其有能力处置的话题。"尽其在我""素其位而行""学为己"等孔子格言，都是告诉你什么是重要性或"伟大性"之意义所在的。此动机学，孔子早言于两千多年前，而现代儒学家偏偏借儒教功利主义话语来掩盖其违背孔孟教导的事实。伦理学课题之恰当性选择，因此成为对仁者智慧的最高考验。①

这封长信不能说是针对黄先生的大作和来信所作的适切应答，却希望表达比应答来信更为重要的一种期待：请关心儒学作为信仰价值系统（B类）的儒学界朋友，今后尽量用仁学一词取代儒学一词。你们仍然可以保留"儒学"这个习用词，但可赋予"仁学"一词以越来越独立的地位。这样一来，中国"儒学研究"的生态，不久将可发生创造性的演变，并可有助于将孔孟伦理学精神从儒教封建主义意识形态中解放出来。中国两千年思想史，是儒教制度和仁学精神间相互冲突的历史。本人的英文相关论著（请参照敝人网站英文部内两书的全文刊载）就是展示二者之间的张力关系的。按照我对黄先生的学术思想抱负和"中国儒学网"意旨的理解，建议将网站不妨改称为"中国仁学网"，其正当性和有效性，不久就会逐步显示出来。黄先生友好地期待孔孟学者之间的学术合作。我想，在现代学术语境中弘扬孔孟学理想，将会是儒学朋友们的共同目标。而我期待在新的一年里一个新生的"中国仁学网"，能够进一步凝聚孔孟伦理学之精华，并以其沟通海内外同好。这个进一步"纯化"孔孟学的对话平台，将一方面区隔于儒学思想史研究（作为与中国古代文史哲艺历史研究相关的客观学术实践），另一方面区隔于一般哲学伦理学研究（作为现行哲学史学术的一部分）。后两种学术研究任务将区别于提倡特定思想信仰价值的学术网站。学术实践之效果，是依存于学术场地内理性运作的统一性的。也就是：不宜于把各种不同性质的课题系统混杂在一个领域内随意交叉比论。今日人文学者的身份不再等同于百年前的、惯于笼统立论的儒士或文士了；现代学者的思想智慧应该表现在提出有效的、有意义的设问系统，而不在于机械化地编排现存历史文本。

儒学转换为仁学，大大缩小了儒学家的关注范围，却大大增加了其思考和实践的力度。实践仁学，将成为"生活儒学"的有效作用域，深化现时代孔孟伦理学的社会目标和文化目标；理论仁学，将成为与世界主流人文科

---

① 试看海外倡言儒家学诸公，他们有多少言论是针对"修身"之论的，又有多少言论是关于如何扩大"儒学"之权势布局的？所运用的是中学材料，而所遵循的是商业化竞争目标。国内呢？"国学"即将成为全球文化商品市场内的新品牌，以招徕于世界，一如"国术"等其他国宝的作用一样。这种倾向是有利于还是有害于中国呢？

学和伦理学相沟通的重要基地。前者主要面对"大众",后者主要面对"小众";仁学者一方面关心长远,另一方面关心眼前。两套目标虽间接相关而不必混同。历史思想标称在现代语境中的替换,导致思想运作的目标和基地内部结构之系统的调整。笔者相信其研究和实践的效能均将随之明显提升。

此外,本信中的建言,还有一个微妙而重要的意思在,即用涵义丰富的"仁学"一词克服或消解人们对传说中孔子的偶像崇拜:孔子是历史上的导师,而非超自然的神灵。如是,祭拜何为[①]?孔子之言《论语》,乃述而不作,即为民族思想精华的一种"汇编",非天才孔子的个人发明。这正是作为集体性智慧结晶的孔子思想可贵之处。仁学,不应导引我们参与对孔子作为儒教教主之膜拜,而应使我们遵从孔孟作为思想家以强化伦理实践理性。(中国国民劣根性首先表现在乐于"崇拜"被神化了的个人,其精神从而极易为各种"伪神"所控制而失去自主理性和意志)提倡仁学一词,甚至可以使我们与古代偶像化孔子的传统有所区隔。仁学是在与无数打着孔子旗号而大干违孔之事的历史环境内发展自身的。仁学应理解为一种彻头彻尾的人道理性主义。最后,什么是中华文明精神史上最有价值的思想范畴呢?不是(天)"道",也不是(帝)"统",而是"仁"(人之学)。

今日国内外中国学术发展方向问题中的根本认识论误区在于:混淆了"中国的"这个词的准确涵义。中国学术,不应再指古代中国人的学术活动及其结果(如此就会以为典型的中国学术就只能是天道、易经、禅宗等古人在古代环境中使用的名目),而应指现代中国人的学术活动及其结果,因此它可以包括古今中外一切学术内容。"中国学术"指现代中国人所进行的一切重要思想实践。而古与今之中国人,在环境、对象、目标和条件方面,彼此已有天壤之别了。但是,古代和现代的中国人,却面对着完全相同的心术学问题。孔孟学即个人心术学(绝非儒教所歪曲成的集体霸术学)。心术学是今日一切革新之根本,它既是伦理信仰的实践学根本,也是科学发展的理论学根本。

[①] 现代人身着戏装进行奉孔大典,乃神化孔子之残余表现。仁学者绝不可参与此类闹剧。

儒学复兴声浪里的"生活儒学"
——评黄玉顺重建儒学的构想

干春松

◇ 编者按 ◇

此文原载 2007 年 11 月 9 日《文汇读书周报》；收入《生活·仁爱·境界——评生活儒学》，崔发展、杜霞等著，安徽人民出版社 2012 年版。黄玉顺的回应文章《生活儒学：关于"实践"的"理论"——答干春松教授》，载《杭州师范大学学报（社会科学版）》2009 年第 3 期。干春松，北京大学哲学系教授、博士生导师，北京大学儒学研究院副院长，中华孔子学会常务副会长。

  毫无疑问，儒学的研究越来越趋向一种"实践化"的倾向。很多人认为这是"大陆新儒家"和以唐君毅和牟宗三为代表的"港台新儒家"的思路的一种反转。这种"反转"有很复杂的思想和时代的原因。

  从时代的角度看，港台新儒家诞生于一个特殊的时代。那个时候，中国大陆正在进行新的意识形态整合，一切外来的和本土的思想资源均被摒斥，儒学面临"花果飘零"的严峻现实。港台新儒家以文化守护者的志愿，试图为儒学在现时代找到"安身处"。唐、牟从儒家的宗教性、儒家与现代政治理念之间的关系出发来讨论儒家的内在理路。这样，"内在超越"的心性儒学被强调，唐、牟以"良知坎陷"来解决儒家与民主科学这些"普遍价值"之间的冲突。

  从思想的因素来看，在未经多元文化观反省的西方中心主义的文化强势之下，儒学的价值讨论受困于"古今中西"的对置而不能自拔，港台新儒学被迫采取一种防御性的策略，从儒学与西方价值之间的求同的侧面去讨论儒学的"生存合理性"。这样的后果是我们似乎只有通过康德才能理解孟子。

  因此，在这样的背景发生变化之后，特别是在大陆重新成为儒学发展的中心区域之后，一种新的儒家立场便出现了。这种立场强调文化的多样性和本土性对于制度和价值观念的决定性意义，因此，反对以模仿的态度去对待西方的制度。这一点在蒋庆和盛洪的讨论中表述得最为清晰。而即使是从宗教性的角度，建立"儒教协会"的呼吁也取代了"内在超越"的讨论。最为关键的是，儒学作为一种民族认同和民族复兴的核心力量成为大陆新儒学的共识。

然而在这样的大的趋势之下，黄玉顺先生的"生活儒学"显得很特别。

之所以说特别，也有两方面的理由：其一，在大陆儒学向实践化转向的时候，生活儒学却是立足于"哲学性"的、"理论性"的讨论，为此进而试图为当下儒学的发展提供一种"本源性"的基点，亦即在"生活本源"上重建"儒家哲学"；其二，如果把港台新儒家的倾向也描述成理论性的话，如果将牟等人的哲学源头看成来自康德的话，那么黄玉顺所借助的则是更为晚近的现象学的资源。按黄自己的话说，"生活儒学在总体的致思进路上，是在与现象学——胡塞尔、舍勒，尤其是海德格尔的平等对话中展开的"①。虽然在具体的思考中未必能做得到，但在理论自觉上，生活儒学不是要借助海德格尔而建立起海氏风格的哲学，而是要超越我们已经习惯的中西对置。

这样的理论自觉，黄玉顺自己也有明确的表述。在黄看来，儒学复兴首先是"儒家哲学"的重建，而儒家哲学的重建所面临的已经不是康德式的实践理性，而是后现代主义和海德格尔的现象学。而促使他将精力集中于哲学重建的现实语境，则是对于"儒家原教旨主义"的警惕。②

制度化的儒家解体之后，如何重建儒学和中国人生活之间的联系是一个十分吃紧的问题，因为这个问题并不能被虚化为民族认同这样的观念性的认同，而必然要转化为"显在"的生活样态。或许问题的核心就在这个生活样态上，因为这关联到我们的重建是"回到"还是"开新"。

所谓的"回到"就是按照儒家的圣人之言来重新"归整"我们的生活，"汉服"运动等就带有这样的色彩。这落入章学诚所批评的胶着于"迹"而不知"道之所以为道"的境地，或许接近于所谓的"儒家原教旨主义"。但是

---

① 黄玉顺：《面向生活本身的儒学：黄玉顺"生活儒学"自选集》，四川大学出版社，2006年版，第29页。
② 同①，第54页。

如果强调"即用见体"式的思路,不能"先立乎其大",确立儒家价值立场的先在性,那么"借寇兵,赍盗粮"式损害儒家独特价值的后果便难以避免。

因此"生活儒学"的重要性便明确无疑了。

"生活儒学"的关键词是"生活"。对此,黄玉顺对如何破解用主客对立的方式来理解"生活"的"日常性思维"颇感困扰,所以他在多篇文章中反复申论此概念。他指出"'什么是生活'这样的问法是不恰当的","我们也不能问'生活何以可能'这样的问题",因为"生活本身却先行于任何存在者;生活也没有本源,因为生活本身就是本源"①。这样的陈述看上去可能过于哲学化,但是他显然希望我们不要以经典来解释我们的"生活",虽然这是传统儒家惯有的做法。在他看来,经典之所以为经典,恰恰是因为它是在当下的生活感悟中生成的,亦即在当下的生活情感、生活领悟中,经典才是可以理解的。

这样的做法颇有"六经注我"的倾向,尽管在他看来"六经注我"是基于他所要破解的主客对立,他主张"注生我经"这样的表达,其中"注"意味着一种本源性的生活样式。然"六经注我"虽然是一种大胆的解释,但毕竟有"六经"作为一个当然的底线。否则,"生活儒学"之"生活"背后的"儒学"则是一个什么样的后缀呢?如若"儒学"是"生活"的规定性,那么生活便被对象化。如果"生活"是"儒学"的规定性,那么那种无规定的生活如何使儒学成为儒学呢?黄玉顺的解决办法是诉诸"生活感悟"。"生活总是显示为生活感悟——生活情感、生活领悟。"这有点像《中庸》中所说的"未发之中"和"发而中节"。黄玉顺坚信,在儒家这里,这样的生活情感便显现为"仁爱"。这个主题也成为《爱与思:生活儒学的观念》一书的主题。②

至此,我们已经看到了黄玉顺建构生活儒学的用心和理论取向。但正如宋儒在引入《中庸》的"未发"和"已发"来讨论天理和人心的问题时所面临的困难一样,生活儒学终究也要面对这样的问题:如果只有儒学,生活才显现为"仁爱",那么这样的"仁爱"便不具备普遍意义。如果所有的"生

---

① 黄玉顺:《面向生活本身的儒学:黄玉顺"生活儒学"自选集》,四川大学出版社,2006年版,第53页。
② 黄玉顺:《爱与思:生活儒学的观念》,四川大学出版社,2006年版。

活"都可能呈现为"仁爱",儒学之独特性又何以确定?

一种理论的建设性有时候同时会体现出消解作用,"生活儒学"在警惕原教旨的同时,如何在"理论"上确保儒学的价值先在性,本身存在着内在的矛盾,这种矛盾几乎是当下儒学无可回避的。从"生活儒学"的探索中,我们看到这种矛盾以最深刻的方式呈现。而这恰好是儒学发展的内在动力。

儒学的每一次跨越式的发展,均体现为理论上的突破。我并非认为生活儒学具备了这样的基础。但是在向"实践化反转"的今天,向本源处追寻儒学的当下发展空间,是一个艰难的却不容回避的任务。

生活儒学
——中国当代儒学的两种新形态之一

吴光

◇ **编者按** ◇

此文载《生活·仁爱·境界——评生活儒学》，崔发展、杜霞等著，安徽人民出版社2012年版（节选自吴光《中国当代儒学复兴的形势与发展方向》，原文首次发表于2010年11月24至28日韩国成均馆大学主办的儒学思想国际学术会议）。吴光，浙江省社会科学院哲学研究所研究员，浙江省文史研究馆馆员，中国人民大学国学院博士生导师，国际儒学联合会顾问、学术委员暨中国委员会副主任，中国孔子基金会副会长兼学术委员会顾问，全国儒学社团联席会议秘书长。

关于儒学复兴的问题，如果在20年前的中国，那简直是天方夜谭，或被视为痴人说梦，所以当1988年杜维明先生在新加坡召集"儒学发展的问题与前景"国际学术研讨会时，多数的学者对"儒学复兴"的前景是悲观或怀疑的。杜维明引用唐君毅先生的话感叹"儒门淡薄，花果飘零"，余英时先生在会上提出"儒学游魂"说时，颇获得众多的掌声。[①] 然而时隔20余年，一个儒学复兴运动已经在中国、在东亚兴起，这已经不是或然的问题，而已是不争的事实了。那么，如何看待这个儒学复兴运动？儒学复兴的方向可能导向何处？在这个儒学复兴运动中，如何重新解读与重塑儒学的核心价值观？这是本文要着重探讨的问题。

…………

那么，新世纪儒学复兴的理论形态舍"新心学""新理学""新儒教"之外，是否还有其他可能的发展方向呢？我认为是有的，这就是以黄玉顺为代

---

① 杜维明：《儒学的宏观透视——新加坡1988年儒学群英会纪实》，正中书局，1997年版。

表的"生活儒学"与本人所追求的"民主仁学"的发展方向。

其实,"生活儒学"的概念最早是由台湾新儒家学者林安梧、龚鹏程先生提出的。

林安梧教授在二十世纪九十年代讨论当代新儒学发展方向的代表作《儒学革命论:后新儒家哲学的问题向度》中就已明确提出了"走向生活世界的儒学"的观点。他是从与儒家经典《论语》的"交谈"中体悟"生活儒学"的真谛的。他指出,熊十力、牟宗三等新儒家的理论缺失是其"实践论的缺失",此一"缺失在于这实践是境界的,是宗法的,是亲情的,是血缘的,是咒术的,是专制的",而"后新儒家的实践概念"则是"以其自为对象主体的对象化活动作为启点的,是以感性的擘分为始点的,是以整个生活世界为场域的,是以历史社会总体为依归的"①,他又说:

> 我读《论语》,《论语》读我,在世界中读,在生活中读。……"仁是生命的源头活水",此当在人间之生活世界开启,此是具体的、实存的,此具体实存当以最切近之家庭开启。②

这是林安梧首次提出"以整个生活世界为场域"的"后新儒家的实践概念"和"走向生活世界的儒学"的证据。据林自述,从1994年撰写的《后新儒家哲学论纲》到1998年出版的《儒学革命论:后新儒家哲学的问题向度》,他已经在多篇文章里论述了这一概念。但略感遗憾的是,他并未系统论述"走向生活世界的儒学"理论,而是忙于构建他的"后新儒学"哲学体系,并将论述的重点转向了其"外王——内圣"的"社会哲学"论上了。

曾任台湾南华大学、佛光大学创校校长的龚鹏程教授是一位融通儒、佛、道,并具有理论创新精神的人文学者。他在研究现代新儒学利弊得失的基础上,从与当今一般新儒家学者谈论道德心性之学完全不同的角度探讨了当代儒学重建的方向,主张扩大儒学的实践性,让儒学从社会生活中全面活起来,从而提出了他的"生活儒学"理论。龚指出:

---

① 林安梧:《儒学革命论·序言》,台湾学生书局,1998年版,第1页。
② 同上书第九章之六:"结语:走向生活世界的儒学",第221—223页。

所谓"形而上者谓之道,形而下者谓之器",儒者之学,本来是上下一贯的,故孔子论仁,辄在视听言动合礼之处说。荀子常说礼本于"太一",而见于饮食衣冠应对进退之间,也是这个意思。但后世儒家越来越强调形而上谓之道的部分,尽在道、仁、心、性上考诠辨析,忽略了视听言动衣食住行等形而下谓之器的部分。……于是儒学遂越来越成为一种高谈心性道理,而在生活上无从表现的学问。因此,现今应将"生命的儒学",转向"生活的儒学"。扩大儒学的实践性,由道德实践及于生活实践、社会实践。除了讲德行美之外,还要讲生活美、社会人文风俗美。修六礼、齐八政、养耆老而恤孤独、恢复古儒家治平之学,让儒学从社会生活中全面活起来,而非仅一二人慎独于荒斋老屋之间,自尽其心、自知其性而自谓能上达于天地。①

这个从"'生命的儒学'转向'生活的儒学'"的理念,确实与一般心性论或政治论不同,可谓为当代儒学的发展开辟了新的空间。

在"生活儒学"的成型过程中,龚鹏程虽比林安梧前进了一步,但仍然缺乏系统的、明确的论述。这一系统化的工作是由中国大陆新一代儒家学者黄玉顺先生完成的。

自本世纪初以来,黄玉顺在报刊、网络上发表了多篇论述"生活儒学"的思想来源、哲学内涵及发展方向的文章,他将这些文章结集成书,于2006年9月由四川大学出版社出版了《面向生活本身的儒学:黄玉顺"生活儒学"自选集》一书,同年12月,又由同社出版了《爱与思:生活儒学的观念》一书,作了更系统化的论述。在这些论著中,黄玉顺着重阐述了如下观点:

第一,"生活儒学"的提出,有其当下的语境。首先是当前儒学复兴运动的现实语境。这种现实语境,就是我们身处其中的当代生活样式本身。

第二,"生活儒学"是"关于'实践'的一种'理论'"。它追溯到生活本身,认为唯有生活,才是我们的"大本大源""源头活水";认为儒学发展的真正"动力"不在儒学之中,而在生活之中,或曰"实践"之中。其之所

---

① 龚鹏程:《饮食男女生活美学:从生命的学问到生活的学问》,立绪文化事业有限公司,1998年版。

以要凸显本源性的生活情感，是因为它既要在思想上、学理上警惕儒学原教旨主义，又要在理论上确保儒学的"价值先在性"。

第三，"生活儒学"论者秉持多元主义文化观，力图超越"中西对峙"的形而上学思维方式，既明确表示反对自由主义西化派的立场，也警惕另外一种危险性——"企图拒绝现代民主制度而回到某种前现代的政治合法性"的儒教原教旨主义。

由此可见，黄玉顺的生活儒学理论，是一种面向现代生活实践重建儒学价值观的儒学存在主义论。这较之港台新儒家的心性论和蒋庆式的政治儒学论无疑更贴近现代生活，因而很可能获得较大的发展空间，但其缺陷是尚未阐明生活儒学的体与用，也未建立起一套生活儒学的范畴体系。

…………

我相信，时代在"日新、日日新"，儒学也必须与时俱进。如果新时代的新儒学能够真正形成"内圣外王"，协和统一的"圆教"，则儒学的复兴必然成为21世纪的新文化运动，其发展前景将是无限光明的。

作为一种综合儒学的生活儒学

[美]安靖如

◇ 编者按 ◇

此文节选自[美]安靖如《走向进步儒学的当代儒家政治哲学》，[美]政治出版社 2012 年版，第 10-17 页（Stephen C. Angle: *Contemporary Confucian Political Philosophy Toward Progressive Confucianism*, Polity Press 2012, pp10-17），收入《生活·情感·思想：评黄玉顺"生活儒学"》，杨生照主编，四川人民出版社，2018 年版，此标题为编者所拟。安靖如（Stephen C. Angle），美国卫斯理大学（Wesleyan University）哲学系教授。安靖如在其专著《走向进步儒学的当代儒家政治哲学》中，将创立"生活儒学"的黄玉顺和美国著名哲学家安乐哲（Roger T. Ames）、南乐山（Robert Neville）、墨子刻（Thomas Metzger）等并列为当代儒学的一派，谓之"综合儒家"（Synthetic Confucians）。

在本书中，牟宗三扮演着一个独特的角色。他的新儒学的中心主题之一，是儒学需要发展出一种新的政治哲学和政治实践，他称之为"新外王"，它更易于成为一种"新政治学"，以更好地实现"内圣"。我相信，对于儒学的追求来说，牟的方法是正确的；特别是他的"自我坎陷"的观念，那是至关重要的，我将在第二章给予全面深入的解释。"自我坎陷"观念允许对个体的伦理领会与诸如法律和人权等公共约定的规范之间的关系进行重新定位，其所导致的法律与权利的部分的独立乃是我在第三、第四、第五章里的论据的关键部分，尽管在每种情况下我都超越了牟宗三本人实际上所谈及的东西。

此外，在其他两个方面，本书的项目与牟宗三本人的哲学思考之间存在着重要的距离。第一，我相信，可以将牟宗三对政治哲学的洞察与其哲学体系的其他内容分离开来。我实实在在地找出了牟宗三体系中作为哲学问题的其他一些方面。因此，他这些关于道德的形上学、智的直觉、圆教等有争议的观念，在本书中不能发挥作用，尽管为了激发本书中的许多论证，儒家伦理学的某种版本是必要的，我将在下文谈及。我的方法势必会引起争议，因为牟宗三是在密切的联系中理解他的各种观念的。无可否认,牟宗三思想的不同方面是相辅相成的;但我将在第二章里表明,"自我坎陷"确实是独立于牟宗三体系的其余部分的,无需其余部分也一样有意义。第二,牟宗三几乎没有谈及我的话题,特别是我在第六、第七章里提出的问题。但是,在某种重要意义上,我这里的项目仍然是在进一步发展牟宗三通往政治哲学的新儒学方法,包括在其面对当代某些批评家的批评时捍卫它,因为他们对它的动机和论证持有相当严重的误解。

在我将于以下各章中加以发挥的进步儒学中,牟宗三是一个重要资源。但我眼下应当转向当代儒家哲学思维迅速扩展的领域,因为我与之有最为直接的对话。我将在这部分里讨论的许多人,无论是正面的抑或是负面的,他们都将会反复出现在以下各章中。为了弄清这种复杂的当代场景的意义,我将尝试性地提出某种分类,其中将会谈到各种思想家和方法,但请理解:这些群体是重叠的和流动的,因为当代儒学乃是一个活生生的,且越来越有活力的传统。在阐述这些类别时,我通常会强调人们据此走近当代儒学的方法论,而非其特定的标准观点。

…………

我要谈的最后一类是最为多样化的。我用"综合儒家"(Synthetic Confucians)来标识这些儒家哲学家,他们主要借鉴非儒家的哲学传统。这些人能够同情多重传统,从多维视野中领会价值与意义,并设法将其整合于儒学的一个综合形式之中。这种综合方法超出了我曾提到的"有根的全球性"(Rooted Global)方法,因为它明确地植根于不止一个传统。

这群人中最突出的一组包括夏威夷大学的安乐哲(Roger T. Ames)、波士顿大学的南乐山(Robert Neville,他也是一名基督徒)和新加坡国立大学的陈素芬(Sor-hoon Tan),他们强调美国实用主义与儒学之间的共鸣,寻求在发展儒学时关注杜威（John Dewey）和皮尔士（Charles Peirce）的洞见。①山东大学的黄玉顺则提供了一种不同的综合，他从海德格尔（Heidegger）那里汲取灵感，从而发展出他称之为"生活儒学"（Life Confucianism）的理论。②贝淡宁（Daniel A. Bell）最近探讨了"左派儒学"（Left Confucianism）的观念，推动儒学与社会主义的互相学习。③然而，另一个例子是历史学家和政治理论家墨子刻（Thomas Metzger），他寻求（特别是在其权威性的《跨太平洋之云——今日中西政治理论冲突》中）让儒学与约翰·密尔（John Mill）的自由主义展开建设性的和综合性的对话。④通过这份极为复杂多样的清单可以看到，通往儒家政治哲学的这种综合方法，正在许多哲学文化与传统之中出现，正在多种语言之中发生。

　　大致说来，在这种综合性的哲学思维中，我们或许可以分辨出两种不同的动因。在某些情况下，一个人能够积极接受儒学的综合版，仅限于这个人已有了对某种更先行而独立自主的其他教义的承诺，而儒学正在被它综合。这种情况的一个明显例证就是贝淡宁的左派儒学：唯有这个人已经被社会主义价值观所征服，然后一个儒者才会被吸引到儒学的某个综合版上，这个综

---

① See, for example, David Hall & Roger T. Ames, *The Democracy of the Dead: Dewey, Confucius, and the Hope for Democracy in China* (Chicago：Open Court，1999) and Soor-hoon Tan, *Confucian Democracy: A Deweyan Reconstruction* (Albany：Suny Press，2004). Neville's explicitly Confucian work focuses primarily on topics outside political philosophy, though see both his emphasis on ritual and his social theory in Robert Neville, *Ritual and Difference: Extending Chinese Philosophy in a Comparative Context* (Albany: Suny Press，2008).
② See, for example, Huang Yushun, 从"西方哲学"到"生活儒学"[From 'Western Philosophy' to 'Life Confucianism']. 《北京青年政治学院学报》[Journal of Beijing Youth Politics College，2005，14 (1), 42-7] and（in English translation）Huang Yushun, "On 'Viewing Things' and 'Viewing Nothing'：A Dialogue between Confucianism and Phenomenology", *Frontiers of Philosophy in China*，2008，3 (2), 177—193. He has more recently been focusing on explicitly political topics, as in 儒学复兴的两条路线及其超越——儒家当代主义的若干思考 [The Two Directions of the Confucian Revival and Their Transcendence：Reflections on Contemporary Confucianism].《西南民族大学学报》[Journal of Southwest Nationality（Social Science Edition）] 2009，192—201.
③ Daniel Bell, *Reconciling Socialism with Confucianism?: Reviving Tradition in China*（Philadelphia: University of Pennsylvania Press, 2010）.
④ Thomas Metzger, *A Cloud Across the Pacific: Essays on the Clash between Chinese and Western Political Theories Today*（Hong Kong: Chinese University of Hong Kong Press，2005）.

合版已经以适应和强化社会主义观念的方式发展了。①与之不同的另一种动因模式出现在这里的时候：进行综合的目的是要解决一个问题，并且，就这个理论家的情况而论，这个问题是在儒学的视野之内被觉察到的。这种方法的最佳例证或许是墨子刻的工作，因为他坚决主张：无论儒家哲学还是密尔的哲学，都面对着当代的许多问题（他称之为"跷跷板效应"[Seesaw Effect]），这些问题只有通过某种创造性综合才能得到解决。②（除以上两种动因外）关于这些综合方法的唯一概括是：它们显然基于不同传统之间某种共性而存在，这使得综合成为可能。

让我以两点附加说明来结束本节内容。第一，当代儒家哲学相当复杂，其发展也还在继续进行，并还在以这样的速度激增，以致任何一套分类方式都不会是令人完全满意的。我在这里提出的分类，仅仅意在帮助我们把握当前话语的显著方面，以便在某种程度上使我在以下章节中将要采取的立场（以及将要拒绝的立场）更为合理。第二，我们必须注意，当前的对话尽管常常包括了非儒家人士，然而他们却在以重要的方式与当代儒学的哲学思维进行互动，并因此而有助于儒家哲学思维。20世纪早期的政治理论家章士钊（1881—1973）就是这样的一个例子，正如我们将在第四章里看到的，他尽管明确地致力于自由主义的价值观和制度，但他的论据却有助于儒家在法治上的恰当立场。另一个例子是当代哲学家赵汀阳，他关于人权和"天下"的讨论将在第五章里占有突出地位。赵是一个折中主义思想家，既广泛利用中国的传统观念，也利用更为晚近的西方观点，但儒家可以通过认真采纳他的论据而学到许多东西。

---

① And vice versa: it often seems that Bell's ideas might equally be thought of as Confucian Leftism, and be attractive to a socialist who has come to find Confucianism independently attractive. For some discussion, see [Angle 2012].

② Thomas Metzger, "The Problem of Factual and Normative Continuity with the Tradition in Modern Chinese Thought", Unpublished (2005): 118.

黄玉顺"生活儒学"之理论创构

郭沂

◇ 编者按 ◇

此文节选自《当代儒学十家撮要》,载《当代儒学. 第1辑》,陈炎、黄俊杰主编,广西师范大学出版社2011年版;收入《生活·仁爱·境界——评生活儒学》,崔发展、杜霞等著,安徽人民出版社2012年版;并作为《开新——当代儒学理论创构》一书的编者导读(北京大学出版社2013年版)。郭沂,现任韩国首尔大学哲学系教授,国际儒学联合会理事兼学术委员会副主任,中国孔子基金会学术委员,中国人民大学孔子研究院学术委员。

在儒学发展史上,如果说20世纪90年代牟宗三的逝世标志着一个时代的结束的话,那么同样是90年代在中国大陆悄然兴起的儒学复兴运动则预示着另一个时代的到来。

真正的儒学复兴,从来就不是一种情绪宣泄,它意味着儒学本身与时俱进,适应时代的要求,在理论创新的基础上有了实质性的进展,并重新为全社会所接受,成为人民大众的主体信仰和行为准则。在这个过程中,理论创构是最根本、最关键的环节。

令人欣慰的是,大陆儒学界在经历了数十年的痛苦磨难后,已经与港台地区以及海外的学者一起,开始探索儒学理论发展的未来方向。

近年儒学理论创构的园地,已百花初放,异彩乍现,渐入佳境。根据致思路径的不同,我将其归为四种形态:一是走出牟宗三,以杜维明、林安梧为代表;二是引入马克思,以李泽厚为代表;三是取法西方现代哲学,以成中英、刘述先、安乐哲、黄玉顺为代表;四是基于中国传统哲学,以张立文、牟钟鉴、郭沂为代表。以下试图撮此十家儒学创新理论之要点,以飨读者。

……………
黄玉顺是以现象学为切入点来建构其新儒学理论的。他既反对"五四"

以来脱离传统、全盘西化的态度,也反对所谓"儒家原教旨主义"。至于儒学复兴的进路,他指出要同西方哲学,特别是要与20世纪西方哲学展开对话,所以他选择了现象学作为对话的对象。通过儒学与现象学的比较研究,他提出了"生活儒学"的构想,在当代思想前沿的观念上,复归生活,重建儒学。其中包含着三个基本的层级:生活本源、形而上学、形而下学。

生活儒学所说的"生活本源"并不是说的"生活的本源"。在生活儒学的话语中,生活=本源。生活不是存在者,而是存在本身;用儒家的话语来说,生活不是"物",而是"事"。生活本身,包括生活的本源情境(共同生活)、生活的本源结构(在生活并且去生活),以至生活的情感显现,诸如"怵惕恻隐之心"这样的事情。这就是说,儒学的复兴,首先面对着现实的语境。这种现实语境,就是我们身处其中的当代生活样式本身。唯有生活,才是我们的"大本大源""源头活水"。"生活儒学"就是面向生活本身的儒学。所谓"面向生活",就是我们的一切的一切,无不源于生活,归于生活。所以,儒学的重建必须以生活为本源。这是孔子当初创建儒学的夫子之道,也是我们今日重建儒学的必由之路。

我们既然意识到了生活是形而上学的本源,形而上学是形而下学的根据,那么,形而上学、形而下学的重建就是可能的。

"形而上者谓之道,形而下者谓之器。"道这样的物、存在者是形而上的,是"一",对它的思考就是形而上学;而器这样的物、存在者是形而下的,是"多",对它们的思考就是形而下学。科学是形而下学,技术是对这种形而下学的应用;伦理学也是形而下学,社会规范的设计是对这种形而下学的应用。如果说,形而下学是对万物、某种存在者或某个存在者领域的思考,那么,形而上学就是对唯一绝对之物、作为终极根据的那个存在者的思考。形而上学就是狭义的、纯粹的"哲学",它所思考的乃是作为所有存在者的最后根据的那个存在者——本体。这就表明了这样一种生成关系:形而上学→形而下学。这种生成关系就是说:形而上学是形而下学的根据。

"生活本源"和"形而上学"这样两个层级的区分。形而上学的言说所指涉的是存在者,而生活本源的言说所指涉的是存在本身。这种存在本身,就是生活本身、生活情感、生活领悟。

重建形而上学是必然的、必要的、不可回避的事情。形而下学的重建主要涉及我们今天的两个基本领域：知识论、伦理学。

黄玉顺把生活儒学的意义概括为这样两句话：凡是现存的，都是本源的；凡是现存的，都是应当超越的。第一句话的意思是：凡是现存的，都曾经是前此的某种形而下学的构造，但是，无论如何，对于当下的我们来说，它们都是我们的在生活之际遇，我们只有由此出发，才能去生活而超越。第二句话的意思是：凡是现存的，纵然都是我们的在生活之际遇，但是，我们必定去生活而超越它们，而这种去生活而超越，同样归属于我们的在生活之际遇。生活儒学只是告诉我们：我们向来在生活，并且总是去生活。整个"生活儒学"的构想，就是想在我们自己的当下的生存、当下的生活、当下的情感这样一种本源上，来改变我们的生活。

和其他学者一样，黄玉顺对当今儒学予以历史定位，提出了不同于牟宗三和杜维明的"儒学三期"说：第一期为原始的儒学，包括西周时期（五经原典）、春秋时期（孔子思想）和战国时期（曾思孟荀）三个阶段。第二期为蜕变的儒学，包括古代的专制儒学和现代儒学两个阶段。第三阶段为当今重建的儒学。他指出，这个分期意味着，孔孟之后，亦即轴心时期以后的儒学，大体上属于应该被解构的形而上学儒学。我们必须回到孔孟，看看他们是如何在本源的生活感悟上去建构儒学的，这样才可知道如何在我们当下的生活样式的本源上来重建儒学。

…………

"中国正义论——中国古典制度伦理学"系列研究启动仪式专家发言

◇ **编者按** ◇

此文原载《当代儒学．第 4 辑》，广西师范大学出版社 2013 年版；收入《生活·情感·思想：评黄玉顺"生活儒学"》，杨生照主编，四川人民出版社 2018 年版。"中国正义论——中国古典制度伦理学"系列研究是山东大学儒学高等研究院的重大项目，该项目的启动仪式于 2012 年 6 月 30 日在山东大学举行。

（1）蒙培元[①]

黄玉顺教授是最早研究儒家正义论的学者，他的研究在该领域具有开创性。

儒家正义观是一个极有理论意义和现实意义的重要课题，但在以往的研究论著中，很少有人提出和讨论这个问题。与此有关的主要是"义利""公私"的关系研究，冯友兰先生较多地论述过。但冯先生将义利之辩归结为公私之辩，说成公利与私利的问题，并未提出正义论的问题。

黄玉顺教授将儒家正义论放在中西文化与哲学的比较研究视野之下，展开有意义的对话。一方面，充分了解和吸收西方正义论的成果；另一方面，深入挖掘儒家正义观的丰富资源，予以现代解释，使其成为不同于西方正义论的有系统的中国传统正义观，并成为现代中国正义观的重要理论来源之一。无论其资料挖掘，还是其理论分析，黄玉顺教授所做的工作都是细致而艰苦

[①] 蒙培元：著名哲学家、中国哲学史家，"情感儒学"创立者。冯友兰先生的嫡传弟子。曾任中国社科院哲学研究所研究员、中国哲学史学会副会长、《中国哲学史》杂志主编。

的，成果是显著的，是有启迪意义的，从一个方面对中国哲学研究做出了突出贡献。

到目前为止，黄玉顺教授已经发表了一系列研究成果，有些我读过了，有些则没有读，这些成果在学术界引起了强烈反响，引用的人越来越多。这说明他的研究不仅有新的突破，而且有重要的现代意义。如何建立现代中国的正义论，是一项十分迫切的任务，黄玉顺教授有开创之功。

（2）安乐哲①

非常感谢黄玉顺老师邀请我来参加这个重要会议。看到了"中国正义论"课题的详细介绍，我认为它的立项非常必要，非常重要，非常好。而且，这个课题已经有了扎实的前期准备和理论基础工作，那就是黄玉顺老师的大作《中国正义论的重建》文集。

现在全球正处在大转折的时代。儒学的宝藏，一开始是从山东发源的，后来变成全中国的，再后来又流传出中国，变成日本的、朝鲜的、越南的，最终儒学应该是全世界的。这种情况可以用贝多芬做比喻。贝多芬的美妙音乐首先是德国的，但是当它成为世界的时候，人们就不强调贝多芬是德国音乐家了，因为他是全人类的。同样，儒学一开始是中国传统、东亚传统，但是将来要成为世界的，成为整个人类的文化资源。这是在"跨文化比较研究"视野上讲的。

我今天的发言，也是要强调跨文化比较研究对这个课题的重要性。其实还是那句话：中国走的是自己的路，中国要自己讲述自己。事情本来并不复杂。但我们现在为止所见到的问题是什么？即在跨文化比较上的不合情理。我们所犯的毛病，是一直在用西方的理论、西方的观点来作为谈中国文化的话语，等于是强迫中国人穿西方鞋。我对研究儒学兴趣很大，最近又出

---

① 安乐哲：Roger T. Ames，著名汉学家、哲学家，"儒家角色伦理学"创立者。曾任夏威夷大学哲学系教授、夏威夷大学暨美国东西方中心亚洲发展项目主任、《东西方哲学》主编、《国际中国书评》主编、现任北京大学哲学系讲席教授。

版了一本书，题目是《儒家角色伦理学》（Confucian Role Ethics）；但它不是用西方观点看儒学，而是用中国的眼光看儒学。其实，现在人们看待中国伦理学，多多少少都是西方人的眼光，哪怕是中国人，也是用西方人的眼光。他们谈论"中国伦理学"，是力图用"功利主义义务伦理学"的概念去讲它。此外，还有人用"德行"（virtue）伦理学来说它。然而，我们不应当忘记的是，西方一直有一个根基性的个人主义传统，它所围绕的是个孤立、单一、个体性的人的概念。而这与儒学的以关系性、不分性为根基的伦理是两回事。由于这个原因，我对儒学伦理学的分析，是赞同费孝通的意见的。费先生认为，中国是没有超绝性（transcendental）概念的伦理学；这种情况在"孝""悌""礼""义"的意义表达中是很清楚的。费孝通所说的"伦"，它是人伦，指的是人由不同远近、不同状况与他人构成的很自然且恰当的关系。说它是"伦"，既是一种描绘，也是一种评判。我的理解是，儒学伦理是从一种基本事实开始的，即人的生命不是简单地指肉皮包着的那个肉体生命，人的生命是内外合一性的、联系性的。在肉皮内所包含的肉体生命之上，更重要的还是人与他人不分意义的、联系性的生命。生命是家庭的、人伦的、群体的、社会的。

人考虑自己的"角色"，就是想一想自己是处在什么状况中、与他人构成什么关系。这完全是从人类最现实的日常生活开始去讲伦理。我以为，这是儒学的一个了不起的成就。五年前去世的一位非常著名的美国学者，他叫罗伯特·所罗门（Robert C. Solomon）。他曾经说过，儒学所讲的，是应该从祖母延续到孙子的关系的伦理学。这是什么意思？即它不是在（已然外在存在的）"原则"的意义上的"伦理学"。要从伦理学讲到"正义"（justice），如果基于那么一个原则，那么，那个原则正是西方的东西；它是形而上学的、已然存在的一个标准。

让我们回过头来再看中国的"正义"。"正"是对人类最现实日常生活所能看到的东西的评判，"正"基于会通性，而且不仅是会通，还是变动不居的。也就是说，"正"不是已然存在的、固定的、外在不动的一个原则，而是一种过程状态，是进行中的。人们常把"正义"的"义"翻译为"righteousness"，其实从根基上已经变成另一回事情。儒学的"正"很简单，它是一种对进行之中行为的描述和评判。"正义"的根基是人与人的着眼点、人与人的不分性，这与西方个人和上帝之间的关系毫不相干。正是这个原因，我的印象中，迄今为止，跨文化研究目前存在的问题很大。我们如何能造成一种情势，创造条件，让中国讲述自己？我对语言很在意，比如在中文中的"制度伦理学"这一表述，它所包含的西方文化语感，表面上很不明显，但是作为哲学术语使用，我们不能不让自己对它的西语形式（即 systematic ethics）所带有的强烈西方文化语感敏感起来。也就是说，"制度伦理学"在西方文化背景理解上，它所讨论的是形而上学体系的、调节性和抽象方向的；这恰是罗尔斯学术研究的根本弱点。可根据我的理解，儒学伦理的力量所在，恰是它以人的现实日常生活经验作为起点，最终又回归到这种经验上去的实践。这也是我对黄玉顺老师提出的"生活儒学"观念的理解；对"生活儒学"，要是用英文表达它，我会把它翻译为"vital Confucianism"（生命的儒学）。

  应该说，正义不光是需要从中国儒学角度搞清楚的问题，它其实也是现在全世界范围存在的最大的现实问题。让我用两分钟讲讲自己的经历。我父亲本是靠庄园种植而生活。我们家一共有六个孩子。在我上大学那个时候，学费是 500 美元。父亲给了我 500 美元，我自己找份工作养活自己。然后自己事业有成，做了教授，生活相当不错。可到后来我和太太有了两个孩子，我们的老大上大学的时候，学费可就不再是 500 美元了，而是变成了 2 万美元。又过了十年，等到我的老二上大学的时候，学费又涨了，变成了 10 万美元。现在美国大学中很多学生是靠学生贷款上学。学校学生贷款负债的情况比起美国人使用信用卡进行其他消费所发生的债款数目还大。今天在美国，作为中产阶级的人们，命运已经不佳了。首先是教育，人们已经支付不起如此昂贵的教育费用，这个问题现在已经变得十分突出。我们美国的社会正义、分配正义，其实是一种程序上的正义，而程序正义的结果并非就是正义。而孔子那个时代，他们所讲的可以称为"正义"的话，与我讲的我们的程序正义相比，其实是两回事，他们所讲的实际是道义。

  我们今天谈的"社会正义"这个题目，是全世界的问题，是需要我们很好地想办法解决的。我想，首先是要创造一种局面，一定要让中国讲述自己，用中国自己的文化，用她自己思想传统本身的话语意义讲述中国的社会正义。只有在做好这项工作的基础上，我们才能进行比较、判断。但是这第一步已经是非常需要好好开动脑筋的问题，那就是我们怎样才能把握到中国思想传统原汁原味的意义？这本身已然是个挑战了。为此，我们要回到古代经典的原始材料中去思索、考虑。比如，孟子和荀子这两位哲人之间的差异究竟意味着什么？另外还要站到历史视角上进行思考，还要善于深思：将这两位哲人之间的差异与西方思想传统进行比照所使人看到的结构性的差异，又意味着什么？我深刻感觉到，这是最大的一个挑战。

谢谢大家！

（3）余涌[①]

正义问题我觉得很有意思。前一阵子收到朋友的短信，他说中国的文字特别有意思，比如说"北京"就是"背景"，"上海"就是"商海"，还有"男人"就是"难人"，"升值"是什么呢？就是"升职"——职务升迁了。"结婚"是什么？"皆昏"。由此我想到正义问题也是这样，"正义"这个词，我用拼音打，经常打成"争议"，我觉得很有意思：正义就是争议，有很大的争议。黄玉顺教授的题目也有很大的争议。中国现在关于一些问题的讨论，黄教授都积极地参与，发表了很多东西。

"中国正义论"的称呼，我本来有一些质疑：咱们通常讲正义论，讲某种学派、某个人的正义论比较多，而以一个国别来讲正义，是不是会有一些麻烦？但是我刚才翻了一下他的书，他作了一些解释：中国正义论实际上就是中国传统文化当中的正义观，尤其是儒家的一些正义思想在当代背景下的一种阐释。我就觉得，不管怎么说，带上"中国"这两个字也许更好说一些，可能更能代表中国文化的独特性以及改革开放三十多年来的一些实践、一些观察、一些认识所形成的结果。

现在咱们哲学社会科学界讲"中国气派""中国特色"比较多。原来我们院的院长也经常讲这个问题，现在也在讲。昨天我来的时候，在北京南站买了一份《环球时报》，我发现后面有一组发言，是我们院前不久开的一个会，

[①] 余涌：曾任中国社科院研究员、哲学研究所副所长、中国伦理学会副会长。

就是关于建立中国伦理的一些研究讨论。《环球时报》是摘要性的,里面有我们的院长的发言,还有马克思主义研究院的院长的发言,还有我们原来的老副院长汝信的发言,我看主题都是在讲哲学社会科学理论建设方面、发展方面要有中国的特点、中国的特色。在正义理论方面,刚才黄玉顺教授作了介绍,他开始做了一些尝试,他也提到过去有些人做了,但是我看黄玉顺教授做的工作更多一些,更系统一些,在建设有中国特色、中国风格的正义理论方面做得很好。

讲到正义理论,我想是这样:现在无论是从哪一种背景、哪一种思想观念、哪一种传统来讲,包括从中国传统来讲,都必然面临一些问题。

第一个问题,我觉得就是现实问题。任何一种正义,都是一种现实的正义。我们讲柏拉图的正义理论、亚里士多德的正义理论,到后面的休谟、洛克、罗尔斯、诺齐克的,都是基于对现实的考察、认识所形成的理论。我们基于中国传统、基于中国儒家传统文化构建一种正义理论也必须是这样,必须在面对现实的基础上来阐释,就像黄玉顺教授谈到的,用儒家关于正义的一些观念来阐释现代的一些问题,比如说我们国家的经济制度、政治制度。经济制度有市场经济问题,政治制度有民主制度问题,这些问题我们都要涉及,都要面对。还有社会上大家普遍关心的一些问题,比如说分配不公的问题、腐败问题,还有一般的社会大众的公平观念、公正心理和期待问题,我想我们的正义理论研究必须要面对这些问题。一种正义理论,无论是为这种制度、这种现象进行辩护,还是对它们进行批判,肯定必须有一个现实的切入点,没有哪一种正义理论是不理会现实的。

我看黄教授的气魄比较大,他实际上是想把中国的传统正义观做成一种具有普遍意义的、一般的正义理论。这里面可能牵扯到很多问题。比如,我想,如果它是一种一般的理论,那就不仅需要解决中国当代社会的问题,而且要解释世界上所有社会制度,以及世界上各种国家之间的关系、文明背景之间的关系。如果做不到这一点,那么这种正义论有多少话语权?我们现在要争取话语权。为什么要有中国特色、中国气派?就是争夺话语权。如果你的解释能力不够、批判能力不够,那你可能做不到这一点。我觉得正义论对于现实社会来讲可能面临这些工作。

正义理论本身有它的特点。实际上任何一种正义理论都有一种或者几种价值诉求。我们如果对政治价值、伦理价值等进行分析，比如说正义、自由、平等、权利、人权，这些政治和伦理的基本价值当中，我觉得最不确定的恰恰是正义这个价值，这个是最难说清楚的，相对于自由、平等更难讲。

所以，现在谁能给"正义"下一个定义？实在是非常困难的。从西方的情况来看，现在基本上用亚里士多德的观点，大家普遍是从一般的形式意义上来讲正义的，就是：正义给每个人以应得的。他应该得到什么，就给他什么。这是一般的概念。我觉得这是形式原则。后来，像现在的沃尔德，他提出，用一般的原则来讲比较困难，他还提出了自由交换的原则、根据需要的原则。他提出了三个原则——自由交换、应得和需要。接受得比较普遍的就是应得。

这里面就有一个问题：形式概念后面还需要价值的支撑。因为这个形式概念、形式定义必须有一些理论辩护。比如说种族主义问题，反对种族主义的人可以用这个形式概念，他说我们所有的人都是人，我们应当受到平等对待；主张种族主义的人也可以用这个形式概念，他说黑人和白人就是不一样，你应该得到的待遇就要跟白人区别对待。这个形式概念同样也可以论证专制、民主问题。所以，"应得"本身还需要价值的支撑。我们看到，一些正义理论、正义观念，后面实际上都有这种东西，正义原则后面实际上就是它所依赖的价值支撑，比如说功利、自由、平等、人权。黄玉顺教授是用正当、仁爱这些价值观来支撑正义的原则。比如说密尔，他讲功利，他很薄的一本小书中专门用了第五章讲功利的问题，因为他觉得对功利主义产生最大威胁的是公正观，就是人类直觉上的公正观念，他觉得应当用功利来结束公正。他说的公正是基于功利的原则。还有，我们知道，罗尔斯跟诺齐克有争论，他们争论的差别在于背后的对人类基本权利的理解，罗尔斯更强调平等，诺齐克更强调自由。黄玉顺教授提到两个原则，一个叫"正当性"原则，一个叫"适应性"原则。他在"正当性"原则里面作了一些解释，内容很多，这实际上就是正当性原则后面的价值诉求。我们需要说明这些价值诉求。说不清楚、没有系统的阐释的话，正义论就很难成立。比如说"正当性"，要解释起来不是那么容易。"适应性"原则解释起来相对容易一些。所以，正义理论背后都有价值支撑。咱们在构建儒家正义观或者中国正义观时，这方面的价值支撑点在哪？是仁爱还是什么？必须要有一种说法。

我们这些年搞的课题比较多,有一个方面的课题最多,叫"社会主义核心价值体系",比较重大的课题已经立了八九项,这里面很重要的一个任务,就是要提炼核心价值体系究竟有哪些东西。

总之,我觉得黄玉顺教授这个题目应该是很有意义、很有价值的课题,同时也是很难的问题。黄玉顺教授已经做出了这么多、这么好的成果,我相信以后会做出更好的成就。

谢谢!

(4)田辰山①

能参加这么一个重要项目的启动仪式,我十分荣幸,非常高兴!感谢王学典老师和黄玉顺老师对我的邀请!我是搞中西比较哲学的,三句话不离本行,我就从这个角度讲一点儿。

我先借黄玉顺教授提到的"失语"问题说两句。他在《项目情况汇报》中指出:"自近代'西学东渐'以来,'中国正义论'这个由周公、孔子、孟子、荀子等所开启的博大精深而源远流长的传统竟被遗忘了,其结果是一种'集体失语';在今日的思想界、学术界,在关于正义的理论问题研究、现实问题讨论中,处处充斥着西方正义论,再也没有了中国正义论的踪迹。这是很不正常的。"这个问题必须得到重视,我们必须在这个问题上进行深刻的反思。是什么原因造成的"集体失语"呢?从我们现在正在做的中西比较研究来看,其根本的原因就在于中国人文社科学术的主流长期缺失一种"用中国讲述中国"的形势,是这样的一种失语,即中国人不知道怎么用中国思想、中国学问、中国话语来讲中国的问题了,不会说地道的中国话了。地道的中国话是中国哲学、中国宇宙观、中国思维方式、中国价值观的载体。中国人文社科学术的语言,作为这样一种载体,在很大程度上已经失去功能。长期以来不是"用中国讲述中国",而是"用西方讲述中国",即用西方的概念来

---

① 田辰山:北京外国语大学教授、国际关系学院东西方关系中心主任。

说中国。从我做的中西比较研究得出的认识来看，用西方概念、话语讲述的中国，永远说不清楚，而是越说越离谱，越说越糊涂。我们有一个口号：学习如何理解中国，学会如何介绍中国。其方法是：让中国文化讲述自己。什么时候我们意识到了，中国需要用中国来说，西方需要用西方来说，我们才有可能去学，才能学会如何理解中国，才能学会如何介绍中国，才能对现在许多我们陷入困惑和争论不休的问题有达到一定精准程度认识的可能。在我看来，"中国正义论"这个项目，就是一个解决如何理解中国、如何介绍中国、让中国讲述自己的项目，自始至终贯穿有一个比较中西哲学阐释学方法的角度问题，有一个可以对中国正义论问题达到精准程度认识的问题。因此这个项目意义非常大，且非常及时。

另外，就我所认识的，这是1938年以来工作的继续，也就是西方思想"中国化"问题。1938年开始了在中国大地上大规模展开的马克思主义中国化阐释运动。大规模对外来思想进行中国化阐释，在现代历史上这不是第一次，之前突出地有过大规模对佛学思想的阐释。阐释外来思想，已经是中国哲学思想文化的传统。今天也需要有意识地实行一次对西方其他思想概念的中国化阐释行动，不是个人的行动，而是中华民族意识上的一个行动，应该是中国人文社科学术的总体行动。出于这个原因，我以为在"中国正义论"研究的全过程中应该有中西比较的视角贯穿始终。我在这里讲中西比较视角，是对中西方哲学文化上的结构性差异进行对照；这种对照宛若我们完成一次走出庐山的历程。走出庐山，是因为我们要摆脱"不识庐山真面目，只缘身在此山中"的处境。也就是，我们今天不认识自己文化传统的真面目了，我们需要走出去，去深入西方文化传统，把它了解个底儿掉，也即了解它在结构上与中国思想传统的差别，这时我们再回过头来看庐山，会看到一个别开生面、让人刮目相看的庐山。

针对这个"中国正义论"项目而言，对照比较中国的正义论和西方的正义论是必不可少的。但是在对照比较之前，首先需要明确的是，中国正义论和西方正义论为什么具有对照比较的必要性。就比较中西哲学阐释学方法而言，中西方的正义论之间进行对照比较的必要性，不是二者在意义上听起来是相近、差不多的，而是在于意识到中国和西方是在彼此不同的范畴中讲述自己、建立和发展起自己独具特色的话语结构。要比较中西正义论，首先是这两个各自独具特色范畴之间的比较。西方和中国各属于自己的范畴，恰似一个在讲述大象的故事，一个在讲述蚊子的故事的情形。我们要搞明白各自的正义论，也恰似要搞明白各自故事主人公的腿。这两种不同的腿本来没有什么可值得放在一起相比的，只是由于二者在抽象意义上都称为"腿"，人们总是认为，既然都称作"腿"，那二者不可能有太大不同。然而，当我们把各自的腿都放回大象和蚊子的身上去，等于我们把"正义论"都放回到中国与西方各自的思想传统境域中去，才会立即看出二者在它们各自境域当中所具有的真正的差别在什么地方。这个差别很明显是范畴性和结构性上的不同。

同样的道理，有这样的对照比较，我们就会发现：西方正义论首先是从一个以神为范畴而讲出的东西。而以神的范畴而讲出的正义在根本上是形而上学的正义，也是黄教授所指出的是"抽象理性"范畴的。这与中国讲述正义所处的范畴是不一样的。中国的范畴不是以神作为范畴，而是以人作为范畴。在这个范畴之中，不光是"正义"这个观念，而是不管阐述任何观念都是从人的关系性出发的。这与讲述神的范畴完全不是一回事情。必须明白这是两回事情，我们才有可能把中西方的"正义论"问题认识清楚，讲得明白。这是以比较中西哲学作为必然条件而强调的一个观点。

刚才有学者指出，正义论是许多中西方思想中都非常关键、非常重要的问题之中的一个问题而已，比如人权、民主、自由问题，它们都是联系在一起的。我认为是这样的，这些重大问题，在进行我们今天所开始的"中国正义论"研究的意义上讲，都是学术空白，都没有像这样来做。过去大多关于这些问题的研究，都没有得出真正有价值的成果，都没有说清楚。我很期待有更多像"中国正义论"这样的研究项目，在另外一些与此相联系的重大问题上，比如人权、自由、民主此类问题上出现。

对于这个"中国正义论"项目，我有几个建议。

一个是，做这个项目的同时，我们须认识到：西方并没有一种统一的正义论，甚至没有对"正义"的统一定义。亚里士多德的、柏拉图的、罗尔斯的，每个人都自成一说。我的一个观点是：西方学者是使用同一个概念，但是每个人都在用自己与他人不同的定义，建立属于自己的独特的正义论。在处理他们的理论的时候，我们必须小心，切不可将它们笼而统之，而是需要把它们小心剥离。

但是这种情形的不绝对之处在于，如果我们要是将它们同中国的正义论相区别的话，那么比起西方学者自己人之间的差别来，就有更大的分别了。这个大分别即是西方的正义论是形而上学，与中国对照是两个不同范畴。这个对照告诉我们，中国正义论是属于一种经验的正义论。说它是"经验"的，不意味它就是浅薄、低级的，形而上学也不意味就是深刻、高级的。说中国正义论是经验的，是说它是实在的、生活的，可以操作、可以达到的正义论，或正义道理。中国思想文化传统的"正、义"之道，如果经过认真搜索、整理，做出结构性阐释，那么是在数千年珍贵的人的经验和现实生活基础上的学问工作，所以它具有对人类生活现实进行指导的价值。而恰是这个意义，中国是可以搞出自己的社会正义论或道理来的。也恰恰在这点上，西方正义论缺乏实在性、缺乏经验性。比如，西方启蒙思想家不少人都阐述"自然状态""社会契约""自由""权利""理性"等的概念与论说。在这些假设的概念和论说之上，西方建立了一个"现代文明"世界，成为今天中西不少自认为先知先觉者风行推崇的模本。人们忘记的是，这些概念与论说，统统不过都是形而上学的东西，与人们活生生的现实生活不存在实在联系。如果我们从在历史上真正发生的事实上看去，正像休谟一针见血指出的，历史上从来没有自然状态，历史上从来未曾有过哲学家们所假设的社会契约；没有这些假设，这些哲学家所设想的人权、民主、自由从哪里来？是无从而来的！所以这是形而上学致命性的问题所在。西方思想传统出现过那么多人讲"正义"，人类历史又何时出现过真实的正义？从比较中西哲学阐释学方法上判断，形而上学的"正义"无非是虚构而已，只流于一种抽象理性而已。

在这点上，我认为休谟有个观点非常实在，非常值得作为在进行任何厘清中西思想概念差异时的一个借鉴。休谟说：什么是正义？就是人不要去惦记、剥夺别人的财产。[①] 我要加一句，人要是不去千方百计剥夺别人的劳动，世间就正义了。所以，正义是经验问题，是现实问题，不是什么形而上学问题，不是什么很深刻、很神秘的问题，而是一个简单明白的问题。休谟还说，

---

① If all men really care about justice, they would totally keep themselves not to seek properties of others.

哲学概念都是哲学家们用来忽悠人的。① 很多形而上学的哲学东西，都具有忽悠功能。把西方和中国哲学的两个传统、西方的形而上学性和中国的知行合一性看清楚，已经是中西方学界今天必须面对的具有历史决定性、无法绕开的问题。把这个问题看清以后，西方的正义论就像隔着一层窗户纸，把它捅破，中国和西方正义论是什么，就明明白白晾在我们面前了。也就是说，西方正义论是形而上学的东西，是空中楼阁；中国正义论则根本不是，而是实践的、经验的，是把历史和现实的实践和经验之间的内在联系用现在的观点加以理论化。

出于这点，我以为，我们在讲正义论的时候，在开发中国的正义论的时候，作为引领的，前面必须有一个对照比较，对中西方正义论要做放到宏大的范畴中去进行阐释的工作，搞清楚西方正义论、思想传统、哲学结构的基本特点、基本路径是什么，并跟中国的相对照比较。在这个基础上，才能谈出有精准程度的认识。

总之，黄玉顺教授这个项目工作的意义很大，而且他已经做了很多很多的工作，这些扎实的基础我很认同。但我的意思是，要把中西对照比较哲学阐释论糅进去，从开始到结尾，有一个贯穿始终的脉络。这样做出来意义会更大，会具有世界性的哲学意义。

谢谢大家！

（5）李存山②

很荣幸来参加这次关于"中国正义论"的研讨会。以前学术界讨论"义"的问题，大多是围绕着"义"与"利"的关系而展开。从"正义论"的角度来阐发中国传统的"义"，这是近些年的一个重要学术进展。前些年山东大

---

① Hume tells us, if one looks into the world, the claims of the philosophers meet with nothing that corresponds to their ideas.
② 李存山：曾任《中国社会科学》杂志社副总编辑；现任中国社会科学院中国哲学研究室主任、研究员、博士生导师，中华孔子学会副会长，中国哲学史学会副会长，《中国哲学史》杂志主编。

学儒学研究中心召开孟子思想研讨会，我记得郭齐勇教授就提交了关于儒家的正义论的论文。在中国传统哲学思想中，有没有正义论？或者说，有没有关于"正义"的理念？说中国没有，这的确是很偏颇的观点。后来我注意到有不少学者论证和阐发中国的或儒家的正义论，其中做得比较突出的就是黄玉顺教授，他接连发表了一系列关于"中国正义论"的文章。我以前对这个问题没有认识得很清楚，现在黄玉顺教授主持这个课题，召开这次关于"中国正义论"的研讨，给我也提供了一个加深这方面认识的机会。这个课题的确非常重要，它既具有哲学史或思想史的理论意义，也具有重要的现实意义。

在中国传统哲学或儒家文化中肯定是有关于"正义"的思想的，但是儒家所强调的"仁义礼智"中的"义"，和我们现代语境中所说的"正义"，二者之间既有对应，也有差异，它们是一种交叉重叠的关系。"义者，宜也"，"博爱之谓仁，行而宜之之谓义"，这里的"义"包含着关于"正义"的思想。"正义"一词，在中国古代话语中的含义较多，比较典型的如《论语正义》《尚书正义》等，这些所谓"正义"是正确的经典解释的意思。荀子说"正利而为谓之事，正义而为谓之行"，这里的"正义"与"正利"对举，应是指正当和符合礼义。我认为，中国传统所讲的"义"，可能主要还是道德或道义的意思，将所谓"正义"理解为"正德"可能更加贴切。《左传》里面说"正德、利用、厚生谓之三事"，"太上有立德，其次有立功，其次有立言"。中国传统文化，特别是儒家思想毕竟是以崇尚道德为最高的价值。

中国传统很注重"义利之辨"，这曾被视为儒家的"第一义"。孔子说"君子喻于义，小人喻于利"，又说"君子之于天下也，无适也，无莫也，义之与比"，他所讲的"义"就是重在讲道义和功利的区别。但是，儒家所崇尚的道义是不是也包含着功利呢？这就要涉及公利和私利的关系问题。孔子说"因民之所利而利之"，"博施于民而能济众……必也圣乎，尧舜其犹病诸"。这种利民的社会公利无疑也属于儒家所崇尚的道义。儒家认为，作为士君子的读书人以及"学而优则仕"而做官的人，应该遵循道义，而不应追求个人的私利，这应是"义利之辨"的主要含义。但是儒家从没有也不可能要求农、工、商等大众也要像士君子那样只专注于道德，而不谋求自己的利益。我认为儒家有两种"乐"：一种是"孔颜之乐"或"道义之乐"，这种"乐"是把道德作为个人的最高的内在价值，它不计较个人的利弊得失，也不必追求个人的"德"与"福"的一致，它是一种道德上的自足之乐；另一种是"天下之乐"，如孟子所说的"乐民之乐者，民亦乐其乐……乐以天下，忧以天下"，范仲淹所说的"先天下之忧而忧，后天下之乐而乐"，这种"乐"是要追求社会的"义利统一"或"德福一致"的。也就是说，在这种"乐"中包含着对社会之公利的追求。"孔颜之乐"可以说是个人修身的"内圣"，而在"内圣"中就已包含着对社会的忧患意识，包含着对"外王"即齐家、治国、平天下的追求。从这个意义上说，儒家的终极价值取向就是追求社会的"义利统一"或"德福一致"。《尚书·洪范》中讲"五福：一曰寿，二曰富，三曰康宁，四曰攸好德，五曰考终命"，在这里，义与利、德与福本来就是一致的。从义利统一、德福一致的意义上讲，"正德、利用、厚生"这三事都可以说是中国传统文化的核心价值。

既然儒家所崇尚的道德或道义，内在地包含着对社会之公利的追求，那么在社会的公利中就涉及"正义"的问题。我认为，我们现在所讲的"正义"，实际上就是指对政治权力、经济利益、文化资源等公正或正当地分配。这里面当然就有制度的设计问题。我觉得儒家在"正义"的问题上既有一个道德的理念，也涉及制度的安排。黄玉顺教授把"仁"作为中国正义论的本源，把"义"作为正义的原则，而"礼"就是制度规范，义是仁和礼之间的中间环节。我觉得这是一个符合儒家学说的本义，而且富有理论架构性的解释。不过，我认为与西方文化相比，中国传统文化还是不够重视制度设计。对于如何在制度上去体现和保障社会的公利，历史上的儒家学说是有不足之处的。我记得张岱年先生曾说，文化有五个要素，就是"正德、利用、厚生"，再加上"立制"（建立合理的制度）和"致知"（科学的认知）。中国文化是把"立制"放在"正德"之下，所谓"正德可以赅立制"，这个"立制"就是在道德或道义的统率之下来建立合理的制度。荀子的思想在这方面体现得比较多，他说人之所以为"贵"，就是因为人有"义"，有义就有"分"，有分才有"和"，有和才能"群"，于是有"胜物"的力量。他所谓"义以分则和"就是指在"义"的指导下建立合理的礼法制度。荀子所讲的礼法制度是否就符合"正义"的原则呢，这可能需要作一些历史的分析。

关于政治权力、经济利益的分配，儒家一直有自己的理想。如在政治上，儒家的理想是"祖述尧舜"，实行"天下为公"的禅让制，但在现实中又不得不"宪章文武",实行"世及以为礼"的世袭制,秦以后则改封建为郡县,实行的是君主集权制。虽然儒家一直坚持"以民为本"的思想,所谓"天之生民,非为君也;天之立君,以为民也",但是君主制的弊病实际上妨碍了民本思想的落实。在经济上,儒家一直反对贫富悬殊,孔子讲"均无贫,和无寡,安无倾",这是儒家的理想社会。但是在经济制度上如何保障这一理想的实现呢?孟子曾设想了一种"制民之产"的井田制,可是井田制在现实中行不通,秦以后的董仲舒、"二程"、张载和朱熹等都有"复井田"的理想,但中国历史现实仍免不了土地集中,以致"富者田连阡陌,贫者无立锥之地"。虽然儒家有"正义"的理念,但是如何在制度上体现和保障这一理念的实行,在这方面儒家做得不够,这可能要归结于儒家在历史上所受到的种种局限。

我们现在探讨中国的正义论、中国的制度伦理学,这需要在"儒家制度伦理学的当代阐释"中来继承和"重建"。前面已经有专家讲了,这个课题不仅是对历史文献、历史文化的阐释,而且还有很强的理论现实性。这个课题的理论现实性,就要牵涉中西对话的问题,而中西对话也必然要牵涉古今对话的问题。这个课题不能搞成传统历史文化研究的"自说自话"。我们这次参加研讨会的专家,不仅有搞中国哲学史和思想史的,而且有从事中西文化比较的,也有从事现代伦理学原理和应用伦理学研究的。我觉得这种中西对话和古今对话的形式很适合于这个课题。有了这样的对话,虽然会遇到一些理论上的难题,但我想这个课题应该会做得比较好的。

黄玉顺教授已经指出,中国的正义论包含着正当性原则和适宜性原则,而适宜性原则中又有"地宜性"和"时宜性"。我想,"地宜性"说明正义论在中西文化中不仅普遍,而且会有中西文化的不同特点。"时宜性"说明正义论还有一个历史发展阶段的问题,就是说,某种观念或制度在某一个历史阶段是正当的、适宜的,但是后来随着历史的发展,它就不再是正当的、适宜的了。我希望通过这个课题的研讨,不仅把儒家文化在历史上的表现形态阐释清楚,而且还要探讨儒家文化在实现近现代转型中应有哪些新的形态。研究"中国正义论的重建",需要有这样一个历史发展的视角。比如西方的"人权"观念也有一个历史发展的问题,第一代人权主要是公民和政治的权利,到第二代人权就是社会和经济的权利,后来又有文化和生态环境的权利,等等。中国的"正义"观念是不是也应该有一个历史发展的维度？如果有这样一个维度，那么我们就不必把历史上儒家的制度伦理、正义理论说成完全适合于现代；如果说它完全适合于现代，那么我想这里面肯定会有一些困难。比方说"礼"是儒家正义论的制度规范，但是历史上儒家所讲的"礼"包含着当时的尊卑观念、差等秩序，这种历史的局限恐怕难以避免。中国历史上的尊卑观念、差等秩序，能不能适用于现代社会的正义理论？比如荀子批评墨家的"上功用，大俭约，而僈差等，曾不足以容辨异，县君臣"，因为墨家更多地代表了当时农、工的经济利益和政治诉求，所以他们崇尚功用，提倡俭约，在他们"尚贤"的主张中包含着"农与工肆之人"也可以做官这一主张，这就与儒家礼制的尊卑观念、差等秩序发生了矛盾。秦以后墨家学派中道断绝，其"不足以容辨异，县君臣"是一个重要的原因。从现在看来，墨家的一些主张应是符合现代社会要求公正、平等的正义理论的，而荀子所讲的"容辨异，县君臣"就是历史的局限了。

孔子说："殷因于夏礼，所损益可知也；周因于殷礼，所损益可知也。其或继周者，虽百世可知也。"我认为，对于儒家的制度伦理、正义理论，我们也应该既有相因的继承，又有减损和增益的发展。儒家的正义理论既可以弥补西方正义理论的一些不足，又回避不了它自身带有某些历史的局限。我们现在探讨中国特色的正义理论，同时也是解决儒家文化的近现代转型问题。

我本人因为对于正义论没有做专深的研究，所以只是提出了一些粗浅的想法，可能有错误，希望大家批评指正。谢谢大家！

（6）李翔海[①]

谢谢王老师和黄老师给了我一个学习的机会！应当说，我跟黄老师的这个课题还有一种缘分。2008年，他申报了教育部的项目，当时是每个学会找一个人参加评审，我也是其中之一。虽然黄老师没跟我打过招呼，但是我一

[①] 李翔海：现任北京大学马克思主义学院教授、博士生导师，中国文化发展研究中心常务副主任，中国哲学史学会副会长。

看就知道是他的。黄老师在这方面的研究,学界都注意到了,我们哲学组那些人对他的研究都很熟悉,所以他的项目非常顺利地通过,也是最早得到资助的项目。现在又有了这个重大项目,我是非常高兴的。

这个课题,我觉得是一个极具价值,也极具难度的课题。它的价值不仅在于有理论意义,还在于有实践意义。它不仅关注中国,还关注当今世界。它不仅涉及理念,而且跟制度的建设有关系。它的价值是非常大的。但它的难度也是毫无疑问的,比如说,中国儒家的正义论如何从家族意义上达到一般性正义论的高度,即同时能够在古今中西正义观念的视角上对中国的传统正义思想做出系统的、深入的阐释,就像刚才各位老师所讲的那样,这确实是极具挑战性的事情。

确确实实,就文明形态的整体来讲,制度是非常重要的。没有制度的建构,文明本身对整个人类的意义就很难有形地体现出来。但是,在这个问题上,中国文化的转型,在制度的探究上,可以说近代以来,一直到今天,这还是一个问题。就特别注重从中国自身理论立场来探究制度建设而言,现代新儒家开山鼻祖梁漱溟先生最早提出,我们要走的道路既不同于苏俄的马克思主义道路,也不同于现代西方的资本主义道路,我们是在这两条路之外走自己的路;但是一直到20世纪80年代,梁漱溟先生还在感叹,他说新儒学从20年代到现在主要是从理念上做一些解释,而在制度的建设上、诠释上,到今天也无法跟另外两种制度形态相提并论。这种状况,在某种程度上来讲,可以说到今天也没有得到根本的改变。黄玉顺教授的研究使现有的状况有一点点改进,这也是历史的进步。

具体的内容上,我提两个小问题。

一个是研究的基本立足点何在。我这是讲的中西关系问题。当然,黄玉顺教授的研究是很典型的,不是过去那种把西方的文明形态看作是现代的、把中国的看作是传统的或者是前现代的,他不是用这样一种方式来看待问题。他典型的特点是把中西两种文明看成两种不同的或者是不尽相同的文明形态,来对它们做一种审视、比较、探究,发现它们的特色。他的基本立足点,是把中国的正义论和西方的正义论分别看作是适用于特定的文明形态的人类文化现象,也就是说,西方的正义思想和中国的正义思想是不是一种井水不犯河水的关系?但他还有一层意思,就是让中国的正义论取西方的正义论而代之,从这个意义上赋予中国正义论以普遍的意义;也可以说是通过让中国的正义论思想加入今天的多元的、世界性的正义论视野之中,而赋予中国正义论以普遍的意义;还可以说是通过中西两个殊相的对话来进一步生成一种更具普遍性的正义思想,从这个意义上探讨中国的正义论。但是,我觉得,这些立场是不可能同时采取的,黄玉顺教授在进一步的研究中到底采取哪个立场,我觉得这个是基本的问题。

还有一个意见是针对黄玉顺教授讲的正当性原则,我觉得在这个具体内容上应当做一点扩充。讲中国的正义原则,他讲的是"仁"跟仁所影响的或者说决定的"义",他认为通过这样的中西比较,可以发现有一种不同。当然,"仁"归根到底是一种情感。我觉得要是把它扩大一点就更好:西方相当程度上追求的是单一的本体,而中国思考的是关联性。比如说,中国的"义",就像黄玉顺教授所说的,很多时候追求的是"一体之仁",它强调整体,而不是个体。正因为如此,中国的正义论观念跟西方的肯定有一个很基本的不同,因为西方关注个体,他们的走向是相互之间的制衡,而中国强调的是一体,更多的是体现合作,强调的是君民一体化,总体上强调的是和谐。西方追寻制衡,所以最后就走向了三权分立。这一点,我觉得和制度之间的关系也是很直接的,如果有可能,应该在这个问题上做一个补充,也就是说,不仅仅是情感上的关联性,还凸显理性,把它概括为一种思维形态或者思维方式。如果能这样扩大的话,那么正当性原则的实质内容就可以有一种扩展,而且这种扩展可能跟制度建构有直接的关系。

我就说到这里,谢谢!

(7) 干春松

我和黄玉顺教授有很多具体的合作,也分享许多共同的想法。当然也有许多不同的观点,比如他擅长于义理的阐发,我则比较侧重政治、社会方面的具体问题的探讨。

会议开始的时候,王学典先生说,这是山东大学儒学高等研究院今年确定的五个重大课题里面唯一的一个侧重观念性研究的。这样的想法我们也十分期待。比如我们在北京聊天的时候，觉得儒学应该有一个观念性的新阐发，这样才会使儒家与现代的社会更容易衔接。也有人将这样的思路称为"原理性"的研究。清华大学的唐文明教授还受基督教神学中的"系统神学"的启发，说应该梳理出一种"系统儒学"。

基于此，我个人认为"中国正义论——中国古典制度伦理学"的研究应该可以称得上"原理性"的研究。不过原理性的研究，比起历史性的研究和政治社会角度的研究，要困难得多。这主要是因为，儒家这样一个有漫长发展历史的学说，其中许多论说之间并不一定构成一个逻辑一致性，甚至有很多相反的思路。在呈现方式上，以经学为例，今文经学和古文经学也在方法论上有极大差异。要想从中整理出一种整体性的思路，困难巨大。

比如，就这个课题的名称而言，前面中国社会科学院的余涌先生也说到了，"中国正义论"这个词的提出就会产生很多争议。这个提法，有一定前提性的假设，即中国已经存在着一种与别的国家或别的文化不一样的正义论。这个本身没问题，但是，设定一个不同的正义，是否意味着有一个超越中西的更高层面的正义观？如果没有，那么强调中西之异，从理论上就会产生问题。或者说，这样的原理性研究是一种"不完全"的原理。

另外，"中国正义论"的思路会强化中西之异的倾向。刚才安乐哲先生和田辰山先生都特别强调差异性，我恰好是对这个问题有疑问。我跟安先生接触不多，我跟贝淡宁（Daniel A. Bell）接触比较多，我特别好奇的是很多西方的学者喜欢从差异性的角度来讨论中国和西方的差别，他们试图通过强调中国的特殊性来说明中国思想的价值。而这是值得怀疑的。可能中西在思维方式上有很多的差异，但是并不表明一定在价值目标上也有很多差异。就正义问题而言，差异可能在于如何实现正义，而不是中西之间对于正义本身的认识有多大的差异。

从黄玉顺前面的解释来看，他提出"中国正义论"也是试图从差异性的角度来讲，这就会面临很多的问题，就是说你做一个原理性的研究，刚才安教授举的贝多芬的音乐，他不是为德国人创作的音乐。你黄玉顺创造"中国正义论"，是为中国创造还是为世界更广泛的人群创造正义论，这可能都是一个问题。引申地说，这个研究是要发现中国人有着与众不同的正义观，还是我们要创造一个能为世界所分享的正义观？

第二个问题就是所谓的"古典制度伦理学"的问题，刚才李存山老师特别提到了，就是说黄玉顺是要梳理古典中国的正义论，意思是指中国古典意义上的正义论，还是古典的正义论对现代中国的意义？这是一个需要在研究中特别留意的问题。比如，你比较喜欢拿罗尔斯的来做比较，因为罗尔斯的正义论在世界上是影响最大的。拿他的正义论和孔孟的正义观比较就很有问题，因为古典思想和现代观念之间，即使在西方也有很大的鸿沟，更不用说中国古典和现代西方了。

而即使在现代西方，正义观念的阐述也是五花八门。比如我正在看的阿玛蒂亚·森（Amartya Sen）的《正义的观念》，他的正义理论就和罗尔斯的正义观有很大不同，特别是对于全球正义方面的讨论。我不太同意田辰山老师刚才概括的西方的是抽象的、形而上的东西，中国是经验性的。这样的比较会掩盖很多的问题。西方的理论影响到西方的制度，而中国的理论影响到中国的制度。两种模式都是体用兼备的。我们在看罗尔斯书的时候，看诺齐克书的时候，他们的理论虽然是抽象的，但是这些理论都变成了西方制度的某一些原则，不能说他们的理论跟西方的制度是没有关系的。

我自己也做这方面的一些课题，我认为中国的制度中有许多值得肯定和继承的东西，这些制度过去一百年被全盘否定了。但是，我们同样应该看到，我们现在所面对的是一个全新的社会。当我们进行儒学原理性研究的时候，我们当然已经假定了儒家是产生于曲阜，产生于中国，产生于东亚的，要变成世界的理论。你要变成世界的理论，只能从山东的经验、中国的经验来，但是它不是依据山东或者曲阜的东西来做原理性的研究，而是说从这样一些地方出来的经验可能会成为人类的经验。这个课题特别强调正义论的中国性、地域性的理论，与其这样，还不如沿着余涌的思路，将你的正义论命名为"黄玉顺的正义论"，或许可以超越简单的中西之争的局限。

还有，课题的设计方面，我也有一个建议。我觉得你这里应该有一个史料整理的部分。就是说，你梳理正义理念的时候，你所借助的文献或者文本到底是哪些。这个方面我很关心，比方说你举了《论语》《孟子》《荀子》，但是哪些文献可以作为你正义论的基础文本，这个我特别关心。你来编写一个中国正义论的资料性配套作品。这个工作不会有前面的那些工作那么复杂，但是应该举出有你想法的倾向性的资料，以便让大家更好地判断你建构的正义理论的逻辑思路。我觉得这个还是很有必要的。

我就说这些，谢谢！

（8）傅有德[①]

我简单说两句，不耽误大家太多的时间。

非常高兴参加这个会议！实际上我是外行，是来跟各位老师学习的，其实已经从各位的发言中获益匪浅。关于黄老师的课题，我知道一些。去年我们一起开了一个有关"多元宗教视野中的正义论"的会，黄老师和其他几位在座的教授也参加了。

首先，我认为这个课题的题目叫作"儒家正义论"更合适，因为"中国正义论"有点大，课题论证涉及的主要内容也是儒家的。目前的"中国正义论"是与"西方正义论"并列的，这就提出一个问题：有无在"中国正义论"和"西方正义论"之上的更一般的正义论？从逻辑上讲应该是有的。也就是说，先确立一个一般正义的定义，然后再谈符合这个定义的西方正义以及中国正义，使得二者在一个大的正义范畴之内。否则，我们就会各谈各的，形不成对话，达不成共识。目前，从黄教授"中国正义论"项目的论证看，尚不清楚有这样一个更高层面的正义范畴，所以，关于和"西方正义论"对峙的"中国正义论"的提法，我觉得可以进一步探讨。这是一个问题。

再一个问题是需要明确这个课题是属于历史研究还是理论研究。当然，我感觉黄教授是试图从历史上升到理论，即从先秦时期具体的周公、孔子、孟子、荀子的仁爱思想说起，上升到儒家正义的基本理论：从"差等之爱"开始，进而"推己及人"，最后达到"一体之仁"。这里的正义与西方的正义，如亚里士多德、罗尔斯的正义，不是一个意思，即没有涉及权利和财富的分配问题，当然我们可以说是中国自己的，但是却很难开展与西方正义的平等对话。

---

① 傅有德：山东大学犹太教与跨宗教研究中心主任，哲学与社会发展学院教授、宗教学系主任、博士生导师，教育部哲学教学指导委员会副主任，中国宗教学会副会长，《犹太研究》主编。

还有，我们应该高度关注如何完成儒家价值的现代性转换问题，这一点刚才好多教授都提到了。儒家思想，包括它的正义论，是古代中国农业文明的产物，是周代以血缘关系为纽带的，以家庭、家族为基础的宗法制度的反映。按照历史发展的观点，这些都已经是过去的了。你看现代中国社会，尤其是经过这么多年的改革开放，原来的农业文明已经发生了根本性的转变，以农业文明为基础的家族、宗法制度已经得到了改造，人的思想也随之发生了翻天覆地的变化。在这样的情况下，古代中国的正义原则还在多大程度上适用于现在？或者说，我们通过怎样的努力才可以使得古代的正义思想具有现代意义？我这些年研究犹太教，尤其是现代犹太教。犹太教用了一百多年的时间通过改革完成了从传统到现代的转型，在这个过程中，犹太人对原有的犹太教因素有保留，同时又广泛吸收了西方启蒙运动以来的价值，如自由、平等、社会正义，等等。我觉得犹太教的现代转换有值得我们借鉴的地方。其实，这里包含这样一个意思：中国的正义论不仅仅应该是历史上的儒家思想中的正义论，也应该是适用于现代中国的正义论。也许，对于这一点，中国正义论的研究应该有所关注。

说得不一定正确。谢谢！

（9）罗传芳[①]

罗尔斯曾经说："正义是社会体制的第一美德，是社会发展的基石。"这就把正义提到了非常高的高度。今天在我们社会转型的关键时期讨论和研究正义问题，其理论意义和现实意义是不言而喻的。

黄玉顺教授的课题，希望通过对儒家正义思想的发掘，重建"中国正义论"，以应对"西方正义论"，并为解决当代现实的社会正义问题提供中国传统思想的资源，这一明确的问题意识是值得肯定的。但是，正像前面各位发言者所指出的，这个选题的内容和跨度非常之大，难度自然也大。对于本课

[①] 罗传芳：中国社会科学院哲学所《哲学研究》编审、中国社会科学院研究生院教授。

题的难度，我想还不在于怎样梳理儒家的正义思想，而在于怎样建立并说明它是一个足以与西方正义论相抗衡或比肩的独立的理论形态。因为，"中国正义论"这样的视角和表述方法本身即是西方的，而作者又要建立一种不同于西方的独立的理论形态，这就为自己预设了一种矛盾和困境。我认为，大胆假设是可以的，但小心求证却需要下更多的功夫。

黄教授之前也做了很多的工作，我拜读了他的作品，就他对课题的论证和某些基本观点而言，我觉得有一些是需要商榷的，至少不能令我信服。

首先，我的一点感受是，由于黄教授有很强的问题意识，即要"旗帜鲜明地提出中国正义论"，这使他在具体论述时主观性和先期定位的痕迹往往比较明显，下结论时也难免偏颇。比方说，作者认为："以罗尔斯为代表的西方正义论与中国古典正义论相比，由于没有区分正义原则和正义制度，因此在他们那里只有制度规范，而没有提出真正意义的正义原则。"对于这一点我是不能同意的。我们知道，罗尔斯的正义论不是一般的制度伦理，而是建立在欧洲启蒙运动以来以自由、平等、博爱为基础的一整套价值系统之上的，而且是以西方几百年的民主政治实践为其背景的；罗尔斯之所以强调制度的重要性，是因为在他看来，没有自由平等的社会制度就没有公平的权利，因而也就谈不上正义和任何社会价值。因而，罗尔斯正义论的重点在于正义的落实，而不在于正义价值的描述，这一点与儒家是不一样的。

其次，作者在将中国古典正义论与西方正义论做某种参照和比对研究的时候，更多的是强调这是两种不同的正义论形态，而没有对它们进行历史分疏，这是不妥的。我认为，在做这样的比较时，首先应当更关注它们所依据的社会背景和历史条件的不同，否则这种可比性就会打折扣。比如，罗尔斯的正义论产生于20世纪70年代，是对欧洲古典的、近代的正义论学说的反思批判之后出现的，并且是与西方公民社会的演进发展相一致的，因而成了现代欧美政治学的主流形态；而以儒家为代表的中国古典正义论——如果有的话，我借作者的表述——它是以宗法农业社会和皇权专制为背景和论域的。简言之，由于前者基于公民社会，后者基于臣民社会，故两者在概念、范畴、命题以及思维方式、欲达致的目的上均有实质不同，这是需要我们小心辩证的。

最后，作者所讨论的重点是早期儒家的思想和文本，它们基本上是以义理,即作者所说的"正义原则"的形式而存在的,很少与现实制度发生良性互动。也就是说,在中国古代,正义论更多的是像孔孟这样的知识分子关于理想社会的设计(所谓"王道"传统),它们在历史上、在现实中,往往被专制君主当作妨碍他们行为的迂阔之论,或者加以抛弃,或者加以扭曲变形,所以,历代王朝的批判思想家们都普遍感到"名实乖离""国将不国"。这正是儒家正义论的历史悲哀,即它只是应然而不是实然,从未在现实的政治生活中发生过实质性影响。因此,好的正义论原则如果要变成实际可操作的流程和良性机制,让每个社会成员,特别是社会的弱势群体受益,并且在此基础上形成一种向善的道德土壤和社会环境,那么必须要有制度保证。从这个意义上说,对与儒家正义原则有关的古代社会和古典制度的检讨,也应成为该项课题的重要内容,否则,关于儒家正义论的讨论只能是"务虚"而不是"务实"。

总之,我是非常同意作者所说的,在人类关于正义的思想里面不能没有中国的声音,我们应该调动我们的历史资源为今天中国和世界的正义社会的建立做出贡献。但是,我们对待历史资源一定要有一个理性的、历史的态度,一定是在全球化和世界发展大趋势的前提下对历史资源进行选择、甄别和传承,只有这样,民族化才能在全球化意义上真正发挥作用,否则就变成了自说自话和敝帚自珍。有鉴于此,我建议本课题的基本格调应该是对话、参验和融通;重点是中国古典正义论的现代转换。只有这样,才能使这种古典的正义论找到现实的落脚点和生长点,而这也是保证这项课题的学术性和生命力的关键所在。

谢谢大家!

(10)丁耘[①]

谢谢各位!我说得短一点,否则耽误大家吃饭,要挨骂了。

---

① 丁耘:复旦大学哲学学院教授、博士生导师、思想史研究中心主任。

很高兴来到山东大学！我是第一次来到山大。就像刚才王院长说的，现在"高等研究院"和"国学院"林立，但是明确打出"儒家"旗号的，在我印象当中只有山大的儒学高等研究院。"国学"跟"儒学"还是有界限的。高等研究院以"儒学"为旗号不同寻常，因为一般的高等研究院是以人文社会科学为主。总之，山大儒学高等研究院给我的印象非常深，包括这样的规模和学校的支持力度。这个可能和山东的地方传统有关系。

我和黄玉顺教授有一些交往，我觉得他原来的学术背景特别适合做这个课题。黄玉顺教授的文献功底非常好，问题意识非常敏锐。刚才可能有几位老师已经提到了，他原来是做"生活儒学"的。我注意到黄玉顺教授在材料里说，中国正义论实际上是生活儒学下一个层级的一个部分。我觉得这个课题在他自己的思考历程里和在回应现时代的召唤方面时机比较成熟。总之，这个课题非常有意义。这是我说的第一点。

下面与刚才几位的发言有关，我想谈一些不成熟的想法，供大家指正。

首先，不止一位先生反思课题里面的"制度"这个词。中国学界十多年来是把"制度"和"心性"对立起来的，制度儒学也经常是和心性儒学划分界限。但是这种对立的依据在什么地方？比如说制度在西方的源头，如果把政体算作一种制度的话，那么柏拉图的《理想国》就是划分政体的，但是他所说的政体实际上有很强的讲心性的一面。政体也可以是有内在根据的，不是跟心性对立的。没有心性根据的制度是浮面的。我理解，黄玉顺教授的生活儒学实际上是为制度伦理提供一个心性的基础，因为制度伦理是从"生之谓性"出发的，它们之间是有关系的。

其次是"古典"问题。"古典"这个词在中文里未必指"古代"的意思，它有"典范"的意思。西方也是这样，我们把德国近代唯心论叫作"德国古典哲学"。文学、美术、音乐都有古典。这个"古典"不是古代的意思，而是完美的垂范。所以，"古典"这个词表面上似乎有问题，但是深层看一下，还是可以用的，因为它非常地抓人。

另外，"中国古典制度伦理学"名下所研究的实际上是儒家的东西，是不是还要考虑道家、佛家的东西。实际上，中国制度的源头主要是儒家，道家和佛家对中国古代制度的贡献是非常有限的。

此外，我可能要提醒的一点是关于"中国正义论"这个提法的问题，这个问题非常复杂。刚才罗老师也提到了，正义问题在西方是非常复杂的问题。最重要的是它有一个古今之变的问题。刚才有老师说西方是个人主义，这个问题可能不是这么简单。像希腊的个人主义，跟我们现在说的就不太一样。犹太教的观念也不能说是个人主义。首先要考虑西方本身的复杂性。罗尔斯的那么一种正义理论当然有很多的贡献，但他有一个问题，把作为讨论对象的思想家进行高度简化，这本身是一种毛病，我们不要重蹈他的覆辙。这是一方面。但另一方面，我们首先要考虑的是跟整个西方对话。因此，我们可以把以罗尔斯为代表的，甚至是以罗尔斯之前的康德、卢梭为代表的西方政治哲学家的正义学说当成整个的"西方正义论"传统，与之相对的就是"中国正义论"。

　　下面一点是关于黄玉顺教授拿来和"justice"对应的中国概念"义"这个问题，它本身也非常复杂。刚才不止一位老师提到，"义"在中国传统里没有"正义"在西方政治思想里那么高的位置，"义"的根据是"仁"，中国人的本是"仁"。关于"义"和"justice"的关系，我看黄玉顺教授写得很"狡猾"，他说两者有"对应性"，没有"等同性"，这是超出一般哲学水准很多的一种定位，这样就可以做很多的工作。中文里面讲的"义"，我们民间老百姓的"义"不是精英的"义"，一般老百姓讲的就是讲不讲"义气"，朋友之间应该有义气。我讲课的时候考虑过这个问题，用西方的观点来说，不讲"义气"既可以说不够正义，也可以说不够友爱。还有我看黄玉顺教授的材料里面说，"义"在西方没有"适宜"的观念背景。我给你提一个范例，也还是《理想国》讲正义，第一个定义里面说，正义的人不能撒谎。然后苏格拉底提出一个问题：如果一个疯子来找你要武器，那么你必须要撒谎。这就是非常典型的在不同条件下的变通。我觉得这里最大的问题是中西两边的复杂性，要高度重视。

　　义和利的关系问题也很好玩儿。你看柏拉图整个的《理想国》讲正义，他整个的理论说的正义就是利，跟传统的不一样，他要辩论什么对人生是最有利的。我们今天讲的利，这在西方是有很强的背景的，但要深入就是非常复杂的问题。

　　我个人觉得，"义→礼"关系是黄玉顺教授的一个强项，他已经做了一个很好的设计。不过，中国制度不是制定出来的，不是凭空设计出来的，而是自然生长出来的。不光是王莽的制度设计,还是康有为的,还有后来的制度设计,都跟实际差别非常大。

我想提的最后一点是:要注意政治哲学的形而上学的或者说纯哲学的背景。刚才有老师提到西方的正义观是形而上学的,在中国的不是形而上学的。我发现黄玉顺教授的材料里引了一个辩论,就是中国有没有形而上学,他强调中国实际上有,也就是说有比政治学说思想层面更高的东西,这是根本。不管罗尔斯、康德,还是柏拉图(卢梭特别一点),他们的所有学说,包括正义论,如果没有形而上学支撑的话,那么就是没有根基的,他们的正义论也就做不出来。这也就是我刚才说的心性论的重建问题。

我就讲这些。

(11)傅永军[①]

我尽快地讲。我同意前面各位专家的发言,特别赞同罗老师的发言。和罗老师相同的地方,我不再说了。例如我特别不赞成玉顺兄关于罗尔斯的评价,我赞同罗教授的看法。

黄玉顺教授课题的重要性我也不再说了,大家都知道,我也非常赞成,他这个课题确实非常重要。但是,我知道玉顺兄想听的并不是这个课题有多重要,而是这个课题有哪些方面需要弥补。

我不赞成傅有德教授的观点。是不是有一个超越中国和西方的正义概念之上的统一的正义观念?没有。以我的西学背景来说,这一概念历来就是复杂的,不可能有一个统一的正义概念。最早的是把正义概念划归为美德。还有对待的观念,对正的事物有正报,对恶的事物也有恶报。还有今天玉顺教授说的正义的概念。但是不管怎么说,正义概念总是一个二级阶层的概念,绝对不是一阶的概念,因为任何一个正义概念都不是这个概念背后的价值意识。所以我同意余教授的看法,就是要有价值预设。你是一个自由主义者或

---

① 傅永军:山东大学哲学与社会发展学院教授、博士生导师,山东大学中国诠释学研究中心主任、诠释学与比较哲学研究所所长,《中国诠释学》主编。

者个体主义者,你就绝对不会同意共和主义者关于正义的理解。从这一点上来说,我们都知道,自由主义者坚决不同意社会主义者的正义论,你拿过来他马上 pass 掉了。

第一,我觉得,在研究正义概念的时候,可以从两个角度来研究。是制度的德性,还是制度实施的结果?我不知道现在黄教授是从哪一个角度来研究的。如果对这两者做一个分析的话,那么你会建立不同的正义论。一方面,如果说正义是制度本有的德性的话,那么设计一个好的制度,就能保证肯定会有好的正义行为。那我们优先做一个正义制度的设计。另一方面,可能没有正义制度的德性,但恰恰是制度实施出来的结果,或者说制度所实现的结果是正义的。从这个角度来说,我们最重要的是保证在实施过程当中,一种制度能够保证正义结果的实现。并不一定是非常正义的制度,恶的制度也可以保证正义结果的实现。我们经常在世界历史上看到,许多恶的制度能达到恰当性、适当性的正义效果。所以,这是完全不同的两个概念。所以说,在研究中国正义思想的时候,我不赞成非要找中国的正义观点,而是在切入儒家思想的时候,你要研究儒家的正义思想,孔子的、孟子的、荀子的,到底属于哪一类正义论,它背后的价值预设是什么,怎么样实现正义。我们绝对不会给中国人一个预设,说这就是正义论,大家可以选择。这是不可能完成的,如果能的话,那么我们上下五千年那么多先人早就有人完成了。大家是在正义的不同角度上进行理解的。

第二,关于不同正义观念的理解,就是你的第二本书的题目"中西社会正义思想的比较研究"。我觉得,抽象地把中国的正义论和西方的正义论作为整体去比较,绝对不可能。因为西方没有一个被西方学者认为这是"西方正义论"的东西,我们只能说这是罗尔斯的,这是诺齐克的,这是柏拉图的,我们不能说这是"西方正义论"。我们现在都知道,关于正义的理解,自由主义和共和主义有矛盾,哈尔马斯想调解,但是这种调解是理论的还是实际的,还是不明确。所以,你就不可能找到整体的西方正义论来和整体的中国正义论进行比较,你只能做这种具体的比较,比如带有中国式的自由主义倾向的这一类和西方自由主义的比较,再有追求形式正义的和追求实质正义的,把正义看作德性的和实施结果的,这样比较才能有意义。不同特质的比较永远找不到共同点,而只能发现差异。差异就是两者不同,不同就失去了对话的可能,因为主张某种正义论的人,背后的形而上学不一样,你怎么能让他放下自己的形而上学的预设而进行对话?这是不可能的。如果要做比较研究的话,那么必须第一步先看看孟子的正义论是什么性质的,他是追求实质的,还是追求形式的,然后再和西方的比较,看看缺失在哪,落实到制度设计当中的选择性路径谁更有现实性,这样比较才有意义。否则我们找出两个东西进行比较,比较半天,只能是思想家或者比较学家自己的一种"自我撒娇型"的学术发言。

第三,关于制度本身。我就一句话:同意复旦大学丁耘教授的观点。这是自然的过程,不是人为设计的结果。当代中国的制度建设,是设计意义,还是发现意义?我认为最后应该做一个断定。如果是在设计的意义上,那我觉得这个事不要做。如果是在补足或者发现的意义上来做,那非常好。

这是我的三点浅见,谢谢!

(12)颜炳罡[①]

我今天听了好多专家教授的发言,对我形成了很大的冲击。这些发言对黄玉顺教授的课题来讲都很有意义。我刚才尤其是听到罗传芳老师的坦率发言,非常赞同。她提出对中国传统正义论进行现代化的转化,在参与、对话当中实现现代化的转化。我想,这也是黄教授努力的方向。

另外是刚才傅永军教授的发言。我与傅教授是老朋友、同事,我们打一下"内战"吧,我先批判一下傅永军教授,然后,有时间他再批判我。我说,傅教授的方法论陷入了相对主义:正义论只有一个个的、某某人的正义论,而没有西方的或中国的正义论。这于理不通。正义在西方、正义在中国,或者说正义论在西方、正义论在中国,这就像金岳霖先生当年所说的"哲学在中国"还是"中国的哲学","哲学在西方"还是"西方的哲学"的问题。我个人认为,这里面有两个观念要分清楚:一方面,正义在西方,可

[①] 颜炳罡:山东大学教授、博士生导师、儒学高等研究院副院长、中华孔子学会副会长。

有柏拉图的正义论、亚里士多德的正义论、休谟的正义论、罗尔斯的正义论等等，正义在中国也可以有孔子的正义论、孟子的正义论、墨子的正义论等等；但是另一方面，我们通过正义在西方、正义在中国，抽象或者升华出具有西方特色的正义论或者是展现出西方特点的正义论、中国特点的正义论，由是变成我们今天讨论的课题：中国的正义论。这一点我也不是为黄玉顺教授辩护。我们既不能陷入绝对主义或普遍主义，正义只有一，而不能表现为多；同样也不能陷入相对主义，只有某某人的正义论，没有西方的或中国的正义论。

其实，中国的正义论，这个问题非常复杂。的确像好多教授所讲的那样，不仅是中国的正义论，就是中国的一个"义"字就复杂得不得了。在不同的情况下，"义"的含义是千差万别的。比如说，印度的佛学，有人称"义学"，这个"义"是什么义，是在什么意义上使用的义？我们中国人在经典阐释当中，有《周易正义》《尚书正义》《诗经正义》，还有"义疏"，这种"义"是在什么意义上使用的？我们应搞清楚，不能一谈"义"就是今天政治意义的公平、正义。

我们要谈"中国的"正义论，肯定回避不了道家，回避不了墨家，也回避不了法家，其实各家对"义"都有着不同的理解。我们就说儒家吧。当时陈晨捷的博士后出站报告讲仁、义、礼"三位一体"，我告诉他，这个"三位一体"非常关键，什么叫"三位一体"，要是像基督教那样理解就麻烦了。仁、义、礼不是西方意义上的"三位一体"，这是要分析清楚的。回到"义"字，在儒家典籍中非常复杂。《易传》中有"立天之道曰阴与阳，立地之道曰柔与刚，立人之道曰仁与义"，这里"仁"与"义"是对立的。《礼记》中有"门内之治恩掩义，门外之治义断恩"，这里"仁"和"义"也是对立的。"仁"与"义"在什么意义上对立，又在什么意义上统一，我们应当搞清楚。

罗老师指出实现中国正义论的现代性转化。实现了这个转化，我觉得我们的正义论建构就成功了；如果说我们没有实现这种转换，那我们可能还止步于古典，我们没有把古典带入现代的生存状态，这个课题就不成立。我想，黄玉顺教授课题的最大意义就是它的建设性、应用性和现代性。今天我们谈论儒家理论，既要注意到它的时代性的一面，又要注意到它的超时代性、超时空性的一面。当然我们不是一说超时空性，就一切均可用在现代，而是说要实现跨时空转化。中国的正义论研究也是如此。

（13）孙春晨[①]

在当代中国伦理学研究中，涉及正义问题时，无论是观点还是论据，基本上都是围绕西方社会的正义理论展开的。在中国传统伦理文化中，有没有正义论的思想资源？过去学界思考得不多。黄玉顺教授承担的"中国正义论——中国古典制度伦理学"系列研究课题，试图弥补这方面的缺陷，其学术价值和实践意义是显而易见的。关于本课题，我想谈三方面的问题。

一是课题名称的表述问题。"中国正义论——中国古典制度伦理学"是这个系列课题的总名称，其正标题是"中国正义论"，没有历史时代的限定，据此，"中国正义论"自然既包含古代中国正义论，也包含近代和现代中国正义论。我注意到，黄玉顺教授在课题的近期计划和长远规划设计中，有诸如"当前中国分配制度的中国正义论研究""当今世界国际关系规范的中国正义论研究""中国正义论与当代中国制度建设"等子课题的设计，这就表明这个系列研究课题不只是关注中国古代或中国古典的正义论，而且还关注现实的中国经济社会改革中的正义问题。如此看来，在正标题"中国正义论"下再用"中国古典制度伦理学"作为副标题，就不那么合适了。

另外，在"中国古典制度伦理学"这个副标题中，有"制度伦理学"这一学科名称，那么，正义论即是制度伦理学吗？从制度伦理学的学科内涵上说，正义论只是其中的一个重要内容，正义论不等于制度伦理学。如果再以"古典"来限定制度伦理学，与此相对，是不是还有"现代"制度伦理学？中国古典制度伦理学与中国现代制度伦理学是什么样的关系？中国制度伦理学与西方制度伦理学有什么联系和区别？一旦涉及这些问题，就非常复杂，也不容易从学理上论证清楚。因此，我建议将这个系列研究课题的名称改为

[①] 孙春晨：中国社会科学院哲学研究所研究员、应用伦理研究中心主任，中国伦理学会秘书长。

"中国正义论——中国制度伦理思想的发展",这样既可以涵盖这个课题所要研究的全部内容,又可以避免陷入与制度伦理学相关的诸多学术性难题的纠缠之中。

二是课题研究的内容问题。从历代儒家的著述中挖掘中国传统的正义观,这是一个需要下大气力进行学术梳理的工作,也是本课题研究的基础性工作。国内学界对儒学中的正义理论重视不够,那么,儒学的正义理论到底是什么?历代儒家是怎么言说正义的?通过阅读儒学经典,我们可以获得有关中国传统正义思想的知识。做这样的基础性研究工作,也许很辛苦,但总有下手之处,我相信,只要课题组成员通力合作,这个任务是能够完成的。

根据课题的设计,课题的研究目标不只是整理儒学的正义理论,而是要以儒学的正义理论为基础建构中国的正义论,这里面就涉及儒学正义理论的历史作用和历史评价问题。历代儒家所提出的正义理论在中国古代社会发展的各个阶段到底发挥了怎样的作用?历代统治者是否接受儒学正义理论?如果接受,又是如何运用儒学正义理论来为国家治理服务的?将儒学正义理论与国家治理结合起来,有哪些成功的经验和失败的教训?要弄清楚这些问题,就需要了解中国政治发展史和中国社会发展史,并从中总结出传统中国社会正义实现方式的规律性。从历史主义的观点看,构建当代中国正义论,自然要"以史为鉴",中国历史发展进程中的正义实现模式,将给当代中国解决社会正义问题带来有益的启迪。

三是制度伦理与习俗伦理的问题。20世纪50年代,美国人类学家罗伯特·雷德菲尔德(Robert Redfield)提出了"大传统"和"小传统"的观点。他认为,"大传统"是以都市为中心的社会少数上层士绅、知识分子所代表的文化;而"小传统"则是散布在村落中多数农民所代表的生活文化。以此来分析中国社会的正义观,我们可以将儒学正义观视为"大传统",而民间正义观则是"小传统";制度伦理是"大传统",习俗伦理则是"小传统"。在中国民间社会,可能老百姓并不理解甚至不知道"大传统"所讲的正义是什么东西,但是,在老百姓的日常生活当中,在处理与自己有关的利益关系和人际关系的时候,他们使用的是自己认可的正义观以及实现正义的方式。民间"小传统"的正义观也许并没有"大传统"正义观那样的理论高度,但是,这并不妨碍民间对正义问题的解决。这类基于生活经验而形成的民间正义智慧属于习俗伦理、习惯法伦理,尽管不能用"制度伦理"来定义,然而,却在民间行之有效,并得到老百姓的普遍认同。研究中国正义论,除了属于"大传统"的正义观之外,民间"小传统"的正义观是不是也应该包括在内?民间习俗伦理中的正义智慧是一个丰富的文化资源,通过习俗伦理和习惯法伦理而维持的日常生活正义,是制度性正义的必要补充,理应得到应有的重视。

我就讲这些,谢谢!

(14)白彤东[①]

我看了一下黄教授的报告,我很认同里面的很多想法。不过,有人讲,中国人近200年来先是挨打,接着是挨饿,现在是挨骂的问题。黄教授这个项目需要解决挨骂的问题。

西方有一些标准,他们衡量中国的时候,我觉得有一种反映西方立场的东西,有西方的社会文化背景。而中国有中国自己的一套社会文化,所以中国的事情不能用西方的东西来衡量。按照我的想法,宣传中国文化的特殊性,这是一种很保守的态度。把中国文化当作一种很特殊的民族文化,使它看起来是一种很保守的文化,这是清末民初时的做法,实际上是西方思想家的立场的反映,我想这是背离了先秦儒家的东西。先秦儒学是给所有人设立的东西,而不是狭隘的民族观念。当时中华民族的民族概念,不是血缘的概念。

而黄教授的东西虽然叫"中国正义论——中国古典制度伦理学",他虽然这样提,但其实不是局限于中国这个特殊人群、特殊地点的。另外,也不是局限于当时的时间的。当时有当时的现实条件。例如,我很认同黄教授的说法:我们现在读《周礼》的时候,要区别当时的现实条件,回到它的精神本身,精神本身在不同的现实条件下重新展示出来。他把这个作为正义论的

[①] 白彤东:2009—2010年任美国泽维尔大学哲学系终身副教授,现任复旦大学哲学学院教授、博士生导师,美国中国哲学学会副主席。

出发点，我想这是怎么把它当作一个哲学的、超时间的东西。这是我理解这个项目的地方。

儒学从时间、人群、地点上来说都适用于生活实际的问题。也许我们的生活实际不一样、时间不一样、地点不一样，我们在面对生活世界的问题的时候，不同的人有不同的回答；但是作为人来讲，不管肤色、历史、文化的差别怎样，你总要面对一些基本问题，这些基本问题在生活世界里表现出来。那么，我们应该看看，中国传统哲学是怎么回答这些问题的。儒家两千年来在很长时间里为中国的强盛做了很大的贡献。当然，我也认同这样的说法：有些是特殊性的东西，不同的人有不同的想法。但我觉得，那样的研究其实叫文化学或者人类学，不叫哲学。叫哲学，总得把你认为有些价值的问题拿来研究。这是我自己的理解，我跟黄教授也是有一些呼应的。

黄教授的研究，另外一点也是非常有启发性的。现在讲儒学或者中国哲学的人所关注的焦点，例如现代新儒家的关注，都是心性伦理学方面。在这个问题上，我有一个心眼不太好的猜测，我想，现代新儒家听来好像很保守，要保守以前的东西，但是他们在制度上、政治上已经对中国传统失去信心了，所以不敢在制度角度上谈中国的东西，只好退到心性的东西上来谈中国的东西。而黄教授所提的东西里面有制度伦理学的东西，这一点我非常欣赏。其实，中国的儒学是很全面的体系，我们现在也许应该正视儒家当时在制度、政治上的一些资源。

非要讲一些不同观点的话，有几点。

我一开始没了解的时候，听到"中国正义论"，觉得有点奇怪。一说"正义论"这东西，很容易让人想到罗尔斯的东西。他那个东西在西方的东西里面也是很窄的。"正义"很大，但"正义论"很窄。其实我更喜欢黄教授后面的提法——"制度""古典制度伦理学"，这个比较全面。我想，"制度伦理学"更有一种普遍性、涵盖性，比"正义论"更少产生误解，而且范围更广一些，各方面如国内关系、国际关系都要处理。这是我的一个想法。

另外一个想法，关于这里面提到的"古典"这个词。我自己的书里面也用了"古典"这个词，但我现在越来越觉得"古典"这个词比较可疑。西方的古典跟古希腊的古典也不太一样。西方的中世纪，如果把它叫作"古代"的话，中国的"古代"和那个也不太像。我自己最近在区别一个很大的观点：

中国的周秦之变跟西方的现代化有呼应的地方，秦朝以后更多地像西方，很多地方跟西方很像。到底是什么样的"古典"？所以我现在尽量回避"古典"这个词，我更多地用"传统"。

最后，黄教授说"中国古典"，我看他用的主要资源还是儒家的资源。如果你不用道家、法家，而只用儒家的话，其实就是"儒家古典伦理学"，这可能更贴切一些。

这是我的一些想法，谢谢！

生活儒学：一种西绪福斯式的形而上学努力

傅有德

◇ **编者按** ◇

此文原载《当代儒学．第十一辑》，广西师范大学出版社 2017 年版。原文是向"黄玉顺生活儒学全国学术研讨会"提交的参会论文，会议由山东社会科学院文化研究所、中国孔子基金会《孔子研究》编辑部、山东大学儒学高等研究院、山东大学哲学与社会发展学院、西南石油大学马克思主义学院、宜宾学院四川思想家研究中心等 6 家单位联合主办，2016 年 8 月 20 日至 21 日在济南举行。

  今天在这里举行黄玉顺生活儒学全国学术研讨会，是一件值得祝贺的事情。就我所知，在过去的几十年里，就某个学者的思想举办学术研讨会，在我们这一辈的同仁中，尚属罕见。仅凭这一点，就很值得祝贺。

  我认识黄玉顺教授时间不算长，他的论著读得不够多，对他的哲学思想理解得不太深，对其思想中的某些概念或思路不甚明了。尽管如此，我对黄教授仍然印象深刻、敬意多多，因此愿意来参加这个研讨会。在我的心目中，就学识而言，黄教授博学多才，可谓学贯中西、汇通古今；就学术和思想成就而言，他构建了一个完整的哲学体系，这在"文革"后成长起来的中国学者中属于凤毛麟角，其生活本源论虽然未必能够让人信服，却足以显示其创新精神；就其人格和气质而言，他是一个有真性情的率真文人，其风度可以直追魏晋名士。这些都是令我钦佩和赞叹的。

  今天举行的是黄玉顺生活儒学全国学术研讨会，所以，我想就其哲学思想说几句未必恰当的话。我对于黄玉顺生活儒学的总体感受，正如发言题目所示：生活儒学乃是一种西绪福斯式的哲学建构。

  黄教授生活儒学的思路大致是这样的：学问分为三个层次，形而下学（自然科学以及伦理学等）、形而上学（关于存在、实体、道、性命、心体的学问）和前形而上学的本源论（即生活本身或生活领悟）。这三个层次之间的关系是基础和上层建筑之间的关系：生活本源成就形而上学，形而上学成就形而下学；或者说，前者为后者奠基。黄玉顺的论证包括：批评海德格尔（Martin Heidegger）没有从存在者进一步追溯到存在；道家的"道"仍然停留在存在者层面，因而无法作为根基；诸如此类。总之，在生活儒学看来，此前的所有中外哲学家都没有追溯到真正的存在——生活，而生活才是用现象学方法悬置一切物象或存在者后达到的本源，因此是一切学问的基础。请注意：黄玉顺生活儒学中的"生活"不是指人的现实生活，而是在逻辑上先于人类、先于世界上任何物质和精神存在的本源状态。用道家的话说，生活本源就是"有生于无"一语中的"无"，是不可言说的。这样的生活一旦言说出来，便被对象化而成为客体，因此就不再为本源状态了。黄玉顺教授认为，如此这般的生活是一个逻辑起点，由之生成了人类和万物的存在，以及人的情感、思想和更具体的自然科学和社会科学。

按我粗浅的理解，这是一种西绪福斯式的形而上学努力。首先，这一努力显示了一种悲壮的英雄主义精神。按照加缪（Albert Camus）所述，希腊神话中的西绪福斯（Sisyphus）穷其一生，致力于将神推下山的石头一次又一次地推到山顶上。每次将石头推到山顶，他都以为大功告成，心中充满了价值实现后的满足与幸福感。黄玉顺教授用了若干年的时间孜孜不倦地求索，建构出一个追根求源的生活儒学，其持之以恒、坚持不懈的努力结出了成果。我想，完成了这项哲学工程后的黄玉顺教授，一定像西绪福斯那样感到欣慰和幸福。古今中外太多太多的哲学家都在做一种追根求源性的探索。黄玉顺教授今天所做的工作表明，之前的一切形而上学努力都没有完结，还需要当代哲学家再接再厉。也许，黄玉顺所做的努力，就是始于古希腊而代不乏人的某些哲学家的宿命。"知其不可而为之。"黄教授的哲学建构告诉我们的是"知其可"而为之，显然，他的建构过程表现出了满满的自信。

这里说黄教授的生活儒学是一种西绪福斯式的哲学建构，当然包含了对生活儒学建构方式的质疑，而这种质疑也是对历史上所有类似哲学进路的批判性反思。黄玉顺因为海德格尔没有从存在者回归到更根本的存在而遗憾，因此，他要从海氏的存在者继续追问下去，一直追溯到那个本真的存在——生活为止；也就是说，他的致思路径与早期海德格尔是一致的，只是程度上自诩更为彻底罢了。实际上，在海德格尔之前，有许多哲学家在做类似的哲学努力。柏拉图的"理念"、《蒂迈欧》篇中的"神"、亚里士多德的"作为存在的存在"（本体）以及"不动的动者"（神）、新柏拉图主义的"太一"、斯多亚派的"普纽玛"（道、风）、老子的"道"、庄子所谓的有始之前的未有始者、儒家的"天"、《易经》和周敦颐讲的"太极""无极"、朱熹的"天理"等等。凡此种种追求根源的结果，虽然说法不同，但都认为已经达到了某种"实在"，而且是"终极实在"（ultimate reality）。终极既得，夫复何求？在这个意义上，黄玉顺教授的哲学建构不仅在理路上与上述哲学家一致，而且他的"生活"也因为超越上述"终极实在"而达到更高的本源。这是因为，既然已经是"终极"，就无法"更终极"了。

对于这样一种哲学致思路径，希腊晚期、近代早期的怀疑论早有批判，较晚近的则是巴克莱（George Berkeley）的彻底解构。巴克莱认为，此前本体论哲学的根本问题是把世界"二重化"，即把世界抽象（分离）为可感而不真实的现象，以及现象背后不可感而又真实的本质性存在。他认为，这条致思路径是走不通的。犹如一个印度故事所说的那样：地球是被一只大象驮着，大象又被一个大龟驮着，大龟又被某种不知为何物的存在驮着。如此不断追溯下去，永远没有止境。因此，他反对将世界二重化和传统的本体论，提出了"存在就是被感知"的命题，径直把客体的存在与主体联系起来。这个命题的伟大贡献是：第一，它消解了传统哲学从现象背后寻找实在的形而上学思路，认为可感对象就是实在，从而建立了一种现象主义（phenomenalism）的理论。第二，它把客体或对象与主体密切联系起来，一方面使前者在认识论上成为认知主体——人的认识对象；另一方面在存在论上使客体成为上帝直接给出的存在（在巴克莱那里，存在人心和上帝两种精神实体，它们可以保证对象或客体的实在性）。正是由于先有巴克莱对传统形而上学的解构，才有后来休谟（David Hume）的知觉实在和对于本体的不可知论，也才有后来的实证主义、逻辑实证主义、实用主义哲学，也才有现代英美的语言哲学转向。巴克莱令人信服地表明，传统形而上学对于本体实在的追问是无穷无尽的，而这样的追问得不到最终的实在，因而是没有意义的。因此，必须改弦更张，走另外的哲学之路。

黄玉顺教授在建构其生活儒学时，没有认真对待怀疑论和经验主义的思维路径,仍然沿着欧洲大陆哲学(也包括中国传统哲学的存在论)的思路追问,而且认为找到了一个比"道""太极""存在者"等实体更根本的实在,并宣布其为本源性的存在,并称之为"生活"(犹如道家的道,老子不知其名,强名之为"大")。实际上,按照黄玉顺教授的逻辑,一旦称谓某种东西,那东西便被客体化了,而被客体化的东西是不能作为本源性存在的。所以,在我看来,对于那个不知其为何物的终极实在还是"保持沉默"为好。总之,黄玉顺的哲学思路与历史上的那些把自己的根基说成是终极实在的哲学家是一样的,其致思路径是古今中外许多哲学家共同的追问模式,而这个模式是被怀疑论和经验主义、实证主义哲学所批判过了的。黄教授的超形而上学的模式本质上也是一种形而上学路径。也许,哲学就其本质而言,就是一而再、再而三地做此番追根求源的思考。但是,在21世纪的今天,黄玉顺生活儒学仍然坚持走这条道路,就不仅需要指证海德格尔存在论的不彻底性,而且需要对于西方的形而上学批判做深入的再批判,给出继续走以追寻本源为指归的形而上学之路的充分理由。

  黄玉顺教授的生活儒学有一个基本看法,这就是:一切关于存在者的知识,如科学、伦理学等,必然建基于形而上学。这种思路不仅在事实上找不到证明,而且在逻辑上也没有必然性。事实上,没有哪个科学体系是建立在形而上学之上的。就事实看,牛顿力学、爱因斯坦的相对论都不是。功利主义的伦理学、儒家的"仁义礼智"为核心的伦理学,也都不是,至少不是建立在黄玉顺生活儒学意义上的形而上学基础之上的。这些科学或伦理学不讨论而且很可能不知道形而上学,更不知道黄教授的超传统形而上学的生活本源,但却事实上建立起来了,而且一直存在在那里。这证明,形而上学并不必然作为自然科学和社会科学的基础。黄教授所建构的"本源生活"论对于这些学科的建立也不是必需的。

  当然,正如西绪福斯的努力并非毫无意义一样,黄教授的生活儒学也是有意义的。其意义不在于如他所说的解决了古今中外形而上学的问题而追溯到了无法再还原的根基,从而为形而上学和形而下学(这个说法值得进一步推敲)奠定了基础,而在于再次回顾了那种曾有的而且一直存在着的哲学思考方式。哲学的本质是什么?哲学就是一种概念的、逻辑的,甚至是诗意的"思想"。也就是说,看一种思想形态是否为哲学,不在于它思想或言说了什么（思想体系，结果），而在于它是否按哲学的思维方式来思想和言说，即是否为一种概念性的、逻辑的、虽有诗意但不违反逻辑的思想和言说。黄玉顺教授的生活儒学无疑是一种概念性的思维，在很大程度上是符合逻辑的思想和言说。在这个意义上，我认为黄教授是在做哲学，其生活儒学确实是一种哲学，尽管这种哲学与现实的生活和众所周知的儒学没有直接的关系。这就是生活儒学的意义所在。我认为，对于哲学，尤其对于其中的形而上学，不应该再有更高的要求了。

其实，自然科学和包括道德哲学（伦理学）在内的社会科学并不一定需要以形而上学为基础。我们的思想可以是形而上学式的理性的追问，也可以做出某种假设，然后信仰这个假设的对象为终极实在，并在这个基础上建立所有的自然科学和道德、法律、政治经济制度等等。宗教就是这样做的。例如，犹太教、基督教都把上帝作为最高的实在，由上帝而解释世界的产生，把自然界的规律、人应该遵循的道德和法律制度，统统归功于上帝的创造和恩赐。这里没有理性的、逻辑的思维，它所要求的是信仰和对建基于信仰的传统价值和规范的接受，并在不得已的时候做出顺天应人的变通。这是哲学以外的另一条致思路径。这条路径中国传统中也是很丰富的，很值得我们关注和探究。我注意到，黄玉顺教授的生活儒学没有考察亚伯拉罕宗教的这一进路，就连先秦经典中关于天帝、天道、天命以及性、命、天的关系都较少涉及，这不能说不是一个遗憾。

"生活儒学"之我见

林存光

◇ 编者按 ◇

此文原载《当代儒学. 第十一辑》,广西师范大学出版社 2017 年版。原文是向"黄玉顺生活儒学全国学术研讨会"提交的参会论文,会议由山东社会科学院文化研究所、中国孔子基金会《孔子研究》编辑部、山东大学儒学高等研究院、山东大学哲学与社会发展学院、西南石油大学马克思主义学院、宜宾学院四川思想家研究中心等 6 家单位联合主办,于 2016 年 8 月 20 日至 21 日在济南举行。林存光,中国政法大学政治与公共管理学院教授、政治学理论专业博士生导师。

作为当下儒学论说中的一种富有创见性的理论建构,黄玉顺教授"生活儒学"理念,对于激励和促进人们深切关注、思考和探究儒学与生活之关系问题,无疑有着重要启示意义和独到思想贡献。据我的了解,黄教授能够提出并发展出一套有关"生活儒学"的理论论说,一定有他自身深刻的生命体验和生活感悟作为支撑,二者是密切相关的。除了"生活儒学",黄教授还极力拓展了中国正义论的思想论域,这也是我非常关注的一大议题。另外,在有关儒学和儒教的许多问题上,我和黄教授也有着相同的观点、看法和立场,比如以历史的眼光来审视儒学的当代发展与转化问题,与有些学者热衷于"立教"不同而更愿意采取政治哲学的进路来思考和阐释儒家的义理,以及明确反对一些学者极力鼓吹"三纲"的观念等。从黄教授整个的理论论说和学术理路来看,我们可以强烈而鲜明地感受和体会到这样几个特点:历史的眼光、开放的心态、对话的精神、哲学的进路和儒者的情怀与气象。这些都是非常值得我本人学习的。就"生活儒学"而言,尽管我本人并不完全认同黄教授的一些具体论点和说法,但认为"生活儒学"理念本身却是绝对值得我们认真思考和严肃对待的一个重要理论问题。故不揣谫陋,略陈己见,既是为了向提出"生活儒学"理念的黄玉顺教授致敬,亦是为了向诸位有道君子请求赐教。

一

时下流行的各种有关"某某儒学"的论说,异见纷呈,莫衷一是,表面上看起来似乎很能彰显出儒学在当下的繁荣景象,提出"某某儒学"之说者也似乎对于"儒学"颇具独到之心得创见,但仔细论究起来,这些说法往往给人一种割裂之感,似乎儒学之为儒学,只能被"某某"所限定,而很难使我们对儒学获得一种完整的理解。《庄子·杂篇·天下》有言:

> 天下大乱,贤圣不明,道德不一,天下多得一察焉以自好。……是故内圣外王之道,暗而不明,郁而不发,天下之人各为其所欲焉以自为方。悲夫!百家往而不反,必不合矣!后世之学者,不幸不见天地之纯,古人之大体,道术将为天下裂。

今日之世界虽不能说已陷入"天下大乱",但思想之歧异多元,世人"多得一察焉以自好"或"各为其所欲焉以自为方",却显然是一大事实,而有关"某某儒学"的各种说法亦正体现了时下儒家内部之观点不一和意见分歧。当然,观点歧异和思想多元未必就是坏事,但也足以说明今人"不见天地之纯,古人之大体"和"内圣外王之道,暗而不明,郁而不发""道术将为天下裂"之不幸状况。

这种状况——当下儒者们纷纷将儒学自相标榜为"某某儒学"的状况,说是儒学之繁荣景象,未必就是真正的繁荣,也许是一种潜藏着某种危险的

"虚假繁荣"①;说是儒学之不幸状况,也未必就是真正的不幸,各种儒学观点的多元竞争虽然使人们易于陷入割裂之见,但也有可能发挥某种积极作用,即能够有效防止和削弱那种鼓吹排他性的偏执于传统儒学之一端而自据为绝对真理的儒家原教旨主义者,僭妄地自称并独享"儒家代表"之名声,这也许又是一种不幸中的大幸。

但不管是幸还是不幸,我们都有必要追本溯源,深入探究儒学之本真含义及其与生活的本质关联。只有厘清了这一问题,我们才能真正理解儒学何以能够在中国历史上作为思想文化之主流而长期延续,并对中国人的生活产生其持久、深入而广泛的影响,乃至进而能够使之在当今和未来继续得以发扬光大。在我看来,兹事体大,非三言两语可以说清,亦非对儒学有粗浅了解者所能胜任,实则是一项应以创造性的、抽象的哲学思辨能力来从事儒学理论建构的严肃事业,黄玉顺教授对"生活儒学"所作的理论阐发工作适足以当之。总的来讲,黄教授的"生活儒学"极大地拓展了一个非常重要的儒学论域,即有关"生活"的儒学论域,或者也可以说,极大地丰富和发展了儒学视域下的生活理念,其中所蕴含的许多精义妙论、真知灼见足可以启发和引导我们做更进一步的深入的理论探究和实践反思。

二

根据我个人的理解,黄教授所提出的"生活儒学"理念,显然不是要用"生活"这一限定语来片面地理解和定义"儒学",而是意在从"生活"的角

---

① 如黄玉顺教授说:"这里我不得不说:至少就政治儒学而论,比起20世纪的现代新儒家来,当今的大陆新儒家整体上是退步了。大陆新儒家致力于政治儒学的有一大批人,其思想观点的差距甚大。其中存在着一些极其危险的政治倾向,特别是个别人不仅倡导威权主义,甚至主张专制主义、极权主义,反对自由、平等、民主等现代文明价值,不禁让人想起鲁迅的说法——'帮忙与帮闲',实则是帮凶。其中有些人是'真睡着了',有些人则是'装睡着了'。我特别想指出这样一股危险的思潮:以狭隘民族主义的'中西对抗'来掩盖'古今之变'的人类文明走向,借'反西方'之名,行'反现代'之实,用'文化'来拒绝'文明'。这些都是当前'儒学复兴'中最值得警惕的倾向。""在形下的层级上,当代儒家的政治哲学必须接受现代政治文明的基本价值,否则儒学迟早必定为时代所唾弃,不论当前如何'虚假繁荣'。"(《也论"大陆新儒家"——回应李明辉先生》,《探索与争鸣》2016年第4期)

度来赋予"儒学"一种完整而本真的含义。换言之,儒学之所以为儒学,正是因为它的"生活"理念。依黄教授之见,"生活本身就是一切的一切的本源",而"儒学的一切的一切,都从'生活本源'说起"。① 要而言之,所谓的"生活儒学",其本意即在于此。

黄教授对"生活"本身或者"生活即本源"的独到理解,构成了其有关"儒学"或"生活儒学"的整个论说的前提。然而,黄教授有关"生活"的这一独到理解或个人见解,能否作为我们论说和探究儒学本真含义的公共起点呢?在黄教授本人也许是一种不言而喻或自洽自明的理论预设,但在我看来,却是可商榷的。譬如,如果说"生活本身就是一切的一切的本源",而"儒学的一切的一切,都从'生活本源'说起"这一说法可以成立的话,那么,"自由主义的一切的一切,都从'生活本源'说起",或者"存在主义的一切的一切,都从'生活本源'说起",又或者"马克思主义的一切的一切,都从'生活本源'说起",这些说法是否也可以顺理成章地成立呢?如果这些说法都可以成立的话,有关"生活本源"的理论预设又究竟具有什么样的意义?儒学与"生活本源"之间究竟是一种什么性质的独特关系呢?如果这些都是需要认真对待和严肃回答的理论问题,那么"生活"与"儒学"之间便不可能是一种不言自明的直接的单一推导关系。如果上述说法都可以成立的话,那么,无论一般所谓的"儒学"还是黄教授本人所说的"面向生活本身的儒学"即"生活儒学",也就仍然是一种"从'生活本源'说起"的特殊论说,因为其他的"学"也都可以"从'生活本源'说起",因为"生活本身就是一切的一切的本源",离开了"生活本源",不仅只是儒家之"学",任何"学"都不可能凭空立言,或者都是无从说起的。换言之,任何"学"都必须要"面向生活",因为"我们的一切的一切,无不源于生活、归于生活"。

黄教授在借由谢灵运"池塘生春草"和周敦颐"池塘生莲花"的生活感悟来阐释"在生活并且去生活乃是生活本身的本源结构"时,如是说:

---

① 黄玉顺:《爱与思:生活儒学的观念》,四川大学出版社,2006年版,第185页。

至于作为生活本身的池塘淤泥，尽管我们可称之为"污浊的塘泥"，然而作为本源的际遇，生活本身既没有形而上的本体意义，更没有形而下的道德意味。生活本身既非什么美妙的事情，也非什么丑恶的事情。生活本身必定是"价值中值"，否则我们就无法理解："污浊的塘泥"何以能够生成作为"花之君子者"的莲花来？池塘淤泥既可以生成"花之富贵者"，也可以生成"花之隐逸者"，还可以生成"花之君子者"：生活本身没有任何价值意义。在这个意义上，生活本身是无意义的。之所以无意义，是因为生活本身是无——无物。或者更确切地说，就在生活而言，生活本身没有任何意义；生活的意义，是我们去生活的建构：我们去生活，就是去构造意义。①

果如上言，则"生活"之为"生活"，在中国，既可以生成崇名教的儒家之学，也可以生成贵自然的道家之学，既可以生成重权势的法家之学，也可以生成法天志的墨家之学；而在西方，既可以生成强调个人自由与个体权利的自由主义，也可以生成主张"存在先于本质"的存在主义。如果说"生活本身是无——无物"或"生活本身没有任何价值意义"的话，那么，所有这些由"生活"而生的中国之"学"和西方之"主义"，也就都是"无"中生有的一种东西，其价值和意义都是"我们去生活的建构"。

如果我理解不错的话，说到底，"生活儒学"所抱持的乃是一种无可无不可的"没有任何价值意义"的、"价值中值"的"生活"论。不过，这与周敦颐"池塘生莲花"的生活感悟没有任何关系，因为周敦颐所强调的恰恰是莲花虽然生于淤泥，却具有"出淤泥而不染，濯清涟而不妖"的清洁、高贵、超脱的君子品格。

三

然而，"生活儒学"所谓的"生活"是否真的就是"没有任何价值意义"

---

① 黄玉顺：《爱与思：生活儒学的观念》，四川大学出版社，2006年版，第232页。

的"无——无物"？果真如此，则"生活"又何以能够成为"一切的大本大源、源头活水"？为了能够证成"生活"之为一切的"本源"，而其本身再无"本源"，黄教授不得不诉诸"回归前原创期的生活"，即"生活意味着：生一活。我们生了，我们活着。如此而已，岂有他哉"。但在进一步的引申论说中，最终还是不得不过渡到原创期之孔孟儒家对生活领悟和生活情感的表达。要而言之："生活如水"，"一个人的生命存活，不过是一滴水；而生活本身却是大海"，"这样的生活领悟，被儒家表达为'生生'。……生活就是这样的生生，就是生生不息。《易传》说：'生生之谓易。'（《周易·系辞上传》）只要我们能够从本源上去理解这句话，那么它就是对生活领悟的本源表达。"如："子在川上曰：'逝者如斯夫，不舍昼夜！'"（《论语·子罕》）不仅孔子对水的感叹传达着这种本源的生活领悟，而且孟子所谓的"良知""良能"也同样表达着作为本源的生活领悟和生活情感。说到底，所谓"生活"，又并非"没有任何价值意义"的"无——无物"，因为"存在就是生活，就是生活感悟，就是生活情感"，"没有生活情感，也就没有存在。而这正是儒家思想的核心所在：没有爱的情感，就没有存在"。而"生活本源层级上的作为生活情感的爱"也就是孔子所谓的"仁"。当然，按照黄教授的概念区分，孔子所谓的"仁"有三个不同层级的含义，即形下之仁、形上之仁和本源之仁，而"生活本源层级上的作为生活情感的爱"只能是指"本源之仁"。[①] 由此可见，不管我们赞不赞同黄教授有关形下、形上、本源之仁的概念区分，但确定无疑的是，黄教授所谓的"生活"又并非"没有任何价值意义"的"无——无物"，而是绝对有其实质性的内涵及其价值意义的，因为"存在就是生活，就是生活感悟，就是生活情感"，就是"作为生活情感的爱"或"本源之仁"。而且，只有在"存在"或"生活"被赋予了"生活感悟"和"生活情感"的实质内涵之后，所谓"生活"也才能真正与"儒家思想的核心"关联起来，乃至所谓"生活儒学"才能真正名正言顺地得以被证成。

我是非常欣赏和钦佩黄教授的哲学思辨水平和概念构造能力的，但是，

---

① 黄玉顺：《爱与思：生活儒学的观念》，四川大学出版社，2006 年版，第 212 页。

在我看来，"生活儒学"与孔孟儒学之间的关系仍然是暧昧不清的。尽管黄教授一再强调孔孟思想中"作为生活感悟的'爱'（前主体性、前实体性）的'仁'"或"作为生活情感的'恻隐之心''不忍之心'"，就是"本源的爱"或黄教授所谓的"生活本源"本身，然而，孔孟儒家对于生活本身的理解及其对他们自身的生活领悟和生活情感的儒家式表达，真的就是黄教授本人所谓的"生活本源"意义上的生活领悟和生活情感吗？如果说黄教授所谓的"生活"就是"一切的一切的本源"，而其本身再无"本源"，而且也不允许问"生活何以可能"的问题的话，那么，孔孟儒家的生活理念却并不如是，因为黄教授的下面一段话恰恰告诉了我们这一点：

> 存在作为一种生活领悟，在本源上不过是说的生活本身的生活情感，而其源头，乃是母子之爱。这一点对于儒学来说乃是最本源的感悟：亲子之爱乃是本源的本源。难怪孔子要从"父母之怀"与"有三年之爱于其父母"（《论语·阳货》）说起，孟子要从"亲亲仁也"（《孟子·尽心上》）说起。想"亲亲"是最本源的生活情感，而我们乃由"亲亲"而存在。①

根据我的理解，其实，所谓"'亲亲'是最本源的生活情感，而我们乃由'亲亲'而存在"，其意正是说"亲亲"就是存在或生活的根基或本源，当然，孔孟儒家有关"亲亲"的生活情感与生活感悟不可能来自"生活"之外或之上，而是就"源于生活而归于生活、出于生活而入于生活"，而且正是在"在生活并且去生活"的过程中获得并加以践行的。唯有如此，儒家之富有道德意义的人伦"生活"才是可能的。因此，对孔孟儒家来讲，基于"由'亲亲'而存在"的生活感悟和生活情感，真正需要思考和询问的人生大问题正是"生活何以可能"的问题，否则，人心陷溺、麻木不仁，生活必将不成其为生活矣，乃至真的要沉沦为"没有任何价值意义"的"无——无物"了，此正是孟子何以汲汲于反复申言"思"与"求"的重要性，而曰"学问之道无他，求其放心而已矣"（《孟子·告子上》）的根本用意所在。而

---

① 黄玉顺：《爱与思：生活儒学的观念》，四川大学出版社，2006年版，第199页。

孔子之所以"亟称于水",孟子以为"原泉混混,不舍昼夜,盈科而后进,放乎四海。有本者如是,是之取尔",反之,"苟为无本,七、八月之间雨集,沟浍皆盈,其涸也,可立而待也"(《孟子·离娄下》),其意亦在于强调,富有道德意义的生活之水之所以能够奔流不息乃至"盈科而后进,放乎四海",正在于其有本有源,而"天之所与"、人所固有的良心善性便是生活的大本大源、源头活水。然而,黄教授的"生活儒学"却将"生活"本源化了,而本源化的结果就是使"生活本身"不再需要"本源",乃至成为了无源之水、无本之木的"没有任何价值意义"的"无——无物",并禁止人们问"生活本身何以可能"的问题。

四

根据早期中国人或古典儒家的观念,人是"天地之心""万物之灵""最为天下贵"者,人怎么可能只可以问"人之为人何以可能",却不能问"生活何以可能"呢?我不知道"人之为人"和"生活之为生活"这两者之间究竟有什么实质性的区别,而按照黄教授的解释,"生活并不是'什么'——生活不是一个东西",而"'何以可能'这样的问题乃是针对形而上学的,是在追问形而上学的根据或者本源。然而生活不是形而上学,也不是形而上学所思考的事情。生活并没有根据……生活也没有本源"。[①]照此说来,既然我们可以问"人之为人何以可能",看来"人"是一个东西,而且是形而上学所思考的事情。

其实,人与生活是密不可分的,离开人谈生活,生活是空洞无物的,反之,离开生活谈人,人也同样将变成抽象空洞之物。问题的关键在于,人不仅是一种形而下的物质性的肉体存在,而且还是一种形而上的精神性的心灵存在,换言之,人不仅仅关注形而下的养生生存之道,而且也会关切形而上的生生不息之道,而人之所以被称为"天地之心""万物之灵"正是因为后

---

① 黄玉顺:《面向生活本身的儒学:黄玉顺"生活儒学"自选集》,四川大学出版社,2006年版,第55页。

者。也许我们可以套用黄教授最乐道之的"人天然是儒家"的说法来讲,作为"天地之心""万物之灵",人天然是一种形而上学动物。而作为形而上学动物,人既然可以问"人之为人何以可能",那么同样也可以问"生活何以可能",因为生活是人的生活,对人来讲,思考和询问人类生活之道或生活本身之形而上学的本源与根据的问题,乃是再自然不过的事情了。

显然,我所理解的"生活"与黄教授的"生活儒学"所谓的"生活"并非一回事。我恐怕缺乏黄教授所具备的形而上的抽象思辨能力,所以只能根据自身"常识"性的"生活感悟"来望文生义地尝试给"生活"下一个定义,所谓"生活"不外就是生命的活动或人生的活法,而且主要是就人类自身的生活而言。之所以特别强调主要是就人类自身的生活而言,是因为基于孔孟儒家的视角,因为他们主要围绕着"仁,人也""人,仁心也"的核心理念,而思考人类生活本身的问题。亦即人类如何才能过上一种真正富有道德价值与意义的人伦社群生活。当然,他们的思考并不局限于人类自身,或者将人类的生活从天地万物中抽离、孤立、隔绝出来,而是将人类的生命及由生命活动而构造的人类社群生活,放置于天地万物生生不息的整个生命洪流和宏大背景中来加以体认和领悟,不仅汲取天地之道用之于塑造人类自身的生活,而且致力于积极参赞天地万物之化育。

不同的生命体验和生活感悟会引发出不同的生活理念。与孔孟儒家不同,道家老庄对化生天地万物的形上之道的体认和领悟及其由此而来的特殊的生命体验和生活感悟,使他们崇尚法天贵真、顺应自然,甚至主张人类应完全回归自然,而过一种与禽兽万物融为一体的天放生活。而法家狭隘地局限于政治权力斗争的生命体验和生活感悟,使他们发展出一种君国本位的富强之术,并力主以强力胁迫人民只能过一种一心一意尽力于耕战的完全受支配和控制的生活。面对如此不同的生活理念,难道我们不应该反思和询问"生活何以可能"以及什么样的生活才是真正富有价值和意义的生活这样的问题吗?正是这样的反思和追问,使孔孟儒家汲汲于向上,寻求人类生活的形上本源与根据——天地生生之仁,向内掘井及泉地开发内在心性的大本大源——人天赋的良知良能、良心善性,借此而人极得立,人类的生活(生命活动)也才能有定向。只有人极确立,生活有本有源、有根基和定向,人类才能真正得以生生不息。毋庸讳言,这也许只是孔孟儒家的一种有关生活理念的特殊论说，但在我看来，却富有普适性的恒久意义，值得我们今人认真对待。至于它在历史上的影响及由其衍生出的具体生活方式或社会形态的利弊得失，则诚如黄教授所说，乃属于形而下的问题，宜随时因革损益，以便能够使儒家的优良生活理念得以更好地实现乃至发扬光大。

总而言之，依我之见，我们不需要一个无本无源的"生活"理念或"没有任何价值意义"的"生活本源"理念，此一理论前提预设实属不必要。当然，对"生活儒学"的这一理论前提预设的质疑，绝不意味着对其整个理论言说和思想创见之价值与意义的否定，相反，在我看来，去掉了这样一种不必要的理论前提预设，不仅不影响其整个理论论说和思想创见的创新价值与独特意义，反而可以使之更加合理而自洽，也可以使我们获得一个更加丰富饱满而生动活泼、既有本有源而又能成为一切之本源的"生活"理念。

"生活儒学"的历史哲学述评

徐国利

◇ 编者按 ◇

此文原载《山东大学学报（哲学社会科学版）》2017年第6期。原文是向"黄玉顺生活儒学全国学术研讨会"提交的参会论文，会议由山东社会科学院文化研究所、中国孔子基金会《孔子研究》编辑部、山东大学儒学高等研究院、山东大学哲学与社会发展学院、西南石油大学马克思主义学院、宜宾学院四川思想家研究中心等6家单位联合主办，2016年8月20日至21日在济南举行。徐国利，上海财经大学人文学院教授、博士生导师、历史系主任。

◇ 摘要 ◇

"生活儒学"是中国当代儒学建构的重要理论形态之一。它通过与海德格尔现象学的对话，返回原始儒学的生活本源论，提出"生活即是存在"的命题，指出：生活是一切的本源，生活显现为生活情感（仁爱），生活所显现生活样式即生活方式；人是由生活生成的，故只有在回归生活本源（情感本源）的基础上才能重建当代儒学。"生活儒学"包含诸多历史哲学观念，深入阐述了历史本质、历史二重性、族类的历史、现代民族国家及其历史、历史与文化及其与传统的关系等历史哲学问题。其"溯源立新"的模式不仅是中国当代儒学的新建构，也为当代儒学历史哲学的建构提供了新思路。

　　如何建构儒学的现代理论形态，是当代中国思想文化界的重大课题，目前已形成若干流派。其中，著名学者黄玉顺教授的"生活儒学"是重要流派之一。"生活儒学"通过与海德格尔现象学的对话，返回原始儒学的生活本源论，提出"生活即是存在"的命题，主张在回归生活本源的基础上重建儒学。它不仅以其"生活—存在"论阐明了历史及历史哲学的本源，还论述了历史本质、历史二重性、族类历史、现代民族国家及其历史、历史与文化和传统的关系等历史哲学的基本问题。这种"溯源立新"的模式不仅是儒学现代理论的新建构，也为儒家历史哲学的现代重建提供了新思路。

一、作为历史及历史哲学之本源的"生活—存在"

在"生活儒学"看来,"生活—存在"是大本大源,一切都由其给出,历史亦是如此。因此,要理解"生活儒学"的历史哲学,首先就要理解"生活—存在"论的意蕴。

(一)生活存在论:"生活—存在"的本源性

"生活儒学"以现象学的存在论方法,对生活作了新解释:"生活即是存在;存在即是生活。"[①]因为"存在本身不是任何物的存在,生活本身不是任何人的生活。生活本源之为本源,就是这样的真正彻底的'无前设性'(Voraussetzungslosigkeit)……显然,惟有生活本身才是这样的本源:在一切的学、问、思、辩、行之前,我们就已经在生活"[②]。质言之,生活即存在,生活先于一切。所以,"生活儒学"的最基本表达就是:"生活就是存在,生活之外别无存在。你不能设想,在生活之外还有什么存在。"[③]同时,生活即现象,即本质,"生活即是存在,生活即是现象,生活即是本质。生活本身甚至本来就无所谓现象还是本质。"[④]

"生活儒学"区分了传统本体论的"根据"(基础)和生活本源论的"本源",认为生活是一切的本源,"生活没有任何基础,生活自己也并不是任何东西的基础。生活不是基础或者根据,但生活是一切的本源"[⑤]。一切都源于生活,思想史上各种终极本体都源于生活,"生活既不是'物质'给予的,也不是'上帝''理念''心灵'给予的;既不是'天理'给予的,也不是'良心'给予的"[⑥]。恰恰相反,上述观念都源于生活,归属于生活。故,本源的生活并非本体意义的生活,"既不是意志主义、生命哲学所谓'生命'(Leben),也不是存在主义,包括海德格尔所谓'生存'(Existenz);既不是

---

① 黄玉顺:《爱与思:生活儒学的观念》,四川大学出版社,2006年版,第194页。
② 同①,第194页。
③ 黄玉顺:《儒学与生活:民族性与现代性问题——作为儒学复兴的一种探索的生活儒学》,《人文杂志》2007年第4期。
④ 同①,第203页。
⑤ 同①,第204页。
⑥ 同①,第209页。

梁漱溟所谓'生活',也不是唐君毅所谓'生命存在'"①。

可见,生活本源论的"生活—存在"观有鲜明的历史哲学意蕴。首先,生活既然是先于一切的本源,那么,生活也就是历史的本源。其次,"生活—存在"论否定和解构了中西历史哲学中生命、生活等绝对本体论,为当代儒学历史哲学的新奠基开辟了道路。不过,笔者以为,对于历史中的人而言,先于人的生活、与人无涉的生活,人完全可以不问。对人类文明史而言,真正有意义的生活,只能是人生活于其中的生活。这种有人的"生活",是一种价值性的存在或说价值性的生活。因为,哲学就是价值性的学说,价值乃是哲学的本质属性。

(二)情感本源论:生活显现为生活情感(仁爱)

"生活儒学"对生活作了唯情论的解释,指出生活即生活情感,即仁爱。"存在就是生活,就是生活感悟,就是生活情感"②。因此,生活情感也是最本源的,"情感乃是最本源的事情;我们也可以说,情感就是最本源的生活显现"③。仁爱即是生活情感,"仁爱这样的情感,我称之为'生活情感'。在生活的本源情境中,这种仁爱情感显现出来;或者说,生活首先显现为仁爱的情感。这是儒家的一个非常重要、极其核心的思想"④。由于作为情感的仁爱是最本源的,所以,"这种本源性的爱的显现是普适性的,是与我们身处其中的某种具体生活方式的历史衍流样式没有任何关系的"⑤。生活儒学的情感本源论,是力图去除对生活所作的形而上学和伦理道德的解释。

由于生活情感、仁爱并非伦理化和道德化的东西,而是本源性的存在,"存在、生活、情感、仁爱,原来都是同一层级的观念"⑥,所以,生活本源论就是生活情感(仁爱)本源论,仁是一切形式和实质东西的本源,"'仁'作为爱的生活情感,既是形式的,更是实质的,是一切形式的、实质的东西的

---

① 黄玉顺:《爱与思:生活儒学的观念》,四川大学出版社,2006年版,第193页。
② 同①,第199页。
③ 同①,第205页。
④ 黄玉顺:《"价值"观念是何以可能的?——基于"生活儒学"阐释的中国价值论》,《四川大学学报(哲学社会科学版)》2007年第1期。
⑤ 黄玉顺:《儒学与生活——"生活儒学"论稿》,四川大学出版社,2009年版,第193页。
⑥ 黄玉顺:《儒学与生活:民族性与现代性问题——作为儒学复兴的一种探索的生活儒学》,《人文杂志》2007年第4期。

本源所在"①。作为本源的生活情感（仁爱）为儒学形而上学本体论的重建做了奠基，"生活情感才是心性本体之设定的发端，才是形而上学之建构的大本大源。……唯有这样的形而上学，才可能为当代应有的价值论、知识论奠基"②。可见，这种形而上学本体论，虽然力图去除以往对其所作的伦理化解释，但是仍具有浓厚的价值论和道德化色彩，体现了儒学的鲜明特征。

笔者以为，先于人的生活是否有情感和仁爱，可悬而不论；但对于人来说，生活情感与仁爱虽是本源性的生活，但已具有人的色彩。从这个意义上说，在未有人类之前，那种仁爱和生活与人的历史无涉。其次，说仁爱的显现是普适的，与具体生活方式的历史衍流样式没有任何关系，这固然保证了仁爱的本源性，然而在社会历史的不同形态和阶段中，仁爱情感的显现只能是具体的和历史的。在不同民族文化中，仁爱情感的显现亦有其文化样式。

（三）生活方式：生活显现样式的形而上学把握

那么，如何把握生活的显现样式呢？"生活儒学"认为，必须通过"生活方式"，"生活方式的观念不过是对生活本身的显现样式的一种客观化、对象化、存在者化的把握，这种把握不是本源的把握，而是形而上学的把握"③。由于生活就是生活的显现样式，因此，"生活方式在本源上不过是生活显现样式，而不是在其背后隐藏的生活本质的显现"；但是，"对于我们之去生活来说，'生活方式'这样一种把握却并不是没有意义的：只要我们不要'忘本'，能够意识到'生活方式'的观念渊源于生活本身的显现样式，那么，它就可以有助于我们理解文化的本源、族类与历史的本源"④。可见，生活方式是我们理解和认识文化与历史本源的途径和通道，没有它，我们便无法认识历史和文化。

正是由于能历时性地把握古今不同的生活显现样式，我们才能把握历史，"在生活本源的层级上，所谓'历时'与'共时'的时间观念本身尚待生成；并且，生活本身也还没有'我们的'与'他们的'之'分别相'。因此，仅

---

① 黄玉顺：《复归生活 重建儒学——儒学与现象学比较研究纲领》，《人文杂志》2005年第6期。
② 黄玉顺：《"价值"观念是何以可能的？——基于"生活儒学"阐释的中国价值论》，《四川大学学报（哲学社会科学版）》2007年第1期。
③ 黄玉顺：《爱与思：生活儒学的观念》，四川大学出版社，2006年版，第239页。
④ 同③，第242页。

仅是在历史哲学及历史学的视域中,回归生活才有所谓的'历时'维度,即回归前原创期的生活方式;同时才有所谓的'共时'维度,即回归我们自己这个再创时代的生活方式"①。可见,生活是从古衍流到今的,只是古今显现的样式不同,因此有了古今历史形态的不同。这样,生活显现样式便有了历史时间的维度,"历史"才能被解释,"所谓生活方式,只不过是生活衍流的一种历时的显现样式,由此,所谓'解释'、所谓'历史'才是可能的"②。

当代的生活方式就是今天重建儒学形而上学本体论的本源所在,也是历史哲学重建的基础。黄玉顺为此说:"当代思想视域已经规定了我们的致思路向:首先就是回归存在、回归生活;对于我们这些现代性的当代人来说,就是首先面向生活衍流的这样一种历时样式——当代的生活方式。在这样的本源上,我们才能重新思考存在者整体,才能重建本体论"③。这表明,生活显现样式古今不同,因此才有历史的显现,当代人所面对的是生活衍流的当代样式。笔者认为,生活的历时样式虽然还是生活,但已是包含过去生活的当下生活,而非古人所处的生活样式,质言之,生活是日新又日新的。这种日新又日新的人类生活,即是历史哲学的思考对象。

(四)人是由生活生成的

在"生活儒学"中,人和生活是什么关系呢?这是理解生活儒学历史哲学的又一前提。黄玉顺认为,生活是先于人的,人是由生活生成的,"在本源层级上,作为存在本身的生活,不是任何人的生活:不是我的生活、你的生活,也不是他的生活;不是'人'的生活,更不是'物'的生活。这叫'物我两忘'。我、你、他的分别相,人与物的分别相,只是主体性观念的结果;然而主体性作为存在者观念,却正是由作为存在本身的生活生成的。……之所以有人的生活,首先是因为有生活的人;之所以有生活的人,首先是因为有生活本身"④。

人类历史的一切都是源于生活,"生活才是一切的大本大源、源头活水。

---

① 黄玉顺:《爱与思:生活儒学的观念》,四川大学出版社,2006年版,第186页。
② 黄玉顺:《儒学与生活——"生活儒学"论稿》,四川大学出版社,2009年版,第259页。
③ 黄玉顺:《"价值"观念是何以可能的?——基于"生活儒学"阐释的中国价值论》,《四川大学学报(哲学社会科学版)》2007年第1期。
④ 同①,第199页。

没有生活，便没有人，没有主体，没有实体，没有社会，没有文化，没有哲学，没有科学，没有道德，如此等等"①。那么，人是怎样在生活中生成的呢？黄玉顺说："生活如此这般地显现着自己，这种生活显现便是情境。所谓情境，乃是一种无分别的境遇。所谓境遇，并不是说的一个现成的人的'生活遭遇'；境遇作为情境，恰恰是人之得以生成的本源。人之所以为人，首先并不是根据于什么'人性'，而是渊源于生活情境：正是生活情境'规定'着所谓人性，并从而'塑造'了人本身"②。"在生活并且去生活"构成了生活的本源结构，人作为主体性存在者显示了其创造性，"我们作为主体性存在者，首先是在作为存在的生活中生成；然后，我们才可能去改变我们作为存在者的生活"③。

上述思想的历史哲学内涵主要是：首先，作为本源的生活不断给出人，自然也就给出了历史，因为人是历史的主体。其次，人"在生活并且去生活"，既揭示了生活是人的本源，也说明人作为主体能"去生活"，此即创造历史的活动。最后，"作为存在的生活"和"存在者的生活"的区分，表明前者是本源，后者则具体和历史地表现为集体性的，即"群类"或"族类"的历史。不过，笔者以为，自人类历史形成后，虽然人是由生活给出的，但只有人的生活才是历史学的思考对象。

二、"生活儒学"的历史观念

"生活儒学"从生活本源论出发，认为历史既是客观存在的历史，这种历史就是文化的历时形态；又是被解释的历史，即主观叙述的历史。然而，不论是哪一种历史，都是由生活本源给出的。

---

① 黄玉顺：《爱与思：生活儒学的观念》，四川大学出版社，2006年版，第205页。
② 同①，第205页。
③ 黄玉顺、杜霞：《儒学与现象学的分野——关于〈生活儒学导论〉的对话》，见《原道. 第十四辑》，首都师范大学出版社，2007年版，第137—142页。

（一）历史是文化的历时形态

关于客观存在的历史，"生活儒学"的解释主要包括三个方面：一是，"所谓历史，其实就是为生活方式所决定的文化的历时形态。因此，历史的本源乃是生活本身的历时显现样式"①。二是，"各种各样的历史的'现实生活'只不过是生活本身衍流的历时显现样式而已，正如所谓'民族'、'文化'只是生活衍流的共时显现样式"②。三是，"历史就是现实生活；或者说，历史不过是现实的生活感悟的一种样式"③。概括三种解释，实质内容有两个方面：一是历史与"现实生活"的关系。历史虽然是生活的历时显现样式，但是这种"生活"实为当下的现实生活。笔者以为，这种现实生活是融汇以往生活、融汇古今为一的现实生活。正如生活儒学所说："过去和未来都是当下的一种绽放、一种展现、一种显现样式"④。二是历史与文化的关系。历史就是文化的历时显现样式。易言之，历史就是文化，是一种具有历时性的文化显现样式。为此，"生活儒学"批评各种"历史本体论"和被庸俗化的"历史唯物论"是形而上学的观念，"这种历史本体论基于流俗的时间观，以为在历史的时间三维中，我们的当下是被我们的过去决定了的。这就把历史对象化、客体化了，亦即把历史存在者化、物化了"⑤。

那么，何谓文化？"生活儒学"说，文化乃是被把握为生活方式的生活显现样式，"文化是由生活方式决定的，……文化的真切本源乃是生活，乃是被把握为生活方式的生活显现样式。当生活显现样式本身被形而上学地把握为生活方式或者'生活的样法'时，似乎所谓'文化'也就得到了说明"⑥。黄玉顺还运用字源学来解释文化，说"化"字有两种基本用法："其一，文化的内容就是教化；其二，文化的目的则是使之有'礼'，使之纹理化、条理化，使之有分别相。对天的文化就是使天条理化，这就是天文；对人的文化

---

① 黄玉顺：《爱与思：生活儒学的观念》，四川大学出版社，2006年版，第247页。
② 黄玉顺、杜霞：《儒学与现象学的分野——关于〈生活儒学导论〉的对话》，载《原道．第十四辑》，首都师范大学出版社，2007年版。
③ 黄玉顺：《面向生活本身的儒学：黄玉顺"生活儒学"自选集》，四川大学出版社，2006年版，第39页。
④ 黄玉顺：《儒学与生活——"生活儒学"论稿》，四川大学出版社，2009年版，第315页。
⑤ 同①，第247页。
⑥ 同①，第242页。

就是使人条理化，这就是人文。后者即所谓'人文化成'，一言以蔽之：使之有礼。"①

可见，历史本质上是一种文化形态。在不同时代，生活显现为不同的文化形态，当不同时代的文化历时性地呈现出来时，便是历史。"生活儒学"对生活、生活方式与历史、文化的关系所作的阐述富有新意，与现代新儒家历史观念大不相同。如对历史、文化、生命、生活作过系统阐述的钱穆认为，历史即文化，即人生，即生活，即生命……②

（二）历史的二重性及其本源的同一

"生活儒学"认为，历史具有二重性，即历史包括"客观存在"的历史和"主观叙述"的历史；但是，两者在本源上是同一的。历史既是客观的，又是主观的，"一方面，历史的'客观存在'不过是当下的生活本身的在生活的际遇当中的一种涵摄；而另一方面，历史的'文本解释'不过是当下的生活本身的去生活的一种显现样式。历史的存在，乃渊源于当下的生活本身的显现样式；历史的解释，乃渊源于当下的生活感悟。追本溯源，历史就是当下的生活的历史"③。可见，历史既是"客观存在"的历史，又是"文本解释"的历史，后者即是通常所说的历史学。

不过，两者本质上是同一的。黄玉顺说："历史总是被解释的历史；在这个意义上，历史在本质上就是观念史。"又说："所谓历史，不过是我们对生活衍流的一种存在者化的观念把握；但生活本身却并不是存在者，而是存在。用老子的话来说，如果说，历史、存在者是'有''物'，那么，生活、存在就是'无''无物'。……我们自己作为历史的解释者，作为主体性存在者，也是由生活给出的。"④由于历史和历史解释都是由生活给出的，因此，客观存在的历史与主观叙述的历史在本源上是同一的。不论是在西语，还是在汉语中，"历史"这个词语之所以同时具有双重含义，是因为它恰恰传达出这样一个消息："两者其实是一回事。历史总是被叙述着的历史；思想史总是被

---

① 黄玉顺：《爱与思：生活儒学的观念》，四川大学出版社，2006年版，第246页。
② 徐国利：《钱穆史学思想研究》，"第五章 心性合一的民族文化生命本体论"，台湾商务印书馆，2004年版。
③ 同①，第247—248页。
④ 黄玉顺：《儒家思想与当代生活——"生活儒学"论集》，光明日报出版社，2009年版，第81—82页。

当下思想着的思想史。"①

"生活儒学"对历史二重性的解释有重要价值。它否认了将历史视为往事的简单看法，认为作为客观存在的历史仍然需要主体加以"观念把握"，即需要解释才能存在。易言之，历史是史学家感悟生活的一种主体精神或意识的呈现。这一思想和当代西方著名的新黑格尔主义哲学家克罗齐所说的"一切真历史都是当代史"②、柯林武德所说的"一切历史都是思想史"③相类似，都深刻阐明了人心中的历史离不开史家主体意识的重建，只是这种重建是史学家对人类过去和当下生活融会贯通后的思想重建，而非纯粹思辨的重建。"生活儒学"的独特之处在于，指出了史学家主体意识是由当下生活给出的，而非新黑格尔主义视史学家主体意识为历史本体的主张。新黑格尔主义历史哲学只思考到历史本体为止，"生活儒学"则指出了历史本体的生活本源。不过，说在汉语语境中历史兼有客观和主观含义，值得商榷。在中国传统史学观念里，相当于现代历史观念的"史"或"史事"只有客观性。传统史学的理念是"据事直书"和"秉笔直书"。进入现代以后，随着西方历史观的传入，中国史学界才接受了历史二重性的观念。

（三）历史兼具主观性和客观性何以可能？

兼具二重性的历史之所以可能，是因为其理论依据即是"生活儒学"的生活本源论。黄玉顺说："如果说，历史、包括思想的历史都不过是当下的思想、或者解释的显现样式，那么，这种当下的思想、或者解释也是生活的一种显现样式。如果说，文化的差异不过是生活的共时显现样式，那么，历史的变动也不过是生活的历时显现样式。这就是说，思想史不过是当下思想的一种显现样式，亦即当下生活的一种显现样式而已。历史研究、包括思想史研究的主体和对象，都是在这种显现中生成的，亦即都是当下生活感悟的产物。"④质言之，作为客观存在的历史和思想的历史（即主观的"文本解释"的历史）都是由当下生活给出，都是当下生活的显现样式，然而我们能够知

---

① 黄玉顺：《儒家思想与当代生活——"生活儒学"论集》，光明日报出版社，2009 年版，第 103 页。
② 克罗齐：《历史学的理论和实际》，傅任敢译，商务印书馆，1982 年版，第 2 页。
③ 柯林武德：《历史的观念》，何兆武、张文杰译，商务印书馆，2009 年版，第 304 页。
④ 同①，第 105—106 页。

道的历史只能是史学家所能理解并予以解释的历史；不过，这种历史又非史家主观构想出来的，而是在思想"客观历史"后解释出来的。由此，历史的客观性和主观性（实际是主体性）得到了统一。

黄玉顺指出，学者对历史的解答通常是基于"主—客"架构的，"即历史的叙述者（主体）和被叙述的历史（对象）"，那么，这种架构何以可能呢？他提出了"注生我经"的新解释："我曾通过阐释孟子的'论世知人'思想，批判了陆九渊的'六经注我'的先验论观念，提出'注生我经'，即'我'（解释者）与'经'（被解释文本）都是'注'的产物，而'注'其实不过是当下生活的一种样式，而归属于生活本身。"①"生活儒学"还进一步阐释了历史解释的非先验性，"历史是被解释的历史，因而解释是先在于历史的事情"，然而这并非说解释是先验的，"解释之为解释，乃是生活本身的事情。当代诠释学观念告诉我们：历史是在解释中生成的，而解释本身不过是当下生活的一种样式"。当代诠释观是"注生我经"，因为，"不论作为客观对象、作为被解释文本的历史，还是作为主体、作为解释者的我们，都是被当下的生活所给出的；这种当下生活的一种显现样式，正是所谓'解释'"②。

新黑格尔主义者柯林武德对历史何以具有二重性有类似阐述，"因为历史的过去并不像是自然的过去，它是一种活着的过去，是历史思维活动的本身使之活着的过去；从一种思想方式到另一种的历史变化并不是前一种的死亡，而是它的存活被结合到一种新的、包括它自己的观念的发展和批评也在内的脉络之中"③。黄玉顺认为此言利弊互存，"柯林武德这段话中包含着一种洞见：是当下的思想使过去的历史存活着。但是问题在于：假如这里的'思想'就是指的他所说的那个'以自己为中心'的历史学家的思想，柯林武德也就重新陷入了某种主观主义的'六经注我'的泥潭"④。

---

① 黄玉顺：《儒家思想与当代生活——"生活儒学"论集》，光明日报出版社，2009年版，第104—105页。
② 黄玉顺：《儒学与生活——"生活儒学"论稿》，四川大学出版社，2009年版，第255页。
③ 柯林武德：《历史的观念》，何兆武、张文杰译，商务印书馆，2009年版，第318页。
④ 同①，第105页。

三、现代史就是民族国家的历史

"生活儒学"旨在回答当代中国如何重建儒学的问题,因此对中国现代史予以较多关注和阐述,对其他儒学派别对中国现代史发展道路的主张有积极回应。它认为现代史就是民族国家的历史,中国现当代儒学的重建必须建立在此基础上,其本质是"现代性诉求的民族性表达"。

(一)族类的历史

"生活儒学"认为,从古至今,族类包括部落、氏族、部族、民族国家(nation)等不同形态,它们是不同生活方式的产物。易言之,人类历史即是不同族类构成的历史。

黄玉顺说:"生活本身不仅共时地显现为不同的生活方式,'族类'由此得以可能;而且历时地显现为不同的生活方式,'历史'由此得以可能。"[1]又说:"所谓族类,其实就是为生活方式所决定的文化的共时形态;因此,族类的本源乃是生活本身的共时显现样式。"[2]所谓共时性地显现为不同生活方式,即是说,在同一历史时期,不同群体的人因生活方式不同,形成了不同的族类。可见,由于历史是生活历时性地显现为不同的生活方式,历史又是"族类"的,故历史是族类生活方式的显现。而族类的生活方式之所以可能,是因为其所感悟的生活是有文化的。文化即是对生活方式的把握,不同族类的生活得以区分正在于其是有文化的。

族类在历史上有不同的表现形态,"所谓族类,不过是人群的一种分别相:部落、氏族、部族、民族国家(nation),等等。这些各不相同的族类形态,都是各不相同的生活方式的产物。由此可见,被把握为生活方式的生活显现样式本身,才是族类的本源。族类的历史,乃是这个族类的当下的生活的一种涵摄,这个族类在当下的生活感悟中,通过一种自我解释,而成其为一个族类。所以,追本溯源,族类就是当下的生活的族类"[3]。他批评现代新儒家形而上学的文化生命本体论,如"钱穆的'民族文化生命史观',就是一

---

[1] 黄玉顺:《复归生活 重建儒学——儒学与现象学比较研究纲领》,《人文杂志》2005年第6期。
[2] 黄玉顺:《爱与思:生活儒学的观念》,四川大学出版社,2006年版,第248页。
[3] 同[2],第248页。

种典型的形而上学的文化、族类、历史观念。在这里,'民族文化生命历史'被赋予一种本体的意义。而事情本身是:民族文化生命历史的观念,是被当下的生活感悟给出的"①。实际上,其他现代新儒家也基本将历史视为民族的文化生命。

笔者认为,梁漱溟和钱穆等中国现代新儒家对生活(或生命)、文化与民族的关系是有深刻领悟的,"生活儒学"与其有共同点。如钱穆将历史视为人生或生命,历史作为生命只能是民族性的,决定民族历史的便是文化,其历史观实为"民族文化生命史观"。"生活儒学"与其便有共同点,两者都将历史视为古今一体的,都强调历史的本质属性——民族性。不过,"生活儒学"所说的生活是本源性的,现代新儒家所说的生活(或生命)则是本体性的。钱穆将历史视为民族文化生命的一种不断显现,文化生命是"体",历史面相是"用",而且,民族自有人类有文化以来就形成了。②"生活儒学"则认为,历史和文化都是生活方式的显现;文化虽然与族类有必然关系,然而作为"族类"形态之一的民族只是到现代才出场。

(二)现代史就是民族国家的历史

现代史就是民族国家的历史;在现代民族国家中,现代性与民族性是相互涵摄的两个重要维度;现代性和民族性与传统是密不可分的。

族类的现代形态就是民族国家,故现代族类的历史就是民族国家的历史。黄玉顺说,理解近现代史有一把钥匙,"就是 nation,就是'民族国家'的观念";现代性民族概念 nation 就是一个民族,就是国家,"我们今天要理解自己的生存,那么,现代意义的'民族国家',这是一个很重要的维度"③。可见,作为现代史的民族与国家是同一的。那么,为何会形成现代民族国家观?根源即在于现代与古代的生活方式不同。他说:"在现代的生活方式中,'国家'就是'民族','民族'即是'国家',是一个词:nation",它与古代"国家"state 不同,因此,"'中华民族'(the Chinese Nation)就是现代意义的'中国',是一个现代性的观念,……而这种转变的发生,乃渊源于我

---

① 黄玉顺:《爱与思:生活儒学的观念》,四川大学出版社,2006 年版,第 248 页。
② 徐国利:《钱穆史学思想研究》,台湾商务印书馆,2004 年版。
③ 黄玉顺:《儒学与生活——"生活儒学"论稿》,四川大学出版社,2009 年版,第 308—309 页。

们的这样一种当下的生活显现样式,被把握为当今中国人的现代性的生活方式"①。他又说:"民族何以可能?由于生活方式。'民族'就是现代'民族国家'(nation:与'国家'是西来的同一个词),但它并不是一个从来就有的观念,而是一个典型的现代性观念,它是与资本主义、资产阶级(中产阶级)的崛起相伴随的,是基于现代性的生活方式的观念"②。

现代民族国家本质上是"现代性诉求的民族性表达",两者是相互涵摄的,"现代性诉求与民族性表达的互涵互摄,乃是透彻地理解我们身处其中的这个'民族国家'(nation)的一把钥匙。……民族性是现代性的基本涵项,正如现代性是民族性的基本涵项:这是我们的生活—存在的基本情境、语境"③。两者之所以互相涵摄,是因为"现代性,乃至于当代性的问题,本质上是一个民族性问题。所谓现代性,乃至当代性,它所关涉的就是近代以来的'民族'或者'国家'观念——两者是一个词:nation。在这个意义上,民族性乃是现代性的基本涵项"④。可见,所谓现代性与民族性的相互涵摄,就是指现代性本质上就是民族性问题。

现代民族国家的建立不仅不能与传统割裂,而且要维护传统,因为传统就存在于现代性和民族性之中。黄玉顺说:"现代性的诉求,源于我们当下的生活情境,此乃生活本身的衍流的一种历时样态,也就是一种现代性的生活样式;民族性的表达,源于我们在这种生活情境中的生活领悟,而这种领悟中涵摄着我们的共同传统。所谓'传统'绝非存在者化地、对象化地、现成化地摆在那里的'客观'的东西,可以供我们来打量、研究、继承或不继承;而是被收摄于我们当下生活'共在'之中的事情,传统就在生活之中。"⑤因此,作为中国人当下的生活样式,"既内涵着历史文化传统的积淀,也内涵着现代性、全球性等的因素"⑥。可见,民族性与传统不可分离,凡是民族都有文化传统,"所谓民族性,在观念上首先关涉的就是民族主体性,这立即

---

① 黄玉顺:《爱与思:生活儒学的观念》,四川大学出版社,2006年版,第248页。
② 黄玉顺:《面向生活本身的儒学:黄玉顺"生活儒学"自选集》,四川大学出版社,2006年版,第84页。
③ 黄玉顺:《儒学与生活——"生活儒学"论稿》,四川大学出版社,2009年版,第221—222页。
④ 黄玉顺:《"自由"的歧路:"五四"自由主义的两大脱离》,《鹅湖》2000年第12期。
⑤ 同③,第222页。
⑥ 黄玉顺:《儒教问题研究》,人民出版社,2012年版,第79页。

就指向民族文化传统"①。"文化总是被把握为'民族文化',也就是说,民族乃是文化的先行观念。"②可见,有文化传统的民族性(国家)才是现代性的,两者都源于当下的生活情境或生活方式。重建中国现代文化,既要反对文化原教旨主义,又要反对全盘西化论,"没有民族性表达的那种现代性诉求,是自由主义西化派的文化殖民意识、文化上的'受虐待狂'的表现,那是危险的;然而没有现代性诉求的那种民族性表达,则是'原教旨主义'的'夜郎意识'、文化上的沙文主义的表现,那同样是危险的"③。

说民族性是现代史,而非古代史的特征,笔者认为对于西方历史而言是如此,对于中国历史而言未必尽然。中国自秦汉以来形成了大一统帝国,西汉中期以后儒学开始成为王朝意识形态,以汉族及其文化为主体的历史成为历史主流。特别是到了宋代,随着宋明理学的形成和夷夏之辨意识的强化,汉族的文化主体意识得以确立。如葛兆光说,北宋时中国已有类似的现代民族观,民族国家已经形成。④因此,中国现代民族国家是在继承传统民族国家观基础上,吸收西方现代民族国家观形成的,与西方的现代民族国家观念和历史存在差异。

四、生活儒学历史哲学的重要价值及存在的问题

"生活儒学"基于中西哲学的反思,采用当代最前沿又最原初的思想视域,回归当下生活和生活情感来重建当代新儒学,为当代儒学重建提供了新模式。黄玉顺说:"当代思想的发问,也就是现象学所说的'奠基'(Fundierung)问题。……更本源的问法乃是20世纪思想,尤其是现象学那种指向形而上学本身的发问方式:'形而上学何以可能?'"⑤这种思想视域就是海德格尔所说的重返轴心时期以前的本源性存在,这也是孔孟的思想视域,

---

① 黄玉顺:《复归生活 重建儒学——儒学与现象学比较研究纲领》,《人文杂志》2005年第6期。
② 黄玉顺:《面向生活本身的儒学:黄玉顺"生活儒学"自选集》,四川大学出版社,2006年版,第84页。
③ 黄玉顺:《当前儒学复兴运动与现代新儒家——再评"文化保守主义"》,《学术界》2006年第5期。
④ 葛兆光:《宅兹中国:重建有关"中国"的历史论述》,中华书局,2011年版。
⑤ 黄玉顺:《儒学与生活——"生活儒学"论稿》,四川大学出版社,2009年版,第181页。

"轴心时期以后,人类渐渐地遗忘了存在;人们渐渐地只会思考存在者,而不会思考存在了;只会'思有',而不会'思无'了。两千年来,我们只习惯于形而上学、形而下学的思维方式,沉溺于其中而习焉不察:我们只会伦理地思、科学地思、哲学地思,然而再也不会本源地思。直到20世纪,这才重新发现了存在,于是,存在的视域便成为当代最前沿的思想视域;然而这原来是人类原初就有的一种思想视域,也是孔孟那里具有的一种思想视域"①。因此,"生活儒学"先是破解传统的形而上学,然后在生活本源上来重建,即:"回归生活本身,回归生活情感,回归本源性的爱本身。"② 具体说即是:"在今天的生活样式下,我们就是要把握住这样的观念,在生活本源上,重新建构儒家的形而上学、形而下学,包括知识规范、社会规范、道德伦理、制度问题,等等。"③

"生活儒学"的"生活—存在"本源说不仅阐明了历史及其哲学的依据,还对历史哲学的诸多基本问题做了深刻阐述,富有洞见卓识,为中国当代历史哲学的重建提供了极具价值的新思路。第一,采用"溯源立新"的模式来重建当代儒学及其历史哲学。所谓"溯源"有两层涵义:一是返回历史的本源——生活或生存本身;二是返回未被"遗忘"或"遮蔽"的原始儒学,即孔孟的儒学。所谓"立新",是指从现象学的存在论出发,吸收新黑格尔主义历史哲学和现代新儒家历史哲学的合理思想,立足生活,特别是中国人当下的生活,来重构儒学及其历史哲学。这种模式直接阐释了历史及其二重性、历史与文化和民族的关系、历史认识何以可能、现代史的本质和特征、现代性与民族性等诸多关乎当代儒家历史哲学建构的基本问题。这是继中国现代新儒学及其历史哲学之后很有学术价值的探索。第二,运用了科学的方法论。"生活儒学"综合传统训诂学、现代字源学和词源学的方法,对"生""活""存""文""化""命"等字词及"生存""生活""文化"和"天命"等基本概念和范畴做了较为全面的阐释,将生活儒学及其历史哲学的溯

---

① 黄玉顺:《"刑"与"直":礼法与情感——孔子究竟如何看待"证父攘羊"?》,《哲学动态》2007年第11期。
② 黄玉顺:《复归生活 重建儒学——儒学与现象学比较研究纲领》,《人文杂志》2005年第6期。
③ 黄玉顺:《儒学与生活——"生活儒学"论稿》,四川大学出版社,2009年版,第43页。

源和奠基建立在科学的方法论基础上。第三,彰显了中国儒学人文道德理性的精神。"生活儒学"认为,生活及其情感(仁爱)是一切的本源,因此历史亦源于生活和仁爱;而历史是生活的历时显现样式,生活即是仁爱,那么历史就是仁爱的历时显现样式。仁爱的这种历时性显现,易言之,就是人文道德不断显现和进步的历史。这种历史观彰显了儒家人文道德理性精神,与西方现代各种历史哲学不同。西方现代历史哲学的主流是分析的历史哲学,它力求运用科学的认识论来回答历史本体和历史哲学能否建立的问题。即便是新黑格尔主义哲学家克罗齐和柯林武德主张以人的自我意识(思想)为中心来重建历史,体现了浓厚的人本主义色彩,但仍与儒学的人文道德史观不同。

不过,"生活儒学"历史哲学建构是初步的,存在有待完善和可商榷之处。首先,"生活儒学"历史哲学没有形成完整的体系。它对历史动力、历史进程、历史要素、人的历史地位和历史价值论等问题或是没有回答,或是缺乏深入阐述。它对于"族类"历史的阐释主要限于现代民族国家方面,对其他"族类"的历史,特别是文明史以后族类形态的历史(即通常意义的古代史)缺乏系统阐释。这就使人们无法了解"生活儒学"历史哲学视域下古今历史的完整画面。究其原因在于,"生活儒学"思考的重心是当代儒学的重建,历史只是其中的一个方面或向度。易言之,"生活儒学"主要是就中国当代儒学的建构,而非儒学历史哲学建构提出的。其次,"生活儒学"强调回归生活本源来重建儒学及其形而上学,排斥了历史主义的方法。黄玉顺说:"历史主义本质上是一种经验主义的哲学进路,它至多能够为我们提供一种'经验科学'的叙述,而不能真正透彻地理解历史,从而也不能真正有效地切入当下。"[1] 笔者以为,这两者并非对立的。中国儒学和文化的重建固然要回归生活,直面当代的生活方式,但是,在本源论基础上重建形而上学的历史本体论,则需要历史主义的方法。因为,作为生活衍流的历时显现样式的历史是古今相承的,作为人类当下的生活是融贯了古代人类生活的生活,那么,对这种生活及其显现样式加以思辨而形成的历史哲学就离不开历史主

---

[1] 黄玉顺:《儒学与生活——"生活儒学"论稿》,四川大学出版社,2009年版,第254页。

义的方法。而且，将本源性思维与历史主义思维结合起来思考生活或生命，亦是中国传统儒学的思维特征和精神。实际上，"生活儒学"在建构其思想体系时亦采用了历史主义的思维方式。

"生活儒学"与儒学在中国的第三期复兴

谢爱华

◇ 编者按 ◇

此文原载《山东大学学报（哲学社会科学版）》2017年第6期。原文是向"黄玉顺生活儒学全国学术研讨会"提交的参会论文，会议由山东社会科学院文化研究所、中国孔子基金会《孔子研究》编辑部、山东大学儒学高等研究院、山东大学哲学与社会发展学院、西南石油大学马克思主义学院、宜宾学院四川思想家研究中心等6家单位联合主办，2016年8月20日至21日在济南举行。谢爱华，中央民族大学哲学与宗教学学院教授、博士生导师。

◇ 摘要 ◇

黄玉顺先生的"生活儒学"借鉴了现象学的方法，尤其是海德格尔对"存在"与"存在者"的区分，直接面向生活本身，构建了以"仁爱"为核心、具有三个观念层级结构的新的儒学本体论。"生活儒学"在形下学层面的展开——"中国正义论"，是从生活本源出发的具有中国特色的政治哲学，它将政治正义的观念奠基于儒家的人性论伦理学基础之上，明确回答了"政治权利是否需要超验之维"的问题。"生活儒学"不仅将传统儒学的"心性论"与"宇宙论"融为一体，而且弥合了当今所谓"心性儒学"与"政治儒学"的鸿沟。"生活儒学"提出的"现代性诉求的民族表达"的进路，将现代性与民族性有机结合，无论从理论上还是实践上，都是一种十分可贵的、有益的探索。

在儒学的第三期复兴浪潮中，黄玉顺教授的"生活儒学"正受到学界越来越广泛的关注。其基于生活本源的存在论、以三个观念层级为核心的对传统儒学的本体论重构、在伦理和政治领域对"生活儒学"的形而下层面的展开，都显示出"生活儒学"丰富的创意和生命力。本文将就"生活儒学"与现象学的关系以及"生活儒学"在形而下层面的展开——"中国正义论"，谈一点自己的看法，以求教于各位方家。

一、"生活儒学"与现象学

现象学的口号是"面向事情本身",而这个"事情本身"在胡塞尔看来是人的纯粹意识结构。胡塞尔继承并发展了布伦达诺的意向性概念,用以分析和展开这个纯粹意识的结构,并调动我们的本质直观(也称为"范畴直观")的能力,从而获得具有严格确定性的自明的真理。所谓"现象学还原"的方法,即是抛开一切先见、成见和预设,直面现象本身。用这种方法,胡塞尔自称克服了西方哲学史上长期存在的现象与本质、个别与一般的二元论,而用"现象一元论"取而代之。

海德格尔继承了胡塞尔的"面向事情本身"的现象学方法,但海氏认为,这个"事情本身"并非胡塞尔所认为的是人的纯粹意识结构,而是人的存在本身,即人的存在的基本结构,海氏称其为"Dasein",它才是我们需要面对和思考的真正本源性的东西。为了区分"存在"与"存在者",海氏专门为此做了词源学的分析:古希腊语中的"存在"并不是一个实体,而是一种"生长着""逗留着"的控制力量,是一种永远变化着的、面向未来的无限可能性。因此,"存在"是本源性的,是"存在者"之所以存在的根据。海氏认为,自柏拉图以来的整个西方形而上学在这个问题上都误入了歧途,即混淆了"存在"与"存在者",并把"存在者"当成了"存在"。与胡塞尔主要致力于方法论的建构不同,海氏的哲学是存在本体论,它主要揭示的是人的存在的本体论结构,被海氏归结为"烦""畏""死"等。海氏后期进一步认为存在的真理应该被理解为"作为澄明的去蔽",人是"向死而生",只有在孤独地面对自我时才能体验到自己的本真的存在。

黄玉顺教授的"生活儒学"借鉴了现象学的方法,尤其借鉴了海氏对"存在"与"存在者"的区分。借助于现象学的进路,黄玉顺教授大胆地突破了传统儒学长期以来的"形上—形下"的二元本体论建构,提出"仁爱(情)—性体(性)—情欲(情)"或"无(存在)—有(存在者)—万物(现象)"的观念层级的本体论架构,这个三元的本体论架构是以"生活"("存在""无")为本源的,而传统儒学的其他概念,如"理""心""性""气"等,无论是形而上的还是形而下的,都是由这个本源性的"存在"("无")

所开出、所生成、所彰显的。① 我认为，这种对传统儒学的本体论重构在学理上是十分大胆的突破，它揭示了在传统儒学的本体论架构中长期被遮蔽的、某种更为本源性的东西。这种作为"存在者"的根据，并支配、控制、彰显着"存在者"的东西，在海德格尔看来，是"存在"，是"Dasein"；而在黄玉顺教授看来，是"生活"，是儒家所讲的"仁爱""诚"，也是道家所讲的"无"。和海氏一样，黄玉顺教授也对"在""生""存"等汉字做了详细而专业的文字训诂方面的工作，揭示了中华民族的祖先对于生活经验的最初的本源性的领悟和体认，与海氏的"生活经验的形式化显示"的概念相互映照与确证。这些都是"生活儒学"对于当代儒学重建做出的富有原创性的贡献。

当然，"生活儒学"并非"现象学儒学"，它没有照抄照搬西方现象学的理论和方法。如前所述，现象学的宗旨和目标是克服西方思想史上的二元论痼疾，用"现象一元论"取而代之。因此，彻底的现象学家既不承认现象之外有一独立的本体存在，也反对建构传统的形而上学体系。这与"生活儒学"以三个层级的观念为奠基的形上学的本体论结构在理论旨趣方面是不相容的。对于"生活儒学"的批评者来说，这似乎是对现象学的误用甚至扭曲；但对于"生活儒学"的提倡者来说，这恰好证明了"生活儒学"并无意于建立一门"现象学儒学"的学科体系。现象学对于"生活儒学"来说，是处于工具和方法论层面的，"生活儒学"对于现象学也如同对于任何其他的外来理论资源一样，采取的是一种"拿来主义"的态度，合则用之，不合则弃之。我认为，这也是我们面对西方和一切外来文化应该采取的一种具有主动性和灵活性的、比较适宜的态度。

另外，黄玉顺教授的"生活儒学"采取以"仁爱"（"生活"）为本源，下辖（"开出"）"形上""形下"共三个观念层级的本体论结构，也在一个新的理论框架中融合了传统儒学中长期以来"心性论"与"宇宙论"的二元对立。按照新儒家的第二代传人牟宗三先生的看法，儒学传统中有分别传承自孟子一系的"心性论"（"主观性原则"）与传承自易庸一系的"宇宙论"（"客观性原则"）的分别。前者以孟子的"性善论"与王阳明的"致良知"

---

① 黄玉顺：《生活儒学：黄玉顺说儒》，孔学堂书局有限公司，2014年版，第48页。

为代表，后者以易庸的宇宙论与程朱的道德形上学为代表。以牟宗三先生为代表的部分新儒家学者历来奉孟子及其继承者王阳明一系的"心性论"为儒家道统正宗，而将易庸及其继承者程朱的宇宙论和道德形上学判为"歧出"（即牟宗三先生所谓的"横摄系统"或"别子为宗"）①。这样，孟子的"性善论"与王阳明的"致良知"所彰显的本心本性便具有了普遍的宇宙本源及绝对的道德本体的地位。孟子的"四端说"无疑为这种本心本性的存在提供了某种"道德直觉"（moral intuition）意义上的证明：

孟子曰："……所谓人皆有不忍人之心者，今人乍见孺子将入于井，皆有怵惕恻隐之心。非所以内交于孺子之父母也，非所以要誉于乡党朋友也，非恶其声而然也。"

"由是观之，无恻隐之心，非人也；无羞恶之心，非人也；无辞让之心，非人也；无是非之心，非人也。恻隐之心，仁之端也；羞恶之心，义之端也；辞让之心，礼之端也；是非之心，智之端也。人之有是四端也，犹其有四体也。有是四端而自谓不能者，自贼者也；谓其君不能者，贼其君者也。凡有四端于我者，知皆扩而充之矣，若火之始然，泉之始达。苟能充之，足以保四海；苟不充之，不足以事父母。"（《孟子·公孙丑上》）

孟子曰："乃若其情则可以为善矣，乃所谓善也。若夫为不善，非才之罪也。恻隐之心，人皆有之；羞恶之心，人皆有之；恭敬之心，人皆有之；是非之心，人皆有之。恻隐之心，仁也；羞恶之心，义也；恭敬之心，礼也；是非之心，智也。仁义礼智，非由外铄我也，我固有之也，弗思耳矣。故曰：求则得之，舍则失之……"（《孟子·告子上》）

在孟子看来，这种善根善性、良知良能，犹如人的感官，是天然的、本源的存在。牟宗三先生在《我与熊十力先生》中记载的一次关于"良知呈现"的谈话，十分生动形象地再现了当时的场景："有一次，冯友兰往访熊先生于

---

① 牟宗三：《心体与性体（一）》，正中书局，1968年版，第13—20页。

二道桥。那时冯氏《中国哲学史》已出版。熊先生和他谈这谈那,并随时指点说:'这当然是你所不赞同的'。最后又提到'你说良知是个假定。这怎么可以说是假定。良知是真真实实的,而且是个呈现,这须要直下直觉,直下肯定'。冯氏木然,不置可否。……良知是真实,是呈现,这在当时,是从所未闻的。这霹雳一声,真是振聋发聩,把人的觉悟提升到宋明儒者的层次。然而冯氏依旧聋依旧聩。这表示那僵化了的教授的心思只停在经验层、知识层上。只认经验的为真实。……自胡适以来,一般名流学者,只停在这层次上。……由熊先生的霹雳一声,直复活了中国的学派。"①

那么,这个"真真实实的呈现"在生活经验的层面上,凭当下的"智的直觉"所体认、所肯定的人的本心本性、良知良能,究竟是处于生活本源的层面上,还是处于形而上的本体层面上?在奉"心性论"为儒家正宗的新儒家学者看来,由于没有现象学方法的预设,生活本源与形而上的宇宙本体是合一的,因此不会提出这个问题。而在黄玉顺教授的"生活儒学"的本体论架构里,这两者是有分别的,处于不同的层次上;而且由于已经预设了"生活"("仁爱""无")的终极的生活本源的地位,孟子的"心性"便退隐到由这个生活本源所"开出"的"形上本体"的层面了。黄玉顺教授依然在孟子的文本中为自己的这个独特的理解找到了立论根据:

公都子问曰:"钧是人也,或为大人,或为小人,何也?"
孟子曰:"从其大体为大人,从其小体为小人。"
曰:"钧是人也,或从其大体,或从其小体,何也?"
曰:"耳目之官,不思而蔽于物。物交物,则引之而已矣。心之官则思;思则得之,不思则不得也。此天之所与我者。先立乎其大者,则其小者弗能夺也。此为大人而已矣。"(《孟子·告子上》)

这里所谓的"大体",就是未被遮蔽的心性本体、良知良能。黄玉顺教授敏锐地抓住了孟子的"先立乎其大者"的这个"立"字,他把"立"理解

---

① 牟宗三:《五十自述》,鹅湖出版社,1989年版,第86页。

为一个动态的过程:

怎么"立"这个"大者"呢?孟子另外有一段很著名的论述。他说,其实本来无所谓良心不良心、无所谓本体不本体、无所谓善性不善性,性体其实是被确立起来的,是哲学形上学的一种建构。真正的生活情境是什么呢?他举了一个例子:不管你这个人是好人、是坏人,只要你还是个人,还没有沦为禽兽,那么,"今人乍见孺子将入于井,莫不有怵惕恻隐之心"。这是一个非常著名的例子:只要你还是个人,那么,你看到小孩快掉到井里了,那多危险啊,你心里必定"咯噔"一下,怵惕恻隐;你甚至有一种恐惧感(不是为自己的安危恐惧,而是为孩子的安危恐惧),进而产生一种强烈的同情感、恻隐感。然后呢,你肯定是不假思索地行动。后来孟子还讲了几句,意思是说,这一切跟你的思考没关系,跟你和他父母的交情没关系,跟记者是否要来采访没关系,你也来不及想这些问题,这就是一刹那的情感显现。孟子、孔子、儒家,他们真正的、最本源的观点在这里,就是说,什么本体啊、人性啊等等,所有存在者化的东西,都是如此生成的。在这一刹那间,你才真正成其为一个人;在这之前无所谓本心、良心什么的,也来不及讲什么道德。一切都由此开始。所以孟子接下来说,这是"火之始然,泉之始达"。所以,回到刚才的话题,在孟子看来,心性本体、世界本体是怎么被确立起来的?是怎么被设定的?他讲:"扩而充之"。这就是说,这一刹那的最本真的情感显现,你赶紧把它把握住,再"扩充"它:把这么一种最本真的情感提升为或确立为世界的本体,儒学把它称作"性"——人性的"性"。当我们人类进入轴心期、理性觉醒的时代以后,这种"扩充"就是"性"的确立过程。这个"性"既是世界的本体,也是"我"的本体。①

"先立乎其大者"再"扩而充之",这是本心本性的证立和扩充的过程。"这一刹那的最本真的情感显现"乃是灵动丰富的生活本源,而依此本源建立的形而上的"性"之本体已是一凝固的、概念化的"存在者"。此本心本性

---

① 黄玉顺:《生活儒学:黄玉顺说儒》,孔学堂书局有限公司,2014年版,第58—59页。

扩充于宇宙天地之间，使天地万物皆呈现为人的良知的显现，从而达到儒家心性论与宇宙论的合一，主观原则与客观原则的统一，如程明道之"仁者浑然与物同体，义礼知信皆仁也"，亦如王阳明所言，"你未看此花时，此花与汝心同归于寂。你来看此花时，则此花颜色一时明白起来。便知此花不在你的心外"①"人的良知，就是草木瓦石的良知。若草木瓦石无人的良知，不可以为草木瓦石矣。岂惟草木瓦石为然。天地无人的良知，亦不可为天地矣。盖天地万物与人原是一体，其发窍之最精处，是人心一点灵明，风雨露雷，日月星辰，禽兽草木，山川土石，与人原是一体"②。

再回到黄玉顺教授的"生活儒学"的本体论建构上来。前文已经指出，由于预设了孔子的"仁爱"为终极的生活本源，所以孟子的"心性"、朱熹的"理"等，在"生活儒学"的本体论框架里均被置于形而上的"存在者"的位置。我认为，这固然是"生活儒学"对传统儒学在学理上的大胆突破，具有丰富的原创性内容，但它同时也为"生活儒学"在论证方面带来了某些困难。一般公认的看法是，孟子的"性善论"直接传承自孔子的"仁爱"观念，两者可以说是一体两面，并无本质的分别。而"生活儒学"将它们分为两个不同的观念层级：前者为形而上的本体，后者为生活本源的显现，似乎很难对此作出令人信服的论证。以此类推，"生活儒学"本体论的"形上"与"形下"两个观念层级究竟各自对应于传统儒学中的哪些概念或范畴，它们的相互关系如何，在"生活儒学"现在的理论框架中似乎还没有得到清晰和明确的说明。这同时也说明："生活儒学"对传统儒学的本体论重构是一个十分宏大而艰巨的任务，前面还有很长的路要走。

二、罗尔斯的《正义论》及其理论缺陷

在政治哲学与制度建构方面，"生活儒学"试图与之对话的是西方政治自由主义的典型代表罗尔斯的《正义论》。我们首先来分析《正义论》的基

---

① 王阳明：《传习录》卷下，中州古籍出版社，2008年，第207页。
② 同①，第214页。

本观点及其理论缺陷。

《正义论》的开篇是关于正义的理论，第二篇是具体的制度设计，第三篇是关于"善"的理论，从"正义的理论"到"善的理论"的过渡相当于从政治哲学到道德哲学的过渡。其中，社会契约论在传统上被看作是西方传统道德哲学的一部分。罗尔斯从虚拟的"原初状况"出发，通过"无知之幕"的假设，推出正义社会的两个基本原则："自由权优先原则"与"利益差别原则"，并认为前者高于后者。罗尔斯宣称：

> 每一个人都拥有一种基于正义的、即使以社会整体名义也不能践踏的不可侵犯性。因此，正义否认为了一些人分享更大利益而剥夺另一些人的自由是正当的，不承认为了多数人享有更大利益而迫使少数人做牺牲。因此，在一个正义的社会里，公民的平等的自由权是不容置疑的，正义所保障的权利不能屈服于政治交易或对社会利益的算计。[①]

"原初状况"的假设与"自由权优先"的原则一开始就存在着重大的理论缺陷，遭到来自各方阵营的批评。批评主要集中于罗尔斯理论中的一个自我循环：罗尔斯通过"原初状况"与"无知之幕"的假设推出"自由权优先"的原则，而实际上自由权优先的原则已经蕴含在这两个理论假设之中。在后来发表的演讲和文章中，罗尔斯求助于康德的实践理性，设立一个自由自律的道德主体作为其正义原则的伦理基础[②]，并以此证明自由权优先原则的正当性。这里罗尔斯实际上提出了政治哲学与道德哲学（伦理学）的关系问题，并试图用先验的道德哲学为自由主义的政治理论奠基。

然而，在1993年出版的《政治自由主义》一书里，罗尔斯却又把自己的理论严格限制在政治领域，明确宣称政治自由主义不需要一个形而上的或伦理的学说作为理论基础，相反，政治自由主义才是解决各种相互冲突的形而上学或伦理学的合理途径。他公开宣称"道德哲学的一般问题与政治自由主

[①] 约翰·罗尔斯：《正义论》，何怀宏等译，中国社会科学出版社，1988年，第3—4页。
[②] 标志罗尔斯这次思想转折的主要是罗尔斯1980年在哥伦比亚大学的杜威讲座上发表的"道德哲学中的康德构造主义"，以及1981年在"人的价值讲座"上发表的"基本自由权及其优先性"两篇长篇演讲。

义不相干"①。在一个"合理的多元化"的社会里,罗尔斯求助于"交叠共识"(overlapping consensus)的概念来说明各种普遍学说共享一些政治理念的可能性。罗尔斯认为,各种普遍学说虽然互不相容,但它们之间有一定的交叉点,正是这些观念之间的交集提供了它们在政治问题上达成某种共识的可能性。

罗尔斯的观点受到哈贝马斯的批判,他们的分歧表现在:第一,政治权利是否需要设立一个超验的道德主体,即一个自由主义的社会是否需要求助于普遍的善的伦理观念?第二,在一个利益诉求日益趋于多元化的社会里如何寻求政治上的交叠共识?这两点分歧将当代西方自由主义在实质正义与形式正义之间的对立暴露无遗。也与本文将要分析的以"生活儒学"为基础的"中国正义论"有十分密切的关系。

三、"生活儒学"的形下学建构——"中国正义论"

首先,关于建构正义社会的伦理基础的问题,中国传统的儒家文化的确可以提供丰富的思想资源。孟子用"爱人"定义儒家思想的核心概念"仁",可以说儒家文化是以"爱"为核心的"情感本体论"。"己所不欲,勿施于人"(《论语·卫灵公》)的道德黄金律(golden rule of moral)与康德的"只能把他人当作目的,而不能当作手段"的绝对律令相得益彰,已成为具有形而上学意义的普遍伦理准则。与西方注重契约与法治的文化传统相比,中国更强调德治(伦理)的优越性和基础地位。孔孟历来把劝诫统治者施行"仁政"作为毕生最高的政治理想和伦理追求。"道之以政,齐之以刑,民免而无耻;道之以德,齐之以礼,有耻且格。"(《论语·为政第二》)在牟宗三先生看来,以儒家为代表的中国文化是一具有道德生命的本体,此具有形而上学本体论意义的"道德理性""良知""德性主体"乃中国精神文化的大本大源,此道德理性的"分解的尽理之精神表现"与"架构表现"分别可以"开出"现代化的科学精神与民主政治。牟宗三先生用道德理性("良知")的"自我

---

① 约翰·罗尔斯:《政治自由主义》,万俊仁译,译林出版社,2011年,第93页。

坎陷"具体描述这个"内圣开出新外王"的过程。因此，在牟先生看来，儒家文化不仅与现代化不矛盾，而且现代化还是儒家文化生命辩证发展的内在要求。① 然而，如同康德的先验伦理学无法为罗尔斯的自由主义的制度设计奠定哲学基础一样，中国儒家的超越的心性本体也无法直接转化为具体的政治制度设计，其间缺乏过渡性的"中间架构"。杜维明等新儒家学者曾尝试用（良知的）"自我转折""自我充实"等代替"自我坎陷"，但终究没有成功地说明儒家的"内圣"之学如何开出新时代的"外王"的具体理路。②

其次，关于罗尔斯与哈贝马斯之争的第二个方面，即在一个利益诉求日益趋于多元化的社会里如何寻求政治上的交叠共识的问题。哈贝马斯对这个问题的解决方式是基于他的交往理性的"商谈伦理学"（discourse ethics），它突破了以康德、黑格尔为代表的主客对立的意识哲学，而以"交互主体性"（inter-subjectivity）概念取而代之。"交互主体性"是胡塞尔和哈贝马斯都使用过的概念，目的是解决在一个现代化的世界里人与人之间互动交往、相互体认的哲理基础的问题。所谓"交互主体性"，亦可看作是不同主体间的交叉共识。其实，在中国传统儒家的文化资源中，尤其是在孔孟的儒家经典中，并不缺乏交互主体性的智慧洞见。前面提到的"己所不欲，勿施于人"的"恕道"（"恕"者，即"他心如我心"）即是典型例证。孟子云："爱人者恒爱之，敬人者恒敬之"（《孟子·离娄下》）；"仁者以其所爱及其所不爱，不仁者以其所不爱及其所爱"（《孟子·尽心下》）；"吾今而后知杀人亲之重也：杀人之父，人亦杀其父；杀人之兄，人亦杀其兄。然则非自杀之也，一间耳"（《孟子·尽心下》）；"老吾老以及人之老，幼吾幼以及人之幼"（《孟子·梁惠王上》）；等等。这些都是中国儒家思想对于人与人之间交互主体性的普遍真理的高度认同，将政治哲学奠基于人性论的伦理学之上，值得我们认真汲取。当然，超越的本体论层面的人性论，仍然需要落实到具体的经验层面上，需要某种"架构性"的程序设计。这一点，亦是中国儒家思想的缺陷和局限的方面。

2016年3月，美国政治哲学家迈克尔·J.桑德尔（Michael. J. Sandel）教

---

① 牟宗三：《政道与治道》，台湾学生书局，1983年，第51—57页。
② 杜维明：《21世纪儒学面临的五大挑战》，《探索与争鸣》2011年第11期。

授在上海的华东师范大学与中国学者陈来先生有一场对话,对话是围绕桑德尔的近著《民主的不满》而展开的,对话的焦点就是政治学与伦理学的关系问题。在对陈来先生发言的回应中,桑德尔批评了西方政治自由主义将政治学与伦理学截然分开的做法,认为权利、正义、法律等这些概念不应该是纯粹程序性的,而应该建立在普遍善的伦理的基础之上,因而具有某种实质性的内容。在这一点上,桑德尔认同中国传统儒家的政治哲学与制度设计,赞同中国传统儒家思想将政治制度奠基在善良德性培养之上,并对西方政治学的传统过多关注"如何做一个法律意义上的'好公民'",而对"如何做一个过良善生活的'好人'"关注不够进行了反思。桑德尔承认,做一个"好公民"与做一个"好人"存在着区别。对于陈来先生"中国儒家传统比西方思想具有更厚实的德性观念"的评价,桑德尔教授亦表示高度赞同。①

在这样一个视角和背景下,我们来看"生活儒学"的政治设计与政治构架。仍以黄玉顺教授建基于"生活儒学"的"中国正义论"为例,它有这样一个层层递进的结构:"仁(爱)—利(利益)—知(良知)—义(正义)—智(理性)—礼(制度)—乐(和谐)"。这是一个内部具有有机联系的系统,其具体内容如下:"1.'仁'有两个方面,'差等之爱'会导致利益冲突,而'一体之仁'则是解决利益冲突问题的根本保证。2.'利'指人们的利益,社会群体必然存在利益冲突,而这正是正义论需要解决的问题,也正是儒学所关注的基本问题。3.'知'指孟子所说的'良知',即正义感,它表现为一种能对善恶好歹做出直觉判断的智慧,导向正义原则。4.'义'指正义原则,包括两条:一是正当性原则,要求在社会规范及制度的建构中超越差等之爱,追求一体之仁;二是适宜性原则,要求制度规范的建构充分考虑到社会共同体的生活方式及时空条件。5.'智'指理智或理性,这是社会规范建构及制度安排的必要条件。6.'礼'指社会规范及制度,这是儒学的基本课题,孔子不仅要求'克己复礼'即遵守社会规范及其制度(行为正义),而且强调'礼有损益',即制度规范应依据正义原则(正当性,尤其适宜性)而变革(制度正义)。7.'乐'(yuè)意谓'乐'(lè),指社会和谐,这是儒家正义理论

---

① 迈克尔·J. 桑德尔:《回应陈来教授等》,《华东师范大学学报(哲学社会科学版)》2016年第3期。

的最终目标，即群体的和乐与幸福。'礼别异，乐合同'，在这个意义上，中华文化和儒家文化即'礼乐'文化。"①

这是一个相互联系、层层递进的有机系统：既有生活本源的出发点（"仁"），又有最终的目标和归宿（"乐"）；既有观念层面的建构（"义"），亦有具体制度的设计（"礼"）；既有普遍原则（"正当性"），亦考虑到具体社会时代的生活条件（"适宜性"）；既考虑到人的善良本性（"知"），亦顾及社会不同群体之间的具体的利益冲突（"利"）。尤其是，它将政治哲学与制度设计构建于儒家的"仁爱"与"心性"观念之上，明确回答了政治哲学与道德哲学（伦理学）的关系问题，以及政治正义是否需要"超验之维"的问题。当然，根据"生活儒学"，这里的"仁爱"并非一超验的形而上的本体，而是能够开启和彰显"形上""形下"层面的生活的大本大源，与生活经验（"存在"）直接合一，无须借助于（良知的）"坎陷"或"架构性"的中介与现实对接，故而或可摸索出一条克服中国传统儒学的缺陷与局限，将相互分隔的"形上"与"形下"层面密切对接的新路来。

总之，在我看来，生活儒学是具有中国特色的"中国正义论"，是有资格与西方的正义理论平等对话的"来自中国的声音"。

四、结语：传统与现代的张力

每一个民族在走向现代化的过程中，尤其是在面临道路选择与社会转型的生死攸关的十字路口，都会返回到本民族的传统文化资源中寻求精神动力和信仰支撑。无论是西方的文艺复兴运动，还是中国在现代化转型中不断兴起的"国学热"，历史都已经反复证明了这一点。一个民族如何对待自己的文化传统，是一个民族是否具有文化自信和精神力量的标志。无论是"返本开新""内圣开出新外王"，还是"批判的继承与创造性的发展""综合创新"，抑或是"中体西用""西体中用""中西互为体用"。在这些令人眼花缭

---

① 黄玉顺：《生活儒学：黄玉顺说儒》，孔学堂书局有限公司，2014年版，第85—86页。

乱的术语和口号背后，是一个古老民族在向现代化转型的过程中对自身传统的痛苦的审思和反省、它所背负的沉重的历史包袱、它的蹒跚的步履与彷徨焦虑的心态。"全盘西化"的道路固然已被历史证明为此路不通，而"文化原教旨主义"更是一种值得警惕的危险倾向，它让一个民族在虚幻的自我麻醉中饮鸩止渴。传统文化只有在时代变革的大潮中不断地自我更新，才能永葆生机活力，为一个民族提供源源不绝的精神动力，成为民族精神和文化的源头活水。在这方面，黄玉顺教授的"生活儒学"提出的"现代性诉求的民族表达"的进路，将现代性与民族性有机结合，无论从理论上还是实践上，都无疑是一种十分可贵的、有益的探索。

生活与自由
——论"生活儒学"对"自由儒学"的启示

郭萍

◇ **编者按** ◇

此文原载《当代儒学.第十一辑》,广西师范大学出版社 2017 年版。原文是向"黄玉顺生活儒学全国学术研讨会"提交的参会论文,会议由山东社会科学院文化研究所、中国孔子基金会《孔子研究》编辑部、山东大学儒学高等研究院、山东大学哲学与社会发展学院、西南石油大学马克思主义学院、宜宾学院四川思想家研究中心等 6 家单位联合主办,于 2016 年 8 月 20 日至 21 日在济南举行。郭萍,山东大学儒学高等研究院副教授,"自由儒学"创立者。

自由主义的"西学东渐"对于传统儒学的挑战,犹如"第二之佛教又见告矣"[1]。由是,解决传统儒学与现代自由之间的冲突,自然成为我们"打通传统与现代"的关键问题,而解决这一问题就势必需要基于儒家立场对现代自由做出相应的理论言说,亦即建构一种儒家的自由理论。所以,笔者在此提出"自由儒学"的理论构想。[2] 这一构想其实是受到黄玉顺先生所创建的"生活儒学"及其"自由"观念的影响。事实上,在提出"生活儒学"之前,黄玉顺所主编的《追寻中国精神丛书》[3]就被喻为"自由颂"(邓伟志语)[4],其原因在于他不仅将中国精神归结为"自由精神",还将自由视为"现代性之

---

[1] 王国维:《论近年之学术界》,《王国维遗书》第 5 册之《静安文集》,上海古籍书店,1983 年版,第 94 页。
[2] 郭萍:《自由儒学的先声——张君劢自由观研究》,第八章"儒家自由观新开展的可能",齐鲁书社,2017 年版。
[3] 黄玉顺主编:《追寻中国精神丛书》(包括《中国的自由精神》《中国的科学精神》《中国的民主精神》《中国的伦理精神》),四川人民出版社,2000 年版。
[4] 邓伟志:《新千年日记:思想之旅》,华东师范大学出版社,2001 年版,第 258 页。

根"①。当然，在笔者看来，最富有理论启示意义的还在于他的"生活儒学"，尤其是他直接提出"生活即是自由"②的命题，并且创造性地解释为"自由就是生活本身的本源结构：在生活并且去生活"③。这不仅是对作为存在的生活的全新言说，更开启了我们对自由问题的一种重新思考。

一、生活的本源结构：在生活并且去生活

黄玉顺明言："生活儒学"所言说的无非是"在生活并且去生活"，而这正是"生活本身的本源结构"的展开。因此，这个本源结构也就成为"生活儒学""一切的秘密"所在。即如黄玉顺所说：

> 生活本身的本源结构之所以是一切的秘密，乃在于一切都是发生在这种本源结构之中的：存在者由此被给出，主体性由此而诞生，超越也由此发生，自由也由此可能。总之，我把人类所有可能的观念是怎么可能的、是怎么生成的，都由这种本源结构全部地交代出来。我来讲"爱与思"，其实不外乎就是展开这个本源结构。④

可见，"生活本身的本源结构"正是理解"生活儒学"的枢纽，而这个本源结构实质是黄玉顺当代主义思想进路的直观形态。所谓当代主义思想进路，乃是黄玉顺通过反思前现代主义、现代主义以及后现代主义思想进路所导致的理论诟病，而找到的一条"打通传统与现代"的新的思想途径。据此而言，"生活儒学"具有鲜明的当代主义思想进路的特质。大致说来，这种特质体现在两个方面：

首先，生活儒学的理论架构超越了传统形上学"形上—形下"的模式，

---

① 黄玉顺主编：《追寻中国精神丛书》（包括《中国的自由精神》《中国的科学精神》《中国的民主精神》《中国的伦理精神》），四川人民出版社，2000 年版。
② 黄玉顺：《爱与思：生活儒学的观念》，四川人民出版社，2006 年版，第 235 页。
③ 同②，第 236 页。
④ 同②，第 40 页。

开启了本源性的思想视域，由此揭示了一切"形上—形下"思想观念的源头和传统与现代对话的共同场域：本源生活。在这个意义上，生活儒学根本不同于以往的各种儒学理论，包括原教旨主义儒学（前现代主义儒学）和现代主义儒学，乃是对前现代主义和现代主义思想进路的超越。

不难发现，当前的各种原教旨主义儒学是以克服现代社会弊端为名而拒绝发展中国的现代性，其实质是欲在现代中国复活前现代的价值观念，显然，这非但无法打通传统与现代的隔膜，反而会导致现实的风险。而现代主义儒学（主要以20世纪现代新儒家为代表）虽积极"开新"拥抱民主与科学，但终因深陷"老内圣"的窠臼而无法完成传统儒学的现代化转化。黄玉顺认为，所有这些儒学理论的缺陷根本都是由于一贯的形上学化的思维模式所致，进而他指出，原教旨主义儒学只顾争执传统与现代孰是孰非，却尚未真正进入传统与现代的共同场域，① 而现代主义儒学只纠缠于"本末""体用"的抽象概念推导和理论设计，却无视一切概念、理论的大本大源。

正是为克服这些儒学理论的缺陷，黄玉顺提出了本源生活观念，由此也让当代儒学理论的建构真正切入当下生活成为可能。这一观念旨在说明生活本身乃是前存在者、前主体性（pre-subjectivity）的事情，作为存在本身的生活本身先行于一切存在者，不仅先在于"末"（形下存在者），而且先在于"本"（形上存在者），它只是原初"浑然"的生生，只是人与草木"无分别相"的共同生活而空无一物，包括作为主体的人也不存在。黄玉顺也承认这一观念是受到了海德格尔的"存在"观念的启发，但实质上二者又有着根本的不同，尤其是他批评海德格尔的"存在"乃是指此在的"生存"，那是以"此在"这种特殊的存在者（人）为先行观念的"存在"，也就是说"生存"仍然是一种主体性的生活，同时指出"真正的共同存在不是存在者，包括此在的共同存在，而是没有存在者，甚至没有此在、无物、没有东西的共同存在，其实就是'无物'的生活本身"②。所以他反复强调："生活儒学的一个

---

① 黄玉顺、张杨：《儒学复兴的两条路线及其超越——儒家当代主义的若干思考》，《西南民族大学学报（人文社会科学版）》2009年第1期。
② 黄玉顺：《爱与思：生活儒学的观念》，四川人民出版社，2006年版，第39页。

基本观念就是:生活即是存在,生活之外别无存在。"① 这也就是所谓的"在生活"。

对此,或许有人质疑这种前主体性的"无物""非人"的生活会将一切主体排除在生活之外。事实上,这种前主体性的生活总是最源始地占有着一切主体。因为,人与草木共生共在的本源生活,所表达的是作为主体的人或其他存在者孕育其中但尚未"绽出"的状态。这就是说,本源生活先行于一切主体且孕育出了一切主体,换言之,一切主体并非在本源生活之外,而总是要以本源生活为源头、土壤,才能成为可能。

其次,生活儒学既然是一种儒家立场的思考,自然有着强烈的现实关怀,所以生活儒学并不是以"溯源"为思想终点,更没有因"溯源"而否认形上学理论的价值,而是以积极地"去生活"直接指向儒家形上学和形下学的重建。为此,黄玉顺特别声明生活儒学所反对的只是传统的形而上学,而不是一切形而上学,并指明当今时代的问题"不在于要不要形而上学,而在于需要怎样的形而上学"②。所以,他基于生活儒学提出我们需要立足当下生活重建儒家哲学,不仅重建儒家形而下学,还要重建儒家形而上学。这一重建形而上学的理论指向,使生活儒学根本不同于各种版本的否定、拒斥形而上学的后现代主义理论,也根本不认同所谓的"哲学终结"论和价值虚无主义的立场。也正是在这个意义上,生活儒学根本超越了只解构、不建构的后现代主义思想进路。

不仅如此,生活儒学通过自身进一步地展开,向我们昭示儒家哲学的重建不仅是必要的,也是完全可能的。因为生活不仅仅显现为本源性的"在",而且总是必然地显现为趋向某种主体性的"去",此谓"去生活"。唯此我们才能理解生活为何总是有价值、有意义的存在。对此,黄玉顺说:

生活本身没有任何价值意义。在这个意义上,生活本身是无意义的。之

---

① 黄玉顺:《论生活儒学与海德格尔思想——答张志伟教授》,《四川大学学报(哲学社会科学版)》2005年第4期。
② 黄玉顺:《从"西学东渐"到"中学西进"——当代中国哲学学者的历史使命》,《学术月刊》2012年第11期。

所以无意义，是因为生活本身是无——无物。或者更确切地说，就在生活而言，生活本身没有任何意义。生活的意义，是我们去生活的建构：我们去生活，就是去构造意义。①

生活的意义之所以在于"去生活"的建构，这是因为"去生活"作为"生活本身具有这样一种'动向'、一种'势头'"②，总是趋向某种意义、指引某种价值，而价值意义本身则由主体所赋予，以主体的确立为前提。所以，"去生活"就是通过主体的挺立，现实地展开对当下生活的建构，这一过程便赋予生活本身以价值意义。由是，本源的生活成为主体的生活，主体从本源生活中挺立的同时也实现了主体对生活的改变。据此表明，"去生活"作为主体对生活的建构，其实质就在于主体性的建构。我们看到，"生活儒学"在形而下与形而上层面的展开正是从事着一种主体性建构的工作，其中形下层面的"去生活"，是对现实社会各领域的建构（包括知识论的建构和伦理政治的建构），例如中国正义论、国民政治儒学等，就是指向形下主体性的建构；而形上的"去生活"则是对生活整体（存在者整体）的建构，例如变易本体论，其实质是形上主体性的建构。

由上可见，"生活儒学"不仅以"在生活"开启了本源生活的观念，揭示作为存在本身的生活孕育、造就了主体；而且以"去生活"积极展开主体的生活③，指明主体需要现实的建构和创造生活。这种"本源生活—主体—主体生活"关系的揭示以及"生活即是自由"的思想，启发笔者意识到自由问题不仅仅关涉主体性的建构，而且还涉及前主体性的本源观念。事实上，"生活儒学"就体现出这样两种层面上的自由观念："在生活"是为本源自由，"去生活"是为主体自由。

---

① 黄玉顺：《爱与思：生活儒学的观念》，四川人民出版社，2006年版，第232页。
② 同①，第229页。
③ 同①，第235页。

二、"在生活"：本源自由

在本源生活的意义上，不管是"在生活"还是"去生活"都是本然如此的生活实情，因此，即便是"去生活"在本源层面上也不同于海德格尔以"此在"为先行观念的"去存在"。因为生活本身总是先于"此在"，所以，在本源意义上，"去生活"也就是"在生活"。就此而言，"生活之为自由"首先表明生活本身、本然如此就是一种自由。

然而，自由总意味着某种选择与超越，生活本身又如何体现选择与超越呢？黄玉顺认为，在本源生活的视域下，选择与超越首先并不是主体的选择与超越，而是生活本身的选择与超越，也就是说，选择与超越仍不过是生活本身如此这般的显现。他解释说：

> 这种选择不是生活之外的"我们"的选择，而是"我们在生活中"的选择；这种本源的选择不过是生活本身的选择。在这个意义上，生活本身就是选择。①

> 超越并不是说我们从生活中抽身而去，并不是说我们居然能够超出生活之外。……本源意义的超越是人的自我超越；甚至说"人的自我超越"都是颇成问题的，因为超越并不以主体性的"人"为前提。……在本源上，超越之为超越，乃是生活本身的事情。②

既然生活本身就是选择与超越，也就意味着"自由是生活本身的自己如此"③。如上所说，生活本身也就是存在本身，先行于任何存在者，包括人这种特殊的存在者，在此境域中主体尚未诞生。这就意味着生活本身的自由乃是先行于主体的自由，与任何主体性的自由截然不同。要知道，我们通常所说的自由都是以某种主体的存在为前提的，不论是经验生活中的政治自由，还

---

① 黄玉顺：《爱与思：生活儒学的观念》，四川人民出版社，2006年版，第235页。
② 同①，第236页。
③ 同①，第236页。

是哲学上说的意志自由等无不如此。因此，如果前主体的生活本身也是一种自由，那无疑是一种全新的自由观念，其实，这就是在"生活儒学"中已经露出冰山一角的"本源自由"。

那么，本源自由与主体自由存在怎样的关系呢？本源自由揭示着什么问题，亦即本源自由的实质和意义何在？笔者认为，本源自由虽与主体自由截然不同，但这一观念并不与主体自由相冲突，而是将主体自由孕育其中。"生活儒学"中有这样一段话：

> 这是本源的自由。而这种本源的自由并不是所谓"意志自由"；本源的自由并不以主体意志为前提，事情正好相反，主体意志只有以本源的自由为源泉才是可能的。主体意志乃是将生活对象化的结果，然而本源的生活并非任何主体的对象。所以生活儒学认为，意志自由也同样渊源于生活，即渊源于在生活中的本源的自由。①

既然"意志自由也同样渊源于生活，即渊源于在生活中的本源的自由"，也就揭示出本源自由不仅先行于主体自由，而且是主体自由得以确立的渊源。对此，他还明确说：

> 我们在生活并且去生活，于是，时间得以可能，历史得以可能，超越得以可能，自由得以可能。②

这里所说的"在生活并且去生活"使"自由得以可能"，实质是说，作为存在本身的生活孕育造就了主体，使主体得以可能，而同时作为生活本身如此这般的本源自由也就使主体自由得以可能，亦即本源自由乃是主体自由得以成立的前提和渊源，这意味着二者之间是一种哲学上的奠基关系。

其实，这种对于主体自由观念的超越，在当代西方存在主义的自由观念中也多有体现，但它们又与本源自由观念有着实质的不同。例如，祁克果认

---

① 黄玉顺：《爱与思：生活儒学的观念》，四川人民出版社，2006年版，第235—236页。
② 同①，第189页。

为自由就是"生存的可能性",但是他所说的"生存的可能性"仍不过是上帝恩典的涌现。要知道,"上帝"本身就是一个主体性观念,这意味着作为生存可能性的自由还是一种主体自由。再如,海德格尔认为真正的自由乃是"让存在之行为状态"[①],它源始地占有着人而非相反,但他所谓的自由是作为"绽出之生存(Ek-sistenz)"[②],而"绽出之生存"乃是"此在"的生存,这种"此在"与"在"本身的纠缠最终使他的自由观念难免带有主体自由的色彩。相较之下,本源自由才是真正彻底地表达着作为存在本身、生活本身的自由。

当然,无法否认的是,自由之"自"已经意味着自由的实质仍在于主体性问题。而本源自由作为前主体性的自由,是尚无任何主体存在的自由,也可以说是"无所由之由"。这一观念无非表达的是生活本然如此的开放状态。在这个意义上,本源自由确实还不能算是一种真正的自由,更不是一种作为现实价值追求的自由。

但我们依然不能据此否认揭示本源自由观念的积极意义。恰恰相反,正是由于本源自由作为前主体性的自由,才能孕育一切可能的主体自由,才能成为一切主体自由之渊源。也就是说,本源自由实质乃是自由的本源,它所揭示的是"自由何以可能"的问题,而这正是先行于思考一切主体自由的最源始、最普遍的问题。故唯有以本源自由为源头,我们对于主体自由的思考才是透彻的。因此,本源自由的意义就在于探明了一切主体自由产生的土壤和源头,为主体自由的绽出奠定最原初的基础。我们也唯有以此为源点才能展开主体自由的建构,用"生活儒学"的话说就是"唯因我们从来就在生活,我们才可能去生活"[③]。

三、"去生活":主体自由

如前所说,"去生活"作为一种意义的构造必然意味着主体性的建构。

---

① [德]海德格尔:《路标》,孙周兴译,商务印书馆,2013年版,第220页。
② 同①,第218页。
③ 黄玉顺:《爱与思:生活儒学的观念》,四川人民出版社,2006年版,第229页。

在此，尚需声明的是，哲学上的主体并不限于指"个体"（事实上，个体成为主体仅仅是近现代哲学确立起来的主体观念），甚至未必就是指"人"，也可以指外在于人的"理念"（希腊语：ιδεα）、"上帝"或"天理"。①但不论怎样，所谓主体总是指思想言行的主动者、施动者、能动者，其自身又是根本价值和目的所在。主体的特质也就决定了其在世状态必然是自由，否则也就不是主体。要知道，仅仅是思想言行上的主动者，而其本身非价值所在，那只是工具性的存在，只能算客体，相反，仅仅是价值所在，而并无主动自觉地思想言行能力，则只是徒有虚名的主体。显然，不论前者还是后者都谈不上自由，也就是说，真正的主体必然是自由的，无自由也不能成为主体。而主体确立的根本在于主体性的建构，因为主体性是确证主体存在的根据。因此主体性建构与主体自由的确立在根本上是同一问题。据此而言，"去生活"之为主体自由，就是说"去生活"的建构作为主体性的建构，必然意味着主体自由的确立。

当然，主体性建构不能脱离生活本身这一大本大源，说到底，任何主体性建构都是对生活本身的一种对象化解释。然而，生活本身不是任何现成的存在物，而总是生生不息、变动不居的，它历时地呈现为生活方式的变迁，这也就源始地要求主体性建构必须与时偕行，不断更新。黄玉顺曾对生活的历时形态做过系统梳理，他指出人类社会大致经历宗族、家族、个体三种生活方式，由此导致社会主体不仅在前现代社会中由宗族主体转变为家族主体，而且进一步地在现代社会中转变为个体主体。这就意味着我们需要随着生活方式的变迁重建当代的主体性。对此，他明确强调：

> 传统形而上学及其主体性已被解构。因此，当代中国哲学的任务是重建形而上学，首先就是重建主体性。②

---

① 哲学上的"主体"概念同时具有两方面的含义：承载者、基础；实体、本质。这两方面的含义体现在三种意义上：（1）逻辑学的意义（主词）；（2）形而上学的意义（作为本体的绝对主体）；（3）认识论的意义（相对主体）。这三种意义并不互相排斥，而是相互统一的，用黑格尔的话说就是"实体在本质上即是主体"（参见［德］黑格尔：《精神现象学》（上），贺麟、王玖兴译，商务印书馆，1983年版，第15页）。
② 黄玉顺：《主体性的重建与心灵问题——论当代中国哲学的形而上学重建》，《山东大学学报（哲学社会科学版）》2013年第1期。

当然，主体性又分为两个层面，即形上绝对主体性和形下相对主体性。因此，重建主体性也需要从形上、形下两个层面展开：重建形而上学以确立绝对主体性，重建形而下学以确立形下主体性。与此相应，主体自由也就需要基于本源自由进行重建，既要重建形下的相对自由，也要重建形上的绝对自由。

（一）"去生活"：形上自由

黄玉顺认为主体性重建首先是形上主体性的重建，"只有先确立本体意义上的绝对主体性，才能导向一种相对主体性，也即认识论和伦理学中的主—客架构的确立"①，此所谓"先立乎其大者"（《孟子·告子上》）。

事实上，以往形而上学所建构的绝对主体性也意味着某种形上自由，例如代表着现代儒学理论高峰的牟宗三所构建的"道德的形而上学"就是一个典型。他提出的"良知"本体就是"自由无限心"，以良知之"知"的显现确证着绝对实体的自性，即绝对主体性，所谓"即存有即活动"，而"良知"活动显现本身也就是绝对自由的体现。只是这个"良知"是通过"返本"，直接承袭的宋明儒学而建立的本体概念，其实质不过是前现代家族伦理观念的"副本"。这样一来，即使他在现实生活中积极拥抱现代的民主与科学，其自由观念所依傍的本体依据仍然是老旧的。即如黄玉顺所批判的，传统形上学遮蔽了生活本源，由此所建构的绝对主体性仅仅是人为预设的概念，实为"无源之水"，在当代社会中早已僵化枯竭，失去了生命力。因此，黄玉顺提出我们在当代重建形上主体性，就要先复归本源生活，再进行有本有源的重建。于是，作为一种理论示范，他建构了不同于传统形上学的"变易本体论"。

众所周知，"易"有三义：变易、不易、简易。"变易本体论"特以"变易"命名，旨在有意区别于以往各种疏离生活本源的、僵化的绝对主体性，同时以"变易"融摄"不易""简易"两义。因为在"生活儒学"的视域下，"这三义其实都是讲的变易：'简易'是说'变易'乃是极为简单的道理；'不

---

① 黄玉顺：《儒学与生活：民族性与时代性问题——作为儒学复兴的一种探索的生活儒学》，《人文杂志》2007年第4期。

易'是说'变易'乃是永恒不变的道理"①。可见，本体之"变易"就是指绝对主体性是随着本源生活的衍流，不断地自我更新、自我超越，所谓"性日生而日成"（《尚书引义·太甲二》）②。这一变易性并未消解本体观念所彰显的绝对至上的主体地位，而是在与生活本身不断地更新与超越中维系着自身作为绝对主体的活力，也就是以"变易"保持"不易"。这正是"与时立极"的易道精神。③

由此可见，现代新儒学对儒家"良知"本体的继承仅仅片面地体现了绝对主体性的不易性，而"变易本体论"则提醒我们意识到"良知"本体乃是变易、不易、简易的统一体。也就是说，儒家"良知"作为绝对主体性不意味着它是一成不变的僵化概念，而总是随着本源生活的衍流而不断地自我更新，是有本有源的观念，正是如此它才能保持着自身的绝对至上地位。据此便可推知，由现代生活方式所孕育的"良知"本体理应确证现代社会的主体，而非前现代社会的宗族或家族主体，同时，"良知"本体的存在状态作为一种绝对意义上的主体自由（"良知自由"），也理应体现着现代性的主体自由。理解这一点，我们才能真正继承儒家的"良知"本体，重建儒家形上自由。

（二）"去生活"：形下自由

现实生活各领域中的自由，皆属于形下自由，而这无非是形上自由的具体展开。这不仅意味着形下自由具有相应的形上学依据，而且意味着形下自由同样有生活的渊源。生活儒学的形下学通过伦理政治维度的理论建构，揭示出本源生活在现代社会的现身样态，自然孕育着现代政治自由，亦即个体自由。

············

中国正义论虽然是通过批判罗尔斯正义论而建构的，但它旨在批判罗尔斯"正义论"局限于现代美国社会的狭隘性和其"正义原则"的不究竟性，

---

① 黄玉顺：《形而上学的黎明——生活儒学视域下的"变易本体论"建构》，《湖北大学学报》2015年第4期。
② [清] 王夫之：《尚书引义》（卷三），中华书局，1976年版。
③ 郭萍：《〈周易〉对当代儒学重建的启示——关于"重写儒学史"与"儒学现代化版本"问题的思考》，《社会科学研究》2015年第3期。

而并没有否认现代个体自由的合理性。恰恰相反，黄玉顺本人就是现代个体自由的积极倡导者，他直言：

> 自由是一个政治、社会层面上的概念，而且是一个主体性存在者的概念，还是一个个体主体性的概念。这是无须论证的。①
>
> 政治民主是为保障公民个人自由权利而设置的，自由永远是目的，绝不能沦为一种手段。②

对此，黄玉顺首先从历史哲学的维度上做了宏观的理论说明，其基本思路是随生活方式的历时演变造就了各时代（王权时代、皇权时代和民权时代）不同的社会主体，而政治自由作为社会主体性的一种确证，势必需要与其同时代的社会主体相一致。这正是孔子"礼有损益"思想的体现，因为政治自由是形下层面的自由，在儒家看来，就是属于"礼"的范围，而任何"礼"都需要随时因革，通过不断损益才能维护社会生活的和谐有序。顺由这一思路，黄玉顺进一步针对现代性生活方式下社会政治建构问题提出了"国民政治儒学"理论。据此说明，现代生活方式作为个体性的市民生活方式，本源地塑造了现代社会主体为个体性的国民，因此，个体自由在现代社会具有公正性和适宜性，符合现代社会正义原则的价值观念。虽然"国民"概念本身兼具集合性与个体性，但在黄玉顺看来：

> 以集合性观念优先，那是所有一切前现代的政治观念的一个基本特征；而这也就意味着，现代性的政治观念的对应特征，乃是以个体性观念优先。③

显然，作为现代形态的国民政治儒学自然是以个体性观念优先。而在这个意义上，便不难看出，黄玉顺提出"国民政治儒学的基本内涵是：国民所

---

① 黄玉顺：《前主体性对话：对话与人的解放问题——评哈马斯"对话伦理学"》，《江苏行政学院学报》2014年第5期。
② 黄德昌等：《中国之自由精神》，四川人民出版社，2000年版，第24页。
③ 黄玉顺：《国民政治儒学》，《东岳论丛》2015年第11期。

有；国民所治；国民所享"①，意在说明在现代性生活方式下，对国家的所有、所治、所享都是每个个体的自由权利。那么，以此为起点，我们便可以对于现代政治自由研究中的权利与权力、自由与平等、民主与君主、专制与共和等问题展开儒学解释，这意味着一套不同于西方的，儒家政治自由观念将由此得到确立。

四、"自由儒学"的理论构想

由上可见，"生活儒学"对自由问题的理论铺垫实质上已经为深入系统阐明自由问题开辟了广阔的空间，这实质孕育、指引着一种有别于西方的新的自由理论。由此，笔者提出"自由儒学"的理论构想，以期基于生活儒学的启发对自由问题进行一番系统的儒学言说。狭义地说，"自由儒学"是一种政治哲学的理论，但与当今各种拒谈形而上学的儒家政治哲学理论不同，"自由儒学"不仅要以儒学话语解答现代政治自由问题，而且为此提供相应的儒学本体论依据，更重要的是，还将通过本源自由观念揭明政治自由及本体自由得以可能的本源，为一切主体自由奠基。所以，"自由儒学"对自由的阐释既不同于各种西方自由理论的"中国版本"，也不同于原教旨主义儒家对传统儒学理论的"复制"。作为一种当代儒学理论形态，"自由儒学"将进一步发挥"生活儒学"的理论旨趣，即如黄玉顺所说：

整个"生活儒学"的构想，就是想在我们自己的当下的生存、当下的生活、当下的情感这样一种本源上，来改变我们的生活。其基本立场就是我刚才讲到的：既反对自由主义西化派的立场，也反对儒家原教旨主义的立场，而是基于我们的一种现代性诉求的民族性表达，这样来建构起一种我所理解的儒家思想的当代形态。②

---

① 黄玉顺：《国民政治儒学》，《东岳论丛》2015 年第 11 期。
② 黄玉顺：《儒学与生活：民族性与现代性问题——作为儒学复兴的一种探索的生活儒学》，《人文杂志》2007 年第 4 期。

基于这一旨趣,笔者所构想的"自由儒学"将从本源自由、形上的良知自由两个层级展开论述。

1. 本源自由

本源自由是提出并解答自由的本源问题,即自由何以可能的问题,这是任何一个有本有源的自由理论所要解答的首要问题,其中包括何谓本源自由、本源自由与主体自由的关系等内容。本源自由作为源始的生生状态,始终敞显着无限可能性,由是让主体自由的绽出成为可能,而在儒家看来,这种敞开的生生就是本源仁爱的涌现,也就是说,仁爱在本源意义上乃是"让……自由",它对于主体自由的确立具有原初的奠基意义:共时地说,本源仁爱作为自由之渊源使主体自由得以可能;历时地说,它又使新的主体自由成为可能。据此,自由儒家将从思想之源头处区别于一切西方的自由理论。

2. 良知自由

良知自由是自由儒学力图构建的形上自由观念。无疑,自由首先是一个政治哲学层面的问题,但政治自由势必有其本体论基础,这就需要有一个奠基性的哲学观念。即便西方自由主义者不承认形上自由的存在,而实际上一切政治自由的主张也无法脱离本体论承诺而存在。据此也不难发现,当前儒家政治哲学的前沿理论虽然声势浩大,但也由于缺少形上学的奠基而显得脚跟不稳。总之,形上自由观念的缺席势必让政治自由的讨论陷入无休止的争执,却得不到根本解决。因此,自由儒学有意在展开政治自由的阐释之前"先立乎其大",通过形上自由的重建为政治自由奠定形上学基础。

事实上,历代儒家所言说的形上自由观念无不是对本源仁爱良知的对象化理解,这在思孟心学传统中尤为突出。众所周知,儒家从孟子开始就提出了"良知"概念[①],而后发展到阳明建构"良知"本体的心学体系完成了传统儒学对"良知"的理论解释,再到现代新儒家张君劢、牟宗三等也都继续以"良知"为本体建构现代儒学的理论体系。在这个意义上,"良知"早已成为历代儒家共同持守的绝对主体性观念。而自由儒学即是一种儒学理论,自然

---

① 孟子曰:"人之所不学而能者,其良能也;所不虑而知者,其良知也。"(《孟子·尽心上》,《十三经注疏本》,中华书局,1980年版。)

也将继承这一观念，是故，笔者认为应当建构"良知自由"为核心的形上自由观念。据此，自由儒学也就区别于西方自由主义所依赖的先验理性的意志自由；同时也区别于传统儒学基于家族伦理价值的自由观念，旨在立足现代性生活确证现代个体主体的绝对地位，为现代政治自由奠定本体论基础。

上述对自由儒学的构想虽然本源地来自生活本身的馈赠，但更直接的是得益于"生活儒学"的启示。自由儒学作为生活儒学所孕育的一种新的理论，既是生活儒学的一种延续，也是当代儒学理论形态的一种新探索。

从正义到责任
——黄玉顺"中国正义论"略评

涂可国

◇ 编者按 ◇

此文原载《当代儒学.第十一辑》,广西师范大学出版社 2017 年版。原文是在"黄玉顺生活儒学全国学术研讨会"的发言,会议由山东社会科学院文化研究所、中国孔子基金会《孔子研究》编辑部、山东大学儒学高等研究院、山东大学哲学与社会发展学院、西南石油大学马克思主义学院、宜宾学院四川思想家研究中心等 6 家单位联合主办,于 2016 年 8 月 20 日至 21 日在济南举行。涂可国,山东社会科学院研究员、国际儒学研究与交流中心主任。

在正式发言之前,我多说一句话:我们这次会议也得到了一些国内知名的新闻媒体的大力支持,我觉得应该在这里对他们参加这次会议表示欢迎和感谢!

这次会议,我也提交了一篇文章,大家可能也看到了。文章有一万六千多字,这篇文章的写作背景,我简单地说一说。我前年承担了一个国家课题,就是"中西伦理学比较视域中的儒家责任伦理思想研究"。现在这个课题进行两年多了,我根据这个国家课题写了这样一篇文章,当然了,这篇文章也是结合黄老师近年来所构建的"中国正义论"来展开的,这篇文章主要是对"义学"的一种多维的解释。

在我看来,黄老师最有原创性的儒学研究,除了他的"生活儒学"外,就是"中国正义论"。去年我们开了"生活儒学与社会治理"的会议,会上,黄老师就我们这几年研究的"社会儒学"提出了一些疑问或者说是问题,但很可惜我还没有时间来答复。这个月的 7、8 号,我们又开了"社会儒学与社会关系"会议,会后我们将会编写论文集,在这个论文集中,我可能要写一篇正式回应黄老师的文章。

刚才傅有德老师就黄玉顺老师在生活儒学的形而上学建构这一块提出了批评。但我始终有一个感觉，就是黄老师的形而上学建构当然还是针对后现代主义而言的，后现代主义要解构形而上学。我觉得，生活儒学的形而上学建构充分展现了黄老师作为一个哲学家的思辨能力，而且我始终要强调：他启发了我们的心智。我们可以不同意他的重建形而上学的这种努力，但是他的智慧之思值得我们好好学习。我有一个不恰当的比方，就是作为他的形而上学"内圣"的大本大源的生活，可能很像黑格尔的"绝对理念"，他实际上是要寻找生活儒学建构的一个逻辑原点，然后对很多现象，包括形而上的和形而下的现象，进行一种解释、一种考量。大家来仔细看看，实际上，无论是他的生活儒学也好，还是中国正义论也好，里面都包含了很多闪光的、具有原创性的东西，这是我的一个基本的看法。

我这篇文章，开头也谈到这个问题，大家也看到了。

儒家"义利"概念的研究、儒家"义学"的研究，大致经历了两个阶段：

第一个阶段是从20世纪80年代到90年代末，主要是立足于"义利观"这个角度，也就是"义利之辨"这个角度，来对儒家的"义"进行一种探索和研究，就形成了"义利"模式，这是我的一个基本判断。那个时候，大家谈到很多"义利"方面的问题，比如说，有的人主张国家层面不应该倡导"重义轻利"，在个人层面才应该倡导"重义轻利"，有的人甚至主张"划别"。其实，无论怎么样，儒学到底是不是主张"重义轻利"，学界到现在还是有争议的，当然有一些基本一致的看法。我认为，从总体倾向上讲，儒家还是主张"重义轻利"的，只是我们不仅把"重义轻利"作为一个道德规范，更应该把它定位在道德境遇上。西方有境遇伦理学，据此，在某些特定的道德场合，就应该提倡"重义轻利"。但我们不能把"重义轻利"泛伦理主义，把它普遍化，就像过去经常讲的"大公无私"，把它普遍化。"重义轻利"实际上是要分层次的。

第二个阶段是21世纪以后，对儒家的"义"或者"义学"的研究，也进入另外一种范式，也就是以黄玉顺老师、郭齐勇老师、颜炳罡老师以及在座的一些年轻学者致力于从"正义论"建构的这样一个角度，来对儒家的"义利"进行解释，我认为他们生成了"正义论"这样一种解释模式。

当然了，我们说儒家的义利观的研究出现一种范式的转换，不是否认现在还是有很多学者仍然从义利观的角度对儒家的"义"进行新的探索。那么，我这篇文章，主要是从责任论的角度对儒家的"义"展开解读。在座的很多学者都知道，西方伦理学出现了德性伦理学的复兴；其实，还有一个是责任伦理学的复兴。那么，我就是引进了责任伦理学这样一种范式。

文章主要分为这么几个方面。

第一个方面是适宜之"义"，这个大家都比较熟，"义者宜也"。当然，在这方面，我提出一个稍微和黄老师不同的个人见解，是什么呢？因为我也是长期从事伦理学研究的，在我看来，伦理学对人的行为进行了层次划分，就是把我们的行为分为三种：一个不当层次、一个正当层次、一个是应当层次。（1）所谓"不当层次"，诸如乱堆垃圾、商人欺客，等等，显然是一些违法乱纪的不当行为。（2）"正当层次"，在我看来，杨朱提出来的"拔一毛而利天下不为也"，作为一种唯我主义，实际上它也是一种正当层次，因为他虽然"为我"，但是没有损人利己啊。包括我们现在讲的市场经济的一个基本原则就是"互惠互利"，我觉得这也是一种正当层次。我们改革开放以来的一个主要动力是什么呢？就是为我们每个人的正当利益正名，就是强调你的正当利益。在"文革"以前，个人的一些兴趣爱好，那都是一些"不当"行为，养个花啊，种个草啊，那都是"资产阶级情调"，要"割资本主义尾巴"，那显然是不合适的，就是把一些正当层次里的行为当作不正当行为来进行批判和摈弃。（3）在我看来，"应当"的行为更多地体现的是价值的一种应然的行为要求。比方说"大公无私""舍己为人""见义思义"，等等，这是一种"应当层次"。黄老师在对正义论进行建构的时候，提出了"正当性原则"和"适宜性原则"，他的适宜性原则还创造性地提出"地宜性准则"和"时宜性准则"，我觉得非常好；但在我看来，"适宜"这个范畴更为普遍，它应该包含着正当和应当这两个层次。这是我的一个基本看法。

第二个方面主要是讲正义之"义"。应该说，黄老师在这方面有很多新的理论建构。我和黄老师稍微不同的是关于"正"的问题。这个"正"，大家都知道，在中国经典文献当中谈得非常多，比如大家可以看一看《管子》，《管子》谈"正"特别特别多，我希望在座的青年学者好好地研究一下《管子》中关于"正"的思想。黄老师的著作《中国正义论的形成》，我拜读了，我觉得有些概念的解释可能还需要进一步推敲。在这里我给大家提出一个困扰我的问题，因为我讲"责任"，但是我们面临的最大挑战是什么呢？就是在中国古典文献当中，讲"责任"的非常少，所以挖掘起来非常非常困难！张岱年先生曾经说过，中国古代哲学的很多东西，有些是显言的，比方说责任，直接从"责"或者"任"这样的概念中表现出来；有些是隐言的，要靠我们内在的体会，需要我们当代人进行义理解释。所以，我在做儒家责任伦理学的时候，面临很多很多的困难。这个"义"的解释也是这样，它到底是不是包含责任，我也很困惑。

第三个方面是公义之"义"。时间到了，我就简单地介绍一下这个基本概念。荀子讲以公义胜私欲。特别是程朱理学，二程把"义利之辨"转化为"公私之辨"，我在文章中特别提出了批评："义利之辨"和"公私之辨"的逻辑层次和性质是不一样的。大家可以看我的文章。

第四个方面是道义之"义"，大家知道，儒家非常强调"仁义道德"这样的问题，因而"仁义"就是儒家伦理学的一个核心范畴，但是，我在文章中特别谈到了，"道"是内在地包含"义"，这是我的一个基本观点。

第五个方面就是责任之"义"。《孔子研究》曾经发表过一篇文章，是叶蓬的文章，谈到儒家"道德义务"问题。在这里面，我也对"义"所包含的"责任"的意蕴做了一些解释，但是这些解释底气不足，所以在这里我希望得到大家特别是得到黄玉顺老师的指点。

好，谢谢大家！

儒家应当打造一种高于自由主义的生活方式

王学典

◇ **编者按** ◇

此文原载《当代儒学. 第十一辑》，广西师范大学出版社 2017 年版。原文是在"黄玉顺生活儒学全国学术研讨会"的发言，会议由山东社会科学院文化研究所、中国孔子基金会《孔子研究》编辑部、山东大学儒学高等研究院、山东大学哲学与社会发展学院、西南石油大学马克思主义学院、宜宾学院四川思想家研究中心等 6 家单位联合主办，于 2016 年 8 月 20 日至 21 日在济南举行。王学典，著名历史学家，山东大学讲席教授、儒学高等研究院执行院长，《文史哲》杂志主编，山东大学校务委员会副主任、学术委员会副主任、学位评定委员会副主席、学术委员会人文学部主任、儒家文明省部共建协同创新中心管理委员会主任，中央文史研究馆特约研究员，国家社科基金学科评审组专家，国际儒学联合会副会长、中国墨子学会副会长，《孔子研究》主编。

非常高兴出席这样一个活动！"黄玉顺生活儒学全国学术研讨会"召开的意义，涂可国所长刚才说得非常清楚。这个会议带有很大的象征意义。我代表黄玉顺教授的所在单位——山东大学儒学高等研究院，对发起这次活动的山东社科院文化所，特别是涂可国所长，以及中国孔子基金会《孔子研究》编辑部、山东大学哲学与社会发展学院、西南石油大学马克思主义学院、宜宾学院四川思想家研究中心等单位表示感谢。

这样一个会议的召开，我感觉是非常有意义的。黄玉顺教授是我们山东大学儒学高等研究院有代表性的教授之一。他来到山东大学之后，对山东大学、山东省的儒学研究做出了很大的贡献。黄教授是儒学高等研究院负责科研工作的副院长，山东大学儒学高等研究院最近几年的一些重大的儒学活动，特别是科研活动，都是在黄教授的主持之下开展的。此外，黄教授的为人处世也得到了大家的尊敬，我和黄教授虽然认识得较晚，但相处非常愉快。与此同时，黄教授以他的学识和在学术上的造诣，深受学生们的爱戴，是儒学高等研究院最受学生欢迎和尊敬的教授之一。

这次生活儒学会议的召开,我觉得非常及时。大家知道,这些年来,儒学界非常热闹。一方面,儒学迎来了发展的黄金时代、最好的历史机遇;另一方面,儒学领域自身正在发生深刻的分化,学派林立。众所周知,在这之前,只有"心性儒学"作为儒学的一个代表,并没有事实上的对立学派和它竞争;后来"政治儒学"出现之后,儒学的其他流派也在产生。在这个过程当中,以黄玉顺教授为代表的"生活儒学"的崛起,我觉得对整个儒学研究的深化起到了非常大的作用。在目前儒学界百家争鸣的态势之下,生活儒学应该发声。所以,我个人感觉,这次会议的召开,标志着生活儒学在儒学领域的崛起,我个人对此寄予了很高的期望。我个人感觉,生活儒学前景很好,有它自己很强大的发展前景。

我感觉,儒学的未来发展,是否能像学者们所期待的那样,标志着中华文化崛起,或者说中国文化走出去,有两点我认为是儒学应该做的:

第一点,是从对外的角度,我觉得儒学应该和自由主义展开深度对话。毫无疑问,在世界上来讲,处于主流地位的思潮是自由主义。那么,中国儒学、中国文化走出去,一个重要的方面,就是必须和世界上占据主流地位的思想文化展开深度的对话。所以,儒学的复兴不是自言自语。由于时间关系,我在这里不再多说。这是从对外的角度。

第二点,从对内的角度,我觉得儒学的崛起和复兴有一个非常重要的方面,就是看儒学自身是否能够按照儒家的基本原则,创造一种高于自由主义的生活方式。儒学的复兴不在讲堂上,不在研究院、研究所,最关键的是能不能落实到生活本身去。而落实到生活,不是我们的日常生活,不是给爸爸妈妈洗洗脚这些表面上的举动,而应该是创造一种高于自由主义的、克服自由主义局限的、更富有人情味的生活方式。如果儒学能够在这方面有所作为,就为儒学的复兴奠定了一个基础。

好多人都不接受余英时先生所说的儒学已经成为"游魂",但是,不论接不接受,儒学的确缺少自己的宅基,这是大家有目共睹的事实。在中国,儒学除了在讲堂上、在文献里,我们在哪个地方能找到儒学?所以,我个人感觉,儒学未来的最重要的方面,并不在它的研究上。在研究上,几千年来,直到当代,我们已经付出了很多的精力。国内这么多的儒学研究机构,还在不断地诞生新的儒学研究机构、国学研究机构、传统文化研究机构，这是大家有目共睹的。但是这些东西，并不能真正为儒学奠定生命。所以，儒学的生命力来源于它最终能不能造就一种高于自由主义、克服自由主义缺陷而更富有人情味的生活方式。如果儒学在这一点上能够有所作为，那前途是不可估量的。如果儒学在这个方面没有作为，我感觉儒学复兴的前景就是很渺茫的。

从历史上看，儒学或者说中国的传统文化曾经造就过自己的富有生命力的生活方式，如像中国的唐代，引得其他国家瞩目。这种生活方式不但在中国大陆上推广，而且越南、韩国、日本等周边的国家都在接受。所以，今天儒学的前景，依然必须奠基于它能否造就一种新的生活方式，一种以儒家的基本原则为基础的生活方式。我觉得，如果儒学在这点上不能有所作为，那么它就是有问题的。

在这样一个要求之下，我们回过头再来看黄玉顺教授所倡导的生活儒学，它的意义特别重大。个人感觉，生活儒学不必过多地在形而上学的建构上用力，可以把重点放在造就一种新的生活方式上。

总之，我觉得儒学未来的前景，一个方面取决于它和自由主义的对话，另一个方面取决于它能否造就一种新的生活方式。如果这两点能够同时实现，那么儒学就有生命力，儒学在世界上就能占据一定地位，或者所谓中国人的"话语权"就是可以期待的；否则的话，希望是很渺茫的。我也借这个机会，谈一点对生活儒学的期望。我个人之所以看重生活儒学，看重黄教授所代表的这个研究方向，就是因为此。

今天，我代表黄玉顺教授的众多同事，代表儒学高等研究院，祝贺会议的召开。最后，预祝这次会议圆满成功！感谢从全国各地赶过来的高水平的学者，共同参与，共同发声，来把生活儒学推向学界更加令人瞩目的这样一个地位上。

谢谢大家！谢谢黄玉顺教授！也谢谢涂可国教授！

超越国族叙事,走出儒西对抗
—— 评黄玉顺"生活儒学"

傅永军

◇ **编者按** ◇

此文原载《当代儒学．第十一辑》,广西师范大学出版社 2017 年版。原文是在"黄玉顺生活儒学全国学术研讨会"的发言,会议由山东社会科学院文化研究所、中国孔子基金会《孔子研究》编辑部、山东大学儒学高等研究院、山东大学哲学与社会发展学院、西南石油大学马克思主义学院、宜宾学院四川思想家研究中心等 6 家单位联合主办,于 2016 年 8 月 20 日至 21 日在济南举行。

黄玉顺教授,各位学术同道,先生们、女士们,下午好!非常荣幸受邀参加这次重要的研讨会。大家知道,济南即将进入一年来最好的时节。在这样的好日子里,"黄玉顺生活儒学全国学术研讨会"如期召开,我代表主办单位之一山东大学哲学与社会发展学院,向黄玉顺教授表示祝贺,向前来参会的各位专家学者表示感谢。预祝此次研讨会圆满成功!

大家都知道,黄玉顺教授是一位原创力非常强的学者,生活儒学现在已经蔚然成其大观,就是力证。我对黄玉顺"生活儒学"最大的感受,来自一个外部视角的观察。从这个外部角度看,我想从两个层面指出,为什么黄玉顺的生活儒学特别值得学界关注。

第一,黄玉顺的生活儒学超越了民族及地域视野,而注重思想观念普遍性的儒学体系。在民粹主义泛滥的今天,我们从黄玉顺生活儒学看到的,是这种儒学思想对人类共同问题的关注,它拒斥用一种狭隘的心态,主张对人们习以为常的各种信念、原则进行批判性的审查,培养人们的理性与自由精神,引导人们过一种经过慎思的生活。可以说,生活儒学是一种致力探究全人类共同价值的、负责任的儒学创建活动,这值得中国学界特别关注。

第二，在中国经济腾飞、GDP（国内生产总值）成为世界第二的当下，我们已经走过一百多年的西学东渐、中西会通，中国的现代性过程遭遇到前所未有的困境，有一些学者有意无意地制造儒学与西方学术的对立，不是提倡儒西对话，而是制造儒西对抗，甚至认定儒学的崛起意味着西方学术的彻底衰落。然而，与之不同，我们在黄玉顺的生活儒学中看到的是儒西对话。黄玉顺教授在创建生活儒学的过程中，特别注重与西方哲学进行对话，尤其是与现象学、海德格尔哲学对话。黄玉顺教授的生活儒学超越儒西对抗，让儒学与西方学术思想辩证地相互诠释，以中国儒学思想和概念会通西方哲学话语，创造出既适合中国儒家哲学的概念、范畴和准则的现代性表达，又能将中国儒家思想和概念带入世界的生活儒学哲学话语系统。生活儒学有此恢宏视野、学术关怀以及高远的学术追求，所以特别值得学界同仁关注。总之，黄玉顺生活儒学为中国思想在中国大国崛起背景下，如何避免陷入一种文化上的大中华主义，给出了一种警示，亦给出了一种示范。

从以上两个层面说，我特别欣赏黄玉顺的学术理想和学术追求。所以，我个人认为，这次研讨会不仅要讨论黄玉顺生活儒学思想本身，也要讨论他的学术追求和学术风范。就此而言，黄玉顺的生活儒学创建对青年学者有着"发凡起例"的启迪作用。

总而言之，黄玉顺教授的生活儒学，在他及相关学者的不懈努力下，已成为中国学界所瞩目的新儒学形态。展望未来，生活儒学研究可以说是落英缤纷，芳草鲜美，值得青年儒学才俊策马入林，探骊得珠。而对黄玉顺教授来说，我则希望通过这次研讨会，特别是研讨过程中激烈的学术思想碰撞，他能够勤慎肃恭，从善如流，不断完善自己的思想，就像刚才学典兄所说的，让生活儒学担当起中国儒学第三期发展中领头羊的作用。

再次祝贺这次研讨会的顺利召开！同时也祝愿各位学者，特别是不远千里来到济南参会的学者在济南期间身体健康、生活愉快。谢谢大家！

"生活儒学"名家谈

感动与儒家伦理的生活基础

王庆节

◇ 编者按 ◇

此文原载《当代儒学.第十一辑》，广西师范大学出版社2017年版。原文是在"黄玉顺生活儒学全国学术研讨会"的发言，会议由山东社会科学院文化研究所、中国孔子基金会《孔子研究》编辑部、山东大学儒学高等研究院、山东大学哲学与社会发展学院、西南石油大学马克思主义学院、宜宾学院四川思想家研究中心等6家单位联合主办，于2016年8月20日至21日在济南举行。王庆节，著名哲学家，海德格尔《存在与时间》中译者之一，时任香港中文大学哲学系教授，现任澳门大学特聘教授、哲学与宗教系主任。

很高兴有这样的机会参加山东社科院文化所、山东大学还有其他一些单位合作举办的黄玉顺教授"生活儒学"的研讨会。首先，向黄教授表示祝贺！再有，感谢涂可国所长，还有其他一些朋友邀请我来参加会议。我也很高兴见到傅永军教授、傅有德教授等老朋友，还有许多年轻的新的朋友。

我跟黄教授接触，大概有十几年时间了。记得最早我刚从美国回来，去四川，那时候黄教授还在川大，我们就认识了，挺投缘的。后来我知道他到了山大，一直在进行他的"生活儒学"研究。黄教授的学术工作，我自己比较感兴趣的主要有两个方面：一个是他早期提出的"易经古歌"说；再一个就是他的"生活儒学"。

在他的研究过程中，有两个比较突出的、带有典型性的特点，我比较认同和欣赏。一个是他做中国学问，就像刚才王学典老师讲的，有一种开放的心态。我们对思想传统的解释，一方面是传承，但另一方面要有创新。我觉得这一点在黄教授的研究工作中表现得非常突出。另外一个特点，就是他强调儒学的研究要面向生活。刚才很多学者和朋友都谈到他的生活儒学的"生活"概念。这方面我读得不多，但整体这个倾向，我是非常赞同的。所以，我这次来，也是想有一个机会来向黄教授请教。

关于"生活儒学"，就我的理解，一方面，黄教授强调得较多的是一种存在论的源发性。这在儒学的背景里面，实际上强调的是活泼的、生生不息的这样一种自然"天道"。你可以说它是"存在"，也可以说它是"逻各斯"（Logos）。当然，这些我们都可以在本体论或存在论层面上讲，但落实到生活的实处，它实际上就是在讲一种生生不息的生命状态和生存活动，甚至可追溯到一种原始生命力的骚动。我对此是非常认同的。另外一方面就是，我们做儒学，不能关起门来自说自话，不仅要有一种现代的情怀、开放的心态，同时要有对历史本身的尊重。我想，这些在黄教授的研究工作中都有很充分的体现，我也是非常认同的。所以，黄教授说："你能不能来参加这样的一个聚会？"我说："好啊，这是一个很好的事情，我可以来学习一下。"

既然我们每个人只有十分钟的发言时间，我就试着把我的思路简要地在这里说一说。我除了研究西方欧陆哲学，多年来对儒家、中国哲学也有一些兴趣。过去十几年，我陆续地也发表了一些关于儒家伦理的文章。最近，我又把它们聚起来，以章节形式更为系统地整理了一番，以一本专著的形式出版，书名就叫《道德感动与儒家示范伦理学》。出版社说，你要写一篇导言。导言就是我在此提交的这篇名为《您曾经感动过吗？》的小文章。

在我的标题里，我用了我们中国人的一个日常说法——"感动"。当然，"感动"迄今还不是一个专门的哲学概念。但我们知道，"感动"这个概念在我们日常汉语中，以至于在中国思想特别是在儒家思想里，应该说有非常深厚的哲学根基。汉语中显然有一系列的词语跟"感"字相关，不难引申出一些基本的哲学思考。我的想法就是：以这个语词现象的分析作为一个线索，让我们来看一看儒家哲学或者儒家伦理学的本质形态可能会是怎样的。这个思路，我想实际上和黄教授的"生活儒学"会有许多不谋而合之处。

这个想法，最近有一些学者和朋友也在讨论。实际上，记得十几年前我刚回国的时候，就有一些朋友开始讲，说我们以往用来进行哲学思考的语言，往往都是些"翻译语言"，就是用一些半生不熟的、翻译过来的语词和概念来做哲学，这似乎又暗含，我们的日常汉语不适合讲哲学。当时我们提出的一个期待是：要让哲学说中国话！当然，这里面也同时包含，要让中国哲学的研究与思考跳出古代的语言概念、范畴，试试看能否用我们现代日常生活中使用的汉语来说哲学。但这绝对不是说，西学的背景和训练，中国传统经典的学习和功夫就不重要了，那应该是包括我们在内的现今大多数学者的学问起点。我只是想说，我们现在中国的哲学思考，已经到了这样一个转折点上，即我们必须严肃地思考：我们怎样能把我们的古典哲学语言，以及我们这些年来接受消化的外国哲学概念和范畴，换成我们在现代生活中每时每刻都在使用的汉语语言去说、去思，唯有这样，我们的思想传统才可以有真实的生命与生活。在这个方面，我想黄教授是很用心的。我们昨天晚上吃饭，他也谈到这个话题。上个月，我在复旦大学参加一个会议，也是讨论相同的题目，即怎样让我们的哲学成为"汉语哲学"。

我提交的这篇《您曾经感动过吗？》就是想从我们日常说话中讲的"感"字以及生活中关于"感"的切身经验入手。例如，我们讲"感"的时候，会讲"感应""感动""感觉""感悟"，还会讲"感通""感染""感知""感想"，等等。这些语词和概念，我们日常语言中都用，但它们各自在哲学上的意义为何？能否以及究竟如何界定和区分呢？我的想法是：首先，"感应"这个概念，我想给它一个本体论或存在论的定位。刚才傅有德教授的发言表达了一种反形而上学的姿态。而我觉得这种反形而上学本身实际上也预设了一种形而上学。比如，我们学哲学的都知道，教科书开始就讲"世界是物质的，物质是运动的"，但是，"世界是物质的"这句话是什么意思？事先预设了什么？世界是由物质组成的，这一般说符合常识，但常识一定为真吗？在什么意义上为真，或者正确？这正是哲学要发问的问题。当我们说"世界是物质的"这句话时，我们往往预设了"实在论的原子论"的形而上学。当然，我们知道，近代自然科学就建立在这个形而上学的绝对基础之上，或者说就从此出发。

但如果我们换一种思路呢？比如说，我们中国人传统讲"感"，讲"天人感应"。我们可不可以从"感""感应"的存在论角度来思考问题？例如我们可不可以不从"物质""物体"，而从"感"和"感应"讲起。这样，能不能说世界首先不是"物"的总和，不是由"物"或"物体"，而是由"事"组成的。这个"事"可以包括"事情""事件""事态""事变"，还有我们讲的"事实"，等等。当然，"物"从"感应"的角度讲，也是一种"事"，即我们汉语中讲的"事物"。比如我们今天开这个会，就是一件事。这件事存在吗？当然存在！眼前的这个杯子是一个物，这个杯子也存在，但这个杯子多少年后一定就不存在了。但我们今天开的这个会，这件事发生了，它就永远存在。开会有了结果，出了一本书，这叫"物"。那我们问：究竟是"物"先存在呢，还是"事"先存在？这当然涉及"存在"的意义问题。这涉及另外一个更基本的话题，我们暂且不论。

我这样说，想强调的是，如果我们在最原初的概念使用或意义上作一些调整，在基本的设定上作一些不同的设定，它建构出来的思想，可能就跟我们现有的思想画面很不一样。我觉得，我们中国人的这个"感"——"感应"，跟这个问题非常有关系。那么，我们能不能从感应出发？"感应"的背后，它所对应或揭示的是什么？比如说，有无可能是现代物理学上讲的"波"的概念、"场"的概念？这在某种意义上也可以说是一种"感应"。并不是说，先有原子、基本粒子，然后这些不同的东西互相感应、影响；而是先有这个感应影响，然后才有这些东西、这些事件发生。如果我们这样来讲、来想的话，我们就可以更清楚地明白儒家存在论或者形而上学的进路。

沿着这个讲法，我们先来看"感知"。我们不妨说"感觉""感知""感想""感悟""感通"，等等，都可以被看作是一种认知性的"感"或"感应"的不同形态。例如，我把"感觉"理解为这样一种状态，即人或者某些高等动物处于周遭感应活动中的一种源初性的意识状态。所以，感觉也就是感应，不过是一种意识状态的感应罢了。历史上经验论者休谟，实际上持有的就是这一思路。而另外一系"感应"，即我们日常所讲的"感情""情感"，包括"情绪"，则一般被认为是非认知性的。因为如此，所以被认为在哲学上不重要，这都是些非理性的东西。其实未必。但这个话题我今天也没有时间展开。

那么，以上看似平行且交织缠绕的两条线，如何连接？这曾经而且一直是西方哲学中头痛的问题。但我觉得，在我们的思想传统中，关于"感动"的说法可能帮助解开这个难题。感动本来也是一种感应，但它同时似乎更是一种连接感应与感觉（感触、感受、感想、感知），以及感应与感情的"之间"状态或者"连接点"。感动源出于感应，并将感应引向某种感情和感觉的方向。或者说，它是感觉和感情的起点，在这一意义上，它既是感觉状态，又是感情状态，而且还内含有一种欲求实现两者的冲动。也许更为重要的是，通过感动和不断感动，感觉与感情被注入道德的色彩和成分。

我想，我们可以沿着这样的一个思路，来理解和解释儒家伦理的本质特征。换句话说，儒家伦理是建立在情感本位上的一种德性示范伦理。"示范伦理"这个概念，也是我一些年前提出来的，我想用它来跟西方传统讲的"规范伦理"区别开来。一般讲伦理学，那是一种"应当"，一种制约和规范，甚至是一种绝对命令。但道德形而上学所探讨的问题，更多地不是"应当这样做""不应当那样做"，而是去发问：什么使得这个"应当"成为应当，或者不应当？或者，这个"应当"如何成为应当？

基于这一考虑，我将儒家的"示范伦理学"主要定位为情感本位的德性伦理。"情感本位"，说的是儒家伦理坚持认为，我们每个人的日常伦理生活和行为，以道德感动、感应和感通为原初生发之基础；"德性伦理"说的是儒家伦理学的目标，首先不在于寻求一套"千篇一律"的规则，然后用之来裁决和评判人们社会生活中个别行为的好坏善恶，而在于探讨一个个实际生活中的活生生的人，她或者他的具体道德生成与成长过程，是怎样一回事情。换句话说，儒家伦理学的原本与主要任务，并不在于发现或制定行为规则、规范、底线，从而规管、命令和告诫人们，在具体生活情境下什么该做和什么不该做，而是探究我们每个人活灵活现的道德人格与道德品格，如何在历史和生活中培育与建立起来，影响开去。如此说来，儒家伦理学主要是一门做好人的价值学问，所以又是德性伦理学。在儒家伦理学背后支撑着的"科学"首先不是现代意义上的"逻辑学""经济学"，而更多的是靠近传统意义上的"教育学"。或者用儒家传统的话语说，儒家"伦理学"首先讲的是"立人极"，是一门成人成己的学问与功夫。

但如果把儒家伦理的本质定位为一种情感本位的德性伦理，那在历史上有两个根本的批评需要回应。一个批评是伦理学史上对情感主义（emotivism）的批评。另一个批评可能针对"示范伦理"中"典范"的"高大上"所带来的"可敬但无趣"的问题。我在文章中分别给予了回应。

我以为，这样理解和解释的儒家伦理，也许可以作为黄玉顺教授所倡导的"生活儒学"的一种理论可能性而得到展开和探讨。谢谢！

生活儒学：当代儒学发展的一种哲学向度

程志华

> ◇ **编者按** ◇
>
> 此文原载《当代儒学. 第十一辑》，广西师范大学出版社 2017 年版。原文是在"黄玉顺生活儒学全国学术研讨会"的发言，会议由山东社会科学院文化研究所、中国孔子基金会《孔子研究》编辑部、山东大学儒学高等研究院、山东大学哲学与社会发展学院、西南石油大学马克思主义学院、宜宾学院四川思想家研究中心等 6 家单位联合主办，于 2016 年 8 月 20 日至 21 日在济南举行。程志华，河北大学哲学与社会学院院长、教授、博士生导师，河北大学学术委员会专职副主任，《河北大学学报（哲学社会科学版）》主编，教育部哲学教学指导委员会委员，国际儒学联合会理事，中国现代哲学研究会副会长。

非常感谢黄老师的邀请！我自己感觉，这个学术会议应该非常重要，有可能进入"生活儒学"这个学派的发展历史，更有可能进入整个儒学的发展历史。这是题外话。

我发言的题目是"当代儒学的走向"，没有收录到会议论文集里，是因为当时写得比较匆忙，只有一个提纲。

首先是关于儒学发展的一系列背景。一种理论要生存下去，要保持一定的生命力，都必须得发展。仅仅回过头去看，从历史中去挖掘资源，是不能生存下去的，因为这样没有生命力。就儒学史的最初情况来看，儒学的发展，学派的发展，往往表现为学术的分裂。这些我们大家都很熟悉：孔子之后"儒分为八"，墨子之后"墨离为三"，等等。这样的一些学术事例，在学术史上举不胜举。对于这种分裂，人们往往从消极的角度去看，其实，它的积极意义更大，因为这往往体现了一种学术的理论发展、理论建构的趋势。从根本上来讲，这种分裂有它的问题意识或者学术背景在里面，也就是说，时代变化了，问题意识也在变化，学术风格也在变化，故而才出现了学术的分裂。总的讲，任何一个哲学学派都是围绕着一定的问题意识、围绕着时代所提出来的问题来提供哲学答案,问题和答案是一致的。

其次,就当代儒学的发展来说,其亦大致表现为一种"学术分裂",即儒学思想呈现出多元的状态。对于这样的多元状态,大概可以进行一种区分,这种区分基本上能够反映出现代儒学的一些基本走向:第一个是哲学的向度,整个儒学向哲学的方向去发展;第二个向度是生活的向度,强调儒学走向生活;第三个向度是宗教的向度,即不仅认为儒学是宗教,而且认为儒学应进一步"宗教化";第四个向度是意识形态的向度,即认为儒学应恢复为国家意识形态的主导地位。

第一个向度是哲学的向度,简而言之就是形而上学的向度。在现代儒学这样一个范畴之内,老一代的哲学家,像熊十力所建构的"新唯识论",牟宗三所建构的"道德的形上学",都是很典型的,甚至是开启了现代学术的崭新脉络。新一代的哲学家,像陈来所建构的"仁学本体论",林安梧所建构的"后新儒学",黄玉顺教授所建构的"生活儒学",都是这样一个向度。尤其需要说明的是,林安梧所建构的"后新儒学"以"道"为本体来展开理论上的建构,应该说已经有相当大的进展。

同样,黄玉顺教授所建构的"生活儒学"也是这样的向度。当然,他有很多的说明。大家在看到"生活儒学"这个概念的时候,很多人都把它理解为"生活的儒学"这样一个范畴。黄玉顺教授反复地讲:我的这个"生活儒学"不是"生活的儒学"。用朱熹的话、牟宗三的话来讲,这是"生活的儒学",而不是"生活底儒学"。黄玉顺教授的生活儒学,是以生活为本体。我读得不深,但我感受到了以这样一个本体来展开理论建构的魅力。

第二个向度是关于生活的向度。强调一下,是关于生活的向度,而不是黄玉顺教授所讲的"生活儒学"的范畴;反过来讲,"生活儒学"不是生活的向度。我所讲的生活的向度,指的是将儒学从学院里面搬出来,把儒学从象牙塔里搬出来,把儒学推向社会,推向生活,使其与生活紧密地联系起来。这个方面的代表人物,在台湾是王邦雄、王财贵。王财贵在大陆很活跃,读经运动搞得轰轰烈烈。其实,他的主要设想,就是把儒学搬出课堂,走向生活。在大陆,这个方面也很红火,主要的表现就是"国学"的弘扬。

第三个向度是宗教的向度。这个向度在儒学史上有着长久的脉络,从利玛窦开始,到康有为,以至到任继愈先生。就这个方面来讲,尽管仁者见仁、智者见智，但是，不认同儒家是"儒教"的人占大多数。尽管我们可以说，不见得非得以几个大的宗教，例如佛教和基督教为背景来谈论宗教，但是，把儒学当作宗教，无论在义理上还是在形式上，都是有问题的。所以，不管是康有为还是任继愈先生所认可的儒教，其历史的命运和所产生的影响，都已经给出了答案，那并不是他们所期望的一种结果。因此，尽管现在依然有人提倡儒学宗教化，或者说儒学就是儒教，但影响力不是很大。

第四个向度是意识形态的向度。我也认为，蒋庆的儒教思想其实更多地表现为意识形态的效果。比较典型的是他提出了儒家的"宪政"思想，其根本的想法就是恢复儒学的意识形态地位。他的"儒教"说法只是意识形态的一种工具。他把当代的儒学分为了两个部分：一个是心性儒学，一个是政治儒学。就他的政治儒学来看，他以公羊学传统为他的意识形态的主张提供依据。在蒋庆的周围还有一些朋友，像康晓光、陈明这些人，也持有同样的主张。

蒋庆说他自己和牟宗三在义理上有相通之处。这个观点，在学术上作为自己的一家之言是没有问题的，但是，说蒋庆和牟宗三有相通之处，在义理上还缺乏论证。牟宗三的政治理想和蒋庆的政治理想，完全是不相干甚至相反的。

这是当代儒学发展的四个基本的向度。基于这样的分析，我有一些自己的想法：

第一，就这四个向度而言，哲学的向度应该是儒学发展的方向。其他的向度，有的还是有价值的，但是，儒学想要保持生命力，要想生存下去，哲学是一个最好的向度。

第二，生活的向度有其价值，儒学要保持生命力，必须和现实生活结合起来。不过，生活的向度需要以哲学的向度为前提和基础，否则这个向度是没有根基的。

第三，儒学宗教化的向度是没有生命力的，因为儒学的确不是宗教。不能因为儒学可以起到宗教的作用，就将儒学视作宗教。这样一种思维方式是有漏洞的，虽然不同事物可起相同作用者很多，但不可因此混淆不同事物的界限。

第四，儒学要想复兴，绝不能走意识形态的道路。两千五百年的中国历史已经证明,儒学意识形态化的道路已经走到了历史的终点。辛亥革命的爆发就是这个历史终点的宣示。

这是我对于这四个向度的看法,我相信,这种看法会在未来得到验证。

我所要交流的就这么多,请大家批评指正。

儒家性情论诠释的新模式

赵法生

◇ 编者按 ◇

此文原载《当代儒学．第十一辑》，广西师范大学出版社 2017 年版。原文是在"黄玉顺生活儒学全国学术研讨会"的发言，会议由山东社会科学院文化研究所、中国孔子基金会《孔子研究》编辑部、山东大学儒学高等研究院、山东大学哲学与社会发展学院、西南石油大学马克思主义学院、宜宾学院四川思想家研究中心等 6 家单位联合主办，于 2016 年 8 月 20 日至 21 日在济南举行。赵法生，中国社科院世界宗教研究所研究员、儒教研究室主任、儒教研究中心秘书长。

各位老师，各位朋友，大家下午好！我的发言题目是"儒家性情论与存在主义哲学"。性情论是黄玉顺教授"生活儒学"关注的核心问题。我觉得，时代在发展，不管是中国社会的转型，还是儒学本身的发展，儒学应该出现一些新的思想。这些年出现了很多的提法和思想，而黄玉顺先生的"生活儒学"，我觉得是其中非常有创意的一种思想体系。儒家非常重视"情"，我们看到，尤其是"郭店楚简"以后，"情"在原始儒家那里得到了一个空前的地位。但是，儒家思想史上对"情"的解释，经历了很大的变化。我觉得，关于性情关系，儒学史上有两个最重要的模式，一个是朱熹的模式，一个是牟宗三先生的模式。我看了黄老师的"生活儒学"，看了《爱与思：生活儒学的观念》（下文简称《爱与思》）①，我就感到，他实际上开出了与朱熹、牟先生不同的另一种诠释先秦儒家道德思想的进路。我觉得，他这个进路的诠释，对儒学的创新非常有意义。他的书本身也确实充满了灵动和火花。

我把这三者比较一下：

第一，是朱熹的模式。朱熹解释原始儒家的性情论，主要体现在他的中

---

① 黄玉顺：《爱与思：生活儒学的观念》，四川人民出版社，2006 年版。

和观。大家知道，朱熹苦参"中和"十六年，"中和新说"和"中和旧说"有很大的变化，其中变化最大的意义就在于"中和新说"安置了"情"。原来的"中和旧说"，"性"是未发，"心"是已发；"中和新说"则"性"是未发，"情"是已发，"心"统性情，这样一来，他就把"情"安顿了。朱熹解经的原则是"以本分解经"，即符合经典本意。但实际上，理学已经不是原始儒家的本分了，是一种创造性诠释。"情"安顿了，不过，是把"情"安顿到他的理学架构中，"情"不是"理"，理气依然二分，这是很明确的。

第二，牟宗三的性情关系解读模式。牟先生批判朱熹的性情论，说他将心、性、情三分，理、气二分，认为朱熹的"理"只存有、不活动。在牟先生的模式中，两种思想资源发挥了关键作用。一个是康德的道德哲学。康德哲学的实践理性，否认质料与情感在道德原则中占任何地位，是典型的理性主义道德观，他严格遵循着感性—理性、形上—形下、本质—现象的二分。康德的实践理性思想意义很大，清算了功利主义、幸福论的道德观。这一点，即使康德道德哲学的批评者舍勒，也给予了极高评价。但是，康德道德观排斥情感在道德中的地位，和儒家思想恰恰具有很大的差异，走的是另一个路数。因为儒家思想不是知识化的进路，它非常重视情感，把人作为一个整体去考察，从情感来寻找道德的本源和动力，由"亲亲"而"仁民"，由"仁民"而"爱物"。因此，牟宗三从康德来解释儒家，实际上走了一条曲折的道路。另外，牟宗三基于心学的立场来批评朱熹，他说朱熹这个"心"是气了，已经落入形而下，不是形而上，进而判定朱熹的道德观属于道德他律而非自律，说他是"别子为宗"。

第三，存在主义的性情解读模式。黄玉顺先生"生活儒学"的性情观，提供了另一个解释进路，思想前提是存在主义。海德格尔对人的看法，具有"去蔽"的意义，他跳出了理性—感性、本质—现象等西方哲学中占主导地位的模式去考察一个人，一个整全的人、活生生的人，把情感存在作为人之本真存在，这与儒家对人的看法比较接近。以存在主义哲学思想分析儒家的性情关系，黄老师就提出了"情—性"结构，并对儒家思想做出了富有新意的解读。比如对"生""诚""不诚无物""万物皆备于我"的存在论解释，我认为都是别开生面、有启发性的，展示了原始儒家思想中的现代性内涵。他肯定"生之谓性"的意义，他把"生"作为"性"的重要特征，生即是性，这个"生"不是一般的"生",而是"生活"本身,生活本身是一种情感的存在、情绪性的存在,这种情感不是心理学意义上的情感,而是存在论意义上的情感,从这里出发,然后再由此开始产生了存在者,产生了心理学意义上的情感,产生我们人的道德情感,由此而产生一种新的性情关系模式,推进了儒家思想的创新,具有重要意义。

最后再说两个问题。第一,黄老师说"形上—形下""性—情"的形而上学结构是在轴心时期形成的,尤其是在孔子到孟子之间,我不大赞成这个看法,我认为原始儒家的性情关系是性情一本。第二,存在主义对人的看法和儒家对人的看法差异极大,儒家是从天、道、性、物、情来解读,而海德格尔没有,这种区别自然会影响到人论。

我回头再把《爱与思》好好看一下。谢谢!

怎样对待生活？
——略评生活儒学与大陆新儒家

林存光

◇ 编者按 ◇

此文原载《当代儒学．第十一辑》，广西师范大学出版社 2017 年版。原文是在"黄玉顺生活儒学全国学术研讨会"的发言，会议由山东社会科学院文化研究所、中国孔子基金会《孔子研究》编辑部、山东大学儒学高等研究院、山东大学哲学与社会发展学院、西南石油大学马克思主义学院、宜宾学院四川思想家研究中心等 6 家单位联合主办，于 2016 年 8 月 20 日至 21 日在济南举行。林存光，中国政法大学政治与公共管理学院教授。

非常高兴有机会来参加黄教授生活儒学研讨会！我本人很感兴趣。我和黄教授认识得很早，我是 1997 年到的北京，那时黄教授正在中国社科院读博士。我最早读过的黄教授写的东西，是中国社科院研究生院出的一个集子《博士生谈自己》，给我印象最深的就是黄教授写的那篇，是最生活化的，他将自己生活的经历、生命的历程，写得非常精彩，到现在我还是印象非常深刻。我觉得，黄教授后来之所以提出"生活儒学"这样一个概念，和他的这种对生活的感悟、生命的历程一定是有关系的。

最早听黄教授讲他的"生活儒学"，应该是在 2004 年，我们在北京有一个"青年儒学论坛"。当时，我们的讨论会有一个规则：每个人依次提交一篇文章给大家看，大家在会上不要说好话，要批评。当然，这种批评不是简单的否定，我们要分析、要判断：你所提出的这个问题是真问题还是假问题，有没有价值或意义。我们要提出自己的看法。

当时，很难在短时间内把黄教授所有的著作都看完，我只是看了一部分。我个人认为，我还算是黄教授的同调。在好多问题上，我们都持一致的立场、看法。在黄教授身上有几点，我比较欣赏和赞同：

第一，我们要以一种历史的眼光去看待儒学。儒学不是一个本质主义的、固定不变的东西，它是一个活的传统，它是不断发生变化、生生不息的。所以，我们要带着历史的眼光审视它。今天，我们为什么要弘扬儒学？弘扬什么东西？要使什么东西发扬光大？这需要我们去认清楚，要对整个中国的历史有一个清醒的认识。我特别反对的是：不管好的坏的，认同传统，就什么都认同；弘扬传统，就什么都弘扬。所以，我们今天看到鱼龙混杂、沉渣泛起的现象，把糟粕也当作精华在那里鼓吹。这完全失去了辨别历史的眼光。这很可怕！

第二，要有一种开放的心态。我们是在一个多元的世界，这是多元文明的存在，具有多元的价值观念。你不能忽视别人的存在。我不太赞同这种态度：我们一定要造就一种高于别人的东西。先不要说什么"高于"，先"赶上"别人行不行？放低姿态。很多人鼓吹：我们的东西就是高，就是比别人高明。但是，别人认同不认同？高明得由别人来说，不是我们自己鼓吹。平等地对待别人，这种开放的心态，乃是首要的。这一点，是在读黄教授的著作当中体会到的。还有一点，我不知道是不是准确，就是对话的精神。我们的确需要和西方对话。先去平等地对话，去看看什么才是我们真的有价值、有意义的东西。

第三，我的体会，黄教授主要采取的是哲学的进路。我比较赞同。黄教授有一个说法，说有的人想"创教"。立儒教为国教，这是另外一种进路。我比较赞成黄教授的哲学的包括政治哲学的进路。先要以理服人，而不是拿出一个东西，什么"儒教"，就要别人认同，甚至强制所有人接受。别人一定会质问：我为什么要接受你的"国教"？目前我们最需要的是先得把问题思考清楚，先讲出一套道理来，讲出能说服人的东西，哲学上立得住，理论上有根据，才能说服别人、影响别人。不然的话，就会引发很多让人反感的东西。我很赞同黄教授的一个判断，的确，现在儒学好像很繁荣，其实是"虚假繁荣"，带来了很多肤浅的东西，甚至导致了分裂、矛盾和冲突。强迫别人去接受你的东西，哪怕再好的东西，也是不行的。儒家的立场，我的体会，是不会强迫别人接受的。儒家最根本的精神是什么？是"学"，对不对？儒学，儒学，是以"学"为根基，是让人去学，慢慢感化别人，感动别人，让人潜移默化地接受，而不是强迫别人去接受。

还有一点，就是儒者的情怀和气象。我不知道大家怎么理解"气象"？古人讲"圣贤气象"。现在有一些人自称"儒者"，自称代表儒家，却没有儒者的气象，没有儒者的修养，这就很麻烦，会造成很多的问题，让人感觉：儒者怎么是这个样子？但我觉得，以黄教授为代表的真的儒者，有儒者的情怀和气象。这很重要。不管你讲的有没有道理，首先要展现出儒者的风范来。这个问题，有些学者不太注意，他觉得自己很"儒"，其实是假儒、伪儒。

接下来，我要交流一下关于"生活儒学"本身的问题。

大家知道，蒋庆提出"政治儒学"，是要和港台新儒学对立。他批评港台新儒学是"心性儒学"，他自己提出的是"政治儒学"。你非得讲港台新儒学就只是一种心性儒学，就把它对政治的严肃思考的很多丰富内容给割掉了。的确，它很重视和强调宋明心性儒学；但它并不是不关注政治问题，也不是不谈政治问题，也不能说它没有提出它的政治理论主张。其实，港台新儒家的政治情怀比我们强。你不能简单地说它就是心性儒学，我讲的就是政治儒学。

我看蒋庆新出的书，又开始变说法了，说心性儒学和政治儒学不是对立的，两者都是儒学。但他对港台儒学还有一个批评，他认为那是一种西学化、西方化的概念形上学，那一套心性儒学不是真正的心性儒学。我觉得他这是个误解，没有真正理解唐君毅、牟宗三等港台新儒家大力阐扬和诠释宋明心性之学的理论价值和实践意义，不是用"西方化的概念形上学"这一说法就可以简单否定掉的。我们为什么要讨论理论问题、哲学问题？我们不可能一下子就建构一套生活方式。作为儒者，有的人"以身发明道"，有的人"以言发明道"。我们做学者的责任，首先是"以言发明道"。在当下这也很重要，先把什么是真的儒学讲清楚了，立住根基了，才能慢慢去影响生活。不然的话，就很混乱，连什么是儒学都没有搞清楚，儒学一热，这个儒学、那个儒学都纷纷地冒出来，什么政治儒学、心性儒学，还有社会儒学、民间儒学，历史上还有帝制儒学，你究竟认同的是哪一个儒学？另外，这些说法，给我的感觉是恰恰把作为整体的儒学割裂了。这其实可能是一种"虚假繁荣"，就像黄教授讲的，里面还潜藏着很危险的倾向。

但是，我认为，黄教授的"生活儒学"不太一样，他不是用一个概念来限定儒学。其实，刚才提到的那些"某某儒学"，都是儒学的不同维度、不同面向；但是，生活儒学的观念，用黄教授的话说，是"面向生活本身的儒学"，就是儒学怎么来理解生活，生活与儒学有什么关系，它事实上意味着对儒学的一种总体的本真含义的理解和把握，而不是用儒学的某一个方面、侧面来限定儒学就是怎样怎样的东西。在黄教授的论述中，有很多真知灼见，不管我们赞同不赞同，他确实拓展了儒学的论域，丰富了儒学的视域。比如他提出的正义论的问题，这就是无法回避和绕过去的。我们首先要承认，他提出了这样的观点：儒学要关注生活，关注正义问题。以上是我个人的理解，不一定对。

我唯一要提出请教的一点疑问是："生活"这个概念，不一定是指的现实生活，你把它完全存在化了，或者本源化了，生活本身反而变成一个没有本源的东西，这过于抽象化了。虽然你设定的这个"生活"好像既不是形而上的，也不是形而下的，但是我们究竟怎么来界定和理解"生活"呢？"生活"的概念究竟是什么？这是值得我们进一步探讨的问题。但是，黄教授的说法至少可以引发或激发我们进一步深入的思考：什么是生活？我们怎么去对待生活、生活方式？这里最核心的问题，是儒家的生活理念，我觉得有很多值得我们深入挖掘的东西，尤其是在先秦时期的孔孟那里。我比较强调古典儒家，我一方面强调历史的眼光，另一方面也认为不能简单割断历史，不能完全割断儒学一脉相承的历史延续性。为什么要强调生活？为什么儒学的复兴一定要回归孔孟？古典儒家的确树立了一个典范，指引我们思考人生、生活、社会、政治等很多很基本的问题。当然，我的基本立场和看法是，我们既要回归，又要超越，我认为这才是真正能给我们带来重要启示的理论思考方向。

好，我就讲这些。

回到"存在"而重构"存在者"
——关于生活儒学思想进路的一些思考

胡波

◇ **编者按** ◇

此文原载《当代儒学.第十一辑》,广西师范大学出版社 2017 年版。原文是在"黄玉顺生活儒学全国学术研讨会"的发言,会议由山东社会科学院文化研究所、中国孔子基金会《孔子研究》编辑部、山东大学儒学高等研究院、山东大学哲学与社会发展学院、西南石油大学马克思主义学院、宜宾学院四川思想家研究中心等 6 家单位联合主办,于 2016 年 8 月 20 日至 21 日在济南举行。胡波,重庆社会科学院研究员、哲学与政治学研究所所长。

各位好!我这次来之前发了一个发言题目过来,叫作:回到"存在"而重构"存在者"——关于生活儒学思想进路的思考。

关于生活儒学的基本进路,我用一句话来概括就是:"回到存在而重构存在者"。这个要回到的"存在"就是生活,生活是唯一的存在。有人说生活儒学的"生活"概念不好理解、比较空,它其实就是现象学所讲的"面向事情本身"的那个"事情",既不是纯粹概念思辨的东西,也不是感官经验把握的对象,而是胡塞尔现象学所讲的本质直观的"所予",即是由我们的本质直观所给出的那个"事情本身"。

因此,不管黄玉顺教授自己是否承认受到现象学的影响和在多大程度上受其影响,这种重要影响都是一个客观事实。但黄教授的"生活儒学"的目的,不是像胡塞尔那样要建构一个现象学理论,而是把现象学作为一种方法,通过现象学的方法去发现作为本源存在的生活本身。

当然有人可以说这也是一种形而上学,但我们不能不承认,这种由本质直观给出的"存在现象",跟传统形而上学的本体论所讲的"本体"是有根本区别的,它们的确是两个不同层面、不同性质的东西。至于经验主义和怀疑主义针对传统形而上学本体论哲学提出的质疑，对于现象学所讲的本质直观所给出的存在则是基本无效的。

"回到存在而重构存在者"，要重构的存在者就是传统儒学的"形而上者"和"形而下者"，即传统儒学的形而上学和形而下学，这一点是比较清楚和好理解的。

对于上述生活儒学的这样一种基本思想进路，我想进一步指出以下三点：

第一，这个"从存在者返回存在"的思路，是对海德格尔思想的一种积极有效的借鉴。海德格尔的一个基本的观点是认为，从古希腊以降直到近现代，哲学一直在面向存在者的道路上走得太久远了，以致越来越遗忘了使存在者得以可能的存在本身。换言之，就是说：当存在者的真理大行其道时，存在的真理就蔽而不彰了。因此，海氏的工作就是要"解构"和"去蔽"。但黄玉顺的生活儒学有很大不同，就是：它不只是要做解构和去蔽的工作，而且还要在通过去蔽而开显出来的生活地基上，重新进行儒学形而上学和形而下学的建构。

第二，黄玉顺生活儒学的旨趣并非止于对存在的终极追问，终极追问只是一个前提性设定，它最终还要落脚到对存在者的构建上。因此有人说他是满足于自我精神对终极存在的追求，这是把他看得太超脱了，其实他是没有那么超脱的，当然也就没有西绪福斯那样的悲壮。

第三，之所以要对存在者解构了又重新加以建构，我理解，这中间有一个非常重要的思想动机就在于，黄玉顺对既有儒学原教旨主义的形下学和心性论、人性论的形上学不能适应现代社会生活是非常不满的；同时身为儒者又必须坚持儒学的根本，这就促使他要去找到一个更原始的东西，然后以之为基点来对儒学的形上—形下体系重新加以建构。

对此，我认为有两点是特别值得肯定的，也是生活儒学具有其生命力的原因所在：

一是生活儒学的"古今观"。即在承认人类生活是发展变化的基本前提下，主张以今人生活之需，来对传统思想文化进行评判、衡量、取舍和发展，而不是相反。

二是生活儒学的"中西观"。生活儒学突破了狭隘的中西文化论争的问题域，而以面向人类共同的思想问题为主旨，秉持一种"学无分中西"，关键是要提出真问题、解决真问题的立场,这就是一种特别值得肯定的中西比较观和融通观。

最后说一下关于生活儒学的政治哲学——中国正义论的建构问题。黄玉顺教授的一个基本思想,是要将儒学讲的仁爱与正义相沟通,从而把正义的基本含义阐释为"一体之仁"的仁爱动机,以这种"一体之仁"的仁爱作为正义的根本标准,然后再将这样的一种正义观念作为儒家政治哲学规范性建构的奠基。这个工作一方面是很有意义的,但另一方面,仅仅以"一体之仁"来阐释正义又显得比较单薄,因为它提供不了当今社会生活的规范性建构所需要的多元化价值根基。

打个比方来说,我们可以设想未来有这样一个理想的城邦,为了让所有的人都生活得开心快乐、相互友爱,它制定了一种"洗脑"制度:每个人长到一定的年龄,就要接受一种"洗脑术",通过高科技手段把人们头脑中那些负面的思想情绪都消除掉,比如怨恨、愤怒、嫉妒、悲伤的情绪以及反抗、反叛的意识等,统统都给消除掉。被这样"洗脑"后的人们就不会再有那些负面的思想情绪了,从此每个人都能生活得开心快乐并相亲相爱……这正是一部科幻电影里的情节,我把它稍微改造了一下。我想说的是,这样一种强制给人洗脑的制度,可以说是符合黄玉顺教授"一体之仁"的正义标准的(出于爱所有人的动机),但我们能够说这样的城邦是正义的吗?在我看来,一体之仁、无差别对待仅仅是正义的一种"面相",但现代社会的规范性建构需要一种更多元化的价值根基,那么,儒学的正义论如何能够回应这一点呢?我将这个问题提出来供黄玉顺教授参考。

儒学的当代形态与现实生活

罗传芳

◇ 编者按 ◇

此文原载《当代儒学．第十一辑》，广西师范大学出版社 2017 年版。原文是在"黄玉顺生活儒学全国学术研讨会"的发言，会议由山东社会科学院文化研究所、中国孔子基金会《孔子研究》编辑部、山东大学儒学高等研究院、山东大学哲学与社会发展学院、西南石油大学马克思主义学院、宜宾学院四川思想家研究中心等 6 家单位联合主办，于 2016 年 8 月 20 日至 21 日在济南举行。罗传芳，《哲学研究》编审。

  大家好！很高兴参加黄玉顺教授的"生活儒学"研讨会。几天前，他问我对这个会议有没有兴趣，我说有兴趣；他问我讲什么题目，我想了想，就报了一个"儒学的当代形态与现实生活"，紧扣会议的主题。

  我为什么对"生活儒学"这个主题有兴趣呢？第一个原因是对黄教授那句经典表述很认同，他说他做生活儒学的目的，是为了寻求"现代性诉求的民族性表达"。我觉得这个定位非常好，是传统文化现代化的一个理性自觉且有效的途径。再一个原因是他把儒学放到生活这个层面来做，这也是我赞同的。我记得 2012 年参加黄教授主持的"中国正义论"项目的启动仪式，在讨论的时候，我作了一个发言，好像是在批评他，其实前提是支持他的。今天在这里也是这样：前提是我是认同的，但也有自己的看法。昨天我一边听会，一边记录自己的思路，当然这个思路是挂一漏万的。

  关于儒学的形态，我们先要了解它的历史形态。只有知道了历史形态，才能在有所损益的前提下谈当代形态。多的不说，儒学的形态我想至少有三个层面：

  第一个层面是学术。从学术的层面来说，儒学是在轴心时代确立的一套从现实人伦角度思考人以及人与外界关系的伦理学说，它是对上古学术文明的一个传承，一个总结，这是儒学的基本面相。学术化的儒学建立以后，在历代都有它的表现形态，这是儒学史的问题，不展开。

第二个层面是政治儒学。儒家在春秋战国时期是诸子百家之一，与政治的联系不紧密。到汉代"独尊儒术"以后，儒家成了官方意识形态。大家注意，这个"术"已经不是"学"了，"术"更偏向实用化、技术化和政治化。汉以后的儒学，实际是以儒之名吸纳了其他各家的一个杂汇，如阴阳家的"五德终始"、法家的"刑名威权"、黄老道家的怀柔之类。

第三个层面就是生活。生活层面和政治层面是有紧密联系的，因为儒学成为官学以后，对现实生活发生了直接影响。例如开科取士，士人都要走这条路，去读经典，去求功名，以获得利禄和进身之阶。这样的话，就主导了大众的取向。用现代的话说，年轻人的人生设计都以这个为中心、为目标来安排。当然，对生活方面最大的影响，是在伦理和教化上。儒学作为官方意识形态，除了思想主张之外，还拥有一整套以礼的规范和德目出现的纲常名教，它们通过学校教育和伦理教化，深深地影响并渗透于大众的日常生活和观念之中。

这就是儒学形态大致的三个层面。今天我们讲儒学，也可以循着这三个层次来看一看，哪个层次是可以延续、落实的，哪个层次已经发生了变化，是今天要扬弃和规避的。

当代儒学形态的学术层面，这不用多说，因为儒学一直是在发展的，没有间断，只不过方法从以前的经学变为学院化了，走上了一条正规的学术研究的路径，包括招生、做课题、发表论著等，这是跟随时代的变化。

儒学形态的政治层面，在近代以后发生了很大的变化或根本性的冲击，简单说即结束了作为官学的命运。有人把儒学命运的这个改变归因于新文化运动的激进行为，这其实是一种简单化的看法。实际上，儒学发展到明末清初的时候，已经遭遇到了严重危机，当时的危机主要不是学术层面，也不是生活层面，而是制度层面。这可以从黄宗羲、王夫之、顾炎武等一批思想家对儒学所依附的专制制度的深刻批判上看出来，尽管这只是来自儒学内部的批判。后来西学进来，在西学的参照下，才有了直接否定儒学（包括经学）的新文化运动。所以，儒学政治层面（政治儒学）在近代以来遇到的挑战，是一个历史性课题，是时代对传统的扬弃。1949年以后，新政权对儒学的态度在形式上延续了政治批判的脉络，但由于内容和实质上的不同，可另做分析。

直到20世纪80年代改革开放，伴随西学的引进，儒学才重回公众视野，出现了所谓的"儒学热"。不过这时的儒学热是在文化反思的背景下出现的，除儒学外其他的传统文化也在讨论之列。90年代以后，儒学热摇身一变为"国学热"，这个时候，方向开始有了变化，即由文化热逐渐蜕变成具有某种政治诉求的文化保守主义运动，儒学重新受到追捧，并上升为国学的主流。

为什么儒学自汉代以来一直受到重视，直到今天仍徘徊在庙堂门口衰而不退呢？这与儒学本身所具有的政治稳定功能密不可分。儒学一旦与权力结合，便可以提供维护既有秩序、调节各种社会和伦理关系的一套世俗理论，这是政治极为看重并且需要的，也是儒生借以实现自身利益最大化的途径，所以儒学与政治总是易于结合。今天的儒学复兴在多大程度上与这种双向欲求有关而与时代方向疏离，是值得深思和审视的。

与此不同，我认为，生活层面才是当代儒学拥有广阔生长点的一个层面。为什么这么说呢？因为就一个民族来讲，生活层面所指的内涵就是这个民族的生活方式。我们知道，"文化"有很多种定义，而最基本最核心的定义是：它是一个地区的人们长期共同生活所形成的价值观念和生活方式的总和。在这个意义上，儒学正是代表了几千年来中国人生活方式的一种文化形态。在这个层面上，它对于我们这个民族来讲是具有相当稳定性的。

如此看，在学术的层面，儒学是在自然地进行着，发展着；在政治层面，它遇到了新旧矛盾的撕扯，前途如何不容乐观；但是在生活层面，毫无疑问，不管有没有新文化运动，有没有"批林批孔"，儒学都是存在着的，并且穿越到今天。很多老百姓或许根本不知道什么是儒学，但是在他们的观念里面，在现实生活中，他们的所作所为、所思所想，都是儒学的方式。这种"日用而不知"，就是文化在生活和心理层面的力量。这样的现象和特点，我们从东亚地区也可以看得出来。尽管东亚的现代化已经很深入了，但是东亚人身上所表现出来的气质特点、生活样态，是和西方人有区别的。这即是一种隐性的、隐藏着的文化基因。

所以，作为儒学的当代形态，黄教授把他研究和关注的重点放在生活这个层面，我觉得是非常明智的，也是有广阔、深厚基础和前景的。

儒学的上述两种形态，即历史形态和当代形态，为什么会有不同，如何解释这种不同？我认为，这两种形态的不同，其实是根源于不同的历史背景。儒学的历史形态，是一个前现代的、宗法农业社会的文化形态；而儒学的当代形态，应该是现代性、全球化背景下的民族文化形态。这是一个古今之变的问题。很多做思想史、哲学史的人，往往都忽略了这一点。而黄教授却很注意这一点。我认为这一点非常重要。在现代化进程中，在这样一个新的时代背景下，儒学形态的转化不是好不好、愿不愿意的问题，而是一个能不能和必需的问题。所以一定要放在不同的历史条件下来看待这个问题。今天，我们必须要面对这样一个现代性和全球化的历史条件，在这样一个普遍的前提确定以后，再来谈我们的民族性和特色。

最后讲一点，算是批评。对黄教授的研究和观点，我前面提到的都是肯定的意见，现在稍微谈点不足。当我进入他的生活儒学的论说框架之后，发现他有一个形上和形下的结构性预设。那么这两者到底是什么关系，如何放置更合理？到底谁是主、谁是次？本来形上理论的引入和铺设是为了给形下生活层面提供理论根据，但是如果它太强了，甚至为做而做，就会喧宾夺主地掩盖生活层面要表达的东西，这些东西被掩盖了之后，就使"生活儒学"这个主题变得空洞了。生活本来是很实的，结果却空了，失去了初衷和目的。其实，生活是一个什么样的东西呢？我们看看《论语》就知道，孔子就是置身于生活之中，根据弟子的提问，一个一个地回答问题。这就是我们的生活。生活首先离不开人，其次是离不开人与人之间的关系及如何行事，这在儒学就是五伦和五常，把这些安顿好了，安身立命的问题就解决了，生活就有了着落。

谢谢大家！

生活儒学与儒家情感理论的关系

沈顺福

◇ 编者按 ◇

此文原载《当代儒学. 第十一辑》, 广西师范大学出版社 2017 年版。原文是在"黄玉顺生活儒学全国学术研讨会"的发言,会议由山东社会科学院文化研究所、中国孔子基金会《孔子研究》编辑部、山东大学儒学高等研究院、山东大学哲学与社会发展学院、西南石油大学马克思主义学院、宜宾学院四川思想家研究中心等 6 家单位联合主办,于 2016 年 8 月 20 日至 21 日在济南举行。沈顺福,山东大学儒学高等研究院教授、博士生导师,山东大学犹太教与跨宗教研究中心教授、易学与中国古代哲学研究中心教授。

首先我想表达我的感谢、祝贺和高兴之情:感谢山东社会科学院文化研究所涂可国所长给我们提供了一个机会;祝贺黄玉顺先生的"生活儒学"在学术界得到了高度认可;很高兴在这个场合和旧朋新友们相聚一堂,共同探讨学问。

我与黄老师已经是六年的同事了,可以说互相在工作、学术、生活上都非常了解。他的大作,我也时不时地拜读过。在学术上,我与黄老师可以用四个字来概括:"和而不同"。这种"和而不同"主要体现在三个方面:一是虽然我们对儒学的理解是有所不同的,但我们都是从哲学的角度去理解儒学。二是我们对儒学的开放性的认识相同。我觉得黄老师的"生活儒学"实际上是用现象学来重新理解、建构儒学,让儒学在现代社会中成功地实现转型。所以他把儒学看作不仅是历史的,而且是当下的,更是未来的。三是我与黄老师虽然没有师徒之交,但是我曾经跟黄老师的弟子们在聊天的时候说过:"我与黄老师在对儒学的基本问题的认识上,可能比你们这些弟子还要更接近。"在儒学的很多问题上,我和黄老师的观点是一致的,比如说对"性""情"关系的认识。2014 年我们曾经一起在《江西社会科学》发表过关于儒家情感理论的文章。关于原始儒家的"性""情"关系的看法，我与黄老师表达的观点基本上是类似的，就是早期儒家是"性""情"不分的，后来是"情"由"性"定。虽然我和黄老师的讲法可能不太一样，但是基本的主张是一致的。

当然，这些一致性并不能掩盖我和黄老师在某些具体问题上的分歧。下面我就简单地谈一谈我和黄老师在某些问题上的分歧，讲一讲"生活儒学"与儒家情感理论的关系。

儒家的情感观念，我把它分成五个阶段，当然这个划分不是很严格。第一个阶段是孔孟荀原始儒家时代。这个时代是"性""情"不分，在这一点上我和黄老师的观点是一致的。第二个阶段是汉代儒学。从汉代开始，"性""情"有别。这个"有别"包括"性""情"之分和"情自性出"。既然"情自性出"，那么肯定是一个在先，一个在后。第三个阶段是魏晋玄学时期，主要是以王弼和嵇康为代表。王弼的基本观点是"以性定情"。第四个阶段是唐朝儒学。韩愈和李翱的比较极端的性情说，我把它们概括成"性善情邪"。最后一个阶段就是宋明理学阶段。这一阶段，用朱熹的话来说，就是"性体情用"。

我把儒家情感理论分为这五个阶段，这五个阶段充分地体现了儒家对性情观念的认识和逻辑进程。这种逻辑进程实际上也体现了儒家对待情感问题、对待儒家哲学的核心问题的认识。从早期的"性情不分"到后来的"情自性出"，到最后的"性体情用"，这样一种转变，是一种形而上学式的解读方式。我个人觉得，这种认识实际上体现了思想上的进步。

在这个问题上，我与黄老师就有了分歧。他认为，原始儒家"性情不分"很好，从"郭店楚简"开始，后边的儒家对于性情关系的认识一概都是邪了、歪了。这一点，我从情感上接受不了。我觉得这是对过去儒家的不公平的评价。汉代儒学你把它抹杀了，魏晋玄学你把它抹杀了，宋明理学你全把它抹杀了。只有孔子说的对、孟子说的对、荀子说的对，后边的人说的都不对吗？所以，在性情问题上，我与黄老师在基本认识上是一样的，但是在评价上我跟他完全不一样。他认为"性情之分""情自性出"这些是走邪了，这是我不敢苟同的。

他之所以得出这个结论，原因在于他把情感看作是本源。其实，这个问题，我觉得在孟子那里就能看出来：如果情感就是本源的话，那么孟子的"性"是什么呢？当然了，他可以解释孟子的"性"就是"情"，那"性"不也是本源吗？在王弼、嵇康那里，"性即情"说得非常清楚，"性"是本源，"情"是后来的。到宋明理学朱熹那里，"性"是体，"情"是用，早一些的二程说的是"情是性之动"，显然，性是情的本源。如果你完全抹杀了，那肯定是不成立的；如果不抹杀的话，那么你的情感本源论就需要再进行重新解释了。这是我对黄老师的情感理论的一个请教。

最后，我觉得黄老师经常讲的"存在论""存在"这些概念，我们搞中国哲学的人好像把这些看作是理所当然的，但实际上这两个词在哲学史上的内涵是非常不一样的。在柏拉图那里，存在论跟我们的存在理论是相似的；但到了康德那里，存在论其实完全变成了对于我们的思维方式的理解，那个存在其实就变成了我们的思维。我不知道黄老师的这个"存在"指的是客观的存在，还是康德和贝克莱意义上的一种主观性的思维方式？我想，对于这些词，还是有必要做一些说明的，否则的话会容易引起误会。也许他做过解释，而我没有注意到。我们通常把"存在"看作一种 existence，但实际上哲学里边讲的存在是 being，这个 being 有可能是 existence，也有可能完全是康德那种涵义，那就跟现实完全没有关系了。在康德那里，现实全部都是 non。我们中国人讲"存在"，往往着眼于它的客观性；但是西方人讲"存在"，可能着眼于主观性。那么，黄老师的"存在"是胡塞尔的那种"生活世界"，更多也是主观性的吗？如果黄老师仅仅是从现象学角度来讲"存在"的话，那么"生活"究竟是有意识的生活还是无意识的生活？我觉得，黄老师经常讲的一个词"前主体性"，我到现在都不明白，因为"主体性"本身就是一个非时间性概念，怎么还会有一个"前主体性"？当然了，你要把生活讲成"前主体性"的也未尝不可，如果按照胡塞尔那种理解好像也可以，但是必须做一个说明。

总之，黄老师的思想对于儒学的现代化转型是具有创造性的，尽管这种创造性是否能取得巨大的成功还有待于我们进一步的观察，但从哲学的角度来说，我是完全支持的，也是充满期待的。

谢谢各位！

"生活儒学"名家谈

时代的主题与儒学发展的理路
——读"生活儒学"有感

徐庆文

◇ 编者按 ◇

此文原载《当代儒学．第十一辑》，广西师范大学出版社2017年版。原文是在"黄玉顺生活儒学全国学术研讨会"的发言，会议由山东社会科学院文化研究所、中国孔子基金会《孔子研究》编辑部、山东大学儒学高等研究院、山东大学哲学与社会发展学院、西南石油大学马克思主义学院、宜宾学院四川思想家研究中心等6家单位联合主办，于2016年8月20日至21日在济南举行。徐庆文，山东大学儒学高等研究院教授、副院长。

首先感谢黄老师和主办方的邀请！黄老师作为我的领导已经六年多了，在我的学术和生活中对我有许多的提携和帮助，我从心里把黄老师作为我的老师。再次感谢黄老师！

我今天发言的题目是"时代的主题与儒学发展的理路"，主要是我读"生活儒学"后的一些感想和它对我的启发。

传统社会解体之后，儒学怎么样存在和发展就成为儒家学人面对的一个问题。近代以来，东西文化遭遇了古今之分，儒学被认定是古学、旧学，被认为与现代生活不相适应。于是，怎样将不适应现代的传统儒学转化成为与时代相适应的新儒学，就成为儒家学人的使命。在这一点上，现代新儒家殚精竭虑、苦心孤诣，用西方哲学重新诠释儒学传统，使儒学与现代的科学、民主结合在一起。现代新儒家学人也因此在儒学面临断裂的情况下，成为儒学发展中最中坚的一种力量。

20世纪伊始，时代主题是科学、民主和自由；到了20世纪80、90年代以后，时代的主题有所转换：科学原来被认为能解决人类所有的发展问题，这个时候受到了越来越多的质疑；西方的民主在发展的过程中，也受到了许多批评。所以，20世纪90年代以来，一些学者通过反思儒学的发展历程，提出了各种各样不同于现代新儒学的儒学发展理路。在这些儒学发展理路当中，我认为，黄老师的"生活儒学"是最重要的一种理路。所以，郭沂先生在《开新——当代儒学理论创构》中，崔罡先生在《新世纪大陆新儒家研究》等著作中，都重点推介了黄老师的"生活儒学"。我记得张岱年先生主编的《孔子大辞典》的修订本，也把"生活儒学"这个条目编进去了。当然，《孔子大辞典》上的"生活儒学"条目跟黄老师这个"生活儒学"是否完全是一回事，这是另外一个问题，但至少，黄老师的"生活儒学"这个概念已经被学术界认可。

我个人认为"生活儒学"不仅是黄老师对儒学的深度思考，更是代表了儒学发展的当代理路。我读"生活儒学"，以下三个方面给我非常非常大的启发。

第一个方面，"生活儒学"提出了"现代性诉求的民族性表达"，这和现代新儒家完全相反。现代新儒家的表达方式、表述方式，只能是用现代性话语来表达一些民族性的东西，因为那个时代你如果不用现代性话语来表达民族性的东西，你就会被认为落伍，就会没人理你。黄老师提出"现代性诉求的民族性表达"，我认为有两个意义：一是将我们儒学的主体地位提升了，也就是说，现代性的诉求可以用我们的民族性的话语来表达，而这种民族性的表达体现了我们民族性的主体地位在提升；二是增强了我们的文化自信。习总书记提出"四个自信"——道路自信、理论自信、制度自信、文化自信。文化自信是道路自信、理论自信、制度自信的基础。所以，我觉得"生活儒学"提出"现代性诉求的民族性表达"是非常具有前瞻性的。

第二个方面，"生活儒学"开创了一个本源层级，有效地解决了儒学"形上""形下"的连接问题。这可能是黄老师"生活儒学"最受关注也最受质疑的一个部分。他在形下和形上之间，又开出了一个本源性的层级，这一点，专家认可不认可，这不是我关心的问题。我倒是觉着，开出这么一个本源层级，能解决什么问题呢？那就是解决我们儒学的发展怎样与这个时代的主题相契合的问题。时代的主题是随着时间的推移而不断在变化的，如果只有一个形上层级、一个形下层级，那么，好多问题它是解决不了的。比如说20世纪的科学与民主，现代新儒家试图解决科学与民主的问题，像牟宗三先生提出的那个"本内圣以开出新外王",就是在形上、形下的连接上出现了一些问题,所以才备受质疑。黄老师的"生活儒学"开出一个本源层级,在本源层级里就没有这个问题,因为在本源层级上,形上、形下原是一体的。我觉着这也符合孔子的原则。在《论语》中,好多东西我们是看不出哪些是形上的、哪些是形下的。这对于我们儒学今后的发展有一种启发:以后时代的主题不管怎么样变化,我们都可能在本源层级上开出适应时代主题的内容。我觉着这是"生活儒学"对我们儒学的发展最核心也是最关键的一个创新,也是最大的一个贡献。

第三个方面,"生活儒学"切合当下实际,提出并构建了"中国正义论"。"中国正义论"作为"生活儒学"观念层级中的一个方面的展开,是儒家制度伦理学的一种当代阐释。在这个展开过程中,我特别注意的就是黄老师提出了几个关键性的东西:正义的本源是"仁",它的原则是"义",它的指向是"礼",它的要件是"智"。当然,黄老师还谈了其他一些重要观念,谈了"利""知""乐",等等。在我看来,"中国正义论"的构建,一方面使儒家的"仁、义、礼、智"等核心理念更具有当下意义的一种阐释。我们知道,在儒学的发展过程中,"仁、义、礼、智"是有不同的侧重的。"仁"这个境界比较高,必须通过"义""礼""智"等来实现,所以孟子谈"义",荀子谈"礼",就是说,孔子谈"仁"那个境界太高,要通过"义"来实现,通过"礼"来实现。康有为谈过"仁智对举",但他对此也没有充分展开。我觉着"中国正义论"是对"仁、义、礼、智"这些核心理念的更加当代化的一种阐释,是对当前政治制度设计提供了一条非常好的思路。

这就是我读了黄老师的"生活儒学"以后得到的几点启发。但愿"生活儒学"能够越做越好、越做影响力越大。谢谢!

生活儒学与缘情制礼

宋大琦

◇ 编者按 ◇

此文原载《当代儒学. 第十一辑》，广西师范大学出版社 2017 年版。原文是在"黄玉顺生活儒学全国学术研讨会"的发言，会议由山东社会科学院文化研究所、中国孔子基金会《孔子研究》编辑部、山东大学儒学高等研究院、山东大学哲学与社会发展学院、西南石油大学马克思主义学院、宜宾学院四川思想家研究中心等 6 家单位联合主办，于 2016 年 8 月 20 日至 21 日在济南举行。宋大琦，山西省社会科学院儒学研究中心主任。

大家好！我先向大家做个自我介绍，本人宋大琦，和黄师兄是同门，从事过地质队员、法官、律师等多种职业，现在还是个学术个体户，没在正式学术单位领薪。

我发言的题目是：生活儒学与缘情制礼。生活儒学特别是它的中国正义论，关注社会规范及其制度的建构，包括法律及其制度的建构，这些也是我的关注，不仅仅是一种学术关注，而且是出于职业的关注。

缘情制礼就是要根据生活之本初情实来制定礼法、建构制度，而非以某种观念为出发点、大前提。生活儒学与缘情制礼是什么关系，看起来简单，但要谈清楚要绕很大一个弯子，首先涉及儒学分期的问题。

"生活儒学"有三层架构：生活、形而上学到形而下学。生活是前形而上学的。这个架构恰好是跟儒学的整个历史相契合的。为什么这样说？儒学的历史，在先秦是前形而上学的；到汉朝开始形而上学化，到了宋朝到达了形而上学的顶峰；然后从明儒心学开始形而上学的自我解构，解构同时就有一个回归——向先秦回归。所以，我对儒学的分期，可能跟当代儒家学者的分期都不一样，因为当代所有学者似乎都把当今的儒学看作是一个独立的阶段，而我认为当代儒学不是一个独立的阶段，它没有走出洋务运动、维新运动的阶段，尤其是从政治儒学的角度来讲，它仍然处在一种"祛魅"、对形而上学进行解构的阶段，然后是对威权政治意识形态进行解构，在个体性上重建制度，这个过程还没有完成。

下面我谈谈对形而上学的看法。一般人首先重视的形而上学的特点是为万事万物寻找到一个最基本的根据，即寻根。在我看来，形而上学的另一个特点更为重要，即盖楼，就是从一个起点出发，构造一个体系，把世界万物都纳入它的体系中进行解释。这种盖楼的方式在政治儒学当中是最为典型的形而上学的思维方式。我们看到形而上学政治观念的形成，开始是一种较为模糊的概念，如先秦的"天""仁爱"，等等，后来这种概念被体系化、神圣化，直到成为将万物纳入其中的形而上学。

对形而上的解构，也有两种方式，一种方式是剥洋葱，这是比较典型的西方方式，由外至内，通过现象去认识本质，把洋葱一层层地剥下去，发现没有什么本质，现象就是本质；另一种方式的解构，是由内至外，在自身的逻辑之内的穷尽式追问，结果在追问的过程中自我解构。比较典型的自我解构如禅宗对佛学的解构，心学对理学的解构。

现在我谈第三个问题，这是"生活儒学"的问题。"生活儒学"的口号是"回到生活本身"，或者说抛弃一切概念，返回到一个前概念的局面。那么，究竟要返回到哪里去呢？在这里我觉得"回到生活"就产生了某种歧义，一是这种返回所到达的根底是不是依然是形而上者，二是经由"生活"建构起来的是不是依然是一个形而上化的体系。黄老师直接给出的答案是什么？返回到仁爱情感，或者说返回到仁爱情感本身就是生活。针对这一点，黄师兄以及在座的老师在这方面还是有形而上化的倾向，就是把本源情感、仁爱情感定义为一种普遍性的、抽象的东西，这样一来，它仍然可能是形而上学的。在我看来，起码从可通向实践的意义上，我觉得我们能够返回的东西应该是可感知、可观察的这么一种东西，是可观察、可感知的一种现象，而不是一种只能在思辨意义上才能把握的东西。比如孟子所说的人的"良知""良能"就是可感知的。如果我们把仁爱情感看作是超于生活、在生活背后不可感知的神秘本体的话，那么它依然是一种形而上学；反之，如果我们不把仁爱情感当作一种刻板的、普遍性的东西，而是在每一个人身上的基础的原始的情感，如父子之爱、恻隐之心，那么它们就不是一种形而上的东西，那才是返回到生活本源。

所以说，这里不能崇拜理性，要对理性进行解构。普遍情感，或者说任何超越于现象的本体，都是需要被解构的。而且这种解构，如果说我们反馈到个体的情感上的话，在这个基础上，我们可以说"缘情制礼"。古人常说"圣人缘情而制礼"，就是说圣人如何立法，如何规定礼乐、礼教，都是根据人情——人类的基本感情。先秦是这样，到了宋明也是这样，礼法来自人的基本情感。

但是我们可以看到，礼法学中还有另外一种传统，在汉代今文经学的观念体系之中，礼来源于天，来自天人之间的对称结构，来自天人的同构，天有什么，人就有什么。这种由天到人的简单机械对应，在宋明理学那里变成一种精巧的、思辨的对应。礼法来自天理，来自天人结构，这样的话，它的根本依据就是一种先验理念，而不是生活本身。宋明理学内部争论了七百年，最后恰恰是破除了天理。从认识论上，个体的"心即理"已经推翻了普遍的"性即理"，共同的理没有了，或者说多元化了。还原到日常生活中，"心与理"关系的另一个角度是"理与欲"的关系。早期来讲，天理是形而上者，欲要由理来安排，所谓"存天理，灭人欲"，但是，争论了几百年后，颠倒过来了，天理正从人欲中见。在共同的生活中，人欲必须有个公共的安排，这就是"公理"。虽然都叫"理"，但是这个公理与天理是两回事儿了，一个是以个体欲望为基点协商出的公共理性，一个是由普遍理性派生出的个性、感性，这就是在一个在形式上保持延续性的理论重建的例子。

最后回到黄师兄的中国正义论。在我看来，"中国正义论"应该是"生活儒学"的应用，这种应用是在某种程度上破除了形而上学，然后落实在心理上，是建立在仁爱情感之上的，而不是建立在某种普遍抽象的原则之上。否则，就会出现胡波老师提出的问题：仁爱情感如何落实在具体的层面处理事情？一体之仁其实是不能处理各种各样的事情的，比如，我们应该同情受害者，还是同情加害者？仁是无差别的、基础性的亲和情感，而义者，宜也，剖分也，也就是在具体情况下如何实现仁的原则，可以说义是仁这种抽象之物的情景落实，而礼法就是义的条文化、规范化了，也是仁的进一步落实。古人"仁→义→礼"的结构由仁发展到义，由义发展到礼，是基于人类普遍具有的亲和情感，而不是先验教条原则。在不同的历史条件下实现仁爱的方法，即器物制度，应该有所不同，即气而建理，而不应设一理以限事。我觉得如果说在古代宗法农业社会，人们的社会连带关系和防卫生存等需要使皇权专制有其一定合理性的话，那么在我们这个时代，基于"从身份到契约"的社会变化，在个体的仁爱情感之上重建礼法，其实也就是在个人主义基础上构建公共理性，它就应该是民主、法治。

谢谢！

自由儒学:"生活儒学"自由之维的开展

郭萍

◇ 编者按 ◇

此文原载《当代儒学. 第十一辑》,广西师范大学出版社 2017 年版。原文是在"黄玉顺生活儒学全国学术研讨会"的发言,会议由山东社会科学院文化研究所、中国孔子基金会《孔子研究》编辑部、山东大学儒学高等研究院、山东大学哲学与社会发展学院、西南石油大学马克思主义学院、宜宾学院四川思想家研究中心等 6 家单位联合主办,于 2016 年 8 月 20 日至 21 日在济南举行。

大家好!

从昨天至今,各位学者的发言实际已表明:"生活儒学"的理论魅力,就在于激发我们对于诸多问题的重新思考。就个人而言,"生活儒学"直接启发了我对自由问题的思考。之所以关注自由问题,是因为自由乃是中国现代社会发展的一个核心问题,而传统儒学与现代自由的紧张也成为儒学进行现代转化所必须解决的一个关键问题。

在我看来,"生活儒学"就为解答这一问题做了必要的理论准备,由此也促成我尝试进行"自由儒学"的理论建构。我提交的论文就是来谈这个问题的:首先通过"生活即是自由"的命题,论述了"生活儒学"中的自由观念及对"自由儒学"的启发;进而简要阐述了"自由儒学"的理论构想。限于时间,我只讲大概。

我先谈第一个部分。我们知道,整个"生活儒学"言说的就是"在生活"和"去生活"。然而,"生活即是自由"意味着"在生活"和"去生活"都是某种自由。在我看来,"在生活"可视为一种本源性的自由,"去生活"则是一种主体性的自由。

从"在生活"的层面上讲,生活儒学以本源生活的观念揭示出一切主体性何以可能的问题。尽管有人也把这理解为一种新型的形而上学,但我更看重它超越形而上学的面向,那就是本源生活观念揭明了一切主体性建构都有一个"前主体性"的渊源。这启发我对自由问题做一种更彻底的思考。要知道,我们在谈自由之前,已经预设了某个主体的存在,因为自由总是某种主体的自由,不是主体又何来自由?在这个意义上,自由问题和主体性问题确实是同一的。而本源生活的观念启发我提出这样一个问题,就是:一切主体的自由是如何可能的?不论是形上的意志自由,还是形下的政治自由,这都是如何可能的?如果我们在这个层面思考自由问题,就可以把它命名为"本源性的自由"。事实上,这是提出了对自由之渊源的思考,只有首先阐明这个问题,才能展开主体自由的建构。

而"去生活"意味着主体性的自由。"去"作为一种自觉能动的趋向、趋势或潮流、势态,意味着一种主体性的凸显和绽出。所以,"去生活"实质上指向一种主体性的建构。在这个意义上,"生活儒学"所展开的"变易本体论",还有"中国正义论"和"国民政治儒学"都是在进行着某种主体性的建构。但与其他主体性建构相比,它起码有两点不同:第一,它强调主体性(不论形上的还是形下的)都源于本源的、"前主体性"的生活本身;第二,由于生活本身的流变性,它强调任何主体性都是与时而变的。这就自然推出了现代性的生活方式需要建构现代性的主体,在这个意义上,它具有明显的现代启蒙意义。所以,"生活儒学"进一步展开为儒家形上学和形下学的重建。

特别是本体论的重建,这是以往的儒学理论所没有提出的,因为"本体"总是被预设为恒常不变的东西;而"变易本体论"则是以"变"来统摄了"不变",据此表明,本体不变的至上性是通过应时而变才得以维系的。我觉得这个思想的启发意义很大,这直接关涉我们在现代语境下对儒家本体观念,如"仁""良知"的重新诠释。

"生活儒学"在形下学的展开即"中国正义论"是大家关注的焦点。"中国正义论"虽然是通过对罗尔斯"正义论"的批判而建构起来的,但我认为,它的批判所针对的是罗尔斯语境的局限性——仅仅适用于美国现代社会,以及以自由、平等为正义原则的不究竟性,而并没有否认罗尔斯所坚持维护的个体自由的合理性。恰恰相反,"中国正义论"也非常认同个体自由,这在

"国民政治儒学"中有集中的体现。所以，我想，是不是也可以从儒家本源性的仁爱情感出发，给予现代政治自由一种不同于西方的解释。

基于上述两个层面，我想进行这样一种理论尝试，就是进行"自由儒学"的建构。狭义地讲，"自由儒学"就是一套政治哲学的理论，但是我想它并不同于当前拒谈形而上学的儒家政治哲学，因为"自由儒学"不但要以儒学的话语去阐明现代政治自由问题，还要为它提供一种相应的儒学本体论依据，更重要的是，它要为本体自由奠定一个本源性的基础。

所以，我设想从"本源自由""良知自由""政治自由"这三个层面建构"自由儒学"。第一，以"本源自由"观念解答自由之渊源的问题。第二，提出"良知自由"作为现代政治自由的本体依据。这里要强调的是，我所指的"良知"是区别于西方自由主义的理性主体观念，但也不同于传统儒学基于家族伦理的主体观念，而是指个体性的良知。第三，在"政治自由"层面，我想着力集中解决两个问题，这其实也是现代政治的核心问题。一个问题是，以儒学话语为个体自由权利提供一种合理性说明，这实质就是要建构现代的形下主体性。黄老师曾指出，现代形下学的主体性建构，最核心的一个问题就是现代性的国民人格的建构。"自由儒学"对政治自由权利的合理性论证，其实正是在做一种国民人格的建构工作。另一个问题是，关于我们如何超越现代民族国家的问题。当前西方自由主义在民族国家背景下暴露出一些问题，值得我们反思。其中，他们大都将个体视为孤立的个体，即将个体性理解为孤立性，而孤立性很容易成为现代极权主义、民粹主义的温床。难道个体性就等于孤立性吗？我认为不能这么理解。个体性意味着自我的独立，但不一定是孤立。在儒家看来，个体之间依然体现为一种仁爱的共同体。所以，我们可以从儒家立场提出另一种超越民族国家的方案。

谢谢大家！

对话"生活儒学"

[美]安靖如

◇ **编者按** ◇

此文节选自黄玉顺、安靖如《生活儒学与进步儒学的对话》,原载《齐鲁学刊》2017 年第 4 期;此标题为编者所拟。此文来自山东尼山书院举行的第三期"明湖会讲"(2017 年 4 月 25 日),会讲主题为"中美儒学对话:生活儒学与进步儒学",会讲嘉宾为中国儒家学者、山东大学教授、"生活儒学"创立者黄玉顺和美国儒家学者、卫斯理大学(Wesleyan University)教授、"进步儒学"(Progressive Confucianism)创立者安靖如(Stephen C. Angle)。

一

大家下午好!这是我第一次到济南来。我对济南的印象很好,大明湖的环境很漂亮。我今天很荣幸有这么一个跟黄玉顺老师对话的机会。我们之前就认识,也稍微看过对方的一些学术性的东西,这是一个初步的了解。所以我想,今天下午的对话,给了我们一个进一步互相了解的机会。
…………①

二

…………

---

① 原文为安靖如与黄玉顺的对话,此处省略了黄玉顺的发言。下文省略段落情况均与此相同。——编者注

这个问题①可以从两个角度回答。第一个角度是专门讨论所谓"自由儒学"或者"自由主义儒学"这个框架的时候，我自己感觉到的一些问题。另外一个回答是针对我那本书里面怎么样理解您的"生活儒学"问题。②

我想应该从后者开始，因为有一个基本的区别需要先说清楚，那就是我今天已经稍微展开讲过的"有根的全球哲学"和"双重承诺"（dual commitment）的哲学之间的区别。"有根的全球哲学"最重要的一点是：它是从一个传统里出来的，它有一个根。例如我说"进步儒学"是"有根的全球哲学"当中的一个种类，那就等于说它根本上是儒学，尽管它也可以利用一些别的东西来作为资源。跟这个做法不一样的做法，可以说是一种"双重承诺"，就是同时认可两个传统。这种双重认可，跟"有根的全球哲学"在方法论上是有根本区别的。当然，从方法论的观点看，我并不是觉得双重认可或者双重承诺有什么问题。但是，如果两个传统之间有基本的矛盾，那么，对这两个传统都认可的一个人可能就会遇到一些问题。

我在《当代儒家政治哲学》那本书里面的第一章里讨论了当代儒学的不同种类，既谈到了"有根的全球哲学"的一些例子，也谈到了"双重认可"的一些例子。那么，我们怎么知道某一个人的哲学是双重认可的还是"有根的全球哲学"？大概最好的办法就是看他的哲学所倚赖的理由，他用什么样的基本理由来解释他的思想的合法性。比方说，我在书里面说，安乐哲（Roger T. Ames），当时是夏威夷大学的教授，现在是北大的客座教授，他就是双重认可的一个代表人物。我的理由是：他同时对美国的实用主义和中国的儒家都认可，而且他觉得它们是可以合一的。

我在那本书里面讨论到黄玉顺老师的"生活儒学"思想的时候，是把它理解为双重认可的一个例子，因为我那个时候的了解是他对海德格尔和对儒家都有认可。据我现在的了解，我那个判断是错的。我在那本书里面的理解，也不是一种批评，仅仅是一种解释而已。虽然不是批评，但我现在知道那是错的。我想，你今天已经很清楚地解释了，在你的思想里，来自海德格尔的

---

① 指"生活儒学和自由主义之间到底是什么关系"的问题。——编者注
② Stephen C. Angle: *Contemporary Confucian Political Philosophy Toward Progressive Confucianism*. Polity Press 2012.

那些范畴仅仅是刺激和资源而已，你的思想就是儒家传统的一种发展。

你刚才的问题是：我怎么理解生活儒学跟自由主义之间的关系？我的答案是，我觉得它们应该是两回事。自由主义有它自己的传统。当然，也可以说，自由主义在中国，或者说中国的自由主义，有它独特的属性，跟西方的自由主义有所不同。但是，不管是世界的自由主义、中国的自由主义或者西方的自由主义也好，它们应该被理解为同一种传统。而生活儒学明明是另外一种传统，就是儒家传统的一个发展思路。

第二个角度的回答是针对"自由主义儒家"这个词语。我自己的看法是：用这个词语，可以说是自找麻烦，因为这个词语太容易被别人读解为双重认可，或者干脆就是自由主义，只是表面在穿儒家的衣服，核心就是自由主义。比方说大家都知道的蒋庆先生，他有一本书的英文翻译本。[①] 这本书里面，有三章是解释他的思想，然后有四位学者做评论，提出了很多批评。四位学者包括三位我觉得是儒家的学者，一位是中国香港的陈祖为，一位是新加坡的李晨阳，一位是中国内地的白彤东。他们之间的立场也都不一样，但都觉得自己是儒者。这本书的最后一部分是蒋庆的回答，他明确地说："我把他们三位理解为自由主义者，所以，我的回答不是针对他们个人的，而是针对自由主义的回答。"实际上蒋庆的思想没有什么进步，因为他本来就是反对自由主义的，所以他没有更进一步说他为什么反对他们的立场，也没有仔细地回答他们的问题，因为他把他们理解为自由主义。他这样的做法，好像是说，在我们的生活儒学或者进步儒学里，自由没有存在的空间，没有存在的可能性。假如你不跟蒋庆走，不跟他一样保守，不采用他对儒家的保守解释，就等于你不是儒家。这是一个例子。我上个月在中国人民大学的一个报告里面，也谈到了别的一些例子。可以说，歧视进步儒学的一种办法，就是干脆把它视为自由主义。最核心的问题就是这个问题。如果再展开的话，还要讨论现代新儒家，像牟宗三、徐复观那些人，他们是怎么理解自由主义的，但是我想我已经说得太多了。

[①] 蒋庆等：《儒教宪政秩序》，英文版，普林斯顿大学出版社，2012年版。（Jiang Qing, *A Confucian Constitutional Order*, Edited by Daniel A. Bell and Ruiping Fan, Translated by Edmund Ryden, Princeton University Press, 2012.）

....

（第二个问题①）我想，从方法论的角度已经解释充分了。我觉得，进步儒学跟自由主义在方法论上有根本的不同。当然，内容上有相似之处，也有不同的地方。之所以有一些相似之处，基本的原因就是：进步儒学跟自由主义一样，都是针对人而设计的。不管是西方人还是东方人，都属于人。而且，我们现在所存在的现代化世界，发展到某一种程度之后，都很相像。虽然我不反对现代化是多元的说法，也就是说，未来中国的经验跟美国的情况是有区分的。但是，尽管如此，我觉得，我们现代人所面临的挑战、所面临的问题，在某种程度上是比较相像的。比方说，不管是资本主义的市场经济，还是中国特色社会主义的市场经济，都对世界上的每一个人有很大的影响。所以，某一个哲学传统怎么样回应这种状况，如果没有相似之处，那就很奇怪了。相似之处在哪里呢？比方说二者都重视宪法和法律。在这方面，我觉得自由主义跟进步儒学是比较像的，虽然在内容上有所不同。重视政治参与，这也是一个比较一致的地方，虽然形式上可能不太一样。

那么，不同在哪里呢？一个典型的自由主义者，会觉得国家不应该支持某一套价值，而应该是价值中立的。而我所理解的进步儒学，在某种程度上可以承认国家完美主义（national perfectionism），就是说国家支持某一些价值。这是一个很复杂的话题。如果是极端的支持，那就不行了。但是，有一些学者，包括国外国内的学者，在讨论是不是可以有一种比较温和的完美主义。这是自由主义一定要反对的，但是我想进步儒学在某种程度上是可以接受的。

最后，进步儒学是很重视"礼"的。这也是自由主义者在很大程度上看不到的一个东西。如果把"礼"理解为所有的社会规范，他们当然会看得到。但是，我个人觉得，"法"跟"礼"是两个不同的概念，而且这种不同是比较重要的。如果这样的区分可以接受，那么，这又是进步儒学跟自由主义不同的一个地方。

....

---

① 指"（安靖如的）'进步儒学'跟自由主义之间是什么关系"的问题。——编者注

这个问题①很大。我从这个角度开始回答：到现在为止，我的学术主要有三个方面。一个方面是政治哲学。我所著的第一本书是《人权与中国思想》②，就是讨论人权在中国的发展脉络和一些有关的比较抽象的方法论问题。之后的《当代儒家政治哲学》③，也是属于政治哲学的。除此之外，我比较关心的另一个研究领域是宋明理学。关于宋明理学我写了两本书，一本的英文题目是"Sagehood"④，就是"圣境"——圣人的境界，主要是讨论宋明理学从形而上学到道德心理学和工夫论的几个范畴。这本书的中文版即将由中国社会科学出版社出版。还有一本新书，就是刚刚送你的那本书，英文题目叫"Neo-Confucianism: A Philosophical Introduction"⑤；假如翻译成中文，就是《宋明理学哲学导论》。这本书讲的是一种哲学史，而且故意不用来自西方的范畴和问题。它是把宋明理学理解为一种哲学，我们是尽可能在宋明理学那儿找出它们所面临的哲学问题。我说"我们"的原因是这本书是我跟田史丹（Justin Tiwald）一起写的。

这两本书，就是《圣境：宋明理学的当代意义》和最新的这本书，都涉及德行或德性是什么、形而上和形而下之间的关系等问题。但是我处理这些问题的时候，我的主要的目标是理解宋明理学本身，而不是展开描述我自己关于现在的儒者应该怎么样处理这些问题的观点。关于这些问题本身，我还没有自己的书，可是我很有兴趣。我有几篇文章开始讨论这些问题，但只能算是比较初步的反思。这涉及一个在西方儒学界比较流行的问题，即讨论采用西方的哪种道德哲学范畴来概括儒家的道德哲学是最恰当的，比如，是康德的义务论，还是来自亚里士多德的美德伦理学，还是所谓的"角色伦理学"⑥（Role Ethics）？这是大家都在讨论的问题。但是，我觉得，这样提出问

---

① 指"关于（安靖如）提出的'有根的全球哲学'（rooted global philosophy）这个概念的问题"。——编者注
② 安靖如：《人权与中国思想》，黄金荣、黄斌译，中国人民大学出版社，2012年版。
③ 安靖如：《当代儒家政治哲学：进步儒学发凡》，韩华译，江西人民出版社，2015年版。
④ 安靖如：《圣境：宋明理学的当代意义》，吴万伟译，中国社会科学出版社，2017年版。
⑤ Stephen C. Angle and Justin Tiwald, *Neo-Confucianism: A Philosophical Introduction*, Cambridge: Polity Press, 2017.
⑥ 安乐哲：《儒家的角色伦理学：一个词汇表》，英文版，香港中文大学：中国大学出版社，2011年版。
（Roger T. Ames: *Confucian Role Ethics: A Vocabulary*. Chinese University of Hong Kong: Chinese University Press, 2011.）

题，本身其实就是有问题的，因为更多的可能性已经被现存的来自西方的范畴所局限。但我暂时不谈这个问题。我个人的立场，比较偏向美德伦理学那样的解释。西方的美德伦理学跟西方的道德心理学之间的关系，现在也有很多人在讨论。

所以，我对你的问题的回答是：如果要我回答怎么理解德行或美德，我的出发点应该是比较像西方的美德伦理学，而不是现代新儒家的道德形而上学。但是，这个问题我还在思考，所以恐怕暂时没有更充分的回答。

…………

余纪元是我的朋友。我想，他做得很好，但是有一个限制，就是他在理解美德伦理学的时候，主要只用亚里士多德的范畴。这当然很重要，但是现在美国又有一个新倾向，就是把美德伦理学多元化，不只是亚里士多德，还有其他一些古希腊哲学，甚至于还有很多其他的，包括尼采所理解的美德伦理学等。我觉得这是个好现象，因为假如要用美德伦理学来理解儒家，或者把它作为有根的全球哲学的一个资源，来发展自己的传统思想，那么，美德伦理学的范畴越广越好。

三

…………

我头两个问题都跟你的生活儒学和自由主义有关。我原来想问的第一个问题是：对我所说的用"自由"或者"自由主义"来概括儒学的毛病，你有什么看法和回应？

…………

没错！我完全承认，儒家必须有讨论自由的资格。我想，不能放弃"自由"这个词。但是，是不是必须把自由理解为一个最核心的东西？"自由儒学"的意思好像是把自由当作最核心的、最重要的东西。这样做是不是恰当？

还有另外一个问题，也跟这个问题有关系。你表示过愿意用"自由主义儒家"这个称呼，而且别人也是这样称呼你的。我想，一个原因是你在讨具体的政治机构的时候,它跟西方的自由民主的制度是没有区分的,从这个角度看,这确实比较像自由主义。我已经说过,进步儒学跟自由主义有一些相似之处。但是我觉得,一个像我们两人这样的学者,就是意识到儒学必须有一些重要的变化、发展,但进步的学者,必须避免一个陷阱。我想,牟宗三就掉到这个陷阱里面了。

这个陷阱是什么呢?我这样解释:就是觉得儒家需要一种"新外王",牟宗三先生是说"内圣开出新外王",但这有可能是一个陷阱。我想,儒家需要开出"新外王",而这个"开出"的意思是说,那个新的外王必须有一个跟"内圣"的内在目的之间的连续性,新的外王的重要性在于内圣的发展,这是对的;但是,我想,牟先生没有进一步去想,这个外王应该有什么样的特殊的属性,只仅仅是把西方的一套政治制度借来,他好像觉得直接用西方已经现成的自由民主的制度就可以了。所以,我是要问:你自己是不是也这样做?这可不可以说跟自由主义太接近?我们是不是应该重新考虑我们究竟需要什么样的政治制度?我个人是觉得,我们可能还会需要一种类似于宪法的制度,但是更加具体的问题如是什么样的民主、什么样的法治等,都是我们应该继续反思的。

…………

你这样的回答,给我的启发很多,谢谢!还有一个问题,就是:我们的社会本体论,最基本的社会单位是什么?我看到你解释你所理解的儒家的"礼"需要发展、需要改变的一个基本的原因,大概是跟"适宜性原则"有关系,因此,在解释现代中国社会的基本模式的时候,你说是一种个人主义。所以,我现在要问的问题是:在家庭本位的社会和个人本位的社会之间,你是不是去掉了一种中间状态的可能性?两者之间的中间状态的可能性是说,尽管不把家庭当作基本的单位,但也不把单一的个人当作基本单位,而是把人当作一个在关系中的人。所谓"关系中的人",安乐哲很重视。他可能太过分强调了,但是我个人还是觉得他的思路是有价值的。

…………

我想,这个问题可能需要继续讨论。虽然投票时每一个个体只代表自己,这个我也接受,但是我们要讨论的是所有的社会安排的基本单位是什么,那么,除了政治安排以外,还有一些其他的、不那么政治性的社会安排,涉社会生活的不同层次，没有那么简单。你说我们都是关系中的人是很明显的事实，假如问一个美国人"你是不是有父母"，他当然有父母，在这个意义上，他们也会承认他们是"关系中的人"。但是，美国人在理解他们自己是一个什么样的存在、理解他们自己的利益的时候，我想，其实可能还是跟中国人或者跟儒者是有区别的。反正这是一个可以继续讨论的问题。

最后一个问题是"礼"和"法"的区分。你的观点是"礼"可以把什么社会规范都包括在内。我自己觉得，"礼"跟"法"有重要的区分。我并不是说我不能想到一个比较有概括性的社会规范的概念。只是这里面有两种规范，这两种规范在实践上究竟是什么样的制度、什么样的社会安排，我想还是有比较明显的区分的。法律是来自哪里的？我不是说它背后的合法性是什么，而是说法律本身的基础是什么，那就是宪法。宪法决定了你怎么样去制定一个普通的法律。法律原则上对我们每一个人都是一样的。立法有一个过程，如果要改变法，也要有一个很明确的方法程序去改变，然后它才能成为法律。这是"法"的问题。

而"礼"有很多种，从正式的比较明显的一些仪式，一直到我们日常生活里面常常遵循的一些规范。这些"礼"没有一个特定的程序来设定它，也没有一个很特定的办法来改变它。它们是有地方性的。它们是我们日常遇到的一些规范，而法律不是。你想一想你上次意识到"我不要那样做，因为那是违法的"是什么时候，很可能不是今天，很可能不是这个月，可能是很久以前的事了。法律不是我们生活里面常常遇到的。但是"礼"不是这样的，我们每天很多场景都要跟着"礼"去做。我的意思是说，这两个不同的系统，两种不同的社会规范，它们是有不同的用处的，法不能替代礼，礼也不能替代法。原因比较复杂，但我想这两种规范都是需要的。不知道你怎么回答这个问题？

…………

（西方人也）有（礼），但是他们意识不到。所以他们不重视"礼"，西方的政治哲学家没有一个人讨论它的重要性。虽然西方的确也是有礼的，但是他们的脑筋里好像没有这个概念，虽然他们生活里面也在这样做。比方说我开课的时候，请我的学生写文章讨论他们所参加过的礼，他们有时候一开始很难想出一个案例。

…………

儒学与生活："转俗成真"与"回真向俗"

董平

◇ **编者按** ◇

此文原载《社会科学家》2018年第1期。此文是在"《爱与思》(增补本)[①] 发布暨'生活儒学'研讨会"的发言，研讨会于2017年9月25日在上海涵芬楼书店（华东师范大学闵行校区）举行，方旭东教授主持。董平，浙江大学哲学系教授、博士生导师，浙江大学中国思想文化研究所所长，中国哲学史学会副会长，中华孔子学会副会长。

◇ **摘要** ◇

作者肯定"生活儒学"的总体架构"生活存在—形而上学—形而下学"的合理性，并就这一基本架构发表了自己的观点。作者同时认为，"爱"与"思"的概念内涵还存在着进一步发掘与深化的余地。借用章太炎先生"转俗成真"与"回真向俗"之说，作者认为"回真向俗"的生活，乃是使"真"所本原涵具的意义与价值开显于现实生活世界的根本方式。

首先，我要对黄玉顺教授表示祝贺！一部严肃的学术作品，出版十年之后能够再版，这本身就说明黄玉顺教授对它的"爱"之深与"思"之切！同时也表明，《爱与思：生活儒学的观念》（以下简称《爱与思》）这部书是受到学界人士的欢迎，并且在社会上也是有一定市场的。所以，我首先对玉顺教授这部书的再版表示祝贺，下面则要谈一些关于这部作品的个人看法。

[①] 黄玉顺：《爱与思——生活儒学的观念（增补本）》，四川人民出版社，2017年版。

一

在漫长的中国历史过程中，如果我们认为以孔子、孟子为典范的儒学思想，已逐渐凸现为中国文化多元架构中的核心要件，并成为中国文化的一种典范性思想的话，那么这一思想的历史绵延，实质上就是中国文化的绵延。绵延本身是具有创生性的。绵延的过程必然有使绵延进一步成为可能的新生因子的融入。一种文化是否能够实现其自身的历史绵延，我觉得根本上就取决于处于这一文化中的人是否能够把该文化的核心理念落实于生活，并在生活中融入创新性的新生因子。正是在这一意义上，我们今日谈论儒家思想的复兴，谈论中国文化自信的回归，有各种各样的观念，"重建""重构""创新性发展、创造性转化"，等等，但如果仅仅把这些作为一种思维程序或理论工作（尽管这是十分重要的），而忽视了儒学核心理念在日常生活中的贯彻下落，那么要实现儒学的重振、重建、重构、发展，实现儒学在当代语境下的历史绵延，恐怕便总有碍隔。在这一意义上说，把儒家思想还原到生活本身，用生活世界来呈现儒学的思想世界与价值世界，我认为是儒学在当代语境下实现其历史绵延的基本路数。

同样是在这个意义上，我对黄玉顺教授这部作品的大结构：存在—形而上—形而下，我是认同并肯定的。存在即是生活。生活既是文化形成的本初原始，也是文化施用的终极境域。黄玉顺教授的这部《爱与思》，他所采取的写作的基本框架，与我自己的这一观点是合拍的，所以我相当赞同。当然，这也完全可能只是出于我个人的偏见。

我的一个基本观点是：人的存在首先是感性的存在。这句话的意思是说，人的生存实况，首先是以一种具体的、感性的形式而存在于具体的、感性的事物世界之中。正因为这样，人的个体就必不可免地处于与其他同样作为感性存在者的人与事物的交往之中，人的现实生存，或者说"生活"，既是在与他者的交往之中来实现的，并且每一个体也都是在与他者的交往之中来定义"自我"，脱离他者的"自我"其实是无法定义的。在现实的交往关系情境之中，作为交往对象的任何人或物，首先是作为一个感性对象呈现给我，我的感官，眼、耳、鼻、舌、身、意便共同协作，把这一感性对象的存在转化为在自我意识中的存在，存在便与意识相关联。但交往的方式可以是多样的，而不同的交往方式，实际上便会决定意识的生成方式以及意义世界的建构方式。

就儒家思想而言，事实上不仅是儒家思想，而是整个中国古典思想，其中许多被我们今天认为是观念性的东西，实际上却完全是生活化的，是与我们的农耕生活方式直接相关的。农耕的方式和游牧的方式，既是两种不同的生产方式和生活方式，也是两种不同的人与世界的交往方式，意识的生成与世界的观念也因此不同。我举个简单的例子，比如说，在我们的语汇之中，有一系列由"体"所构成的语词，如"体认""体会""体察""体味""体验""体悟""体现"，等等，这些语词所反映的观念，我个人认为，实际上就是农耕的生产方式之下，人与世界的独特交往方式。在农耕的生产方式下，人们与世界的交往，就是通过身体活动来直接与自然世界打交道。我们通过身体活动来"认知"自然世界的对象之物，用身体活动来"观察"自然之物，用身体活动来"验证"关于自然物之"认知"与"观察"的效验，用身体活动来"领悟"我们自己的存在以及世界的存在，同样用身体活动来"表现"我们"领悟""认知""观察"的结果，以及自我存在与世界存在的不相分离，是为共在。如此等等，这种以身体活动与自然世界直接交往的方式所实现出来的生活，就是农耕的生存方式，是农耕方式之下人的存在方式。这样的存在方式与游牧的生产方式之下所实现出来的样态是不同的。游牧的生产方式并不是通过身体与自然世界的直接交往、直接沟通来实现人的现实生存，而是间接的，是通过牧群的畜产品来实现自己的生存的。农耕的特殊性，却正在于人们只能是以身体与土地的直接交往、与天地的直接交往来实现其现实生存的。生存的状态，直接取决于天、地、人三者之间的现实互动。我个人以为，正是这种以身体与世界的直接交往为特征的农耕生产方式，诞生出了中国文化全部的本根性观念。

生产方式，事实上就是生活方式，当然也是存在方式。玉顺教授讲"存在是先于形而上的"，我很赞同。但这一存在的"形而下"，一定会往存在的"形而上"方向走。例如"道"的概念，今人皆讲得极其复杂，"玄之又玄"，而在古人看来，实在不过是"一阴一阳"而已。而所谓"一阴一阳"，其实也不过就是太阳的东升西落罢了。因太阳东升西落的"一阴一阳"之交替，于是便有阳明晦明、四时代序、春秋冬夏、风雨霜露，便有"四时行焉，百物生焉",便有一切万物在现象上所呈现出来的博厚高明、悠久无疆的无限的生命秩序之总相。这一自然的、广袤的、无限的、终则有始的宇宙生命之整体共相的观念抽象,便是"道"。"道"即是宇宙全体的生命秩序。任何个体的、作为生命的殊相而存在的生命现象,事实上是不可能超越于这一生命共相之"道"的,因此,当"道"被作为一个观念或概念被抽象出来之后,它就同时获得了存在意义上的最高实在的意义,是 Ultimate Reality 或者 Super Being。而"道"的自身存在的存在性,并不以任何一种单一的生命形态来呈现,而是通过一切万物之整体存在过程的无限性来体现的。黄玉顺教授在作品中专门提到的"无",是作为形而上的终极实在的自身面相来讨论的。不过我认为,就"道"作为终极实在本身而言,它其实是整合了"无""有"的双重存在维度的。一切殊相生命的个体存在,有成有毁,有有有无,但生命之整体的共相,无成无毁,总是完满而圆成。"天下万物生于有,有生于无",这里的"无",我认为其实是涵括了存在之本原意义上的"无"以及存在的无限性意义上的"无"的。就前者来说,未有万物之先,原"无"万物,故万物之"有",原从"无"来,是为自生、自化、自然;就后者来说,虽有万物,然万物无限,虽物有成毁,然总相无亏,虽物有殊相,然殊相之总成则为无限。"道"的自在既是无形无相的,又是以存在的全体来呈现其存在的无限性的。顺便提及,不论是"道"自在的无形无相,还是其存在的无限性本身,在严格的意义上说,都是不可以用语言来定义的,因为无限者本质上是不受"界定"的。

那么这就很有意思:形而上的"无",应是 Nonbeing,但一切万物都因这个 Nonbeing 的自在而有,所以它又是 Being,Being 与 Nonbeing 居然是一体共在的。我们中国人独特的整合性的、圆融的思维方式,在这一关于本原性实在的问题上,已经表现得非常充分了。本原性实在的这双重面相,既然为"本原",那么就必有本原的呈现,本原性实在之自在呈现于现象,或者在现象上的展开,就是一切万物的 Becoming。所以在中国思想当中,Being 呈现为 Becoming,Becoming 即是 Being 之所以为实在的证明。这就有了我们通常称之为"本体"——"现象",或"形而上"——"形而下"之间的一体圆融。"道"是"变动不居,周流六虚,上下无常,刚柔相易,不可为典要"的,它本身处于运动之中,这一自身的运动性,正是"道"的自身存在方式。"道"

的自在，或者说它作为 Being 的现象展开，就是一切万物的 Becoming。Being 同时是 Becoming，是为"生生"，由是而呈现为宇宙自然一切万物之总相上的无限而永续的生命世界。

我上面说的，其实要表明我为什么赞同黄玉顺教授这部作品的基本构架，我认为"存在—形而上—形而下"这一结构框架是合乎中国古代思想的生成路向的。由"形而上"而"形而下"，在本体讲，是本体自身的存在呈现为现象上可以直观的"形而下"的方式；就人的生存讲，则是基于存在之本原的领悟而获得"形而下"的、日常的生存方式，但这一"形而下"的生存，因是"形而上"之本体的自觉表达方式，因此人转成为"主体"，成为意义的主体。换句话说，日常"形而下"的生活成为主体自身之存在意义得以真实呈现、表达、体现的方式。在这一向度上，经验的"活着"转成为现实的"生活"。"生活"中的存在者，同时是"形而上"与"形而下"的现实体现者。在伦理学上，人们总在论述 Ought 与 Is 之间的关系，在我看来，仅论 Ought—Is 事实上是缺项的，应论 Being—Ought—Is，Ought 之所以可能，是因为它原是 Being 在主体的形式，经由主体的能动的生活实践，Being 转成为 Is，同时也使在主体的 Ought 获得了现实的真实化，是为 Realization。总之，只有回归于"形而下"的生活，才使存在者成为现实的真实存在者，成为意义丰沛的主体。

二

黄玉顺教授的这部书名为《爱与思》，对这个书名，说实话，我没有能够给出一种恰当的把握。我无法确定，是黄玉顺教授本人对"生活儒学"怀抱着深沉的"爱"并保持着深刻的"思"呢，还是"生活儒学"本身就应是"爱与思"的生活呢，还是两者兼有呢？我不大说得上来。但借黄教授的这个题目，我顺便谈一点自己关于"爱"与"思"的想法。

"爱"作为"感情"，不论在何种意义上，都必以"感"为前提，是以"感"为现实方式所呈现出来的独特的心灵状态。"感"实际上就是我刚才说的人作为感性存在物的感性生活的常态，脱离了"感"，我们事实上是无法实现与人、事、物的交往的。"感"必有对象性存在，只不过我们应当注意到，作为"感"的对象性存在既可以是具体的，也可以是抽象的以及"想象的"。人的感性生活正由于"感"的对象性存在的多元多维多样而变得十分丰富多彩、意义丰沛。"感"不仅仅是特定情境之下对于对象性存在的主观态度或心理反应，它同时是具有创造性的。就普泛意义而言，人正是基于与天地万物的"感"而介入于自然宇宙"生生"的创化过程的，所谓"赞天地之化育"，脱离了"感"，事实上就是不可能的。

"爱"同样是"感"的某种结果，是以"感"为经验方式而使主体自身的本原实在性，在特定关系情境之中得以呈现而达成的一种独特的心灵状态。在特定的关系情境之中，对象性存在是为主体的这一独特的心灵状态所涵摄的。在这一普泛意义上说，"爱"就成为主体自身的本原实在性的一种经验的表达或体现方式，也是主体存在的表达或体现方式。正因为如此，特定的关系情境，事实上就是一个主体间的交往情境。基于"感"而实现的"爱情"，则是这一交往情境中主体间所实现出来的一种共感的同情，或称之为"共情"，原本就是"主体间性"存在的一种形态。把"爱"作这样的一般理解，那么"爱"就成为生活中主体间交往活动之所以可能真正得以实现的、主体间性的共情原理。如果说"存在即生活，生活即存在"，那么存在性通过生活来呈现的原理则是"爱"，我们似乎便同样可以说："爱即生活"。

在把"爱"理解为生活中个体的主体性、个体存在的本原实在性得以真实体现的现实方式的前提下，那么显而易见，"爱"的对象并不仅限于人，还有事物与世界的维度。黄玉顺教授在作品中较多谈论人和人之间的交往，却似乎忽略人与事物、与世界的交往。而实际上，至少在中国文化中，作为"爱"的对象而存在的，原是包括人、事、物在内的全部世界，唯其如此，方可能有"天地万物一体之仁"。还应指出，"爱"的体现过程，同时是存在者自身的意义与价值世界的实现过程。

至于"思"的问题，我很赞同黄玉顺教授的看法：在儒家思想中，"思"是一个非常重要的概念。但是"思"的意思，就我对先秦儒家文本的基本考察与理解而言，基本上并非今天所谓"思考"（think）、"考虑"（consider）之类的意思，而是"反思"（introspect）。所谓"思考"，是意识向经验对象延展的外向运用，而"反思"则是意识反归其本体的内向运用。所谓"反求诸己",即是"反思"。"反思"因是意识从外界撤回而反归其本体的心灵过程,因此实际上"反思"就是以能反思的心灵自体本身为对象的,既是心灵作为本体的"自是"或自我存在之真实性的肯定,也是经验中导向心灵自体的真实开显与澄明的必要方式。《尚书》里讲"思曰睿,睿作圣","思曰睿",不是说思考就能使人聪明睿智,聪明睿智就能"作圣",而是说:唯有反思才使心灵能够自明,唯心灵自明方能通达于内外,是为"作圣"之功。"睿"的意思是"通"。孟子讲"求放心",即要求心灵从其意识的外向运用中撤回而反归其自体实存的真实。心灵通过对其自体的"思"而实现自我实在的肯定,所以孟子又说"心之官则思,思则得之,不思则不得也"。"思"为反思之义甚为显著。即使在孔子的"学而不思则罔,思而不学则殆"的说法之中,"思"也仍是反思之意。"学"是意识的外向运用,要求把外界的东西摄入于内在的意识世界,但若不善于"反思",则恐自己的本原性实在无以澄明,仍是懵懂迷茫,所以是"学而不思则罔";而若只是"反思",沉浸于心灵自体的自是而不善于发散,不善于把已经自是的心灵本体延展于现实的交往世界,则会割裂人的现实存在本身,存在性同样无法得以真实体现,所以是"思而不学则殆"。"反思"而得心体本身之自是状态的澄明,在这一澄明的观照之下,若由意识的外向运用所发出的全部身体活动,在反思中都能合乎心体自身的本原性真实,那就叫作"反身而诚"。"诚"是经由反思而实现出来的关于经验活动之终极合理性的判断,它是心灵本体实现其自我肯定的本然性要求,因此也是个体外向展开的全部经验活动是否具有终极合理性的根本判准。

基于我个人的以上观点,我觉得黄玉顺教授在其作品中关于"爱"与"思"的意义维度似乎仍存在着进一步开掘的余地。

三

总的来讲,儒学作为一种完善的关于人的存在及其存在方式的思想体系,本质上就是一种生存论,因此也只有回归于生活,回归于人的现实生存,使儒学成为一种生活态度与生活方式,儒学才有可能真正体现出它的意义与价值。所谓"生活儒学",既可以是"生活的儒学",也可以是"儒学的生活",用现实的生活实践去体现儒学的信念、理想,而达成自我人格的健全、独立、完整、统一,则是实现"生活的儒学"与"儒学的生活"两相统一的根本途径。生活本身就是实现儒学这一旧有传统之"创造性转化"的现实道路。生活的世界既是人得以实现其生存的基本境域,是其存在性得以呈现、表达与体现的基本境域,也是其生存的意义与价值得以实现的基本境域。

我突然想到章太炎先生所说的两句话:"始则转俗成真,终乃回真向俗。"这两句话本是太炎先生用来概括他自己毕生为学之路向的。如果我们把"俗"了解为现实生活或生存,那么"转俗成真",就是由生活的"形而下"而转进于"形而上"之真际,唯转进于这一"形而上"的真际,我们才可能实现对于作为终极实在之他者的"他者性"的消解,而使之转成为"主体性"本身,从而建立起自我全部活动的本原性根基。"回真向俗","回真"非"弃真","向俗"非"随俗",而是以"真"归向于现实的"俗"的生活世界,便是由"形而上"而"形而下"地回归于生活本身。"回真向俗"的生活,实际上是使"真"所本原涵具的意义与价值开显于现实生活的境界。在这个意思上,我就十分期待着黄玉顺教授的这部作品,特别是他所倡导的"生活儒学",能够真正走进生活,在现实生活当中产生出更大的思想效应,为我们今日社会之疲累的灵魂走出迷茫而转进于其自体的澄明贡献力量。

爱、思与存在
——对生活儒学基本概念的商榷

姚新中

◇ 编者按 ◇

此文原载《社会科学家》2018年第1期。此文是在"《爱与思》（增补本）[①] 发布暨'生活儒学'研讨会"的发言，研讨会于2017年9月25日在上海涵芬楼书店（华东师范大学闵行校区）举行，方旭东教授主持。姚新中，国家外国专家局高级文教专家；历任英国威尔士大学研究员、教授、宗教与神学系主任，剑桥大学Clare Hall学院终身成员，牛津大学The Ramsay Research Centre高级研究员，伦敦大学国王学院教授；曾任中国人民大学哲学院院长；现任中国人民大学哲学学院教授、博士生导师。

◇ 摘要 ◇

生活儒学由"生活"切入儒家思想，力图在形而上和形而下两个层次交互作用过程中对传统儒学进行当代建构，是一条很有意义但非常复杂的路径。本文提出，生活儒学将"爱"与"思"视为存在的本源，还是有商榷的余地，因为"爱"与"思"在西方的宗教和哲学中才是存在的根本，但在儒学中尚属工具性价值。此外，"生活"与"存在"的关系，也有很大的讨论空间。生活儒学关于生活方式的变化导致思想观念的变化、要求儒学进行时代转换的观点代表着当代儒学发展的一个重要方向。

在我国当代学者中，有许多学者为弘扬传统优秀文化、创新性发展儒学思想孜孜不倦地努力，受到大家的注目和尊敬。比如陈来教授，功底厚重，知识面宽广，以"仁学本体论"来重新诠释儒家的本体论，在当代为儒学提供了扎实的哲学基础。[②] 郭齐勇教授，几十年如一日，身体力行，不仅创造性

---

① 黄玉顺：《爱与思——生活儒学的观念（增补本）》，四川人民出版社，2017年版。
② 陈来：《仁学本体论》，三联书店，2014年版。

地发展儒学传统思想,而且努力把儒家价值观念渗透到当今的现实生活之中,促进生活的改良。黄玉顺教授也属于这一批佼佼者,学问和人品都很好,令人佩服。今天有这样一个机会来讨论他的著作《爱与思——生活儒学的观念(增补本)》,我感到非常高兴。我下面就顺着黄玉顺教授的思想脉络,提出一些问题请教,以便同道之间深入地探讨交流。

一、生活儒学之于儒学复兴

对于黄玉顺教授的"生活儒学",我在英国讲授儒家哲学这门课程时就有一些了解,但并不是很深入。在讲到儒学在当代中国大陆的形态与动向时,我介绍了"生活儒学"这样一种新的理论和发展趋势。后来,我看到李承贵教授2008年发表的《当代儒学的五种形态》这篇文章,他说,当代儒学的发展,可以分为这样五个方面:宗教儒学、政治儒学、哲学儒学、伦理儒学和"生活儒学"。[①] 但当时我不是很明白对当代儒学研究的这一划分尺度,似乎"生活儒学"可以独立于哲学、宗教、伦理、政治之外。在回国这几年,我陆陆续续地读了黄玉顺教授的一些文章和著作,认识到他的生活儒学研究,应该是儒学当代发展的一条重要路径。因为儒学之所以还能够在现代社会中发挥作用,或者说还有价值,就在于它能够渗透到人们的生活里面,重新成为人们生活的一种指导思想。如果儒学做不到这一点,那么就很难做到真正的复兴。

现在,从事儒学研究的学者很多。其中有一部分学者,把注意力集中在经学的传统,从文本的理解角度来重新诠释古代的经典。我觉得这对于儒学传承和复兴而言是非常重要的基本功,在过去的每个时代里,学者们都在诠释过去的经典文本,这就是中国的传统。但是,从儒学在当代的复兴来说,这种研究路径的意义和影响可能还是有限的。另外还有一部分学者,他们比较急于将儒学纳入政治层面,试图用儒学来重新建构整个世界和中国的政治

---

① 李承贵:《当代儒学的五种形态》,《天津社会科学》2008年第6期。

体系。从学术研究的角度看，这种路径不能说错，但似乎操之过急。在自身没有打造好坚实的儒学基础的情况下，恐怕难以用儒学来改造或者说重构当代政治秩序。儒家传统固然与当时政治有着某种高度的一致或契合，但不应该把它仅仅视为一种政治工具，否则现代儒学就会失去其自身的魅力，不能持久、全面地影响中国的现代化进程。与以上这两种研究路径相比，我认为黄玉顺教授从生活儒学切入，是很有创造性的。

生活儒学的"生活"这个切入点，似乎此前已有一些学者在从事相关研究，不属于一个"凿空"的路径，但是，这些学者主要关注的是形而下层次，注重儒学在现实生活中的具体应用，如行走伦理、吃饭伦理、衣食伦理，等等。虽然这样做也有价值，但相对于高层次的研究来讲，学术性上可能还是稍微欠缺。而黄玉顺教授的生活儒学是把形而上和形而下结合起来，在我看来确实很见功底，他提出了"爱与思"作为其思想建构的基本概念，有破有立，形成一个比较完整的理论体系。如何理解这样一个新的理论，我有一些问题，在这里提出来，抛砖引玉。

二、关于比较研究方法论的疑问

在《爱与思——生活儒学的观念（增补本）》（下文简称《爱与思》）这本书的第一讲"观念的层级"里面，黄玉顺教授谈到了本源层级、形而上层级、形而下层级，而且从海德格尔谈到老子，再谈到儒家。[①] 对于这种研究方法论的论说，黄玉顺教授称其为一种"对应性"，以韩愈《原道》中"仁与义为定名，道与德为虚位"一句来作为解释。简单来说，不同的"定名"指称不同的事物，相同的语词也可能表现的是不同的"定名"。在人们互相交流的过程中，由于"定名"不同，实际上不能围绕完全等同的概念展开讨论，然而对话乃至思想仍然可以完成理解和交换。这种交流之所以可以进行，原因就在于双方讨论的概念，具有同一种语义平台，即"虚位"，即黄玉顺教

---

① 黄玉顺：《爱与思——生活儒学的观念（增补本）》，四川人民出版社，2017年版，第4—9页。

授所说的那种对应性。

正如黄玉顺教授所说，老子的"道"和"德"，和儒家所说的"道"和"德"之间存在着很大的差异，那么，老子和海德格尔，在时间上有两千多年的跨度，语言上、思想体系上的不同则更大，他们的思想之间的这种对应性，我们应当如何看待？黄玉顺教授认为，虽然实质内容是不同的，但他们之间可以对话，都是可以互相理解的。我比较认同这个观点，但同时也想就此再进行一些深入的辨析。

不同的定名可以被同一个语词指称，因此在交流中使用相同的语词而忽视了对定名的认识以及区分，就会出现误解。但即使存在这些困难，我们的交流沟通仍然是可能的，这是基于交流双方对于讨论的核心概念的一种共同理解，即"虚位"。然而在以一种学术研究的方法看待这种认识论的时候，会产生诸多问题。首先的问题就在于虚位的对应程度以及对应范畴不总是确定的。一些概念可能只是在思维方法上相似，而另一些概念则可能在基本精神上具有高度一致性。其次的问题在于虚位不能被明确的成文语言所表述，而只能作为交流语境中的一种"意"来由交流的双方临场把握。因为这种虚位一旦被明确表述，就已作为定义和判断的形式存在，成为了一种定名。随之而产生了另一个麻烦，建立在对虚位的理解之上的比较研究，由于不能得到明确表述，可能不太容易得出一种确定的知识，只能得出一种无法言说的观念或印象。从形式上看，以这种对应性作为基础的研究，只能用语言表述为"某物'像'某物"，而无法表述为"某物'是'某物"。这种表述显然是不能被接受的，如果接受这种表述，则研究会不可避免地带有一种神秘主义色彩；如果不接受这样的表述，那么则会带来以下实际的问题：一、概念之间的对应与概念间逻辑的对应出现错位；二、以明确的定义和判断代替对应性。

关于"虚位"的对应程度以及对应的范畴不总是确定的这一问题，可举下述例子来说明。孔子和老子都心仪"无为而治"，从字面上看，是基本没有区别的。

子曰："无为而治者，其舜也与？夫何为哉？恭己正南面而已矣。"（《论语·卫灵公》）

孔子认为统治者需要提高自身的道德修养水平，从而起到上行下效的作用，最终自上而下地促使全社会的道德水准的提高。在这种情况下，统治者已经不需要再去有意地规定或引导指挥人民去做或者不做什么，国家就可以得到有序的治理。这种"无为而治"是基于道德并且也是一种道德导向的治理方针。老子的"无为而治"治理思想的提出，同样也有这样一个发展理路。

道常无为，而无不为。（《老子》第三十七章）
为无为，则无不治。（《老子》第三章）

道的这种特征，意思在于自然而然，依从事物自身的本性发展。如果我们把孔子和老子关于无为的思想放在一起，就可以形成具有对应性的比较研究，可以清楚地看到这两类"无为而治"在"定名"上的不同。但是这二者之间的"虚位"又在哪里呢？从思维方式和精神旨归来看，这两种"无为而治"的思想，差异还是很大的。

对于概念之间的对应与概念间逻辑的对应出现错位的主要疑问，则在于黄玉顺教授构建的儒家的"生活情感——性——情"架构与老子的"无物——道之为物——万物"架构以及海德格尔的"存在——形而上存在者——形而下存在者"架构之间的关系。黄玉顺教授认为："在海德格尔、老子、儒家的观念之间是存在着'定名'的实质性区别的，是不能把它们简单地等同起来的；但是，他们的思想在'虚位'上也确实存在着观念层级的对应性。"[①] 事实上，这三个架构中每一个层次的概念互相之间是否有一种对应性，以及这种对应性是何种意义上的对应性，都是值得深究的。即使承认这些概念之间具备对应性，"虚位"这一概念还是无法解释这三种架构各自演进的逻辑之间是否能够对应，以及是否存在对应性。

在以诸子百家对"道"和"德"的概念分析为例的时候，黄玉顺教授认为"道"和"德"的观念在层级上具有对应性，并直接给这种对应性是什么下了判断："不管儒家还是道家，一般来讲，谈'道—德'，都是'形上—

[①] 黄玉顺：《爱与思——生活儒学的观念（增补本）》，四川人民出版社，2017年版，第26页。

形下'的关系。"① 这种用系词"是"直接下判断的表述，不论内容上正确与否，其实形式上已经把"对应性"这一性质取消了。如果说两种处于比较之中的事物，它们之间有某种性质是可以确定无疑地用属加种差的形式表述的，那么至少在这一范畴之内，就失去了比较的必要性，因为它们指称的都是同样的一种性质。

三、生活儒学的三个基本概念

黄玉顺教授在其生活儒学展开过程中提出了一些基本概念，对此我们也可以进行一些探讨。这部分内容主要集中在三点：一、我们在重构儒家的形而上的时候，是否有必要用"是""有""在"这样的概念；二、儒家的爱是不是一种普遍的本体意义上的爱；三、儒家的"思"是不是一种形而上之思。

（一）关于"是""有""在"

"是""有""在"这样的概念，更多的是以英文中的"Being"为我们所熟识。我曾经在讲儒家哲学的时候，做过一个比较。我认为，西方哲学的根基是 Being；而中国哲学、儒家哲学的根基是 Becoming。这是两个不同的概念，它们所探讨的问题有很大的区别，它们的出发点、结论，乃至它们的过程，都有很多的区别。Being 这个概念，在中国哲学里面，可能主要是在道家哲学中。道家在这方面有一些论述，但是做得并不是很深入和系统。

孔德之容，惟道是从。道之为物，惟恍惟惚。惚兮恍兮，其中有象；恍兮惚兮，其中有物。窈兮冥兮，其中有精；其精甚真，其中有信。自今及古，其名不去，以阅众甫。吾何以知众甫之状哉？以此。（《老子》第二十一章）

正是这一段中对"道"的表述，表现了道并不是一个虚无，而是"有象、有物、有精、有信"的统合万物的整体的存有，亦即"Being"。而在儒家哲

---

① 黄玉顺：《爱与思——生活儒学的观念（增补本）》，四川人民出版社，2017 年版，第 8 页。

学里面，我觉得 Being 这个概念比较少。当然，我们现在可以去分析儒家的一些概念，其中可能包含 Being 的意思。但是，把它作为儒学的形上学的一个根本东西，能不能成立，这是一个问题。

（二）关于"爱"

我的第一本英文著作，实际上就是比较"仁"与"爱"，这里的"爱"指的是基督教教义中的"爱"这样一种观念。① 我的一个基本观点是："爱"在基督教里面是一种核心价值，具有一种本体的意义，也就是说，没有爱就没有上帝，也就没有耶稣。爱就是耶稣这个化身，这是一个根本。但是，在儒家哲学里面，我认为"爱"只是一个工具性的价值，它可能算不上一个本体的价值。所谓"仁者，爱人"，它是通过"爱"来表达、表示或者说表现"仁"这样一种本体性的东西。因此，在儒家里面，我们很难找到一个普遍的"爱"。就是说，一定要和具体的东西相联系，我们才能够把儒学这个"爱"说清楚；如果没有一个具体的对象，很难说儒家的"爱"是一种普遍的"爱"。儒家的"爱"同时也是一种差等之爱，是以血缘关系为基础，并且逐渐由内而外生发的。

> 仁者人也，亲亲为大。（《中庸》第二十章）
> 樊迟问仁。子曰："爱人。"（《论语·颜渊》）
> 孟子曰："仁之实，事亲是也。"（《孟子·离娄上》）
> 子曰："弟子入则孝，出则弟，谨而信，泛爱众，而亲仁。行有余力，则以学文。"（《论语·学而》）

当然，儒家的"爱"也并不止于亲亲之爱，而是可以逐层逐级扩散开来的，但这是否就是一种"博爱"，是否就是一种普遍的甚至是本体意义上的"爱"，我持怀疑态度。如果儒家确实没有这样的普遍的"爱"的话，那么，我们如何能把"爱"作为儒学根基性的概念，这个问题还是值得考虑的。当

---

① Xinzhong Yao, *Confucianism and Christianity--A Comparative Study of Jen and Agape*, First Edition (hardback), Sussex Academic Press, 1996 (viii+263 pp); Second edition (paperback), Sussex Academic Press, 1997 (272 pp). 李承贵：《当代儒学的五种形态》，《天津社会科学》2008 年第 6 期。

然，如果把"爱"作为一个工具价值，我觉得是完全可以的。因为"爱"表达的是一种关系，它绝对不是为爱而爱，而是爱他人，比如爱父母。这就是说，儒学是一种关系性的学说，关系是一种根本性的价值；离开了关系，我们很难来理解儒学的基本价值。通过关系，我们才能理解它的道德，它的伦理，我们才能对儒学、对"爱"这个概念有一个比较深的理解。

（三）关于"思"

至于"思"这个概念，也可以循着上面分析"爱"的方式来理解，就是说，这个"思"，在儒学里面，也可能并非根本的东西。我们都知道，孔子说："学而不思则罔，思而不学则殆。"（《论语·为政》）这就是说，"思"是要和"学"相连的。第二个例子，我想到的就是《孟子》和《中庸》中都提出的："诚者，天之道也；思诚者，人之道也。"（《孟子·离娄上》）这里的"思"也不是根本的，根本的是"诚"，而"思"只是对"诚"进行的思考。所以，对于"思"这个东西，我们怎么去理解，值得我们去进一步探讨。

以比较的方法对多种多样的哲学史史料以及先贤的思想遗产进行整合，开辟新的研究空间，或者试图得出新的知识，是非常艰辛的，对任何学者来说都是相当大的挑战，同时又是一项非常有意义的工作。发掘和建立不同思想的对应性，以一个可通约的立足点同时把握两种不同的思想，是比较研究的基础。正如《庄子·外物》所说："言者所以在意，得意而忘言。吾安得夫忘言之人而与之言哉？"做比较研究，正是要在"忘言"而"得意"的基础之上，对"意"有所领会，同时又能更进一步，再次把"言"组织并表述出来，从而达到"与人言"的最终目的。黄玉顺教授以这样的方式来探索生活儒学，尽管会有一些理论上的困难，但这种尝试本身，已具有相当的学术价值。探索生活儒学的学者，可以对这种方法有所思所得；而以比较研究作为研究方法的学者，更可以从生活儒学的建构中发掘经由比较的方法处理之后的思想在形式和内容上的奥妙。

四、对生活儒学研究的展望

黄玉顺教授对于重建儒学有着强烈的使命感，对于如何重建儒学，他选择了生活儒学这一条路径。对于任何研究而言，支持其作为一种研究范式的合法性或曰正当性的要素，是需要被论证或者说建构的。在这一点上，古今中外皆然。儒学何以以生活儒学的方式重建乃至复兴，以及何以能够以生活儒学的方式重建乃至复兴，这两个最基本的问题，黄玉顺教授以一种功能性论证给出了他自己的回答。

黄玉顺教授给出了一个非常强有力的全称肯定判断："儒学"就是"生活儒学"，"生活儒学"就是"儒学"。① 以这个判断为前提，回望整个儒学在历史进程中的发展，黄玉顺教授认为，"自从原创时期以后、秦汉以来，儒学已经长久地遗忘了生活本身"；与之相对的，黄玉顺教授认为，西方哲学自古希腊以来也遗忘了"存在"。② 西方哲学"遗忘"了存在，一定程度上是可以这么说的；但说儒学遗忘了生活，我则更倾向于另一种表述，即我们遗忘了生活化的儒学。

生活的样态是不断演进变化的，儒学从汉唐的章句之学到宋明的义理之学再到清代的文字训诂之朴学，其样态也在不断变化。但这是不是说儒学在形式上不断地去生活化，就是儒学对生活的遗忘呢？可能并不尽然。例如《周礼注疏》中郑玄对《周礼·天官》中"以为民极"一句的注释，以及贾公彦对郑玄注文的疏解，可以作为例证。郑注对"极"字的解释为："极，中也。令天下之人各得其中，不失其所。"③ 贾疏对此进一步做了阐发："百人无主，不散则乱，是以立君治之。君不独治也，又当立臣为辅。极，中也。言设官分职者以治民，令民得其中正，使不失其所故也。"④ 这种对社会生活、政治运行、社会治理等方面直接的论述，无论如何不能被看作对生活本身的"遗忘"。至于著名的横渠四句，更是为天下读书人树立理想，在关注生活的基础上，对读书人的胸怀、气魄、境界提出了更高的要求。儒学之所以没有彻底变成另外一种完全不同的学问，其根源就在于儒学始终没有遗忘它自身对生活本身和生活世界的关切，儒学自身有一种关涉生活的使命，而这也是

---

① 黄玉顺：《爱与思——生活儒学的观念（增补本）》，四川人民出版社，2017年版，第3页。
② 同①，第3页。
③ 《周礼注疏·天官冢宰第一》，上海古籍出版社，2010年版。
④ 同③。

儒学还能够继续在我们这个时代散发出理论光辉的原因。

"儒学"就是"生活儒学"这一论断，在理论建构上也会对生活儒学这一体系带来困难。随着历史的发展，"儒学"的内涵不断变化，外延也在不断容纳多方面的内容，已经成为一个包容性很强的较为宽泛的概念。黄玉顺教授认为儒学就是生活儒学，固然会对儒学研究的一种生活化的复归起到积极作用，但同时也会窄化儒学的定义，从而拒斥其他类型的儒学研究。而以一种统合的视角，从生活化的方向对儒学的发展做出探索，这是没有问题的，因为我们需要从各种类型儒学中开发思想，从而对生活儒学的理论进行完善。

之前曾谈到，黄玉顺教授的生活儒学是一种对当代儒学复兴独辟蹊径的探索，其根本原因不在于他对儒学本身的概念和内容有多少发明创造，而在于他明确并且重视了"生活"这一概念，并将其与儒学建立联系。由于生活这一概念是非常庞大且多变的，在这一视角之下的儒学，一定也是同样充满变化以及丰富的时代特色的。因此，生活儒学的发展方向和理论前景，很大程度上要取决于我们对生活本身的认识。我们究竟是把生活看作一个变动不居的、正处于发展中并且仍将继续发展的历史进程，还是仅对其作一种历史的研究，把它看作已经过去的、已定型的生活样态，这决定了我们所说的"生活儒学"是一种更具现代性的研究，还是只是一种对历史上的儒学在生活方面的强调。

生活儒学体系自身可能还有待完善。但我们之所以仍然对生活儒学这一理论有着认可和憧憬，是因为生活儒学的基本精神不但在于儒学，还在于生活。黄玉顺教授的一个观点我是非常赞同的，他认为今天我们的生活已经完全改变了，已经不是过去的、古代的那种生活了。从生活自身的变化发展来看，过去的那种生活，是在小农经济基础上的生活。用马克思的话来说，那是一种"温情脉脉"的生活关系。现在，这样一种关系已经被现代化的进展彻底打破了。那么，我们今天还能不能通过理论的重建，还原那样一种生活方式？或者通过"乡村儒学"这样一种工作，重建那种生活方式？在我看来，无论如何，马克思的这种思考还是正确的：生产力决定生产关系，生产方式决定生活方式，经济基础决定上层建筑。当整个生产方式发生了变化之后，生活方式不可能不发生变化；当经济基础发生了变化之后，上层建筑、思想观念，甚至情感态度，最终也必然会发生变化。那么，在发生了这种变化以后，我们怎么样去重新发现、去理解、去重建儒学在现代生活中的价值？这是值得每一个做儒学的人，无论是学者还是实际工作者，都应该认真思考的问题。

当今时代的生活，已经与过去的生活差异甚大。相应地，儒学也遇到了传统儒学之前从未遇到甚至从未设想过的许多新问题、新语境。我们所处的这个生活环境，面对着这个科技、社会、政治、经济剧烈变动的局面，其自身也在迅速重构。这种生活的重构，也给我们带来了新的困惑和挑战，也正是由于这些因生活的变化导致的新的问题，促使生活儒学应当向着一种超越传统的方向转变。生活儒学必须能够而且应当在全球化的新环境中作出自己的思考，提出自己的解决思路，为解释新的世界性问题和建立人类命运共同体做出自己的独特贡献。

我在拙文《真诚性、创发性与当代儒家创新之道》中曾写道："儒家思想和传统通过深入到现代生活的各个领域，形成诸如儒商、儒官、儒将……现代社会条件下所能创发出来的生活典范，来实现'真诚性'和'创发性'的无缝连接。"[①] 儒学曾经在生活不断变化的情况下包容并蓄，既不排外也不拒内，在中外融合、古今交融中实现变化，这是儒学自身的一种生长过程。今天的儒学同样需要保持这种不断自我更新的传统，如同历史上汲取先秦百家而形成的西汉儒学、援道入儒的魏晋儒学、在三教相通基础上的宋明理学等一样，儒学从来就不是固定不变的。[②] 生活本身是传统与现实的统一，儒学的当代意义同样也要表明儒学在传统与现代性在终极价值上的一致性。生活儒学在这一方面，可以走得更远，可以建立一个基于传统儒家与现代文明互动的文化秩序。从这种更宽广的视角来看，这可以说是基于儒家价值的现代性的生活儒学，是儒家思想在当代生活中活力的体现，也是当代儒学发展创新所必须展现出来的。

---

① 姚新中、王觅泉：《真诚性、创发性与当代儒家创新之道》，《哲学分析》2016 年第 4 期。
② 姚新中：《传统与现代化的再思考》，《北京大学学报》2015 年第 3 期。

存在、性情与工夫
——生活儒学之性情理论的贡献与局限

赵法生

◇ **编者按** ◇

此文原载《社会科学家》2018年第1期。此文是在"《爱与思》（增补本）[①]发布暨'生活儒学'研讨会"的发言，研讨会于2017年9月25日在上海涵芬楼书店（华东师范大学闵行校区）举行，方旭东教授主持。

◇ **摘要** ◇

如果说朱熹的性情论是形而上学性情模式的理学表达，牟宗三对性情关系的解读是形而上学模式的现代心学表达，那么，黄玉顺的生活儒学客观上提出了二者之外的第三种性情关系模式，在把握原始儒家的性情关系方面迈出了关键的一步。但是，生活儒学的性情论述本身也存在局限。本文在生活儒学性情论的基础上，深入考察先秦儒家生存论在性情关系方面的内涵与特质，探索它与形而上学性情思想差异的成因，指出它与海德格尔存在论的不同之处，进而深化对于原始儒学根本属性的认识。

在南宋以降的儒家思想史上，一直有学者不满意于宋儒的性情言说方式，试图通过揭示先秦儒家性情本身的意义，彰显原始儒家与宋儒在基本思想方面的差异，其中既包括心学一系对于理学"性即理也"的批评，也包括基于气论立场对于理学理气论的辩难。但是，先秦儒家性情思想的本义，尚未能通过这些讨论得以充分显现。黄玉顺先生的生活儒学借助于海德格尔的存在论哲学，对此问题作出了富有思想力度的阐发，使得先秦儒家与宋儒在性情观上的不同，从更深的层次上彰显出来。如果说朱熹的性情论是形而上学性情模式的理学表达，牟宗三对性情关系的解读是形而上学模式的现代心学表

---

① 黄玉顺：《爱与思——生活儒学的观念（增补本）》，四川人民出版社，2017年版。

达，那么，生活儒学客观上提出了二者之外的第三种性情关系模式，在把握原始儒家的性情关系方面迈出了关键的一步。可是，生活儒学的性情论述本身也存在局限，它既没有深入辨析存在论和形而上学两种不同性情模式的内在差异，更没有继续探讨此种差异的成因，本来有可能显现的原始儒家存在论特征及其与海德格尔存在论的区别，也就因此暗而不彰了。在生活儒学性情论的基础上，通过深入考察先秦儒家生存论在性情关系方面的内涵与特质，探索它与形而上学性情思想差异的成因，指出它与海德格尔存在论的不同之处，进而深化对于原始儒学根本属性的认识，正是本文力图完成的工作。

一

黄玉顺先生的生活儒学理论，借助于海德格尔的存在主义思想，对于儒家性情思想，作出了创新性诠释，代表了性情思想在当代的新进展。海德格尔认为，西方哲学形而上学自轴心期以来的根本缺陷，在于仅仅研究存在者，而遗忘了存在本身。哲学形而上学研究存在者整体即形而上学存在者，科学学科研究具体存在者即形而下的存在者，但是，存在本来是存在者所以存在的前提，人们所谈论的任何存在者都必然以存在的某种领会为前提。以往的哲学形而上学，却将存在问题未加批判地认定为不言而明的，或者是毫无意义的，使得作为存在者前提的存在问题的意义，隐没在晦暗之中。海德格尔认为，存在论哲学的基本任务，就是要使存在从存在者中崭露出来，使存在本身的意义得以澄明。[1]

关于通达存在本身的路径问题，黄玉顺与海德格尔作出了不同判断。前期海德格尔认为，人是通过一种特殊的存在者即"此在"而发现了存在，此在即是人的生存。人是一种特殊的存在者，是能够发问并选择的存在者，是他本身对于自己成为问题的存在者。这样一来，海德格尔前期关于存在的思想就有可能陷于一种矛盾，他本来的意思是要强调存在先于存在者，存在者

---

[1] 海德格尔：《存在与时间》，陈嘉映、王庆节译，生活·读书·新知三联书店，2006年版，第32页。

是以存在为前提，但是，通达存在的过程中，存在却依然不得不以某种存在者为前提。为了避免这一尴尬，后期的海德格尔放弃了此在概念，转而试图以完全不通过人的生存来把握存在。生活儒学不赞同海德格尔的后期转向，它认为存在就是生活，而生活是不以任何存在者为前提，包括此在在内。生活儒学认为，剔除掉海德格尔的生存前面的此在概念，我们得到的正是"生活"本身，由此而形成了生活儒学的概念。① 对于海德格尔来说，人虽然通过此在的生存领会了存在，但毕竟不能说此在就等于存在，但对于生活儒学来说，生活就是存在，生活之外无所谓存在。② 海德格尔之所以把此在作为领会存在的关键，在于人并不仅仅是个形而上学的存在物，他首先是一个感受、体悟和活动着的个体生命，形而上学的抽象认知只是他的属性之一，且不是他源始的属性与功能，因为他必须先存在，然后才能去做形而上学的反思。所以，与形而上学的理性功能相比，海德格尔把情感和情绪视为人更为本真的生命内涵，是人之存在的根本性表征。生活儒学无疑是继承了海德格尔的这一思想，进而把情绪和情感确定为本源之情，认为人们正是通过对生活感悟把握了存在。

生活儒学认为，海德格尔实际上提出了人类观念的层级体系：存在观念（生存领会）→形而上存在者观念→形而下存在者观念。③ 他将以上思想应用于对儒家心性论发展史的分析，认为轴心期以后的儒家思想中，以《中庸》的未发已发为代表，形成了一个特定的性→情架构，他认为这是一个典型的形而上学架构，是运用主—客观念分析性情关系的结果，其中的性或者中就是形而上的存在者，发而为情即形而下存在者。它同时又被表述为未发→已发、本→末、体→用、内圣→外王等。④ 他认为，这种形而上学的性情架构，虽然并不代表儒家本源的思想，是今天应该予以颠覆的，但它依然具有其不容忽视的意义，因为它开出了儒家道德的主体性。⑤ 那个先于和高于情的性，既是本体，又是主体，是一种终极的存在者，但它毕竟是存在者而非存在本

---

① 黄玉顺：《爱与思——生活儒学的观念（增补本）》，四川人民出版社，2017年版，第26页。
② 同①，第296页。
③ 同①，第12页。
④ 同①，第51—53页。
⑤ 同①，第60—61页。

身，它依然需要经受一个这样的拷问：存在者何以可能？主体性本身何以可能？并由此导向了对于更加具有本源意义的性情关系的思考。他说："我们发现，在原创期、前原创期，尤其是孔子那里，事情正好相反，不是性→情的架构，而是情→性的生成关系。性是形而上学的初始范畴，而情是它的生活本源。"①

借助于海德格尔存在主义的洞见，生活儒学提出了本源之情的概念，指出在形而上学的性情关系之前，在伦理性的性情关系产生之前，已经有一个更具有源始意义的性情关系，与形而上学的性情关系不同的是，不是情生于性，而是性生于情，情比性更具本源性。人对于这种本源之情的领悟和感受，乃是存在者和存在所产生的前提条件。这样一种情，是最能体现生命本真的情，是生命存在的核心内涵。这不但在原初意义上肯定了情对于性的优先性，也肯定了情对于伦理建构的优先性。当生活儒学将情与诚贯通起来，将情的情感义与情实义统一起来，并通过"人之情"与"事之情"的对比阐释情的本真意义之后，再通过对早期儒家思想语境的追溯，将其存在论意蕴充分揭示了出来。这是生活儒学通过中西比较的视域而完成的对于儒家思想研究的一个重要推进。

迄今为止对儒家哲学史的叙述，由于深受宋明理学和西方哲学两种思想体系的影响，对于儒家思想的分析，一直陷于认识论和形上学模式之中。而生活儒学借助于存在论对于形而上学的反思与批评，从性情关系的角度，分析了先秦儒家与后来儒学在这一关键问题上的主要差异，首次在性情关系的传统诠释模式上，打开了一个关键性缺口，为儒家思想史更加本源性的诠释与重构提供了可能。借助于海德格尔存在论的智慧，它已经为我们提示了一条返回先秦儒家本然思想的"林中路"，可是，在指出这一崭新方向后，一些本来可以预见的分析还有待进一步展开。从生活儒学对于本源性的性情关系与形而上学的性情关系的论述来看，它的分析还处于前期阶段，既没有指出本源性性情关系与形而上学性情关系的本质性差异，更没有深入到儒家本源性性情关系的内在机理，去发现它与海德格尔存在论的不同之处，从而给

---

① 黄玉顺：《爱与思——生活儒学的观念（增补本）》，四川人民出版社，2017年版，第298页。

原始儒学作出新的阐释与定位，这不能限制其思想创新所可能达到的理论深度。

二

生活儒学对于儒家性情关系分析的主要进展，在于提出了儒学史上两种不同的性情关系，即形而上学的性情关系与存在论中的性情关系，那么，儒家形而上学的性情架构形成于何时？黄玉顺在《爱与思——生活儒学的观念（增补本）》（以下简称《爱与思》）中说："在轴心期之后，在儒家的形而上学的观念架构当中，亦即在思孟学派以来所形成的心性论，即以心学为正宗的这么一种思想当中，存在着一个基本的观念架构，就是性—情"，并以《中庸》的未发已发论作为此种性—情架构代表。① 照此说法，则形而上学的性情架构形成于孟子之前，以《中庸》为典型。但在一次关于生活儒学的访谈中，却将形而上学的性→情架构之形成推到秦汉以后，他说："在后原创期，亦即秦汉以来的儒家观念中，有一种基本的架构，即性本情末、性体情用（以及性善情恶，或情可善可恶）。这是一种性→情的形而上学架构：本→末、体→用的架构。"② 这样一来，关于形而上学的性情关系形成的时间，就有了两种彼此矛盾的说法，这实际上与生活儒学对两种性情关系模式的内在差异，缺少更为具体深入的把握有关。

根据生活儒学的解释，所谓性情关系的形而上学架构，是以形而上学的立场分析性情关系，将性看作是在本质上不同于情的先验存在物，二者的关系是本质与现象、感性和理性的关系。以此标准，则思孟学派中的性情关系，显然不能归入形而上学架构，因为孟子的性善论是即情言性，他所说的性善也就是心善，心善体现在四端之情，性善即心善、情善，这也就体现了人之才，其中的心、性、情、才具有相似的意义，都是指人能够为善的素质禀赋而言，所以才说"乃若其情，则可以为善矣，乃所谓善也"（《孟子·告

---

① 黄玉顺：《爱与思——生活儒学的观念（增补本）》，四川人民出版社，2017年版，第17页。
② 同①，第298页。

子上》)。其中的性与情是相即不二的,它们并不像是在理学中一样,分属于理和气,二者并不具有存有层次的差异,也不具有善恶属性的对立。《中庸》形成时间早于孟子,文本中的未发已发,本来是指情之未发和已发两个不同阶段,是情本身的两种状态,将喜怒哀乐之未发说成是理,将喜怒哀乐之已发说成是气,进而将中说成是形而上的本体,是运用理气二分模式诠释《中庸》思想的结果,这并不完全符合《中庸》文本的原意。在汉儒那里,将性归阳而情归阴,故有性善情恶之说,性情已经在价值判断上被置于对立的两端,但是,性情都属于气,处于同一存有层次,这说明二者依然不是形上形下之别。直到理学提出"性即理也",以性归理而情归气,理成了绝对和先验的道德法则,情则视为对于本体之明的遮蔽,从而倡导以复性为指归的工夫,而复性的关键在于格物穷理的认知过程,理大致上成为《礼记·乐记》的"情深而文明,气盛而化神",清晰无误地表达了道德与情感之间的正相关关系,说明情感非但不是由礼义形成的障碍,反而是培育形成礼义的内在资源,二者是相互依存和彼此强化的。因为情是道德建构的基础,又是道德修养的推动力量,它是内在于而非外在于道德的,所以七十子及其后学显示出明显的贵情倾向,《性自命出》甚至说"苟以其情,虽过不恶;不以其情,虽难不贵",这是先秦儒家贵情主义的最强音。

在性情关系的形而上学模式看来,情为性之所发属于形而下,"性即理也"属于形而上,性情之间因此而有了异质异层的划分,即它们被归入不同的存有论层次并因此而具有了不同的价值属性,情在这一架构中的地位乃是由于本体论的内涵所决定的。相对于未发已发的理学式的本体论论述而言,本源性的性情关系的特质就清楚地显现出来,它与形上学的性情关系基于不同宇宙本体论基础,它所面对的是一个没有被本体化的世界,一个尚未形而上学化的世界,这是个什么样的世界呢?

按照《庄子·知北游》"通天下一气耳"的说法,这是个一气贯通的世界。《周易·系辞》"天地氤氲,万物化醇;男女构精,万物化生",解释了阴阳二气氤氲交感是万物化生的原因;《礼记·乐记》说"地气上齐,天气下降,阴阳相摩,天地相荡,鼓之以雷霆,奋之以风雨,动之以四时,暖之以日月,而百化兴焉,如此则乐者天地之和也",则描绘了天地之气相摩相荡以促使万物生化运行的图景,认为礼乐之制作正是本于天地之道。可见,在古代中国思想的语境中，世界首先并不是一个形而上的理的世界，而是一个气的世界，气的运行当然有其条理与秩序，这就是理，理是因气而有并依于气而行，故先秦儒家的宇宙观是气本论宇宙观，理本于气而不是相反，所以刘宗周认为："理即是气之理，断然不在气先，不在气之外。"①王船山则说："天人之蕴，一气而已。从乎气之善而谓之理，气外更无虚托孤立之理。"（王船山《读四书大全说·孟子》卷十）他们认为理本于气而生，王船山更将理看作是"从乎气之善者"，则善并非理之专利，理之善倒是本乎气之善，人文化成世界，与大化流行的世界并不是没有关联的。罗钦顺认为："盖通天地，亘古今，无非一气而已。气本一也，而一动一静，一往一来，一阖一辟，一升一降，循环无已，积微而著，由著复微，为四时之温凉寒暑，为万物之生长收藏，为斯民之日用彝伦，为人事之成败得失；千条万绪，纷纭胶轕，而卒不可乱，有莫知其所以然而然，是即所谓理也。初非别有一物，依于气而立，附于气以行。"（王船山《读四书大全说·孟子》卷十）按照罗钦顺的说法，不仅自然世界属于气化流行，人文世界中的人伦日用和人事变迁同样是气化流行的产物，气并不是某种抽象本质，而是一个生生不息的过程，它乃是动静、往来、阖辟、升降之间的循环不已，这一气化过程即道，也就是《周易》所言"一阴一阳之谓道"，而一阴一阳乃二气相感互动之过程，故张载说："由气化，有道之名。"（《正蒙·太和》）有学者认为："我们能从过去找到的最接近海德格尔的存在概念的，可能是中国哲学中的'道'了。"②罗钦顺说"气本一也"，如果就"本"这一概念原初性涵义来讲，就是"根"，根乃是事物萌芽之所生，如同树根一样，它的功能在于"生"，存在的世界就是一个生生不息的世界。气的作用正在于生，因此，气与易、道、生、诚属于同一层次的概念，而比它们更加具象地表达了古代中国存在论的意蕴。

同时，气还是存在论通达性情论和儒家伦理学的桥梁。《性自命出》说"喜怒哀悲之气，性也"，表明性即喜怒哀悲之情，性与情都是气。《礼记·乐记》也说："凡民有血气心知之性，而无哀乐喜怒之常；应感起物而动，然后心术形焉。"其中所说"哀乐喜怒"，正是"血气心知"之性的内容，这从郭

---

① 转引自张岱年：《中国哲学大纲》，中国社会科学出版社，1982年版，第77页。
② 威廉·巴雷特：《非理性的人》，商务印书馆，1995年版，第230页。

店楚简《语丛一》如下说法可见:"凡有血气者,皆有喜有怒,有慎有庄。"这表明喜怒哀乐正是由血气而生。可见,在原始儒家那里,情属于气,性与情其实处于同一存有层次,这与理学理气二分性情架构完全不同。进一步讲,情不是靠性来获得自身的规定性,相反,性只能通过情来获得其规定性,性成了"虚位",情则成了"定名",由此可以见出情对于性的优先性,而孔子何以"罕言性与天道",性情问题的重心其实是落到情上。我们将孟子以前的原始儒家的性情关系断定为性情一本,所谓一本,包括以下几层涵义:首先,从本源上讲,性与情来自一个共同本源,而非像理学所说分别来自理与气两个不同的本源,这一共同本源就是气;其次,从内涵上讲,性与情具有相同的内涵,都是气,因而具有相同的质的规定性,而不像是在形而上性情关系模式中一样,二者具有质的不同;再次,先秦儒家的性情观是以气论为基础,性与情二者属于同一存有层次,具有相同的内涵规定,并不存在形而上与形而下之区别,性与情就不存在理学式的异质异层的划分;最后,孟子以前的先秦儒家既重性又贵情,性与情具有相同的价值属性,并无性善情恶或者情为性之污染之说。由性情一本而使得性情具有相同质的内涵,处于同一存有层次,并具有相同的价值属性,才是先秦儒家性情关系不同于理学形而上学性情关系的关键所在。当理学参照佛道两家发展出理本体思想,形成了理对于气的超越性和优先性之后,性与情由一本走向对立,形而上学的性情关系由此而形成。

三

生活儒学将形而上性情关系与本源意义的性情关系区分开来,无疑是一种洞见。但是,由于它对两种性情关系的内在差异没有作出更为深入的分析,以至于将先秦儒家语境中的未发已发、本末、内圣外王、修己安人论题等都纳入形而上架构中,其实,就其本质意义上,这些论题不能等同于形而上学的表达方式。这里涉及儒学与西方知识论的基本区别。儒家道德思想中虽有形而上的成分,但它并没有导向认识论,而是导向了工夫论,儒家一切关于道德的思想言说,包括天道、性情、名实、理气等,都不仅仅是为了求真，主要是为了求善，这里的善并不仅是善的知识，主要是善的工夫。儒学的言说与形而上学式的言说方式的基本区别，正在于其工夫论特征，儒家内涵丰富的人性论思想，不过是为工夫寻找基础，这在原始儒家的性情论中尤其明显。

原始儒家性情论中的性，不是一个抽象本质，而是修养工夫的基础；是一种活态的性向和潜力；是一个虽然具有某种方向，却并非现成的形式因，是一个开显实现的进程，这与形而上学的本质主义的人性论全然不同。后者致力于寻求人性中某种固定的本质，前者则是一种潜在性向的展开，并在此过程中提升人格境界；前者收获的是概念和知识，后者收获的却是德性与人格。所以，先秦儒学中的未发已发、本末先后、内圣外王、修己安人等说法，不能等同于形而上学意义上的言说方式，它们只有在工夫论视域中才能得到合理的解读。比如《中庸》中的未发已发问题，皆是就情而言，所以，它指向的并不是以本体与现象二分为基础的认识论，而是"发而中节"的工夫，"发而中节"经由礼乐实践而达成，所以《中庸》里面才有大量关于礼的论述。修身与内圣也不能归结为某种抽象本质，它们指向人之身心合一的整全存在，是在此基础上的工夫实践。另外，外王、安人等也不能界定为现象，它们是将儒者内在涵养工夫，在更大范围内推扩践行的结果，就修己和安人关系而言，"修己以敬"的内圣工夫只具有基础性意义，"修己以安百姓"才是儒家道德的最高祈向。这种工夫论的视域，与本质、现象的划分是全然不同的理路。修己工夫，是通过内在反省提高觉悟，通过六艺的学习实践以培养威仪气象；外王工夫，则是以率先垂范为基础的正己化人，通过"道之以德，齐之以礼"（《论语·为政》）而平治天下的过程。前者的重心落实到身心合一的修身实践，后者则指向社会治理的现实场域，其中并没有为一种前在性和决定性的抽象本质预留空间。至于知识本身，按照孟子所说，"仁之实，事亲是也；义之实，从兄是也；智之实，知斯二者弗去是也"（《孟子·离娄上》），已经被融入对于由亲亲而仁民的道德实践之中，被界定为对于伦理感情的自觉体认，那种基于逻辑学的认识论范畴，伊始就没有成为儒家思想的主导方面。

儒学在本质上属于工夫之学，不仅原始儒家重视工夫，理学同样如此。不过，由于宇宙本体论的差异，包括性情关系设定的差异，理学的工夫已经与原始儒家的工夫具有了显著不同。原始儒家工夫是一种基于性情一本的工夫，情在其中发挥了关键作用。孔子将纯真性情视为成为一个仁者的必要条件，所谓"巧言令色鲜矣仁"（《论语·学而》），而"刚毅木讷近仁"（《论语·子路》），前者所以"鲜矣仁"，是因为不诚；后者所以"近仁"，是因为诚。在孔子思想中，近于"诚"的是"忠"，忠者尽己，它首先是一种诚实本己的态度，是一种情态。如果将此种诚实本己的情态推己及人，就是恕，就是"己所不欲，勿施于人"（《论语·颜渊》），也就是《大学》所言"絜矩之道"。曾子说"夫子之道，忠恕而已"（《论语·里仁》），《中庸》则说"忠恕违道不远"。可见，先秦儒家的修养工夫，首先遵循着一种内在的理路，本质是人对于其本真之情的体认与推扩，进而从性情上实现自我与他者的感通，这是情之理，这说明原始儒家并非不重理，不过他们所谓的理乃是情理，是情本身理路与秩序。通过这种情理，通过以情挈情的推扩通达，儒家的存在之情就超越一己的限制，从自我走向他者，而忠恕之道便成为道德关系的基本准则。在《性自命出》和《乐记》中，这种内在性情的发展历程，被称为"心术"，术即是所行之道，主要是情之历程。

如果说以忠恕为内容的心术体现了原始儒家工夫的内在向度，作为儒家教化基本方式的诗礼乐三教，则代表了原始儒家工夫的客观向度。那么，诗礼乐三教的根基何在呢？同样根植于情。《诗大序》："诗者，志之所之也，在心为志，发言为诗。情动于中而形于言，言之不足故嗟叹之，嗟叹之不足故永歌之，永歌之不足，不知手之舞之足之蹈之也。"《性自命出》说："礼作于情，或兴之也，当事因方而制之。"《礼记·坊记》说礼是"因人之情而为之节文"；《礼记·乐记》则说："凡音者，生于人心者也。情动于中，故形于声。声成文，谓之音。"诗礼乐三教皆是根植于情，都是情诚于中而形于外的结果。不仅如此，在原始儒家看来，情之发为诗礼乐，诗礼乐又能反过来美化和善化人之情，进而取得美政教、厚人伦的效果，所以《诗大序》才说："故正得失，动天地，感鬼神，莫近于诗。"礼则是既"作于情"，又能"节乎情"，任何事物都有其自身的节度，情也不能例外，此种节度对于情自身的正常表达发展都是不可或缺的。在《乐记》看来，"情动于中，故形于声；声成文，谓之音"，则情乃乐之质，乐乃情之文，对于人文建构而言，质与文缺一不可，对于君子人格尤其如此，因为"文质彬彬，然后君子"

(《论语·雍也》)。因此，不论从内在理路还是外在进程两个向度而言，原始儒家工夫的核心都在于情，就内在方面而言是情的体认与推扩；就外在层面而言是诗礼乐三教修习实践，二者都是根植于情且以情的美化与善化为目标。可见，原始儒家的工夫本质是情之发动与完善的工夫，它具有内外相生和一体互化的特征，是情的自然生发表达与人文化成相统一的过程。

对于原始儒家工夫的要义，孔子曾经概括为"兴于诗，立于礼，成于乐"(《论语·泰伯》)。人格意识的最初觉醒是从诗的言说开始，一切诗语皆情语，"兴于诗"唤醒的是人内在的真情，也唤醒了人格主体意识，是人格的初期发轫。儒家的人格主体不同于西方哲学意义上的理性主体，后者是一种理性精神，比如柏拉图的理念、笛卡尔的思想、黑格尔的绝对精神、康德的纯粹理性等。但儒家的主体意识则源于一种本己的情感，是对于自身存在的感受与体认。不过，由诗所唤醒的情感是不定型和不成熟的，因为它是自我和孤立的。为克服这一局限，它必须进入他者的世界，在现实生活中经受规范的陶冶，并在这种陶冶中成熟起来。陶冶的手段就是礼，礼虽"作于情"，但同时又能"节乎情"，"立于礼"标志着人格经过社会化进程的锻炼而得以挺立和成熟。礼虽然对于人格培养还有形塑之功，不过，此种功效是借助于"礼以别异"的功能而实现，如果人格的养成仅仅停留在此阶段，人格就会趋于僵硬，人与人也会形成隔阂，从而偏离儒家一体之仁的境界，走到压抑人情的方向。礼的这种局限正需要乐去弥补和消除，因为乐以合同，在乐所表达的情之感通、共鸣与和谐中，礼的差异被乐的和同所消除，不同身份间的隔阂被情感的涌流所填满并化解，如同被反复打造的铁器在最后一次烈火的熔铸中成就了它自己。乐是人格的升华，君子的人格在乐的萃取中完成了与天地万物为一体的飞跃，成为与天地合其德的大我，故曰"成于乐"。

可见，孔子把修身工夫划分为兴发、规范和升华三个阶段，而流淌贯穿于三个阶段的，正是人的真情之流。就此而言，孔子的学说中的人是存在之人，他以其纯真性情作为存在之确证。工夫践行是情的涌流和升华过程，同时也是道德产生的过程，故曰"道始于情"。道德不是来自一个先验抽象本质对于作为后天污染的情的强力去蔽，而是人本身的内在性情的发动涌流与诗书礼乐的熏陶二者之间互动的产物。道德既不是纯粹内在之善的外化，也不是完全外在化的人工打造，而是内在性情的发动与诗书礼乐陶冶双向互动的结果。它既预设了人心中真情作为礼乐的本来源头,又肯定了诗书礼乐的陶冶对于道德培养的重要作用,如此一来,工夫本身既没有完全内在化,也没有完全外在化、强制化,既没有得内而遗外,也没有因外而轻内,这一工夫所追求的是内外的交相滋养和融会贯通,用《中庸》的话说,它是真正的"合内外之道",而君子人格就在此内外交相滋养融通中得以形成。

因此,先秦儒家道德实践中的人,是一个统身心、合情理的完整和实存之人,是完整的而非片面的,是存在论的而非本质主义的。存在论构成了原始儒家道德工夫的人学前提。但是,我们不能因此就将孔子说成是存在主义者,存在主义本质上依然是对于世界的一种哲学反思,试图通过此在这种特殊的存在者去领悟和把握存在,它虽然突破了观察世界的形而上学思路,但依然无法突破自我并进入与他者的关系领域。另外,海德格尔存在主义视域下的人,其实是孤立的个体,基督教文明的背景使之缺乏家庭亲情的温暖,哲学的进路又使他同时缺少了上帝之爱的照拂。因此,它对于人之本、己之情的体认,便不能不侧重于其有限与消极的一面。海德格尔的人,诗意地栖息于大地之上,大致处于儒家"兴于诗"的阶段,却缺乏儒家式物我情通的视界,无法进入他者的界域,所以没有形成自己的伦理学。先秦儒家对于人的存在主义的视域仅仅是一种前提,这一前提的意义在于肯定人的生存情境,从而为道的发用提供一个现实的起点,而儒家之道就是工夫。所以,在儒家思想的发端处,人的生存情境伊始就被纳入工夫的界域,并通过工夫获得其意义。所以,在海德格尔那里是作为结果的东西,在原始儒家是作为前提存在的。因此,原始儒家的思想不是存在论,而是基于人之生存的工夫论,具体说来,是性情一本基础上的工夫论。

儒家形而上学的性情观即性情二本观念的产生,需要等到宋代理学,是理气二分宇宙观的产物。在此宇宙观基础上,理学参照佛道两家构建了新的本体论,将性与情分别置于本体与现象的地位,代表了儒学思想的重要发展。根据宋儒工夫所至即是本体的理念,它将原始儒家基于性情一本的合内外之道的工夫,转变为基于本体呈现的偏向于内在的工夫,情的意义也从积极转为消极。理学虽然是本体工夫论,与先秦儒学的性情一本工夫论有所不同,但依然是一种工夫论,与形而上学致知论具有本质的差异。

先秦儒家基于性情一本的工夫论,离不开身体向度。因为性体现为情,情是气，它的每一步运行都要体现在身体上，情气即是体气，并通过动作、容貌、颜色和声音的变化表现出来。同时，如同《性自命出》所说，"人之虽有性，心弗取不出"，性情又是通过心之功能才得以呈现出来，而《性自命出》的心主要又是情感之心，所以，情性由心而出，通过身体而彰显，体现了原始儒家身心一如的身体观。于是，这种身心一如的身体就构成了性情存在的重要场域。因此，无论是心灵的提升，情感的美化，还是诗礼乐的教化，无不布乎四体而形乎动静。《诗大序》所说"情动于中而形于言，言之不足故嗟叹之，嗟叹之不足故永歌之，永歌之不足，不知手之舞之足之蹈之也"，形象地说明了情的表达如何与身体动作密不可分地联系在一起。《性自命出》和《礼记》诸篇谈论礼乐，也总是与身体相联系。《性自命出》指出礼乐的重要功能之一是"好其容"，指的是礼乐具有改善容貌的作用，因为它们能够"致容貌以文"，为本来质朴粗野的生理身体注入文化的内涵，使之呈现出文雅之美。简文对于乐的阐发，比如："闻笑声，则鲜如也斯喜。闻歌谣，则陶如也斯奋。听琴瑟之声，则悸如也斯叹。"以及："喜斯陶，陶斯奋，奋斯咏，咏斯犹，犹斯作。作，喜之终也。愠斯忧，忧斯戚，戚斯叹，叹斯辟，辟斯踊。踊，愠之终也。"都以身体动作作为情感的表达形式。《性自命出》中的心的主要作用是体认情感，所以说"凡声其出于情也信，然后其入拨人心也厚"，真情自能打动人心；"哀乐，其性相近也，是故其心不远"，情近则心近，因为心是情之心，而情气的存在与变化又必定通过身体来表现。另外，心虽然无形无相，无处可觅，但是我们不难寻其踪迹："凡学者求其心也为难，从其所为，近得之矣，不如以乐之速也"，也就是说，心一定会通过身体动作体现出来，因为心之内容主要是情感，而乐是表达情感最为直接的形式，所以说"不如以乐之速也"。可见，《性自命出》中的心、情和身，是三位一体的关系。身和心能够合为一体，是因为以情为中介，这个跨越主客观领域的情，成了身心贯通的最适宜的桥梁。《性自命出》极重视身，甚至有"身以为主心"之说，将身体视为心之主导，在它看来，身、心、情都是可变的，而符合礼之要求的身体行为具有"善其情"的功效，而情的善化同时也就意味着心的善化。

《中庸》也十分重视身，它说："君子之道，本诸身，征诸庶民，考诸三王而不缪，建诸天地而不悖，质诸鬼神而无疑，百世以俟圣人而不惑。"君子之道之所以有如此神奇，是因为它以身为根本。又说："取人以身，修身以道，修道以仁。仁者，人也，亲亲为大。"身体是道的场域，仁道需要从身体开始实践历程，也就是从亲亲之情的体认开始。孔子也曾说过："射有似乎君子：失诸正鹄，反求诸其身。"如果说原始儒家的工夫以情为内涵和动力，却是以身为场域。正如王夫之指出的，先秦儒家其实是即身而言道。《中庸》《性自命出》和其他先秦儒家典籍中的身，都是身心一如的，它不但是道德实践的出发点，道之修行的场域，也是成道的显现与载体，道的成就最终也会体现在身体气象上，也就是孟子说的"践形"。"践形"一词虽然为孟子所提出，但践形的思想由来已久，由孟子作了总结提炼而已。

生活儒学并没有忽视工夫问题，认为"就宋明的工夫论本身来说，它的那个基本的观念框架，才是根本的问题"[①]，所以以复性为目的的理学本体—工夫模式所要达成的，不过是理学所体认的天理，也就是"为君尽君道，为臣尽臣道，过此则无理"的道德法则。[②]生活儒学恰好主张解构这样的本体，"回到源头"，"回到生活本身，回到最纯真的情感本身、最纯真的爱本身"[③]，这自然是要超越理学本体工夫模式，但是，如果仅仅是复归于那种纯真的情感与日常生活本身，显然无法完成对于理学工夫的超越。因为轴心期的儒家正是因为意识到自然情感本身的局限，才在采取贵情立场的同时，将人的情性纳入礼乐修习的轨道，从而成就其日生日成的演进与升华。必须看到，在理学的本体工夫模式之外，还有原始儒家那种基于性情一本的工夫，就是通过"因人之情而为之节文"而实现"情文俱尽"的工夫，原始儒家的礼是开放和变易的，对于人性并没有理学家"理"的那种宰制性，它意味着人的自然性情与人文化成的双重圆满与具足。在对于未来儒家工夫论的设计上，由于意识到理学工夫的历史局限，生活儒学似乎过于措意于此种局限的克服，而忽视了原始儒家工夫人文化成的意义。

---

① 黄玉顺：《爱与思——生活儒学的观念（增补本）》，四川人民出版社，2017 年版，第 146 页。
② 程颢、程颐：《河南程氏遗书》卷第五，见《二程集》，中华书局，2004 年第 2 版，第 77 页。
③ 同①，第 149 页。

黄玉顺"生活儒学"的理论勇气与关键问题

余治平

◇ 编者按 ◇

此文原载《社会科学家》2018 年第 1 期。此文是在"《爱与思》（增补本）[①] 发布暨'生活儒学'研讨会"的发言，研讨会于 2017 年 9 月 25 日在上海涵芬楼书店（华东师范大学闵行校区）举行，方旭东教授主持。余治平，上海交通大学人文学院哲学系教授、博士生导师，中华孔子学会董仲舒研究会会长。

◇ 摘要 ◇

生活儒学的创新精神值得学习，但其"存在"概念可以商榷。在中国哲学的语境中，存在的观念就是"生生"的观念。生活儒学对"物"和"事"的区分是正确的；用"爱"来收束形而上学、给哲学一个最终归宿的做法也是儒家的。不过，儒学的传统未必就是体系化的构造，而是当下情境性的呈现。今天，儒学最需要的不是理论体系，而是回归生活，向大众传播。

很高兴参加黄玉顺教授这本书的新书发布座谈会！我最早关注他的"生活儒学"，是因为他的一篇文章《"生活儒学"导论》。那是十三年前吧，2004 年的冬季，在中国人民大学开会，十几位年轻儒学研究者聚在一起热议这篇文章。会议是干春松教授主持的，他那时候还在中国人民大学哲学系工作。那时候，我则在中国社科院做博士后。当时的北京有一批青年学者，有的是副教授，有的则博士刚刚毕业不久。干春松有本事，他善于跟企业家打交道，弄来一点赞助，牵头搞了一个"青年儒学论坛"。这个论坛的基本做法就是，让某个人提交一篇文章，预先把电子版发给大家看看，到开会的时候，大家把他驳得体无完肤。当时，陈明还在中国社科院宗教研究所工作，

[①] 黄玉顺：《爱与思——生活儒学的观念（增补本）》，四川人民出版社，2017 年版。

还没调到首师大呢。他订了一个规矩：只说坏话，不说好话。这种会上，主讲人经常搞得很狼狈，听得很刺耳，很有如坐针毡的感觉，但事后想想，对我们每个人的学问都很有帮助。我觉得那个形式真的是蛮好的，知无不言，言无不尽。这才叫真正的学术批评，恭维话、场面上的话是很少的。大家"坐而论道"之后，在中国人民大学食堂二楼餐厅吃一顿饭，然后散伙，各自回家。黄玉顺教授主讲的那一次，是2004年的年底，那时候他还在四川大学呢，特地从成都飞过来，讲他的"生活儒学"。中国人民大学张志伟教授和我作了主要点评，然后大家分别发言"批判"。我记得，那天来的人比较多，会议室是坐满了的，论坛平时吃饭都是一桌，但那天晚上是两桌。从会议室到餐桌，气氛都很热烈，话题层出不穷。大家以这种方式开始关注黄玉顺和他的"生活儒学"。我觉得这是一个很好的开端。

现在的中国哲学界还没有形成严格意义上的学术批评，许多人喜欢听好话，不喜欢人家批评一句，总把对自己提出不同意见、批评意见的人当敌人，而不当朋友，还记仇。久而久之，大家便都不说真话，恭维太多。甚至，自己为自己的书写个书评，然后再冠上别人的名字发表出来以造势而博得名利的人，也不在少数。但黄玉顺教授从来都是真诚欢迎学术批评的，每有新作都要召开座谈会，花钱请人来批评，态度非常谦逊，也经得住批评，锲而不舍地请大家"说坏话"，所以很值得表彰一番。做学问，就要这样才行。

一

自从那次青年儒学论坛之后，直到今天，我们内地的儒学发展和创新可以说是别开生面，蔚为大观。扛旗的学者中，蒋庆的"政治儒学"当然算是比较早的，然后也比较早的就是黄玉顺的"生活儒学"了，后来还有陈明的"宗教儒学"、姚中秋的"宪政儒学"、吴光的"民主仁学"，还有赵法生的"乡村儒学"、韩星的"社会儒学"、李景林的"教化儒学"，等等。这些都不妨算作是儒学在当下中国针对我们这个时代进行创新的不同维度或不同面向，虽然都有不足，都不尽如人意，但无疑都以自己独特的方式丰富了儒学，推进了儒学。我觉得是非常好的现象。

通过这么多年的观察，我非常敬佩黄玉顺兄的一点是什么呢？就是他有这么一股学术韧性，能够把"生活儒学"的旗帜一直扛下来，坚持下来，这真的要有一定的学术勇气和理论勇气。如果没有这股勇气，没有这个韧性，没有相当的定力，可能早就放弃不干了。一般人真的做不到。

我们都是刚刚参加了复旦大学上海儒学院的那个会议，会议的主题就是"儒学与时代"。① 我们都密切地关注这个时代。在当下的这么一个时代，儒学如果没有创新，那是没用的。如果还是儒家的那么一套经典，保存在图书馆里面、博物馆里面，不能走进当下，不能走进民众的日常生活，那么，儒学只会离时代越来越远。黄玉顺以他的"生活儒学"，以他自己的这么一种方式，来创新儒学、诠释儒学，这是值得肯定的。你可以不同意他的一些说法，甚至不同意他的一些命题、观点，这都没有关系。牟宗三这么大的儒学大家，我们也不同意他的某些观点，这是很正常的。黄玉顺的这种创新精神，在众多的儒学创新的面向中能够独树一帜，确实非常值得我们每一个儒学研究者学习。

下面我谈一些具体的问题。

二

首先是要"审题"。既然叫"生活儒学"，那么，什么叫"生活"？

从刚才姚新中老师的发言，到董平老师的发言，再到赵法生老师的发言，我觉得，最根本的问题，就是扣住了一个观念：关于"存在"的问题，也就是"Being"，或德文 sein 的问题，甚至还有"Becoming"的问题。这个问题，我觉得是抓住了黄玉顺生活儒学的一个命脉，一个要害。其实，十三年前的那次论坛上，大家最多的争议，也是关于"存在"的问题。

这个问题比较复杂，而且还不是一般的复杂。当然，海德格尔从西方哲学特别是从德国现象学的路径里切入到这个问题，把"存在"这个问题拎出

---

① 指 2017 年 9 月 23 日至 24 日在复旦大学举行的上海儒学院首届年会暨国际学术研讨会。

来了，使全世界的思想家、哲学家一下子都关注了这个问题，我觉得是非常了不起的。《存在与时间》，很多人读不懂，其实你不妨把它当小说来读，海德格尔就像一个善于讲故事的女人，把万物存在的经历和过程不厌其烦地娓娓道来，构思了许多曲折离奇的情节，故事跌宕起伏，扣人心弦。但是，我们从中国哲学的进路来看，存在似乎从来就不是一个问题，因为在我们的传世文献里，从《尚书》《周易》到《中庸》，对这个问题都不乏关注。刚才大家都提到"生"的问题、"生生"的问题。甚至，我们可以说，整个一部《周易》都在讲万物存在的经历和过程。六十四卦开端于乾、坤，纯阳、纯阴，《彖辞》分别阐释说，"万物资始"，"万物资生"。第三卦是屯卦，《彖辞》说："刚柔始交而难生。"《序卦》称，"屯者，物之始生也。"《周易》从屯卦开始讲述万物存在的故事，拟人比事，曲折离奇，情节波澜不已，一直到未济卦，还没讲完。《系辞》里面那句"生生之谓易"（《周易·系辞上》），非常重要，是理解"存在"的问题的法眼。中国人理解存在的概念，不能跳出"生生"。"生生"这个观念，值得我们做一个很好的诠释。生生的问题就是在我们中国哲学语境下、在我们中国自己的人文传统里的"存在"问题。

这就是说，"存在"的问题，如果仅仅从"存""在"这两个字本身入手，我们是很难理解它的本源、它真实的内涵。我们需要切入到"生生之道"这个角度来谈，万物是怎么样"生"出来的，万物是怎么呈现在我们面前的，生的过程究竟是怎么回事。比如说，我们看到的这个茶杯，一定不是茶杯的那个自在之物本身；我们看到的这个茶杯一定是进入了我们理解的东西，成为了我们存在语境当中的东西。至于被看到的这个茶杯背后的茶杯本身，是我们永远看不到的。"形而上者谓之道，形而下者谓之器。"我们只能游走在事物的形之中，至于形之上的那个"道"，形之下的那个"器"，都只能靠抽象思维、智的直觉去通达。而这就跟黄玉顺刚才讲到的那个"无"字密切相关，跟真正的存在之为存在、推动这么一个存在过程的那个原始的、神秘的东西密切相关。

这个问题，确实是很深的一个大问题。海德格尔在他的语境里面，用了"大道"——"Ereignis"来表达。中国人对它有不同的翻译。其实，这个问题，如果我们回到黑格尔的语境里面也能够获得很好的解释。我们大家都熟知的一个命题，就是："凡是存在的都是合理的，凡是合理的都是存在的。"这个命题一直被很多中国人所误读。其实，他那个"存在"，跟海德格尔的那个"存在"，是一脉相承的。他的那个"合理的"东西，就是在我的理性里面，物一旦被我所看、被我所观、被我所意识到，就是存在的了，就成为了我世界里的一个部分，一项构成。至于那个还没有被我所观、被我所看、被我所意识到的东西本身，我则永远看不到，永远摸不着，那就是一个"无"本身。他那个"合理"一定不是符合规律、符合理性的意思，不要把它推得那么高，最好也别翻译成"合理"，而应该翻译成"在理性中的"，或"被理性所意识到的"。凡是被我们理性所意识到的东西，都是存在的。还没有被我们拖进理性的东西，则一定还没有在我们的世界里存在。也就是说，存在一定与我们的理性意识有关。单纯的物，不能算是存在。物自身在经过我们理性的加工和改造之后，成为了我们的对象和我们的世界里的现相。其实，黑格尔这句话中的"理"，想说明的也就是：只要被我拖进我世界的物，那就是经过我心加工过的。这个茶杯，被我看到了，它是一个圆柱状的存在物，此时，他已经成为一个在我意识当中的东西。你这么理解，也就开始切入到所谓的"存在"问题了。

那么，回过头看我们中文的语境。《中庸》里面讲："不诚无物。"大家想一想，这个"诚"，真的就是一个内在性的、情感性的或者是道德性的东西吗？《说文解字》对"诚"和"信"这两个字是互解的："诚者，信也；信者，诚也。"如果是一个道德性的东西，怎么可能把它跟物挂钩呢？无论如何，在我们中国古人、在我们的老祖宗那里，"物"经常被理解为一个实实在在的东西。物是有体的，所以才有语用学上"物体"的概念。"不诚无物"一句中的那个"诚"字，一定是跟存在密切相关的。物在生生的过程中究竟是如何维持自身的统一性的？物有内在，於穆不已，生机涌动，呈现到我们面前的物，其实已经是物生生的后端了。上一秒钟的物、当下的物、下一秒钟的物，它们之间究竟是靠什么维系着的，靠一个"诚"，这个诚是物自身与自身的连续性，物在成为自己的路上始终需要坚守自我，防止滑入非我，它的这种执着成为自我的能力，就是诚。而信，则是物在生生过程中成为自己的可靠性。上一秒钟的物、当下的物、下一秒钟的物，如何维系着连续性和统一性而在人的眼里始终是同一个物，这就离不开物自身的"信"的能力了。

我还要在姚新中老师讲的基础上补充一点。"至诚无息"这四个字，对我们理解"诚"是非常关键的。为什么说当达到最后"至诚"那种状态时，万物就是"无息"——没有停止的？其实，那就是一个生生不已的一种状态。这样，《中庸》就跟《易传》默默地建立了一个意义关联。这个理解是非常重要的，当把这个要害抓住了以后，从"生活"到"存在"的环节，就容易打通了。

三

第二个问题，是黄玉顺在这本书里对"物"和"事"做了一个区分，这一点，我非常欣赏。

我对康德哲学是有一点研究的。其实，在《纯粹理性批判》这本书里边，康德也是区分了"事"和"物"的。"物"，他用的是"Ding"，是单数的；而"事"，用的是"Dinge"，可以是复数的。单纯的一个物，在本体语境里面，作为一个绝对存在者，也作为一个自在之物本身，称之为"物"，它无所谓单数还是复数。但是作为一个事物，即作为一个"事"中之物，那就把"物"拖进存在语境里面了，因而就在现象语境里面，在我们的思想意识语境里面，这个东西就成为了一个"事物"。这个区分，是我们很多搞哲学的人没有搞清楚的。华东师范大学的杨国荣教授最近发表了一篇文章，也涉及事与物的问题，可以参考。

如果按照董平兄刚才所说的，把"事"理解成"事情"的话，这也是说得通的。所谓"事情"，那个"情"是指"情实"。有的时候，我们中文其实真的比德文、比英文还要好，可以非常真切地描述和准确地表达一个存在者或者现象世界中一个具体的事物的本来状态，那就是"有情有实"。这个问题，黄玉顺在他的书里做了一个区分，这是非常重要的，值得肯定。

四

　　第三个问题，涉及对这本书以及黄玉顺"生活儒学"研究进路、研究方法的考量和审视。我觉得，还是要强调中、西之别。作为一位哲学学者，包括黄玉顺在内的我们这代人都有浓厚的西学背景，都痴迷过海德格尔，因而都有非常浓厚的海德格尔思想背景，十多年前我就把海德格尔的所有中译本著作全部读完了。但是，我们却在中国的语境里面，特别是在儒家文化的语境里面进行学术研究，甚至像黄玉顺还能够自觉建构并致力于儒学创新。而要命的一点是，我们中国的学问，特别是儒家的学问及其工夫体系，不是在学理当中、不是在概念演绎当中建构出来的，而是在日用生活当中自动呈现出来的。我要强调的是，中国的学术总是在生活当中涌现、在生活当中呈现出来的，而不像西方哲学，特别是康德所开辟的现代西方哲学，是在一个纯粹的形上的建构里面确立起某种生活世界的合法性。胡塞尔、海德格尔这一脉的人物，他们要在西方纯粹哲学的路径里开辟出问题、命题的哲学合法性。

　　这个问题，涉及我们中国儒学的一个特性："即用见体"的"即体即用"，即中国儒学始终处于浑然一体的状态。如果非把它拖到学理层面来分析的话，它的确很可能有一个形上、形下之分，方便言说，以迎合展开叙事的需要。但是，在我们儒家的思维方式里面，浑然一体是基本特性，它不像西方的那种哲学、那种形上学，学理和生活是两张皮。所以，我觉得可能要回到十三年前青年儒学论坛上大家对黄玉顺兄的建议或者批评：不要两张皮，不要床上叠床。

　　包括黄玉顺后来完成的《中国正义论》的那个架构，我也是非常关注的。西方正义论，像罗尔斯那样一种进路，是要把 justice 这个东西从法权学理上面推导出来，演绎出它的正当性和有效性。而我们中国人讲的"义"，是讲一个"宜"，《中庸》曰"义者，宜也"，只要求适合当下，而不追求一个普遍的、永恒的、绝对的正确性，它是强调情境性和有效性的。有些东西，在山东是可以的，但可能到了上海就不适宜了，到了成都也不一定适宜。就像喝酒一样，山东规矩很多，主陪、副陪什么的。到河南那边，就是端酒三杯，主人不喝，把酒剩下来给客人喝。而在上海这边，是随意的，你喝白酒，他喝黄酒，他喝红酒，他喝啤酒，他喝茶，他喝饮料，都无所谓。这就是

"宜",这就是"适宜"。在中国,什么都强调一个情境性,适合、适当就好,中国人是无所谓真理不真理的,所以就没有必要拔高到"中国正义论"的层面。中国人只讲天理,而不讲真理。这其实也是现代科学为什么不可能起源于中国的一个根本原因。"正义"一词中,义比正来得重要,而正往往只具有道德性、礼乐性的规定,跟真理一毛钱关系都没有。因此,作为一个学者,在叙事方式、哲学建构的技法上面,需要补充一些东西。

五

虽然说了这么多建议的话、"坏话",但总体上还是要肯定。我非常喜欢也非常欣赏的一点是:作为一个著名的哲学学者,作为一个体制内的哲学教授,黄玉顺能够在学西方哲学、西方形而上学的过程当中,没有被它所牵引,没有被它那些迷思所忽悠,自己还是具有中国儒家的主体性建构的。

我的概括是:他是用一个"爱"来为形而上学收口,为哲学收口。西方的哲学,演绎到最后,它往往没有一个归宿。康德比较特别,他有一个"至善"(das höcheste Gut)的东西,为他的纯粹理性收口,为他的先验理论找到了一个最后的归宿。尼采不相信他,非要找一个纯思的东西——强力意志,最后连自己都被搞得精神分裂了。作为一个哲学家,自己都不能为自己找到一个精神归宿,他的哲学就有问题了。而康德就不会发疯,就不会精神分裂,因为他的哲学里有一个至善在召唤,为哲学最后收口、把关。所以,我不同意牟宗三,他把康德跟我们中国儒家的界限划得那么清,距离搞那么大。其实,康德和儒家是能够走到一起去的,关键就在于"至善"。至善这个东西,也是我们儒家追求的一个最高的境界,《大学》就讲"止于至善"。其实,康德哲学最后也是走向至善的,他用实践理性为他的纯粹理性、为他的第一哲学找到归宿。那么,黄玉顺则试图用一个"爱"为他的形上学找到一个可感可触的归宿,很妙。我觉得,他最后的落脚点,还是儒家,这是我非常欣赏的。咱们都是搞儒学研究的,儒学的立场还是要坚持。如果没有了儒学的立场,那么,我们就跟其他那些把儒学作为一个纯粹的学术对象来研究的学者没有任何区别了。

至于"爱"是什么,刚才有人质疑,但按照我的理解,这个"爱"还是儒家意义上的爱,不是抽象的爱,也不是纯粹的感性的爱,而是一种融贯了理性与情感、道德与仁爱、本能与自觉的爱。孔夫子讲过,仁者爱人。其实那个"爱",在春秋时期的语境里面,就是把人当人的意思。一个马厩失火了以后,孔夫子不是先问马,而是先问人。这就是说,在那个草菅人命、杀人如麻的时代里,孔子自觉地开始追求人性价值,提倡和鼓呼把人当成人。那么一个喂马的马夫,他也有家庭,也有父母兄弟,也有子女亲戚,作为上层精英或君子权贵的我,也必须把他当人。然后,再推人及物,像孟子那样,把物当物,即把每一个物都当成物,而不是对某个物不当回事。这个"爱",到了孟子那里,他把它还原成一个"不忍人之心",还原成一个最初的、当下呈现、近乎本能的"四端"之心。我看到一个小孩掉进井里,就会毫不犹豫地把他拉上来。凡是人都会那么做,那就是一种爱。后来再延续到董仲舒那里,他讲:"仁之法,在爱人,不在爱我;义之法,在正我,不在正人。"(董仲舒《春秋繁露·仁义法》)这就是说,如何去实施"仁"呢?就在爱别人。董仲舒为我们儒家的仁学开辟了一个"他者"的视野:"爱人"不是爱自己,而首先在爱别人;"义",是在正我,而不是拿着道德教条去约束别人。对别人要有爱心,要去仁爱;对自己要用最严格的道义去限制,这样的人才能趋向于贤人,趋向于圣人。

六

最后一点值得强调的是,我对黄玉顺"生活儒学"的这样一个体系性的学术倾向的反思。我要呼吁:回归生活。我们现在的世道人心已经坍塌了。一个老人跌倒了以后,要不要扶他,这居然也是一个问题,还得进行全民讨论,可见已经堕落到什么程度!我们现在迫切需要一个精神支柱。现在更多的学者,社会上更多的人,都倾向于从儒家的思想资源里面去寻找这个精神支柱。那么,我们儒家真的需要面向生活,而不是长篇大论的、体系化的东西。"不离日用常行内,直到先天未画前"(王阳明:《别诸生》),王阳明这首诗,我觉得非常好。儒学思想史,上溯一千多年,可能最不缺的东西,就是形上之学。从宋明以后到现在，从周敦颐到二程，到朱熹，到王阳明，一直到牟宗三等海外新儒家，一千多年来，我们儒家都是在形而上的层面下功夫，磨嘴皮，我觉得我们已经足够了。儒家当下最缺的是什么？是工夫论，是如何落实到生活日用层面，如何面对普罗大众的日用生活，切实解决他们的精神需要和价值渴求。走出书斋，面向人伦，还原"生活儒学"介入现实、启迪人生的实践品格。

我觉得，像赵法生他们这几年来所坚持的乡村儒学，像郭齐勇老师退休之后所做的把儒学从书斋向社会层面、向中小学生的普及，还有香港的霍韬晦，他们都值得我们学习。这个问题，就是儒学如何融入时代，如何融入当下，这些都是我们这些学者需要做的工作。我曾经说过，我们儒学跟基督教相比，缺一个什么呢？缺一个中间层。我们现在不缺儒学的学者，比如山东，"尼山学者""泰山学者""儒学大家"封了那么多人。但是，我以为，跟基督教相比，我们缺的就是传教士这么一个阶层。我们儒学学者跟底层民众之间缺少像早期耶稣会士、现在的基督教传教士那样一个庞大的群体。如果从现在开始到今后的若干年，我们儒学当中能涌现出一大批像西方传教士那样的人，甘于奉献自己的青春，甚至奉献出自己的生命，到民间去，深入底层生活，甚至到国外去传播我们的儒学，那么，我们的儒学就有生命力，也就有希望了。

正义的中国面孔
——评"生活儒学"的"中国正义论"

方旭东

◇ 编者按 ◇

此文原载《社会科学家》2018 年第 1 期。此文是在"《爱与思》(增补本)[①] 发布暨'生活儒学'研讨会"的发言,研讨会于 2017 年 9 月 25 日在上海涵芬楼书店(华东师范大学闵行校区)举行,方旭东教授主持。方旭东,华东师范大学哲学系教授、博士生导师。

◇ 摘要 ◇

生活儒学可以称为儒学中的"当下派",即突出一切在生活中"当下现成"的意义。生活儒学批评罗尔斯正义论的正义原则太具实质性内容,但其"中国正义论"的正义原则却未免过于抽象形式化。在"义"与"利"的关系问题上,强调"利者义之和"的一面,相对忽视了"正其义不谋其利"的"义利之辨"的一面。指出了"利"因"爱"而起又因"仁"而消,但对此中机制的揭示不够充分。

非常高兴有今天这样一个机会。现在外面风雨大作,其实上海是非常难得这样下雨的。前段时间我们一直盼着下雨。中国古代有一个说法,有贵人来才会下雨。所以,你们是风师雨伯式的人物,才会这样下雨。谢谢你们这些贵人给上海带来这么多的雨水。

言归正传,关于今天的活动,我先大概说一下缘起。近些年来,我们从各种各样的刊物、会议了解到,黄玉顺教授这些年一直在做"生活儒学",我们很感兴趣。生活儒学讨论的这些话题,本身也是很刺激人的一些话题。而且我觉得,黄教授是很有论战色彩的,例如,上次在曲阜,关于"贤能政

[①] 黄玉顺:《爱与思——生活儒学的观念(增补本)》,四川人民出版社,2017 年版。

治"的问题,他跟贝淡宁(Daniel A. Bell)两个人就唱了一场对台戏。① 我们之所以举办这样的小型座谈,是因为我们国内同辈学者之间,甚至上下两代学者之间,缺乏这样一种形式。西方的学者,一般来说,如果有一本很重要的书出来,大家会开一个会,很深入地来讨论。有这样一种机会,我觉得无论对作者本人还是对参与讨论的人,都是很好的。而我们华东师大哲学系呢,本身就有一个探究哲学理论的传统。我们系里现在有定期的青年哲学沙龙,我自己以前在系里也组织过哲学俱乐部。我们特别强调要带有批评性,好话不用当面说,背后再去说他好。

今天呢,我就来担任一个相当于报幕员的工作。因为大家都已经认识了,介绍的环节我们就跳过去。之前我跟黄教授一起拟了一个议程,现在我们就按这个议程来,首先请黄教授开个头,做一个引言式的个人观点陈述,然后我们进入逐个发言的环节,最后再请黄教授集中回应一下。②

一

我们知道,现在各种各样的儒家学说或想法多了起来,其中,值得注意的就有黄玉顺教授的"生活儒学"。十多年来,黄教授一直在"生活儒学"上用功,现在这本书已经是增补本了。但是,据我的观察,他后来发展出来的东西,尤其是最近几年所深入探讨的形而下的部分,已经不在最初的"爱与思"的框架里了,已经超出了这本书四讲的范围了。我相信,他的这种理论的发展,已经不满足于原来的"爱与思"的架构了。所以,他这次增补的部分,我觉得是提纲挈领地把他最近几年的思考呈现出来了。前面各位对"爱与思"或者"存在"这个部分讲得比较多。就我个人来讲,我对他后面发展出来的部分,尤其是最近几年讲的"中国正义论""国民政治儒学"这些东西,更感兴趣一些。所以,我今天要发表的感想,或者说是评论,主要是针对这个部分。

---

① 黄玉顺:《"贤能政治"将走向何方?——与贝淡宁教授商榷》,《文史哲》2017年第5期,第5—19页。
② 以上三段,是方旭东教授作为这个研讨会的主持人的开场语,今移于此。

在向黄教授讨教之前，也许我可以先讲讲生活儒学的一些特点，讲讲我对生活儒学的观察。我讲三个方面。

我主要是做宋明理学的。明代的阳明学，王阳明之后主要是所谓的阳明后学，王阳明的学生发展出很多流派，诸如：以王畿为代表的现成派，以王艮为首的日用派，以聂豹、罗洪先为首的归寂派，以欧阳德、邹守益、钱德洪为首的修证派。那么，借鉴王门后学的这种分派方式，我觉得，如果现在要给黄教授的生活儒学来一个命名，也许可以称之为"当下派"。从这个意义上来讲，"生活儒学"这个名目似乎不够鲜明，不够特别。我觉得，黄教授讲"生活"，其实他要突出的就是"当下""当下现成"这个意思。在这一点上，我觉得我跟他是有共鸣的。我一直认为，对儒学的理解，不应该有一个现成的框框，好像儒学是一个现成的东西，我们可以直接拿来用。黄教授的生活儒学，其实就是非常强调生活在当下，是特别活的，所以很难用以前的东西来框定。而像牟钟鉴先生，还有我老师陈来先生，他们讲的可能更多的是面向历史的，是就历史本身发挥演绎出来一个东西。而黄教授的讲法，我之所以称之为"当下派"，就是整个进路跟他们的是很不一样的。

另外，大家可能没有注意，就黄教授的学源来讲，他以前是在中文系，在训诂方面下过功夫、做过工作。我们这边的刘梁剑教授，他对语言哲学比较感兴趣，专门研究汉语言哲学。所以我猜想，他后面大概会在这方面多做一些讨论。我是说，黄教授的这种训诂训练，他原来的这种学术经历，对他的整个写作，影响是很大的。我觉得，就我所读到的他的中国正义论、国民政治儒学，在所有的关节处、看家的地方，他都是从训诂讲出来的。比如，他关于中国正义论的两个原则（正当性原则与适宜性原则），就是从汉语"义"字的训诂发展而来，他说："正当"乃是汉语"义"或"正义"的一项基本语义[1]，"适宜"也是汉语"义"或"正义"的一个基本语义。[2]每一条都引经据典，头头是道，如果是没做过训诂的人，对于这些地方是不能不服的。这是我的一个观察。运用训诂学或语义学方法做哲学，好像在西方哲学家里，海德格尔也喜欢这么做；在中国，清代学者在某种意义上也是这种路数。这

---

[1] 黄玉顺：《爱与思——生活儒学的观念（增补本）》，四川人民出版社，2017年版，第366页。
[2] 同[1]，第371页。

种路数，也许可以说，更偏于"语学的"（philological）而不是通常意义上的"哲学的"（philosophical），我以前写过一篇文章讨论中国古典解释学当中"语学的"方法与"哲学的"方法（也就是传统所说的汉宋之争），我借用意大利学者罗伯特·艾柯的"过度诠释"（over-interpretation）这个概念①，进一步提出，站在汉学或语学的立场，宋学或哲学的解释未免过度；反过来，站在宋学或哲学的立场，汉学或语学的解释未免不足。②对语学方法的详细检讨，今天可能没有时间展开，无论如何，这种方法，在西方显然是有别于，比如说德国古典哲学；在中国，则是有别于宋明理学的。

还有，好像刚才也有人提到了，那就是，《爱与思：生活儒学的观念》（以下简称《爱与思》）初版（也就是现在这个增补本的正篇），我觉得现象学的味道太重了，受现象学的影响、海德格尔的影响是比较明显的。而我自己比较偏好分析哲学，所以，现象学的很多东西，我不晓得它是什么意思。我在读《爱与思》增补本的时候，经常会在上面打问号：这样讲的是什么意思？不明白。像"爱与思"这个书名，它就是一个诗性的标题，是一个浪漫的标题。这大概是因为四川多才子的缘故吧？像刘小枫的《这一代人的怕和爱》③，他就拎出"怕"和"爱"两个字。黄教授呢，他拎出"爱"与"思"两个字。这些都是很文艺、很浪漫的词。我觉得，好像一般做学术，不用这样一些词，学术性的语言与诗性的语言可能还是要有所区分吧。不过，我也注意到，相对来讲，在黄教授后来讲中国正义论的部分，前面那种诗性的语言就比较少了。

以上是我对生活儒学、对《爱与思》增补本的一些观察。因为我感兴趣的、比较注重的是后面增补的部分，所以，接下来，我想跟黄教授请教的，就是关于"中国正义论"的这个部分。我讲的这些，也许在去年你们开的那个会④上，可能已经有人提出来了，对黄教授来说可能没有什么新鲜的，如果是这样，我要请黄教授以及各位原谅。

---

① [意] 艾柯：《诠释与过度诠释》，王宇根译，生活·读书·新知三联书店，1997年版。
② 方旭东《诠释过度与诠释不足：重审中国经典解释学中的汉宋之争——以〈论语〉"颜渊问仁"章为例》，《哲学研究》2005年第2期。
③ 刘小枫：《这一代人的怕和爱》，生活·读书·新知三联书店，1996年版。
④ 指2016年8月20日至21日在山东济南举行的"黄玉顺生活儒学全国学术研讨会"。

二

我要提的第一个问题是关于黄教授对罗尔斯的正义论、正义原则的评价问题。黄教授在书中写道,他的"中国正义论",主要是针对罗尔斯的。他提出的两条正义原则,特别强调它们其实是纯粹"形式的"原则。在这个意义上,他有一个讲法,就是说,罗尔斯正义论提出的两条正义原则其实根本就不算正义原则。这个讲法,我初听的时候,就像当年徐爱对王阳明有关"格物"的理解是"初闻而骇",我是有一些惊骇的。黄教授说,罗尔斯的正义论其实不是真正的正义论,他讲的这个才是真正的正义论,因为罗尔斯的正义原则还不够形式,还是实质的,即已经是一种制度建构。

黄教授主要是从中国文字训诂学的角度来讲的,从"义"字归纳出两条正义原则,一条是正当性原则,一条是适宜性原则;然后又进一步区分时间上的适宜性、空间上的适宜性。确实,他的讲法完全是形式化的,就是说,关于究竟什么样的制度安排才算是正当的、适宜的,没有任何实质性的内容。他认为,一种真正的普适的正义论、正义原则,只能讲到形式的层面,不能有任何内容的部分,否则就会陷入具体的历史、具体的民族、具体的文化,就没有普适性了。

但是,我觉得这个问题可能是需要讨论的。我恰恰觉得,要讲正义,就必须要讲到一个实质性的原则。否则,如果只是抽象地讲"正当""适宜",抽象地讲时间上的适宜、空间上的适宜,那是不够的。比如说,"义"本身当然可以训为"正当",但是,究竟什么才是正当?怎样才叫正当?这本身还是一个问题。当然,罗尔斯也会讲到抽象形式的层面,比如"无知之幕"的问题。但是,每一个人对"正当"的理解都不一样,所以究竟怎样才是正当的?我们怎么来讲"正当"?还是需要实质的内容的。而罗尔斯的正义原则就有实质的内容,比如说 minimax 原则,即照顾最少受惠者的最大利益的"差异原则"。他的这种处理,不是没有意义的。

三

第二点,是关于"义"与"利"的问题。

我发现,黄教授有一个地方讲得特别好,这是我以前没有注意到的,就是,他在"仁"和"义"之间插入了一个"利"的环节,而且把"利"和"仁"联系起来。他这一套讲法,我觉得至少他自己是把它圆起来了。

确实,要讲"义",就必须讲"利",因为"义"最主要的就是处理利益问题嘛。黄教授虽然不同意罗尔斯正义论的两个原则是正义原则,但是,他不否认罗尔斯的这个观点:什么是正义问题?就是处理有关利益、有关资源分配的问题。他敏锐地注意到这个"利"字。我觉得他特别有发挥的是两个地方:第一,他一反传统的讲法,而强调"利"。传统的讲法,好像儒家只讲道义论,所谓"正其义不谋其利,明其道不计其功"[①]。这好像是儒学对"义"的一种更常见的理解。而黄教授注意到,儒家讲"义",其实跟"利"的关系很大,儒家从来不回避"利"。第二,他有一个提法:"利"是因"仁"而起的,最后又因"仁"而消。我觉得他的这些讲法都是很特别的,我待会儿讨论。

就第一个问题即"利"的问题来说,我觉得首先要有一个区分。儒家讲的这个"利"字,事实上有两种讲法,它们之间是有一点紧张的。在一般的意义上来讲,儒家通常讲的是"正其义不谋其利"。但是,儒家对"利"还有一种讲法,黄教授也引到了,就是《易传》里面讲的:"利者,义之和也。"(《周易·乾文言》)这个讲法,黄教授是比较强调的。

在"义之和"这个意义上,即在"利"的正当性的意义上来讲"利",这个地方我觉得需要补充一点。我这次读他的书,发现很有意思的一点:在中国正义论的一些关节的地方,荀子对他的理论建构起到了非常重要的理论基石的作用,这是我一开始没想到的。但是,其实在宋代的理学讨论当中,大家更重视孟子。黄教授也引到孟子,但特别引荀子。而宋儒呢,特别是朱子,他在《孟子集注》里面讲"王何必曰利"的那一段,非常有名。(朱熹

---

① 《汉书·董仲舒传》。原文"义"作"谊"。

《孟子集注·梁惠王上》）他那里面就提到了儒家关于"利"的两种理解之间的紧张问题。我对这个问题稍微有点了解，是因为正好去年我写过文章，讲朝鲜的李退溪，他把朱子讲的这个问题发挥得很大。① 实际上，李退溪讲这个问题的时候，他的一个学生就搞不懂，说：孔夫子很明确地讲"君子喻于义，小人喻于利"（《论语·里仁》），这很明显就是一个"尚义"嘛，可是为什么《易传》当中又有"利者，义之和也"这种"利"字有好的意思的讲法呢？这个朝鲜学者注意到了这个问题，他请教李退溪。李退溪就把朱子在《孟子集注》中的一些讲法，《孟子或问》里面、《语类》当中的一些讲法拿出来。我感觉黄教授注意得比较多的是"利者义之和"这个方面，而不是传统儒家讲"义利之辨"的那个方面。

我现在得出的一个基本结论或者说一个基本倾向是：儒家基本上是肯定"义利之辨"的；但是，如何融合不同经典之间关于"利"的不同言说，这还是有解释上的困难的。朱子的讲法，我的理解是，就其思想的倾向来讲，他其实还是要强调、维持孟子讲的"王何必曰利"，就是说，如果天下皆言利，那后果很严重。我觉得，就他的思想立场来讲，朱子是强调"利"和"义"之间的这种紧张性，但是，黄教授在他的书里强调了由"利"到"义"的序列，而没有特别关注反过来的情况。

前面讲了，罗尔斯的正义论也是处理利益分配问题的。为什么他的两个原则，至少在西方被认为相对来说是比较经得起考验的？恰恰是因为他面对利益冲突，除了恪守平等的自由原则，还提出了一个最有利于处于最不利地位的所谓差异原则。而这个差异原则实际上是一种调节性原则，它的目标是社会公民基本自由权利的重新分配。正是在这一点上，罗尔斯与保守的自由主义分道扬镳。后者以诺齐克为代表，向罗尔斯提出这样的问题：我们凭什么、以什么样的理由去做这种制度调整和重新安排，让社会中一部分人再次让渡一部分权利来周济那些弱势群体呢？在我看来，正是因为罗尔斯的正义原则具有实质内容，才会激起反对之声，如果罗尔斯只是提出一些抽象的形式性原则，比如，主张人人都有自由平等的权利，恐怕也不会引起这么强烈

---

① 方旭东：《递相祖述复先谁——李退溪所捍卫的朱子义利说》，《湖南大学学报（社会科学版）》2017年第4期。

的关注。这就是为什么我说罗尔斯正义原则的实质性是有意义的,而不是像黄教授说的他那个正义原则根本不是正义原则;也就是说,仅仅提出来一种纯粹形式性的适宜性原则或者正当性原则,是不能解决问题的。

四

还有一点,是关于"仁"与"爱"的问题。

黄教授的一个提法是:是爱导致了利益的冲突。就我的了解来看,至少宋儒就从来不会把"爱"作为这么重要的一个范畴,一个更本源性的东西提出来。在宋儒那里,尤其是在朱子的讲法里面,"爱"这个词不会那么突出。实际上,更本源性的概念是"仁"。我觉得这可能更符合儒学的通常的讲法。

当然,对黄教授来说,这可能并不重要。因为,黄教授可能会说,他讲的"爱"其实就是"仁"。问题是,黄教授理解的"爱",恐怕不能说就完全可以跟"仁"尤其是宋明儒学讲的"仁"画等号。比如,黄教授非常强调情感这个部分,而这个部分恰恰就是朱子讲的:"爱"只是"情"。按照朱子的理解,凡是讲到"情",它都是一种由"性"发出来的东西,而不是更本源的东西。

也许黄教授还可以为自己辩护说,他的取向本来就不是要对儒学做一种学术史的研究,而是提出他自己对于儒学的认识,因此,与历史上的儒学观点一致不一致并不是他所关心的。但是,即便从理论本身来讲,我觉得也还是有一些问题。比如,黄教授已经看到,爱会导致利益的冲突,是因为爱本身是有差等的,而且这几乎就是人的一种自然状况,全人类都是这个样子。最近网上不是在讨论费孝通当年提出的"差序格局"吗?[①]费孝通那时候说中国传统社会是一种差序格局,现在人们会反问:难道西方人的爱就没有差等吗?其实,正是因为要克服爱的差等性,人类才需要讲"博爱",才需要讲更高的东西。《圣经》里面不是有"爱邻人"与"爱敌人"这样的诫命吗?

---

① 由苏力的一篇论文《较真"差序格局"》(《北京大学学报》2017 年第 1 期)而引起的讨论。

爱自己的家人，这谁都会；但是，爱自己的邻人就很难，爱自己的仇人几乎是 impossible（不可能）的，但正因为难，才需要去做。对于《圣经》的这条诫命，康德的解释是，只有出于责任的行为才有道德价值，邻人与敌人不是人们日常所爱好的对象，爱他们是出于责任的表现。① 黄教授后面也讲：利益的冲突，能够由"仁"来化解。但是，这里的要害，实际上宋明儒学里面也讨论得比较多，就是：从"差等之爱"到"一体之仁"，是怎么出来的？是如何可能的？讲到最后，其实就是：究竟怎么能够用"一体之仁"来消弭"差等之爱"？像程颐就对"一体之仁"持一种怀疑的态度，他曾经笑问一个主张万物一体的："他人食饱，公无馁乎？"②

这个问题对于儒家来说很严重，因为处理不好"差等"的问题，不仅仅涉及所谓以权谋私的"腐败"问题，在当代的语境，还会面临诸如动物权利论者的挑战。实际上，王阳明当年就为这样的问题所困扰，一方面，他讲万物一体，讲得非常好，上到天下国家，下到鸟兽、草木，甚至瓦石，他说都可以为一体。③ 另一方面，人家问他，既然如此，"大人与物同体，如何《大学》又说个厚薄？"王阳明回答说："惟是道理，自有厚薄"，"人与禽兽同是爱的，宰禽兽以养亲，与供祭祀、燕宾客，……这是道理合该如此"。④ 说了半天，该吃动物的时候还是吃，发生危险的时候还是先救自己的亲人，这就不能不让人感到：与"爱有差等"比，"一体之仁"终究还是次一级的原则，在"爱有差等"面前，"一体之仁"显得苍白无力。

所以，我很希望黄玉顺教授在这个地方做更多的解释："利"因"爱"而起，又怎么因"仁"而消？对于我们这些做宋明理学研究的人来说，这恰恰就是最难理解的地方。

---

① 康德：《道德形而上学原理》，上海人民出版社，1986 年版。
② 程颢、程颐：《河南程氏外书》卷第十一，见《二程集》，中华书局，2004 年第 2 版，上册，第 413 页。
③ 王守仁：《王阳明全集》，上海古籍出版社，1992 年版，第 996 页。
④ 同③，第 108 页。

"生活儒学"名家谈

生活儒学与观念问题

刘梁剑

◇ 编者按 ◇

此文原载《社会科学家》2018年第1期。此文是在"《爱与思》(增补本)[①]发布暨'生活儒学'研讨会"上的发言,研讨会于2017年9月25日在上海涵芬楼书店(华东师范大学闵行校区)举行,方旭东教授主持。刘梁剑,华东师范大学哲学系教授、博士生导师。

◇ 摘要 ◇

《爱与思——生活儒学的观念》一书体大思精,对"观念"及观念的考察尤为启人深思。汉语"观念"和西语"idea"之间存在着不对称关系,这种关系对于现代汉语术语来说是一个普遍问题。为克服"idea"对"观念"的遮蔽,一个办法是把"观念"拆开来,分别对"观"和"念"进行考察。生活儒学对"观念"的词源学考察是精妙的,但也存在着将"观念"拆分后如何再整合的问题。生活儒学的"中国正义论"建构,创造性地为"正义"注入了新义,揭示了观念之新义生成的一个途径。之所以自觉地进行这样一番创造性的工作,其背后隐含着一种"时宜"之思:以"时义""时宜"的态度来重建儒家形而上学的当代形态。生活儒学与儒学、生活及海德格尔的关系等问题上尚有进一步解释的空间。

华东师范大学哲学系有一个对哲学的原创性思考感兴趣的"小传统"。比如冯契先生的"智慧说",杨国荣先生的"具体形上学",贡华南教授的"味—道哲学"。我自己有一个"二阶"的哲学兴趣,那就是观察近现代以来中国哲学家是如何建构哲学体系的。借用金岳霖的一个区分,我感兴趣的是动态的思想过程,而不是静态的思想成果。目前主要对熊十力、金岳霖、冯契三位哲学家做了专题研究,看他们在进行哲学上的原创性工作的时候,是怎么想的,有哪些经验。生活儒学是一项原创性的思想成果,我们无疑也可

[①] 黄玉顺:《爱与思——生活儒学的观念(增补本)》,四川人民出版社,2017年版。

以从"二阶"的角度理解它,学习它哲学运思的经验。《爱与思——生活儒学的观念(增补本)》(以下简称《爱与思》)一书体大思精,我只能就其中一点谈谈自己的看法。

一

书名《爱与思——生活儒学的观念》,主、副标题包含了一些非常核心的概念:"爱""思""儒学""生活""观念"。从二阶考察的角度,"观念"是我比较感兴趣的一个话题。

首先不妨先做一个区分,就是说,我们大家使用"观念"这个词语的时候,有两个意思:一个仅仅是指"观念"这个观念本身,我们可以给它加引号,作为一种提及的用法。黄玉顺教授的书里面就有一些对于"观念"这个观念本身的考察。另外,我们也把"观念"作为一个概念来使用。比如"儒学",或者"哲学",或者"情",等等,也是观念。这时可以注意到,"观念"这个观念所遇到的问题,恰恰也是现代汉语中所有的观念都会碰到的问题。

"观念"这个词,黄玉顺教授在书中有一些特别有意思的考察。比如,引用刘熙《释名·释言语》:"念,黏也,意相亲爱,心黏著、不能忘也。"然后紧接着说:"这正是儒家所特别看重的情感,也正是本书所要讨论的'爱与思'的事情。"① 对"念"的这种解释,就包含了书名中的"爱"与"思"。非常奇妙,读到这里不由得拍案叫绝。

黄玉顺教授注意到了"观念"和"idea"之间的不对称关系。这种关系对于现代汉语术语来说无疑是一个普遍问题。"今天汉语所说的'观念'。我们现代中国人用'观念'这个词语去翻译 idea,但现代中国人所说的'观念'和西方人所说的 idea,其实并不完全是一回事。"② 这里面,我觉得有特别值得讨论的问题,就是说:尽管我们用汉语的"观念"来翻译英语的"idea",

---

① 黄玉顺:《爱与思——生活儒学的观念(增补本)》,四川人民出版社,2017年版,第189页。
② 同①,第6—7页。

但是，这个"idea"所传达的东西和我们这个"观念"所传达的东西，差别是挺大的。当然，黄玉顺教授化用了韩愈的一对概念"定名"和"虚位"，进而用"可对应性"和"非等同性"来解释两者之间的差异："在'中'和'西'之间，你几乎找不到一个词语或者范畴、概念是完全可以互相等同的，也就是说，你找不到一个完全相同的'定名'，但是，你却可以发现，双方的某些词语之间可以在'虚位'上对应起来。这样，我们就能理解或者大致可以理解对方在说什么。……为什么汉语要用'观念'去翻译 idea？显而易见，它确实有一种可以对应于 idea 的观念内容。这就是'虚位'的对应性。"①"idea"和"观念"，虽然它们在"定名"上是不同的名称，也许是不同的概念，具有"非等同性"，但是，它们在"虚位"上可能都是指的这个观念所指向的世界，也可能是指它们在观念的三级架构（生活感悟—形而下存在者—形而上存在者）中的位置，有"可相对应性"在里面，它们有一种可以沟通的面相。②这是非常有创造性的讲法。但是，我觉得，这样来解释它们之间的关系的时候，是不是比较多地强调了它们之间的相同，或者说可以沟通的方面，而较少地注意了它们之间的差异。

二

我考虑这个问题，会比较多地注重它们之间的差别。③我可能会说：尽管我们用"观念"这个词来翻译"idea"，但是，当我们现在使用"观念"这个词的时候，是在"idea"的意义上来使用的，而不再是在原来的"观念"或者"观"和"念"的意义上来使用的。如果是这样的话，就会引出一个问题：当我们只是在"idea"的意义上使用"观念"这个词，而不是在中国原来传统的

---

① 黄玉顺：《爱与思——生活儒学的观念（增补本）》，四川人民出版社，2017 年版，第 6—7 页。
② 黄玉顺教授指出，在生活感悟中，首先生成形而下的相对存在者的观念，进而，"一些人尤其是哲学家去寻求所有这些形而下存在者背后的终极根据，寻找万物背后的一种终极支撑，于是找到一个形而上的存在者，如'本体''天理''道之为物'或'上帝'之类"（黄玉顺：《爱与思——生活儒学的观念（增补本）》，四川人民出版社，2017 年版，第 3 页）。
③ 刘梁剑：《汉语言哲学发凡》，高等教育出版社，2015 年版。

意义上使用这个词。这样一来，现代汉语跟传统的直接勾连就不太充分，会不会由此引发出现代汉语移植词的"无根性"问题。黄玉顺教授在书中某处提及他对这个问题的回应，我还没来得及找来细看。但是，我觉得，这个困难是不是还在那儿？

怎么克服"idea"的意义对原来的"观念"所包含的意义的这种遮蔽？黄玉顺教授做了有益的尝试：把"观念"拆开来，分别对"观"和"念"进行考察。"汉语所谓的'观念'，本来的意思是'观'之'念'；我们'观'，而有'念'。观念是'念'，念出于'观'。""观"包括形下、形上、本源（情感）之观。"汉语'观念'这个词语中，'念'是中心词素。……'念'首先是情感之念，然后才是意欲之念，最后才是认知之念。""'念'原本就有情感性的'思念'之义。然而今日所谓'观念'，却不再有思念之意，这就是我们说的：遗忘了作为大本大源的生活情感。"①

从"观""念"到"观念"，涉及汉语词汇的古今之变。如冯契先生所指出："语言文字经历了一次很大变化。中国哲学概念本来多用单字及其结合表示，如天、人、道、德、性、命等单字，互相结合，成天人、道德、性命等。到近代，词多半成复合的了，如自然、物质、精神等。"②

黄玉顺教授对"观念"进行分而析之的"分析"，这样做有很大的好处。古代汉语主要是用单音节词来作思考的概念，而不是用双音节词，所以，我们把它拆开了之后，可以首先对这些单音节词进行字源考察。古人造汉字，往往包含了很深的意思，但是，我们把它作为一个字来用，用着用着，久而久之，就有一种好像是用钝的感觉，而忘记了造字的时候赋予它的深义。重新认字，就成为了我们的一项有意义的工作。字源考察的意义何在？大概可以这么说，字源考察试图揭示语言在其源头处所凝结的我们的先人最源初的经验。这种最源初的经验沉淀在文字中，或隐或显地引导着我们对世界的理解，即使在人们已经将它遗忘之时亦是如此。在多种思想传统交汇、共通面对主导思想范式（即西方现代思想）之困境的当代，汉字中隐含的源初经验显得尤为弥足珍贵。再者，除了造字之初的赋义之外，这些字同时在历史长

---

① 黄玉顺：《爱与思——生活儒学的观念（增补本）》，四川人民出版社，2017年版，第187、189页。
② 冯契：《冯契文集（增订版）》第十卷，华东师范大学出版社，2016年版，第92页。

河中千锤百炼，积淀了丰富的意蕴。我们可以从古代的源远流长的传统之中，把那些在这个思想过程中结晶的东西，引入到现代汉语里面来。

然而，还有问题尚待进一步解决：语词打开之后如何重新合拢？就"观念"而言，怎么把拆开的"观"和"念"的意义重新包含在"观念"这个词的用法之中？在做了拆字或者字源考察之后，后续的一个非常重要的工作，就是怎么使它有一个新的意义生成。这样一个难题，"观念"之外的观念同样会碰到。①

黄玉顺教授建构"中国正义论"，创造性地为"正义"注入新义，提示了观念之新义生成的一个途径。他之所以自觉地进行这样一番创造性的工作，其背后隐含着一种"时宜"之思："天行健，君子以自强不息"；天地万物氤氲化成，儒学、经典及其观念亦当"苟日新，日日新，又日新"。

三

读《爱与思》这本书，最大的一个感受，或者说特别认同的，是对传统儒学、经典及其观念古今生成的态度。现在对于儒学有很多的态度，其中最明显的一种态度，也可能是占据主流的态度，就是经学的态度，以为经学的复兴就可以解决所有的问题，这是我不太赞同的。用黄玉顺教授的话来说，我们应该有"时义""时宜"之思。其中包括，形上学的层面，儒家的形上学我们也应该重建。生活儒学便是这方面的原创性成果。我觉得这是一个最基本的态度。《爱与思》引了王船山的一句话："洪荒无揖让之道，唐虞无吊伐之道，汉唐无今日之道，则今日无他年之道者多矣。"（王夫之《周易外传》卷五）王船山讲道随器变。我们这个时代变了，因为道在器中、道随器变，

---

① 相形之下，香港中文大学郑宗义教授对现代汉语中的观念转化持乐观态度。他强调，旧观念对新观念起着消极制约与积极参与的双重作用，从而使新观念得以逐步植根于传统文化的土壤之中。另一方面，旧观念亦吸收新观念以作重新设想（reconceptualization）。参见郑宗义：《中国近现代思想中的"哲学"》，载沙培德、张哲嘉主编：《近代中国新知识的建构》，台北：联经出版事业股份有限公司，2013年，第69—109页；郑宗义：《合哲学、道德与宗教为一体——当代新儒家的儒学观》，载方旭东编：《香港新儒家》，上海：上海文艺出版社，2017年版，第173—224页。

还是要有、会有新的"道"出来。认为回到传统就可以了，那肯定是不对的。其实，在先秦，孔孟都是重"时"的。如孔子强调礼要因时损益，而孟子便称赞孔子为"圣之时者"（《孟子·万章下》）。

生活儒学作为一个富有生发性的开放理论体系，还处在不断的拓展建构过程之中。生活儒学与儒学、生活及海德格尔之间的关系有待进一步澄清。

首先是生活儒学和儒学的关系问题。一个比较弱的判断，说"生活儒学是儒学"，这个判断估计所有人都能接受，没有问题。但黄玉顺教授也说："'儒学'就是'生活儒学'，'生活儒学'就是'儒学'。"[1] 这里似乎隐含着一个比较强的判断：儒学是生活儒学，换言之，只有生活儒学才是儒学。我不知道我这样的解读对不对。如果是这么强的一个判断的话，是否意味着拒绝了儒学多样化形态的可能性？

其次，生活儒学和生活的关系问题。法国哲学家皮埃尔·阿多（Pierre Hadot）强调"作为生活方式的哲学"。他认为，在西方的哲学传统里面，除了我们比较接受的注重思辨考察的主流传统之外，还有一个注重生活方式、注重精神修炼的传统。他甚至主张，对于整个（西方）古代哲学来说，哲学话语的宗旨，不在于提供信息，而在于培育（paideia）信息。[2] 在西方的 philosophy 里面，也有一个把哲学和生活关联起来的很强的传统。倘若如此，我们可能就需要进一步地说明：如果要彰显儒学的特色，那么，仅仅把儒学跟生活关联起来可能是不够的，因为生活同样也可以关联于西方意义上的 philosophy。那么，生活跟儒学的关联和生活跟西方的 philosophy 的关联，它们之间的差别在哪里，这需要进一步考察，或者说进一步彰显。

另外，大家可能也注意到了生活儒学和海德格尔之间的关系，特别是和海德格尔的《存在与时间》之间的关系。以前我对海德格尔也很着迷。我觉得，海德格尔在《存在与时间》里面的最基本的判断，就是"人在世界之中"

---

[1] 黄玉顺：《爱与思——生活儒学的观念（增补本）》，四川人民出版社，2017 年版，第 4 页。
[2] 阿多的名著《作为生活方式的哲学：从苏格拉底到福柯的精神修炼》（*Philosophy as a Way of Life: Spiritual Exercises From Socrates to Foucault, Blackwell*, 1995；其法文底本为阿多的《精神修炼与古代哲学》[*Exercices spirituels et philosophie antique*]）在国际学界产生了广泛的影响。亦可参见阿多：《作为生活方式的哲学：皮埃尔·阿多与雅妮·卡尔利埃、阿尔诺·戴维森对话录》，姜丹丹译，上海译文出版社，2014 年。

这样一个判断。然后,这个"在之中"又有三种基本的样态。其中,他提到的"现身情态"(Befindlichkeit),差不多就等于黄玉顺教授讲的"情""情感"①。但是,除此之外,海德格尔还有"理解""语言"这些方面。基于此我觉得,生活儒学比较明显地受到了海德格尔的影响。另一方面,我们也可以从海德格尔出发对生活儒学提出一个质疑。假如说海德格尔讲得有道理,那么,情感固然是我们生活中的一种本源性的东西,但它也只是本源性的东西之一。也就是说,除了情感之外,还有与理解相应的"知",还有与语言相应的"言",它们也是本源性的东西。那么,如果仅仅讲"情",仅仅把"在之中"当中的"情"这个面向拿过来,作为最本源的事情,会不会忽略了"知"(理解)、"言"(语言)等其他重要面向?

以生活儒学发展出儒学的当代形态,这样的理论勇气与理论创造力令人敬佩。与此相关的则是怎样对待经典的方法论问题。我们可以问这样的问题:我们现在还是不是一个经学的时代?这个时代不再是一个经学时代了,可以称之为"后经学时代"。"后经学时代"可有两解。与中国哲学的现代转变相应,"中国人的精神世界进入了一个可以叫作'后经学时代'的过渡时期"②。这里的"经学"主要指中国思想视域中的儒家之学。另一种则是"人类文明的后经学时代"之"经学",指的是任何固守一种文明传统的主张、立场或心态。那么,在后经学时代,我们应该怎么对待经典?这个问题,我觉得有三个方面:其一,就中西而言,随着中西两种异质思想传统的相遇与沟通,真理的历史性与文化相对性得到了前所未有的彰显,任何单一传统中的经典都不再具有绝对的、唯一的真理性,因此我们不能迷信任何单一传统中的经典;其二,就古今而言,我们不能迷信经典,否则等于说经典已经把什么问题都解决了;其三,我们又需要把经典作为一种很重要的思想资源,把它作为源头活水来对待。

上述问题亦关联着观念的古今中西之变。

---

① 黄玉顺教授细致区分了情感的三个层面:"感情并不等于情感。情感包括感触、情绪、感情这么三个层级。"(《爱与思——生活儒学的观念(增补本)》,四川人民出版社,2017年版,第85页)
② 高瑞泉:《中国现代精神传统》,东方出版中心,1999年版,第1页。

四

　　数年前，中山大学张丰乾教授访问华东师大哲学系，在讲座中提到了黄玉顺教授的中国正义论。①当时我正在考虑如何从王船山出发来思考正义问题，自然找了黄教授的相关论述来拜读。我注意到，郭齐勇教授也多次撰文讨论儒家的政治正义论，不过两位教授之间的致思取径大不相同。郭齐勇教授大致上是先接受西方"justice"意义上的"正义"，然后回到中国传统思想，指出其中也有"justice"类似的因素。黄玉顺教授则说，西方的"justice"是一回事，而中国的传统里面另有一个关于正义问题的源远流长的思想传统，在此基础上我们可以建构一个当代的儒家"正义"，它可能比"justice"有更大的普适性。相对说来，我比较认同黄玉顺教授的思路，对我的相关思考启发很大。②当然，这里也有一个张力，即本土与普适的关系：一方面我们把它证成是儒家的或者是中国的，另一方面又说它是普适的。另外，则是回归传统与理论重构之间的张力：我们要回到传统来找到正义观念的源头，但是又要重构它，来对当下的生活世界有一个回应。

　　黄玉顺教授在建构这个体系的时候，特别提出了"仁（仁爱）→利→智→义→知→礼→乐"的概念系列。这时有个问题可以提出来讨论。首先是"仁"与"爱"的关系问题。"仁"是不是"爱"？董平教授、方旭东教授都提到，"仁"与"爱"，在宋明理学里面是有明确的区分的，大致上分别属于"性"和"情"两个不同的层面。当然，在黄玉顺教授这里，有"情→性→情"这样一种三层的划分，那么，爱既可以是在最本源的层面讲，③也可以到最后面的形而下的层面讲。但无论如何，"仁"和"爱"的关系还是需要交代。

　　此外还有"仁"与"义"的关系问题。黄玉顺教授的理论虽然在形式上从"仁"出发，但在实质层面却未能赋予"仁"以奠基性的地位。当然，

---

① 相关评论可参见张丰乾：《规矩的实践意义、价值原则及其根本缺陷——略评"中国正义论"》，载杨永明主编：《当代儒学》第六辑，桂林：广西师范大学出版社，2015年版。
② 刘梁剑：《天人共同体视域下的正义观——一项哲学语法考察》，《哲学研究》2015年第5期。
③ 如黄玉顺教授所讲："生活情感尽管'复杂'，但说到底就是爱的情感，或者叫作本源性的仁爱情感。"（黄玉顺：《爱与思——生活儒学的观念（增补本）》，四川人民出版社，2017年版。）

"仁"和"义"在儒学里面都是特别重要的，很难说哪一个更为本源。但我的意思大概是这样："仁"可能比较多地强调人与人之间"感通"或者"和"的方面；而在讲"义"的时候，会讲"差别"这样的方面。那么，如果仅仅讲"爱"的话，或者仅仅讲"仁"的话，就是更多地强调"通"的方面、"和"的方面或者"同"的方面；但如果不把差别引进来，把它置于一个同样源初的地位，那么，真正意义上的正义论还是比较难以建构起来的。正义论是直接基于"义"的，"义"又是强调差别的；而黄玉顺教授的"中国正义论"是把"仁"作为正义论建构的基础，这就有点落空。我觉得，在黄玉顺教授这里，"仁"和"义"之间好像还没有打通，"义"似乎与"仁"没有关系而自足地发挥作用。另外，黄玉顺教授强调，"仁"是解决利益冲突的保证，即保证对他者私利、群体公利的尊重。但这样一来，仁只是服务于利益冲突的解决，且预设了人是利益主体（首先以个体形式存在）。①

黄玉顺教授指出，建构中国正义论，是由于当代国际国内重建社会规范及其制度的迫切的实践需要。这在方法论层面提示我们，生活世界乃是创建新理论、新观念的源头活水。唯有扎根于生活世界，哲学家提出的新观念才可能成为真观念。按照高瑞泉教授的说法，真观念之谓"真"，一者真确不"假"，二者真诚不"伪"，三者真实不"虚"。②观念的真实不"虚"特别值得留意。它强调，观念具有发为行动的力量。哲学家提出的新观念应当具有作用于当下，或有"为"于当下（包括个体精神修炼、社会实践等）的动力性质。

---

① 刘殿爵（D. C. Lau）从一个特定的角度论及《论语》中的"仁""义"关系，颇有洞见。他说："行为当然也和人一样都可以被形容为'仁'，但'仁'却基本上是人的品质，用在行为上时只是其派生义。仁行是仁人的行为。作为一个有德的人，仁更多地与性情和动机相关，而不大关乎客观环境。而义正相反，义基本上是行为的特质而指人时是其派生义。一个人只有持之以恒地正确行事才算得上义。行义就是要在各种情况下保持其道德而跟主体的动机和性情关系不大。而恰在这里，主体伦理和行为伦理既相差异，又相关联。上面我们曾提到过孔子对人的道德品质比他们行为的道德性质更感兴趣。但是没有哪种道德体系只建立在品德基础上，孔子的体系也不例外。……可以这么说，在孔子的道德体系里，'仁'虽然占据了核心的位置，'义'却是更根本的。"（刘殿爵：《英译〈论语〉导论》，安乐哲译，《采掇英华》编辑委员会编：《采掇英华——刘殿爵教授论著中译集》，香港中文大学出版社，2004年版，第12页）
② 高瑞泉：《平等观念史论略》，上海：上海人民出版社，2011年版，第23—25页。

存在即生活，生活即存在
——"生活儒学"之形而上学的建构

程志华

◇ 编者按 ◇

此文原载《河北大学学报（哲学社会科学版）》2018年第2期。

◇ 摘要 ◇

为了给"儒学复兴"提供价值基础和理论动力，黄玉顺提出"生活儒学"的概念，并以"生活"为基底，上承原始儒家学说，援引西方现代哲学，致力于重构儒家形而上学。具体来讲，他以"存在即生活，生活即存在"为基本命题，通过"破解""回归""建构"三大步骤，在"生成""奠基""境界"三个方面，不仅完成了由"生活本源"到"形而上"到"形而下"的"观念奠基"，而且完成了由"形而下"到"形而上"再到"生活本源"的"境界提升"，从而形成一个自我圆洽的理论体系。这个体系与传统"形而上学"的区别在于：传统"形而上学"因为"存在"的"遗忘"而是"无根"的；"生活儒学"因为奠基于"生活本源"而是"有根"的。

公允地讲，尽管"制度化儒学"解体已百年有余，但儒学之精神与理念，早已"积淀"为国人的国民性格和民族心理，也早已"渗透"为人们的观念形态和生活方式。然而，在看待"儒学复兴"时，不能因为这种早已"积淀"和早已"渗透"而沾沾自喜，因此盲目地、一味地肯定儒学的生命力，因为上世纪初"制度化儒学"的解体已经表明，传统儒学已经整体上不适应现代社会的需要，更不要说提供"价值之源"，引导社会发展了。因此，"儒学复兴"实乃一个非常"沉重"的话题，对此若没有充分的认识和警觉，"儒学复兴"不可能真正实现。就此而言，要真正实现"儒学复兴"，不仅需要传承儒学的精华之处，而且更需要应对时代课题创新儒学理论。令人欣慰的是，学界许多同仁已认识到此，并致力于理论建构。其中，山东大学黄玉顺教授的"生活儒学"是这些理论建构成果中的一种。

一、儒学复兴与形而上学

近年来,在多种机缘的共同促进下,"儒学复兴"似乎有"王者归来"的态势,呈现出群众化、普遍化、多元化的走向。例如,各种"儒学院""国学院""书院""儒研会"等机构纷纷建立,相应的"读经运动""私塾""蒙学班"等教学活动纷纷出现。对此,黄玉顺认为,儒学表面上已走上全面"复兴"的轨道,但实际上却是"虚假繁荣"。一个方面,就内容来讲,有的在弘扬儒学精华,有的则在传播儒学糟粕;有的合乎理性是为进步的,有的则悖于理性是为倒退的。另一个方面,就目的来讲,尽管出于理性而弘扬儒学者有之,但相当多的出于各种"实用主义"的目的。因此,有些活动根本无助于"儒学复兴",甚至会加害于"儒学复兴"。总之,绵延了几千年的"儒家""儒学"概念从未如此混乱、模糊,以至于让人们眼花缭乱,无所适从。黄玉顺的意思是,"儒学复兴"基本上还停留在肤浅的层面,真正的儒学研究、理论创新则被忽略、被边缘化了,而儒学研究、理论创新不仅可以克服上述肤浅,而且可以解决上述问题,真正推进"儒学复兴"。① 他说:

然而,这种"道德主义"却试图将古代的、前现代的、封建的和专制的伦理道德规范一股脑儿地搬到今天来。……今天我们所见到的许多读经活动,宣扬封建主义和专制主义的伦理道德,使我们的空气中弥漫着一股腐朽的、令人窒息的气息,这是很令人忧虑的。如今,自封为"儒家"竟成了一种时髦。但假如儒家就是那样的"原教旨"的东西,我宁愿在此声明"我不是儒家"。②

在黄玉顺看来,传承儒学精神和理念固然重要,但犹如一件衣服不可能永远合身一样,儒学要想真正实现"复兴",非得不断制作"新衣服"即进行理论创新不可。历史地看,儒学的历次"复兴"端赖于"新衣服",即

---

① 张清俐:《"文化复兴"声中的警醒——黄玉顺谈"国学热"现象》,杨永明主编,《当代儒学.第七辑》,广西师范大学出版社,2015年版,第234—237页。
② 同①,第236—237页。

端赖于理论创新。宋明理学之所以促生了"儒学复兴",就在于"理学"和"心学"形成了儒学的理论创新。不过,需要注意的是,理论创新包括政治、经济、文化等多个层面,但其核心是"哲学",因为"哲学"不仅是所有理论的最初根源,而且是所有理论的最后根据。因此,对于当前的"儒学复兴"来说,迫切的问题是"哲学"的"登场"。即,对于正在发生的"儒学复兴"运动,应该以"重建"儒家哲学为首要任务。黄玉顺说:"这是我所持有的一个基本的信念:'儒学'的复兴,虽然并不等于,但无疑首先是儒家'哲学'的重建。"[1] 而且,"形而上学"乃"哲学"的核心,故"哲学"的"登场"即是"形而上学"的"登场"。他说:"在形上的层级上,当代儒学必须重建形上学,而非墨守传统形上学,否则必定'内圣开不出新外王',无法导出现代政治文明,反而孕育出某种现代政治怪胎。"[2] 他还说:

  我的工作意图就在于:破解旧的儒家形而上学,建构新的儒家形而上学。这是因为:旧形而上学源于旧的生活样式,新形而上学源于新的生活样式。其实,在历史上,儒学本来就是这样变动着的。[3]

然而,"重建"儒家"形而上学"所面临的问题是,"哲学"以及作为核心的"形而上学"正经历空前的"危机"。一个方面,就西方哲学来看,"形而上学"面临着被"拒斥"的危险。例如,自从孔德以实证主义"拒斥形而上学"以来,维特根斯坦的语言哲学、罗蒂的"后哲学文化"、德里达的"解构哲学"等,都对传统"形而上学"形成了巨大"冲击"。另一个方面,就中国哲学来看,很多学者认为,中国始终就不存在"形而上学","形而上学"是西方哲学的核心术语。[4] 因此,要实现"儒学复兴",不能走"哲学"即"形而上学"的路子,而只能走传统"国学"甚至"经学"的路子。就前一个方面来讲,黄玉顺认为,其只是对传统"形而上学"的"修正",

---

[1] 黄玉顺:《面向生活本身的儒学:黄玉顺"生活儒学"自选集》,四川大学出版社,2006年版,第54页。
[2] 黄玉顺:《也论"大陆新儒家"——回应李明辉先生》,《探索与争鸣》2016年第4期。
[3] 黄玉顺:《爱与思——生活儒学的观念(增补本)》,四川人民出版社,2017年版,第55页。
[4] 同[1],第126—128页。

故并未形成对"形而上学"的"颠覆"。就后一个方面来讲,其在形式上和内容上均否定中国存在"形而上学",但这种否定与事实和学理均不相符。他说:"假如说中国没有形而上学,那就意味着中国人从来不思考世界、人类、上帝,不思考某种终极存在者、作为所有存在者的最后'根据'的那种存在者。"①实际上,"(即)便在儒家,这种终极思考也是中国哲学史上的常识"②。因此,"'中国哲学'原是既成事实。因此,所谓'中国有没有哲学'的问题完全是个伪问题"③。基于前述两个方面,黄玉顺说:

> 我提出"重建儒家形而上学",意味着我肯定儒家向来有其形而上学。④

质言之,在黄玉顺,问题不是要不要"形而上学",而是需要什么样的"形而上学"。因此,他所要建构的"儒家形而上学",并非传统"形而上学",而是他所理解的"哲学""形而上学"。在他看来,人类理性本身就对于天地万物之真妄和本末特别关切,故"哲学"通常以"存在""存在者"以及二者关系为研究对象。他说:"形而上的存在者,以及所有的'万物'那样的形而下的存在者,究竟是如何由此而被给出的?这是我们今天哲学要思考的一个核心问题。"⑤正因为如此,孟子为了确立"此天之所与我者"的"先验人性",主张"先立乎其大者",以作为一切存在者的最初根源、最后根据。⑥朱熹在被问及"天地会坏否"时,以"不会坏"即天地之永恒回答。他说:"不会坏。只是相将人无道极了,便一齐打合,混沌一番,人物都尽,又重新起。"⑦基于前述,黄玉顺赞同海德格尔的哲学观。海德格尔说:"哲学即形而上学。形而上学着眼于存在,着眼于存在中的存在者之共属一体,来思

---

① 黄玉顺:《面向生活本身的儒学:黄玉顺"生活儒学"自选集》,四川大学出版社,2006年版,第128页。
② 同①,第128页。
③ 同①,第315页。
④ 同①,第126页。
⑤ 黄玉顺:《爱与思——生活儒学的观念(增补本)》,四川人民出版社,2017年版,第3页。
⑥ 赵歧注、孙奭疏、廖名春等整理,钱逊审定:《孟子注疏》,北京大学出版社,1999年版,第314页。
⑦ 黎靖德编,王星贤点校:《朱子语类》第一册,中华书局,1986年版,第7页。

考存在者整体——世界、人类和上帝。"① 进而，黄玉顺认为，所谓"哲学"，指研究存在、存在者以及二者关系的学问。他说：

简而言之，思考存在者整体、存在者之为存在者、或者所有存在者的终极根据的东西，即是哲学。②

二、"生活儒学"的发生及方法论

在黄玉顺，"重建""儒家形而上学"的理论成果名为"生活儒学"，而"生活儒学"的思想视域是"现代性"。在此，所谓"视域"，"是指的某种思想观念的平台"③。为了强调"现代性"，他特意凸显出了"当代性"的概念。他说："生活儒学的思想视域不是'现代性'，当然更不是'前现代性'，甚至也不是'后现代性'，而是'当代性'，或者叫做'当下性'。所以，我把自己的思想方法叫做'当代主义'。"④ 说到"现代性"，许多人尤其是一些儒者常引证"后现代主义"对"现代性"的反思和批判。不过，在黄玉顺看来，不能以"后现代主义"为证来否定"现代性"。其理由有三：第一，"后现代主义"站在"后现代"的立场反思"现代性"，而这些儒者却站在"前现代"的立场反对"现代性"；站在"前现代"的立场反对"现代性"，其结论必然不具有说服力。第二，"后现代主义"其实并未超越"现代性"，因为他们反思、批判"现代性"的目的是推进"现代性"的"兑现"。第三，走向"现代性"是任何民族都无法抗拒的世界潮流、历史趋势和文明走向。⑤ 总之，"现代性"的问题是发展过程中的问题，"现代性"本身并没有"致命"问题，而否定"现代性"则可能带来"致命"问题。黄玉顺说：

---

① 海德格尔：《面向思的事情》，陈小文等译，商务印书馆，1999年版，第68页。
② 黄玉顺：《面向生活本身的儒学：黄玉顺"生活儒学"自选集》，四川大学出版社，2006年版，第312页。
③ 黄玉顺：《儒学与生活——"生活儒学"论稿》，四川大学出版社，2009年版，第219页。
④ 黄玉顺、杨虎：《儒学与生活——黄玉顺教授访谈录》，杨永明主编，《当代儒学．第八辑》，广西师范大学出版社，2015年版，第302页。
⑤ 同④，第301页。

一个简明的逻辑就是：你如果坚持将儒学与前现代的宗法制度、家族制度甚至专制制度之类的东西捆绑在一起，那就无异于宣告儒学必定灭亡。①

进而，黄玉顺认为，"生活儒学"不是"基于""现代性"的，而是"阐明""现代性"的。或者说，"生活儒学"不仅"解释""现代性"，而且"建构""现代性"。他说："生活儒学意在阐明这个问题：现代性是何以可能的？而现今的许多儒学，却是基于现代性、现代主义的，甚至是基于前现代性、前现代主义的。"②在他看来，20世纪"现代新儒学"的思想视域亦是"现代性"，然而，尽管"现代新儒学"比"虚假繁荣"的"儒学复兴"要深刻得多，但它未能阐明"现代性何以可能"这个问题。因此，应该就此问题进行反思和重新建构。他说："现代新儒家的思维方式也不足以阐明'现代性何以可能'这样的问题，更不用说目前的一些反现代性的儒学了。"③黄玉顺认为，中国社会正处于第二次"大转型"之中，即，由"前现代"的生活方式转向"现代性"的生活方式。中国社会第一次"大转型"是春秋战国时期从"王权社会"转向"皇权社会"，而这一次社会"大转型"则是近代以来从"皇权社会"转向"民权社会"，基本方向是要建构一个基于民权的现代性的民族国家。④在黄玉顺看来，面对这次"大转型"，"儒学复兴"的主要任务不是传承，而是创新；通过创新，不仅实现"救国"，而且实现"自救"。他说：

这就需要中国式的"启蒙运动"。为此，儒家必须自觉地自我变革，然后积极投身于启蒙。对于儒家来说，这种自我启蒙既是"救国"，也是"自救"。⑤

---

① 黄玉顺、杨虎：《儒学与生活——黄玉顺教授访谈录》，杨永明主编，《当代儒学．第八辑》，广西师范大学出版社，2015年版，第301页。
② 同①，第302页。
③ 同①，第302页。
④ 同①，第302页。
⑤ 同①，第302页。

在黄玉顺，所谓"生活儒学"，指面向生活本身的儒学。他说："'生活儒学'就是面向生活本身的儒学。所谓'面向生活'，就是：我们的一切的一切，无不源于生活、归于生活。"① 具体来讲，"生活儒学"的建构基于两方面的"语境"：一方面是"观念语境"。即，"生活儒学"必须要正视当代哲学，否则难以实现自我变革，实现儒学的当代复兴，而当代哲学主要指"后现代主义"和海德格尔的"存在论"。另一方面是"现实语境"。即，"生活儒学"必须要基于中华民族的"当下生活"样式。他说："在我看来，我们的出发点始终是我们当下的现实生活。用儒家的话语讲，唯有生活，才是我们的'大本大源''源头活水'。"② 在黄玉顺看来，面向生活、以生活为本源的儒学，"是孔子当初创建儒学的夫子之道，也是我们今日重建儒学的必由之路"③。概言之，"生活儒学"的基本理路是，以"生活"为基底，上承原始儒家学说，援引西方现代哲学，以重构"儒家形而上学"。因此，"生活儒学"可谓"现代性诉求"的"民族性表达"。他说：

生活儒学就是"现代性诉求的民族性表达"。……生活儒学是一种"现代性思想建构"，或者更准确地说，生活儒学是关于现代性的生活方式的一种儒家思想建构。④

在此，必须要指出的是，"生活儒学"是以海德格尔的"存在论区分"为方法论的。黄玉顺说："至于方法论，……'生活儒学'……最主要的是海德格尔（Martin Heidegger）的此在现象学。最重要的是两个观念：一是'存在论区分'（der ontologische Unterschied）；二是'存在'（sein）与'生存'（Existenz）的关系。"⑤ 所谓"存在论区分"，一个方面，指"存在"与"存在

---

① 黄玉顺：《面向生活本身的儒学：黄玉顺"生活儒学"自选集》，四川大学出版社，2006年版，第55页。
② 同①，第54页。
③ 同①，第55页。
④ 黄玉顺、杨虎：《儒学与生活——黄玉顺教授访谈录》，杨永明主编，《当代儒学. 第八辑》，广西师范大学出版社，2015年版，第300页。
⑤ 黄玉顺、赵立庆：《生活儒学与"古今中西"问题——山东大学儒学高等研究院博士生导师黄玉顺先生访谈》，《社会科学家》2017年第1期，第4页。

者"被严格区分；另一个方面，指所有"存在者"都由"存在"给出，"存在"不断地生成新的"存在者"。然而，以往的哲学多只用一个"形而上存在者"说明所有"形而下存在者"的可能，从而形成一种"形而上—形而下"的观念架构。很明显，这种观念架构"遗忘"了作为本源的"存在"。对此，海德格尔提出，"此在"即"人"可与"存在"发生"交涉"，故可避免"存在"的"被遗忘"。他说："对存在的领悟本身就是此在的存在规定。此在作为存在者的与众不同之处在于：它存在论地存在。"① 对于海德格尔的理论，一个方面，黄玉顺赞同海德格尔"存在论"之"生存论→存在论→科学"的观念层级。他说："海德格尔实际上提出了人类观念的这样一种层级：存在观念（生存领会）→形而上存在者观念（哲学）→形而上存在者观念（科学）。"② 另一个方面，黄玉顺不赞同海德格尔通过"此在"避免"存在""被遗忘"的理路，因为"此在"作为"存在者"成了"存在"的先决条件，这与"存在"先行于"存在者"相矛盾。他说："海德格尔陷入了一种自相矛盾而不自知，在他看来：一方面，存在不是存在者，并且为一切存在者奠基；但另一方面，唯有通过'此在'（Dasein）的生存才能通达存在，然而'此在'却是一种存在者。"③ 因此，在进行"儒家形而上学"建构时，黄玉顺主张，要借鉴海德格尔思想的成败，既须超越传统"形而上—形而下"的观念架构，又须回到孔孟原典儒学固有而"被遮蔽"的"存在"。他说：

  两千多年来的形而上学观念，本身是有层级的，有"形而上"与"形而下"这么一个区分，不管是在东方还是在西方，都是如此，而且，这样的区分今后还会继续下去。到了20世纪呢，仅仅有形而上、形而下这么一种区分就是不够的了，按照海德格尔的说法，就是遗忘了存在本身。因此，到了20世纪，应该深入到一个更深的观念层次上，那就是关于存在本身的观念。④

---

① 海德格尔：《存在与时间》，陈嘉映等译，生活·读书·新知三联书店，1987年版，第16页。
② 黄玉顺：《爱与思——生活儒学的观念（增补本）》，四川人民出版社，2017年版，第12页。
③ 黄玉顺、赵立庆：《生活儒学与"古今中西"问题——山东大学儒学高等研究院博士生导师黄玉顺先生访谈》，《社会科学家》2017年第1期。
④ 同②，第50页。

三、"生活儒学"的架构及开展

具体来讲,"生活儒学"的理论建构分为三大步骤:其一,"破解",即"开解",指"拆除"已有"儒家形而上学"的"理论大厦",揭示"形而上学"构造之初的"生活本源",为儒学的重建"清理场地"。他说:"生活儒学的破解工作,不过就是从传统形而上学向生活本身的探本溯源,从而说明形而上学、包括儒家形而上学何以可能。破解乃是一种'开解'——开塞解蔽。"[1] 其二,"回归",指通过"破解",回归"生活本身",回归人们的真正"家园",阐明"生活本身"的"本源结构"。黄玉顺说:"生活儒学之所谓回归,则是通过破解,回到生活这个本源。而此生活本身既非经验主义的经验生活,也非理性主义的先验生活,甚至也不是海德格尔生存论分析那样的'此在'的生存。"[2] 其三,"构造",指以对"生活本源"的"生活感悟"为基础,重新建构"形而上学"本身,进而建构诸如逻辑学、知识论、日常人伦等"形而下学"。他说:"生活儒学在破解传统那种'无本的'(孟子语)和'无家可归的'(海德格尔语)形而上学的同时,拒绝'后现代主义'的'反形而上学'倾向,主张积极的形而上学重建,并自始至终把这种重建工作建立在生活感悟的地基上。"[3] 质言之,"生活儒学"的基本理路是探本溯源,揭示原始儒家的理论基础,并在此基础上重建"儒家形而上学"。黄玉顺说:

> 生活儒学……通过破解传统儒学,而回归作为大本大源的生活本身;并在作为源头活水的生活感悟的地基上,重新构造儒家形而上学。[4]

关于"儒家形而上学"的建构,黄玉顺认为,一个方面,它包括由"本源"到"形而上学"再到"形而下学"这样三个"观念层级"。他说:"任何形而上学都是这样的层级构造,分为三个基本的构造层级:形而上学的本

---

[1] 黄玉顺:《面向生活本身的儒学:黄玉顺"生活儒学"自选集》,四川大学出版社,2006年版,第34页。
[2] 同[1],第37页。
[3] 同[1],第41页。
[4] 同[1],第31页。

源；在这种本源地基上的形而上学构造本身；在这种形而上学基石上的'形而下学'的构造。"①在黄玉顺，这样三个构造层级打破了传统"形而上学"的二级建构，乃"生活儒学"之"最大""最根本"的"突破"。他说："'生活儒学'最大、最根本的突破，就是打破了两千年来古今中外哲学的'形而上学→形而下学'的二级建构，提出了观念的三级建构：生活存在→形而上存在者→形而下存在者。"②另一个方面，它包括由"形而下学"到"形而上学"到"本源"的三个"境界层级"。在黄玉顺看来，因为人作为"形而下存在者"，还有一个从"形而下"回到"形而上"即"下学而上达"的问题，此问题便是"境界追求"的问题，而"境界追求"表现为三个层级。黄玉顺说："境界的问题实际上是这么一个问题：我们怎么回去？……就是说：我们怎么回过头来，重新走这条路。但是，这是一条回溯的路，就是重新从形而下而回到形而上，也就是'下学而上达'，并且一直回到本源上去。"③进而，"观念层级"又分为"生成关系"和"奠基关系"。关于"观念层级"与"境界层级"以及"生成""奠基""境界"的相互关系，黄玉顺说：

  要透彻地理解境界问题，我们必须首先分辨清楚观念层级之间的"生成关系"和"奠基关系"；只有这样，我们才能真正理解境界层级之间的关系。这样三种关系，对照如下：
  生成：①生活感悟→②相对存在者→③绝对存在者；
  奠基：①生活本源→③形而上学→②形而下学；
  境界：①生活感悟→②相对存在者→③绝对存在者→①生活本源。④

  就"生活儒学"来讲，"生活"是一个核心概念。那么，什么是"生活"呢？在黄玉顺看来，"生活"就是"存在"。他说："存在即生活，生活即存

---

① 黄玉顺：《面向生活本身的儒学：黄玉顺"生活儒学"自选集》，四川大学出版社，2006年，第41页。
② 黄玉顺、赵立庆：《生活儒学与"古今中西"问题——山东大学儒学高等研究院博士生导师黄玉顺先生访谈》，《社会科学家》2017年第1期。
③ 黄玉顺：《爱与思——生活儒学的观念（增补本）》，四川人民出版社，2017年版，第4页。
④ 同③，第168页。

在；生活之外，别无存在。"①而且，"存在"是"无"，因为"存在""不是存在者"。他说："存在是什么？存在不是'什么'：存在不是存在者。而当你采用'存在是什么'这样的问法时，你已经预先把它当作一个存在者了；但它不是存在者，而是存在本身。"②既然"存在"是"无"，那"生活"就是"存在"，故"生活"就是"无"。他说："'生活即是存在'意味着：存在本身不是任何物的存在，生活本身不是任何人的生活。"③也就是说，假如"生活"是"有"，那么它就必然是"存在者"，而不是"存在"本身。他说："'生活是无。'我本来的意思是想说：不论'生活'还是'无'，都不是说是存在者，而是存在本身。"④进而，"生活"的"本源结构"是"在生活并且去生活"。他说："生活生成主体性存在者，谓之'在生活'（being in life），即所谓'被抛'；主体改变自己的生活，谓之'去生活'（going to live），即所谓'自由'：此即生活的本源结构。"⑤而且，一切"存在者"都是"生活"给出的。他说："这种视域不仅追问'形而下学何以可能'，而且追问'形而上学何以可能'；这种视域追问'主体性何以可能''存在者何以可能'；这种视域之所思，是存在本身、生存本身、生活本身。如此这般的生活—存在，是一切物与人的大本大源所在，是一切存在者与主体性的源头活水所在。"⑥正因为如此，"生活儒学"非常强调"生活"概念，以其作为重建"儒家形而上学"的基石。黄玉顺说：

  自从原创时期以后、秦汉以来，儒学已经长久地遗忘了生活本身；这就正如轴心时期以后、雅典哲学以来，西方哲学已经长久地遗忘了存在本身。今日儒者的使命就在于：回归生活，重建儒学。这就是生活儒学的使命。⑦

---

① 黄玉顺：《爱与思——生活儒学的观念（增补本）》，四川人民出版社，2017年版，第4页。
② 黄玉顺：《生活与爱——生活儒学简论》，《郑州航空工业管理学院学报（社会科学版）》，2006年第4期。
③ 同①，第220页。
④ 同①，第30页。
⑤ 同①，增补本序，第5页。
⑥ 黄玉顺：《儒学与生活——"生活儒学"论稿》，四川大学出版社，2009年版，第220页。
⑦ 同①，叙说，第3页。

进而，以"存在即生活，生活即存在"为基本命题，黄玉顺开展了"生活儒学"之"生成""奠基""境界"三个方面的架构。

关于"生成"，指"形而上存在者"观念的"生成"。即，基于"生活感悟"，首先形成的相对"形而下存在者"即"万物"的观念，然后去寻求所有"形而下存在者"背后的"最终根源""最后根据"，即绝对的"形而上存在者"。在黄玉顺看来，"生活"显示为"生活情感"，而"生活情感"的核心是"爱"。他说："生活本身作为存在本身，首先显示为生活情感，尤其是爱的情感。"① 而且，按照"存在"与"存在者"的关系，既然所有"存在者"均由"生活"给出，而"生活情感"的核心是"爱"，那么所有"存在者"均由"爱"给出。当然，"爱"不是"物"，而是"无"，因为"爱"不是"存在者"，而是"存在"。他说："爱，所以在。这就意味着：一切存在者，包括人，都是由爱给出的。而爱本身却不是存在者，而是存在本身。就其是存在而不是存在者而言，爱就是'无物'，也就是'无'。"② 具体来讲，"爱"就是"诚"，"诚"就是本源性的爱；"诚"不仅可以"成己"，而且可以"成物"。因此，《中庸》说："诚者非自成己而已也，所以成物也。"③ 关于此，黄玉顺说："'生活儒学'给出这样一种本源情境：第一，存在、生活先行于任何存在者，爱先行于任何物；第二，爱生成人与物，生成存在者。这就是儒家的最基本的观念。"④ 关于"生成"，黄玉顺还说：

> 一切存在者皆由存在给出，即皆由生活生成，亦即一切皆源于生活而归于生活；生活显现为生活感悟——生活情感与生活领悟；……生活情感尽管"复杂"，但说到底就是爱的情感，或者叫作本源性的仁爱情感，在这个意义上，爱即存在、存在即爱。⑤

---

① 黄玉顺：《爱与思——生活儒学的观念（增补本）》，四川人民出版社，2017年版，第51页。
② 同①，第49页。
③ 郑玄注、孔颖达疏、龚抗云整理、王文锦审定：《礼记正义》，北京大学出版社，1999年版，第1450页。
④ 黄玉顺：《生活与爱——生活儒学简论》，《郑州航空工业管理学院学报（社会科学版）》，2006年第4期。
⑤ 同①，增补本序，第4页。

关于"奠基",它分为两层:一层指"形而上学"的"奠基";另一层指"形而下学"的"奠基"。关于前者,指"生活儒学"在真正的本源上重建"形而上学",从而为"形而上学""奠基"。黄玉顺说:"生活儒学是要在一种崭新的地基上——从真正的本源上——重建儒家形而上学。"①关于后者,指虽然在"生成关系"中,"形而上学"源于"形而下学",但在"奠基关系"中,"形而上学"为"形而下学""奠基"。他说:"形而上的唯一绝对物是作为形而下的众多相对物的根据出现的,因此,在所谓'奠基关系'中,形而上与形而下之间的原来那种生成关系被颠倒了:形而上学反倒成了为形而下学奠基的东西。"②具体来讲,以"生活"为本源重建"形而上学"即是"形而下学"的"奠基",而"形而上学"以"主体化""对象化"形成"主客架构""时空观念"则为"形而下学"的"奠基"。他说:"生活感悟的存在者化——主体化、对象化,这是'无中生有',形成主客架构、时空观念,这是一切形而下存在者的基本架构,存在者、物的观念由此成为可能,科学与伦理亦由此成为可能。"③而且,两层"奠基"是统一的,其统一于"形而上学"的"奠基"。具体来讲,无论是"形而上学",还是"形而下学",最初根源和最终根据均是"生活本源"。黄玉顺说:

在本真情境中,形而上者和形而下者、主体和对象都消溶为生活感悟,复归于存在或生活,即"有归于无",亦即"复归于无物",如此等等。④

关于"境界",指"个体人格"在观念层面向"生活本源"的"回归"。黄玉顺说:"境界问题的实质,在于个体人格的回归。首先,一般来说,境界总是说的某个人、某个个体的境界;其次,这个人的境界,是说他在观念层级上的回归。"⑤也就是说,"境界层级"与"观念层级"是对应的,只不过二者的逻辑顺序恰好相反,而且"境界层级"更为彻底,最终直达"生活本

---

① 黄玉顺:《面向生活本身的儒学:黄玉顺"生活儒学"自选集》,四川大学出版社,2006年版,第31页。
② 黄玉顺:《爱与思——生活儒学的观念(增补本)》,四川人民出版社,2017年版,第169页。
③ 同②,增补本序,第4页。
④ 同②,增补本序,第5页。
⑤ 同②,第169页。

源"。他说:"当我们这样来看的时候(生活本源→形而上→形而下→生活),这是观念的奠基关系;而反过来看的时候(生活→形而下→形而上→生活本源),则是境界论的问题。观念的生成和境界的提升是两个正好截然相反的过程。"①他还说:"境界层级之间的关系是跟观念层级之间的生成关系一致的。区别仅仅在于:观念的生成关系到形而上的绝对存在者为止不再推进,而只是就此回过头来解释形而下的相对存在者,……唯其如此,人们才会'遗忘存在本身',或者'遗忘生活本身';而境界的追求则继续可以推进,由形而上学重新回归生活本源。"②进而,黄玉顺将境界分为"自发境界""自为境界""自如境界"三个层级,三个层级的特征分别为"无觉解""觉解""大彻大悟"。他说:"我们首先在生活,我们一向就在'无意识''无觉解'地生活着,也就是说,我们自发地生活着;然后我们去生活,我们获得了'觉解''自我意识',我们成为一个形而下的存在者,追寻形而上的存在者,也就是说,我们自为地生活着(不过,通常,一般人的自为的"去生活",只是作为形而下的存在者的生活,达不到形而上的境界);最终,我们大彻大悟,回归生活本身,回归纯真的生活情感,也就是说,我们终于自如地生活着。"③在三个层级的境,"自如境界"为最高境界。关于"自如境界",黄玉顺还说:

最高的境界就是:自觉地回归生活本身,自觉地回归生活情感尤其是爱的情感,自觉地在生活并且去生活。④

四、结语

综上所述,在黄玉顺看来,在"制度化儒学"已经解体的今天,要真

---

① 黄玉顺:《儒学与生活——"生活儒学"论稿》,四川大学出版社,2009年版,第279页。
② 黄玉顺:《爱与思——生活儒学的观念(增补本)》,四川人民出版社,2017年版,第169页。
③ 同②,第171页。
④ 同②,第186页。

正实现"儒学复兴",不能停留于当前"肤浅"的层面,而应"哲学地"创新儒学之义理;通过"哲学地"创新,不仅实现儒学的自我发展,而且为现代化提供价值之源。在这样一种动机之下,黄玉顺提出了"生活儒学"的概念,并进行了形而上学的理论建构。大致来讲,这样一种理论架构受启发于海德格尔的存在论,立基于原始儒学作为大本大源的"生活"概念,借鉴于形而上学的理论框架,从而为"形而上学"也为"形而下学""奠基",最终引导人们在观念层面向"生活本源""回归"。具体来讲,他以"存在即生活,生活即存在"为基本命题,通过"破解""回归""构造"三大步骤,在"生成""奠基""境界"三个方面,完成了由"生活本源"到"形而上"再到"形而下"的"观念奠基"和由"形而下"到"形而上"再到"生活本源"的"境界提升",从而实现了"生活儒学"的理论架构。很明显,"生活儒学"既非传统的"形而下学",亦非传统的"形而上学",而是"本源层级"的"形而上学",即作为"形而上学"和"形而下学""本源"的"形而上学"。也就是说,"生活儒学"抛弃了海德格尔的"此在"观念,突破了以"主体性"建构"形而上学"的理路,以超越"主体性"并作为"主体性"本源的"生活"来奠基。就此来讲,传统"形而上学"是"无根"的,而"生活儒学"是"有根"的。黄玉顺说:"生活儒学之所以区别于传统形而上学之处仅仅在于:生活儒学的形而上学构造意识到了它自己的生活本源,并在形而上学构造的每个环节上,首先对这种本源加以阐明。这就是说,生活儒学的形而上学构造工作,就是:在生活本源的地基上,重建主体性,重建实体性,重建本体论,重建范畴表。"①亦很明显的是,"生活儒学"是一个自我圆洽的创新性的理论体系,它已超越前述"儒学复兴"之诸种现象的肤浅。当然,仅靠一种理论建构可能难以完成"儒学复兴",但如果每位学者都致力于理论创新,"儒学复兴"的目标便是可以实现的。

---

① 黄玉顺:《面向生活本身的儒学:黄玉顺"生活儒学"自选集》,四川大学出版社,2006年版,第47页。

从生活儒学看儒学的生长

林安梧

◇ **编者按** ◇

此文原载《当代儒学. 第 16 辑》，杨永明主编，四川人民出版社 2019 年版。这是在第二届"生活儒学"全国学术研讨会上的发言，会议由苏州大学政治与公共管理学院主办、该院哲学系承办，于 2019 年 4 月 20 日在苏州举行。林安梧，著名中国哲学家、新儒家，牟宗三先生高足，台湾慈济大学教授、山东大学特聘教授、易学与中国古代哲学研究中心博士生导师。

非常高兴到苏州来！第一次到苏州，是上世纪 90 年代。而苏州大学，我还是第一次来。这次来了，感觉苏州大学的气氛特别好！

今天谈"生活儒学"，谈老朋友黄玉顺先生的哲学建构及成就，我非常欢喜！我跟玉顺兄认识很多年了。在 2005 年左右，我就读到了黄玉顺教授的相关文章，最初是他做的《中国哲学史诗》。我还记得，当时我在台湾师范大学教《中国哲学史》，我就要求我的学生好好地去读读他的诗，写得非常好！我的意思是说，玉顺兄的古文古诗都很棒，而在哲学界里面，通过古诗来表达哲学思想，很少人能做到。之后看了他写的哲学文章，分析力也很强。能把这两方面融合起来的，本来就不多。后来我又读了他的一些书，再后来我们认识了。还有一次，我们连续进行了两三天的交谈，后来整理成了《泉城之会——林安梧与黄玉顺对谈录》，好像快要出版了。

谈生活儒学，"生活"两个字是特别有意思的，简单地说，就是直面存在，回到存在本身。存在就是生活，而生活有一个律动，这个律动就是在对话和交谈中不断地切入，不断地提升，不断地生成；在理论方面，就是不断地奠基，而生长成一门学问。所以，生活儒学照顾到的是从前现代进到现代以及现代之后的这样一个成长的历程，因此这里面有现代性，同时，他对现代性是隐含着批判的。这一点，我觉得相当有意思。

我的学问的生成过程，跟黄玉顺教授学问的生成过程不太一样。我来自台湾，台湾的哲学系基本上是中西哲学都要念的。在念硕士生、博士生的时候，有一些基本的课程，都要去读，包括中西印哲学，所以，做中国哲学的，一般也对世界哲学有一定的理解。而在大陆，我觉得分科分得比较厉害。但是，黄玉顺教授虽然是做中国哲学的，却对西方哲学有相当深入的了解，他的知识面是很广阔、很全面的。但我和他的学问生产历程有所不同，因为我是牟宗三先生的学生，在牟先生之后，当代新儒学的生长是我所关注的，所以我在这次会议上提交了一篇文章：《生活世界与意义诠释》，可以说是对当代新儒学进一步的诠释。

　　我以为哲学的终极问题必须直面存在，直面生活。那么，什么是生活？什么是存在？"天地之大德曰生""源泉混混""沛然莫之能御"，这就是"生""活"。这是我的一点理解，我觉得这跟黄玉顺先生所理解的生活是可以连接在一块的。他对生活的理解，不是一个平面的东西，而是在生活场域之中的。他是要上溯其源，回溯到一个形而上者之前的层面，而那是超越于话语之前的一个状态，他用的是"无"这个概念，指的是存在者的根源。存在者的根源是一个尚未开显状态的开启，或者说是在开显状态中的尚待论定。

　　我觉得儒学就是这样的一个生长的过程。其实，在宋明理学时期已经生长过一次，从朱熹强调客观的法则性，到阳明强调内在的主体性，到刘宗周强调纯粹的意向性，到黄宗羲注重存在的历史性。我觉得这些其实也是跟生活儒学的"生活"概念连接在一起的，只是清朝又回到朱熹的学问，而且把它教条化，整个地封锁了儒学的生机。近代现代当代以来好像又有所恢复，一直到清末民初，心学似乎又重新受到重视。心学、理学、道学是一直在生长的。黄玉顺教授讲的生活儒学，基本上是要跨过心学，进入一个新的时代。

　　值得注意的是，生活儒学也有一点像西方现代和当代的存在主义和现象学运动，它在方法论上是走向现象学，强调要整个地面对存在，回到存在本身、事物本身的这样一个生长过程。黄先生的现象学方法基本是通过与从胡塞尔到海德格尔的对话，来整个地面对"存在"这个概念，是这样往前推进的。我觉得，黄玉顺教授的方法，虽然不是在西方的脉络里，但是从生活儒学可以看到世界哲学正在朝向一个非主体化、非核心化的方向发展，它是诸多场域、诸多存在的一种交谈、交融的对话。我觉得中国哲学本来就应该登上世界哲学的舞台，展开更多的交谈和对话。这才是回到儒学本身，去面对儒学的生长，这是一件非常难能可贵的事情。

儒学最重视的是整个生活世界，由这个生活世界发显出来为共同体。比如我们最常听到的"天地君亲师"，其中"天地"是自然共同体，"君"是政治社会共同体，"亲"是血缘人伦共同体，"师"是文化教养共同体。这些"共同体"的概念，不是西方近现代意义的那个"共同体"的概念，而是一个与我们紧连着的生命、生活、生存这样一种共同体的概念。所以我想，这样的共同体的概念，它并不是牵扯到一个人的法权概念来说的共同体的概念，而是牵涉到人的生命本身。这一点，我觉得很有意思。人跟天地之间是连在一块的，这样的生长，不会只是形而上，还有形而下。《易经》里面讲"形而上者谓之道，形而下者谓之器"，"形而上"就是行着而上溯其源谓之"道"，"形而下"就是行着而下委其形谓之"器"，道器不二，道器本为一体。这个思想应该是贯穿整个中国的。所以，这样的一个生长，就很有意思，就会讲"天人合德"，说人能"参赞天地之化育"，说人是"得天地阴阳五行之气最为灵秀者"而构成的。人不是遵守上帝所给的诫命、戒律，而是"参赞天地之化育"，"参赞"说的是参与、助成，在这里指生长。

这就跟谢文郁教授所提的不一样，谢教授是从基督教的观点往下讲。但儒家、道家都没有这么讲，而基本上讲的是一个相与构成的整体；而相与构成一个整体的时候，又牵扯到我刚才讲的几个共同体，这就是整个生活世界。所以儒学是通生死幽明的，通古往今来的，儒学不是只有这个世界。黄玉顺教授的生活儒学，对这一点是有体会的。我从自己的观点出发，也体会到这一点。我认为应该矫治那种认为儒学只有一个世界论，说儒学是以人为本的人文主义、只是一个此生此世的现实主义之类的观点，而实际上儒学不是这样的。我觉得这一点是很重要的：儒学是通古往今来、通生死幽明的。儒学讲"敬畏"，叫"君子有三畏：畏天命，畏大人，畏圣人之言"。这个"敬"，我们叫"敬事而信"，这个"信"是放在一个接地气的位置上的，它跟基督教信仰绝对的、唯一的"他者"是有很大不同的，我们是"参赞天地之化育"，所以"诚者，天之道；诚之者，人之道"。这里有很多可以继续讨论的地方。这是刚才听了老朋友谢文郁教授的发言，引发了我的一些想法。我们两人去年做过两次对谈，这次他又跟我说什么时候要继续讨论。

还有，黄玉顺教授的"中国正义论"也是非常有意义的。中国正义论一方面能够照顾到"正义"的概念，作为一个理念，它是普遍的价值；但是另一方面，它在不同的文明、不同的传统、不同的场域、不同生活世界里面，会以怎么样的方式呈现出来？我觉得，这要看它是在哪一层谈普遍价值，又是在哪一层必须有介入具体性、生活性。生活儒学的这个部分，我觉得也是非常有意思的。

因为时间的关系，我到这里先告一段落。谢谢大家！

"生活儒学"与"后现代文化哲学"

周可真

◇ **编者按** ◇

此文原载《当代儒学.第16辑》,杨永明主编,四川人民出版社2019年版。这是在第二届"生活儒学"全国学术研讨会上的发言,会议由苏州大学政治与公共管理学院主办、该院哲学系承办,于2019年4月20日在苏州举行。周可真,曾任苏州大学政治与公共管理学院院长,现任苏州大学哲学系教授、博士生导师。

这个会议开得非常成功!我想借这个机会表达一下我对生活儒学的看法。

首先,我为什么组织、举办这个会议?除了朋友关系以外,最重要的是因为,我们是从事中国哲学研究的,本应进行哲学研究,或者说,研究哲学才是我们的本分、本业,但是现在,我们中国哲学界的情况是,研究来研究去,"哲学"都快变成"国学"、变成"经学"了,最后可能就回到清代的"考据学"上去了,我们的本分、本业都快丢光了;而黄玉顺的生活儒学,不管他的体系怎么样,最起码他自成一家,创造了一个哲学体系!我觉得,这才是属于"哲学研究"的成果。我们从事中国哲学研究的,就应该像黄玉顺这样去研究、去创造,最后形成自己的一套理论,建造出自己的哲学体系,至于这个体系建造得怎么样,我觉得只要"持之有故""言之成理"就成,没必要也不应该去追求完美无缺——没有任何一个哲学体系可以达到无懈可击的完美程度。所以,我非常佩服黄玉顺。读博士的时候我就了解到,黄玉顺早期曾从事易学并有相关的研究成果,故素知他有很深厚的考据功底,但是他却不满足于做"形而下"之事,而是从"形而下"做起,逐渐向"形而上"发展,最后建立了自己的哲学体系,我觉得我们搞中国哲学的就应该像黄玉顺这样做。举办这个会议,是表示我很赞成黄玉顺的做法,也是表示我希望中国哲学界形成"哲学研究"的风气,愿意并乐意为营造这种研究风气,使中国哲学研究者回归自己的本分、本业，开展真正的哲学研究，而略尽绵薄之力。

对黄玉顺的"生活儒学"本身，我是有自己的看法的。他刚才已经讲了，"生活儒学"是为他的"中国正义论"提供一个哲学基础。而我的努力方向与他有所不同。1996年，我曾发表过一篇文章，题目叫"生活论——哲学的未来形态"[①]，这是我对西方哲学所做的一个反思，认为西方哲学的历史形态是从"存在论"进展到"认识论"，又由"认识论"再进展到"实践论"，其未来则将由"实践论"向"生活论"转变。2015年，我又发表了两篇有密切的思想关联的文章[②]，是从自然哲学和文化哲学两个方面来考察哲学的历史演变，主要观点认为，中西哲学有同归于文化哲学的发展趋势。把以上三篇文章连在一起，我总的观点是：哲学的未来形态应该是后现代文化哲学。它是生活论形态的文化哲学。而对文化，我是从这样两个层面来理解的：一个是从人与自然的关系角度，把文化理解为人类在自然界的特殊生存方式；另外一个是从人类世界的民族关系角度，把文化理解为每个民族的特殊生存方式。前者是哲学角度，后者是文化人类学角度。从这两个角度去理解文化，并以全球化的视角来审视文化，我认为，在前全球化时代，实际上并不存在人类统一的生存方式，只有各个民族的生存方式。而全球化正是要使民族生存方式逐渐向人类生存方式过渡。这意味着全球化最终将导致区域性民族社会向全球性人类社会的转变。在文化问题上，我和黄玉顺的关注点可能不一样，即可能彼此关注的文化主体不同，他关注的其实还是民族共同体，而我关注的则是"地球村"，或者说"人类命运共同体"。从我的角度来看，现在最重要的问题是世界各民族之间怎么进行有效的文化对话。我认为，平和地开展各民族之间的文化对话是非常重要的，通过这种对话来消解和消除不同民族文化之间的隔阂，这样可以避免因民族文化隔阂所导致的文明冲突向对抗性方向发展，或者说，各民族之间平和的文化对话，至少可以使世界性的文明冲

[①] 周可真：《生活论——哲学的未来形态》，《江苏社会科学》1996年第3期。
[②] 周可真：《简论西方自然哲学的历史演变——兼论马克思和恩格斯的自然哲学贡献》，《江苏行政学院学报》2015年第2期；《始于阳明心学的中国传统文化哲学的历史演变——兼论中西哲学同归于文化哲学的发展趋势》，《武汉大学学报（人文科学版）》2015年第3期。

突保持在非对抗的限度之内,从而减轻由此造成的世界动荡的烈度。而我们中国实际上提供了一个很好的文化对话模式,那就是儒、释、道之间的会通。在中国学术和文化发展史上,儒、释、道之间从来没有形成对抗关系,相反是在非对抗关系中逐渐走向互相融合,这在很大程度上是得益于儒、释、道三家学者以会通方式来对待和处理三者的学术关系和文化关系,正是通过这种充分体现了中国文化"和为贵"的和谐价值观和和谐思维方式的儒、释、道之会通,才使儒、释、道三学或三种文化得以走上了平和的对话之路与互融之道。我觉得,反映中国文化特殊价值观和独特思维方式的学术与文化会通传统,对于妥善地处理当今世界的民族文化关系,构建人类命运共同体,具有十分重要的现实价值。所以我认为,我们在进行文化对话、文化研究的时候,最好是采用会通方式,不要老是找差异,要从差异当中找到相似、相近、相通的地方,由此来建立真正建构和维系人类命运共同体所必需的价值观基础,而不是西方所宣传的那种基于"西方文明中心论"和反映"西方文明优越论",并为维护西方特殊文化和特殊利益服务的观念。这是我最基本的观点、思考。

当然,我现在的思考,是围绕着管理哲学来进行的。因为"管理哲学"就是"对管理的哲学研究",所以研究管理哲学不能不首先思考"什么是哲学研究"和考虑"怎样进行哲学研究"。当我通过自己的哲学反思,认识到哲学的未来形态将会是后现代文化哲学时,我就把管理也当作一种文化来对它进行后现代文化哲学的思考和研究了。我的初步研究结论,可以借助于心理学的术语来表达。现代认知心理学把人的心理当作一个认知过程来理解,认为这个过程可分为"知""情""意"三个阶段,与之相对应的判断形式,在"知"的阶段是事实判断,"情"的阶段是价值判断,"意"的阶段是行为判断。如果把这些判断当作互相统一的知识获得过程来看待的话,那么,知识就可分事实之知、价值之知和行为之知三个阶段或三种形式。依我看,这三种知识的区别在于:事实之知是知真假,价值之知是知善恶,行为之知是知好歹。如果再进一步把管理也当作一个知识获得过程来看待的话,那么,管理之知就可分为知真假的事实管理之知、知善恶的价值管理之知和知好歹的行为管理之知。与之相应,运用这三种管理知识来进行的管理就可分为依据一定的真假标准对人的认知活动所进行的事实管理(或曰认知管理)、依据一定的善恶标准对人的情感活动所进行的价值管理（或曰情感管理）和依据一定的好歹标准对人的意志活动所进行的行为管理（或曰意志管理）。这三种形式或三个阶段的管理应该是同一管理过程的三个方面或三个环节，它们之间应该是相互依赖、相互渗透和相互转化的辩证统一关系。但是现代管理学对于这种关系至今还没有达到自觉的意识和清醒的认识。在被管理学界所通常区划的现代管理理论发展三阶段上，所谓"古典管理理论"实为事实管理理论或认知管理理论，所谓"行为科学理论"实为价值管理理论或情感管理理论，而所谓"现代管理理论"作为"管理学丛林"的庞杂理论集合，则是表明了管理理论实已陷入迷茫，是到了需要管理哲学来为管理理论发展指明方向的时候了。我以为，如果可以把"古典管理理论"和"行为科学理论"分别归于事实管理理论和价值管理理论的话，那么，管理理论进一步的发展将是构建行为管理理论（或曰意志管理理论），从而也意味着管理实践的发展将相应地进入到行为管理阶段（或曰意志管理阶段）。这是我的一个基本想法。我其实也在努力构建自己的"后现代管理文化哲学"——关于管理的后现代文化哲学，这和黄玉顺构建"生活儒学"也算是有一点交集吧——毕竟都是着眼于"哲学"和"哲学研究"。

我对儒学当然有一种情感（我曾长期研究明清之际三大儒之一顾炎武的哲学思想），但是我始终认为，哲学就是哲学，儒学就是儒学；要搞哲学，就得跳出儒学的框架，这样才能走向世界，否则是难以走向世界的，因为儒学的框架还是太小。这就是我的看法。我想，我可能要跟黄玉顺在私下进行交流，也许会有争论，因为我们长期以来研究的方向、研究的领域不太一样，彼此思路肯定有差异。

最后，作为这次会议的组织者，我要利用这个机会表达谢意：首先要感谢黄玉顺，感谢他为我们提供了一个哲学文本，让我们解读，不管是批评也好、赞扬也好，我认为能够提供这样一个具有当代哲学价值的文本，便是最大贡献；其次要感谢来自各地的专家，这当中不但有老友，还有刚结识的新朋，老友重逢，新朋得交，都让我快乐无比！最后，要感谢我们单位参加这次会议的领导和老师，还要感谢几位研究生从头至尾的认真工作和辛勤付出。

非常感谢各位！

生活儒学与生存分析

谢文郁

◇ 编者按 ◇

此文原载《当代儒学.第16辑》,杨永明主编,四川人民出版社2019年版。这是在第二届"生活儒学"全国学术研讨会上的发言,会议由苏州大学政治与公共管理学院主办、该院哲学系承办,于2019年4月20日在苏州举行。谢文郁,时为山东大学哲学与社会发展学院教授、博士生导师,山东大学犹太教与跨宗教研究中心教授。

很高兴来参加黄玉顺教授的生活儒学研讨会!谢谢玉顺教授的邀请!也谢谢苏州大学的热情款待!

我不是中哲专业的,我是做西学出身。面对各位中国哲学研究学者,我就自以为是一次代表西学研究者来向本次会议致辞了!

我2005年加盟山大。不久,我就遇到了黄玉顺教授。这个事件对我的思想发展有很大影响。我当时听说,他是一位儒学学者,提出了生活儒学这种说法。这引发了我的兴趣。大约在世纪之初,我开始从研究西方哲学和基督教宗教哲学转为比较研究,因而同时重视儒学,写了一些从基督教的角度批评儒学的文章。认识黄玉顺教授之后,我们常有机会一起谈论儒学。他关于儒学的一些说法让我能够对儒学思想有更多的理解。同时,他也不断地邀请我参加一些中国哲学学界的研讨会,让我有机会与越来越多的中国哲学研究者结识。

有一种感觉挺有意思的,我们之间的讨论常常是开始于争论,而结束于共鸣。就问题意识而言,我们都重视人的生活,认为思想是源于生活又融于生活的。因此,我们有共同的问题意识。不过,对于生活一词,我们的理解并不完全一致。我的学术训练,在知识领域上是西方哲学,主要是围绕着希腊哲学和基督教思想;在思维方法上则属于分析哲学。从我的分析哲学思路出发，我对生活一词的使用更多的是分析的。我认为，生活实质就是生存。可以作如此界定："生存即从这个时刻进到下一个时刻。"这里的"进到"是一个时间过程。人是在某种思想观念结构中进行判断选择，进而在意志的推动下从这个时刻过渡到下一时刻的。当然，不同的思想结构中的判断选择，引导不同的生存方向，建构不同的生活方式。只要是面向生存的思想，我想，都会进入这样的问题意识之中。我所从事的希腊哲学、基督教思想以及比较哲学研究，都是这样的问题导向。正是这种问题意识的共鸣，玉顺教授对我的比较研究给予了相当高的评价，认为我的研究对儒学发展和中国的思想界有重要贡献。

  我们进一步来分析这个问题意识。人作为一个主体，在生存的每个时刻都面临下一时刻。这个主体不是被动地面临下一个时刻，他是主动者。也就是说，下一个时刻至少有两个方向，他必须主动地选择其中一个方向。他是如何选择的呢？就可能性而言，他是自由地（作为主体）选择其中一个。就现实性而言，他的选择出于他的判断。比如说，人家拿着手枪顶着你的脑袋，说要抢劫，要你把钱包拿出来。你可能会说，没办法，只好交出钱包。其实，你这时候仍有两个选择，除了交钱包之外，你也可以不交钱包，跟劫匪拼命，大不了丧命。在这个极端的例子中，不同的选择导致不同的生存方向。但是，你是在判断中做出选择的。如果你是一个把金钱看得比性命还重要的人，你就会选择不交出。因此，我们在分析生活一词时，发现人的生存离不开思想。而判断是一种思想活动。人是在某种思想结构中进行判断的。生存的这种结构是普遍的。我们再来分析一个例子。在座诸位，你们现在坐着。在这个生存环节中，你每时每刻都有两个选项：继续坐在这里，或离开座位而出去走走。当然，你不是没有理由地进行选择的。如果你对这个会议感到无聊，或者你有其他事情要去完成，或者你的身体不宜长久坐着，等等，这些背后的思想活动引导你做了一个选择。无论你选择继续坐着还是离开，你都是在做选择，并且是在判断中选择。西方哲学用"自由"这个词来指称生存的这个环节，认为人在生存中的选择是意志的自由选择，或直接称为自由意志。

  人在生存中的选择是自由的，但不是没有根据的。他在选择之前必须对他所面临的选项进行判断。判断作为一种思想活动是一个十分复杂的过程。

一方面，人拥有各种观念，他们是在某种结构中联系起来的体系，因而可以对事物进行因果判断；人还拥有各种情感，他们也是在某种秩序中共存的，因而对事物有价值取向。这些观念和情感便是判断活动的依据。人在生存中面临的不同选项，首先是运用自己的观念和情感对这些选项进行判断。如果一个选择在观念和情感判断中优于其他选项，那么，这个选择便是首选，并在意志的参与下进入选择活动。因此，要理解人的生存，我们必须讨论人的观念体系和情感秩序。在这个问题上，我跟黄玉顺教授的分歧可能会大些，甚至可能出现根本性的对立。比如，对儒家观念有较多理解，并在情感上对儒家有更多的倾向和执着，他就会追求用儒家思想来建构自己的观念体系和秩序感。又比如很多自由主义者，他们拥有一定的西学知识，加上对西方的崇拜，他们就主张用他们所了解的西方思想来建构观念体系和情感秩序。玉顺教授虽然不反对基督教，但内心仍然会拒绝用基督教来建构我们中国人的观念体系和情感秩序。这个问题涉及观念体系和情感秩序建构问题，同时，我们还得考虑观念体系和情感秩序的更新问题。这需要更多的分析。

不难看到，黄玉顺教授的生活儒学最后还是把我们引向观念性的争论。当然，这些观念性争论与生存休戚相关，而不是简单的概念之争。生存就是人在任何时刻都要进入下一个时刻；人作为主体面临两个以上的选项，并主动地选择其一而进入下一时刻。然而，人同时是在判断中选择的。判断是思想活动。人是在现有的观念体系和情感秩序中进行判断的。因此，理解人的生存，我们还必须分析人的观念体系和情感秩序的建构和形成。那么，我们是如何建构我们的观念体系和情感秩序的呢？而且，一旦形成，我们的观念体系和情感秩序需要更新吗？更新又是如何发生的？我认为，这些问题是生存的深层问题。这里，我想简略地展示一下我对这些问题的处理思路。

我这些年来一直在谈论生存分析。作为一种分析方法，生存分析的对象便是生存。前面关于生存的分析，就其基本原则而言属于现象学分析。我们已经注意到，作为一种现象的生存是在经验中呈现的生存。在这个分析中，我们发现，生存是指向下一刻时间，指向未来。未来是充满可能性的。在两个选项中选择其一，下一刻的生存方向就被确定并实现了。这个生存方向也许是死胡同，一旦进入死胡同，人如何能够找到出路？因此，我认为，生存分析还必须涉及未来。未来就是尚未被经验到的，因而不是一种现象。因此，生存分析不能停留在现象学分析这里。

人的选择是由判断引导的；判断作为一种思想活动是在一定的观念体系和情感秩序中进行的。人的生存进入死胡同时，不同的观念体系和情感秩序在寻求出路的方式上也是不同的。因此，对于生存的分析必须进入这些观念体系和情感秩序的分析。这种生存分析虽然是历史上的哲学家们一直在做的事，比如，柏拉图的哲学分析就运用了生存分析方法。近代以来，丹麦哲学家齐克果和德国哲学家海德格尔的哲学分析都属于生存分析。国内学界过去二十余年来对海德格尔情有独钟，因而对生存分析这个思路也还算熟悉。

然而，国内学界的生存分析大多是针对经验性的观念（在经验中指称或赋义的观念），或推论性的命题分析（强调概念和命题的逻辑关系），而对于那些指称情感的概念则缺乏分析。齐克果和海德格尔的生存分析十分重视对情感的分析。比如，他们都对"着急"（anxiety, dread）做过深入分析。作为一种情感，海德格尔注意到，人在这种情感中直接面对的是"无"，或所有的可能性，认为这才是生存的原始起点。显然，这个"无"是无法在推论中理解的，也无法在经验中予以指称的。着急是人的一种情感状态。人在着急时面对下一个时刻而无法选择。当然，他期望着某种好东西的给予，也期望着坏的事物远离他。如果我们对"着急"以及诸如此类的情感缺乏分析，我们就无法理解人的生存。人是在某种情感中进行选择。判断作为一种理性活动引导选择活动，但情感也引导人的选择。通过深入分析人在生存中的情感，我们可以在更深的层次上理解人的生存。我称此为情感分析。

在中国哲学研究界，人们也注意到中国古代思想中对情感的重视。比如，蒙培元和李泽厚都强调情感在儒学中的地位。我们上次在北京召开蒙培元先生八十寿辰研讨会时，我也发表了一场关于情感分析的讲话。中国人在谈论性情时，认为人的情感都是来自人的本性。人的本性未发未动之时，那是处于原始状态。一旦发动，便有了人的情感。"情者，性之动也"说的便是这个意思。情感乃是人的生存倾向。中国儒家思维对情感在生存中的作用是有深刻体会的。在修身养性这种说法中，儒家追求在人的生存中建立一种情感秩序。在中国哲学研究中，我希望能够有意识地采用情感分析方法。当然，我自己也希望对情感分析方法给出更为详细的说明，让研究者可以有道而循。

我为此而努力。不过，这里不打算展开对儒家所设计的情感秩序进行分析。我想，黄玉顺教授的生活儒学和我谈论的生存分析及情感分析是相通的。

归根到底，论及思想，如果和人的生存无关，它就是没有生命力的。

谢谢大家！祝这次会议圆满成功！

关于生活儒学"大本大源"观念的若干思考

李广良

◇ **编者按** ◇

此文原载《当代儒学. 第 16 辑》，杨永明主编，四川人民出版社 2019 年版。这是在第二届"生活儒学"全国学术研讨会上的发言，会议由苏州大学政治与公共管理学院主办、该院哲学系承办，于 2019 年 4 月 20 日在苏州举行。李广良，云南师范大学教授、哲学与政法学院副院长。

尊敬的各位专家、黄玉顺教授、周可真教授，大家上午好！

很感谢主办方邀请我来参加这个会议。我从边疆来，尽管我是陕西人，但我 30 年来一直在云南工作，当然除了在北京读博士的 3 年。我觉得，在边疆看中原的思想和学术，另有一种风味。因为在云南，人们喜欢讲的是边疆性、民族性的东西，喜欢讲民族文化、民族艺术，人们不喜欢讲儒学，不喜欢讲中原的东西。所以，云南最容易申请到的社科基金项目就是研究民族性的课题。但我是一个另类，我虽然在边疆，但最关注的反而是我们中华文化最主流的、最核心的东西。所以，我一直非常关心儒学的进展，尽管我很少写这方面的文章。

这一次参加这个会议，我就谈一谈我对生活儒学的一些看法吧。我本打算专门写一篇文章，但这次会议只提交了一个提纲。我主要谈一个问题，就是生活儒学所讲的"大本大源"。我注意到，黄玉顺教授特别喜欢的一个词就是"大本大源"，与此相关的词就是"本源"。我想，他为什么喜欢大本大源？生活儒学为什么要讲大本大源？

我想，一个真正的思想家、哲学家，一定要从本源处契入，从大本大源处悟入。从轴心时代以来，那些伟大的思想家都是从大本大源处契入的。我们这个时代，如果要在思想史上留下一些东西，如果要给后人以智慧的启迪，也一定要从这个地方入手。而生活儒学之所以能在我们这个时代有创造性、能激动人心,也是因为它是从这个地方悟入的。如果没有大本大源的觉悟,就算能够一时在学界搅动风云,就算有一堆的头衔,最后还是没有用的。真正的思想家就是要从大本大源处悟入。在我看来,生活儒学毫无疑问就是从大本大源处悟入的。所以我要讲这样一个观念,也就是本源意识、源头意识。

我们讲儒学,儒学之所以不朽,儒学之所以有永不枯竭的生命力,它的最根本之处,也正在于它对大本大源的领悟和坚守。所以,自古至今真正的儒学,都是关于大本大源的开显和发用。只有从这个地方悟入的,才能叫真儒、大儒、纯儒。所谓"先立乎其大者",那就是这样一个大本大源。我们讲"新儒家",新儒家当然是要别开生面的,但是,他必须是一个大本大源的坚守者,从大本大源处悟入,是对大本大源的展开,这才是真儒。

几年前,我看到这样一种说法:生活儒学是当代大陆新儒学中的一派,黄玉顺教授是当代大陆新儒家的十大代表人物之一。这种说法,在我看来,当然有它的意思,但是这背后所隐藏的东西是什么?所谓"十大代表人物",当然有一种江湖身份,就是我们所谓学界的江湖门派观。但是,我在边疆,不在江湖之中,那么,我来看这个江湖,按照我的想法,生活儒学并不是"一派"儒学,不是大陆新儒学的"一派",因为它从本源处悟入,是本源的呈现,当然不是作为派别而出现的。作为一种新的思想,一种有生命力的思想,一种从本源处悟入的思想,至少它自身不能把自己仅仅当作一派。我想,真正的儒学,它不是要作为"某某学"的一派出现。如果我要讲我的思想,那也不是要作为谁家的一派。

我想,生活儒学就是这样的。黄玉顺教授讲的是儒学的"不易"的底蕴。儒学当然有其"不易"的底蕴,而且是"简易"的。这个底蕴是什么?那就是生活儒学所讲的"生活"。所谓"儒学"就是生活儒学,所谓"生活儒学"就是儒学。关键就是:这里为什么要刻意地标明"生活"二字?那是因为儒学长久地遗忘了生活本身,所以,我们当下要回归生活。所以,黄玉顺教授说,儒学复兴的一个最紧要、最迫切的任务,就是要详尽地阐明生活本身这样一个大本大源,儒学的一切的一切都要从生活本源说起。这就是他讲的"大本大源",即从生活本身这样一个大本大源处来契入,来建构他的儒学体系。

我当年读《爱与思：生活儒学的观念》①，就看了他讲的整个理论；后来，这里边又增添了一些新的东西，比如说"中国正义论"。中国正义论，那是一个伦理学和政治学的建构，属于他所说的"形而下学""形下之思"，它是基于我们这个时代的主题的。一个真正的思想家，如果不关心政治的建构，那肯定不是负责任的态度。中国正义论在这样一个形势下建构出来，有着巨大的思想史意义。但是，它只是整个生活儒学的一部分。这里最重要的是什么？就是"作为存在本身的生活"这个大本大源。

在这个本源上构建出形上学、形下学，那么，这个形而上学也罢，形而下学也罢，其实都是在真正中国的意义上来说的。尽管我们现在一讲到"形而上学"，可能都想到亚里士多德，想到西学的传统的哲学体系、哲学论证，但是我现在有一个想法，可能形而上学才真正是中国的东西，也就是说，我们把西学的"metaphysics"翻译为"形而上学"，可能是不对的，或者说就应该照它的字面来理解，它就是"后物理学"而已。黄玉顺教授跟张志伟教授有一个辩论，说中国也有形而上学。其实不是"也有"，而是形而上学本身就是中国的东西，反而西方的"形而上学"就是"后物理学"。当然，这个问题还需要非常严密的学术论证。

我现在要说的是，黄玉顺教授讲生活儒学，将生活本身作为大本大源，但他又把它理解为存在本身。这个"存在本身"如何理解？我们是用西方的存在论的那样一个路径去理解，还是需要一种新的理解？实际上，我觉得是这样的：生活儒学的问题意识，是在当代的现代性的生活中激发出来的，所以，尽管他用的是一个西方存在论的术语，但是他讲的"存在"其实不是西方哲学的那样一个"存在"概念，因为那个意义上的"存在"可能会产生许多非常严峻的理论问题、学术问题。比如说，我们知道，有人把"ontology"翻译成"是论"，一"是"到底，这跟我们的理论也罢、直觉也罢都不符合，就会产生许多的冲突。所以我不太喜欢"是论"这样的东西。

在这个问题上，我觉得生活儒学有一个重大的创新，就是回到汉语的思想境遇中来考察"是"、考察"有"、考察"在"，真正有一种现象学的分

---

① 黄玉顺：《爱与思：生活儒学的观念》，四川大学出版社，2006年版。

析，把生活本身的、本原的结构分析出来。这是《爱与思》里边最有现象学意味的一种分析，我觉得是非常美妙的，讲的是一种中国式的存在。通过这种存在本身，来揭示出生活的真意，然后回到儒家最本源的那种"爱"上边来，也就是所谓"爱，所以在"。在这个本源存在的基础上，一切才有意义，也才有一切形而上、形而下的理论建构。

因为时间关系，我就说这么多，希望大家提出批评。谢谢大家！

生活儒学与儒家道统：感想与疑惑

胡发贵

◇ **编者按** ◇

此文原载《当代儒学．第16辑》，杨永明主编，四川人民出版社2019年版。这是在第二届"生活儒学"全国学术研讨会上的发言，会议由苏州大学政治与公共管理学院主办、该院哲学系承办，于2019年4月20日在苏州举行。胡发贵，江苏省社会科学院哲学与文化研究所所长、研究员。

  谢谢主持人谢文郁老师！谢谢黄玉顺老师！也感谢在座的各位学者和各位同学！我是江苏社科院哲学与文化研究所的胡发贵。但我觉得我没什么"哲学"，也没"文化"。我就谈我自己的一些粗浅的想法。

  先谈我的两点感想。

  第一点感想：在中国的历史文化传统中，一直有一种很深的"道统"概念，张载所谓"为往圣继绝学"的观念。我不知道在座的各位老师对张载的"继绝学"有什么理解。我最近一直在读陆九渊的书，因而在看到黄老师的生活儒学之后，把两者比照起来一起看，就觉得这两位作者时间跨度虽然很大，但是在某种本质上我觉得特别像，就是有一种气象，总是从血脉上打动人。我觉得，在"道统"的意义上，或者在"继绝学"的意义上，天地之间真是有一种冥冥中的感应。陆九渊跟朱熹辩论"太极"和"无极"，两个人书信往来，后来还生气了，伤了感情。本来朱熹跟陆九渊的哥哥关系就已经比较紧张，他说，你再这样弄下去，我们两个连朋友都做不来了，不应该这样。他们为什么讨论"太极"和"无极"？就是怎么来解决准确地理解儒家经典的问题。他们都认为，孔孟的思想就应该按照他们自己的理解才是对的。后来到明代（当年我是做罗钦顺的研究），罗钦顺跟王阳明也争论得非常激烈，谈"格物"的"物"与"格"，他们两个吵得一塌糊涂，比朱陆之争还复杂。为什么？都是要把他们心目中的"道统""绝学"，其实就是我理解的"天地之大义"继承起来，也就是怎么让孔孟儒学在他们那个时代再现出来，传承下来。在这个意义上，我觉得黄老师跟前面那些历史上的先贤一样，也是在以他自己独特的立场、独特的理解，把我们的"道统""绝学""孔孟大义""天地正义"，在当今时代再做一个阐释，再做一个呈现。这是我的第一点感想，我特别敬佩。

第二点感想：当年我读过一个著名的对话，其实是一个著名的概念，就是"儒如五谷"。那是陶宗仪记录的元代一位儒臣和皇帝的对话。皇帝问：怎么看待儒、释、道三家？这位儒臣说："释如黄金，道如白璧，儒如五谷。"意为相较于释、道，儒学是非常非常普通的，它就像五谷一样，但却是一日不可或缺。我看到这段对话是很多年以前了，可能是30年以前，但它一直在我心里面挥之不去。他对儒家的认知，怎么会这么形象生动，而且这么入木三分！多少年以来，我一直在想这个问题。黄老师这本书，促使我更多地思考这个问题：什么叫"儒如五谷"？它跟生活儒学的关系、勾连，我觉得非常深。对人来说，五谷首先肯定是不可或缺的，第二肯定是普适的，第三肯定是无害的，第四肯定是永恒的。在这个意义上来理解五谷跟生命的关系，我觉得这句话表达得特别生动。看到黄老师的大作以后，我也在继续思考，回答"儒家为什么如五谷"的问题：它是一个基础性、根本性的价值。所以我就在想，生活儒学讲儒学和生活的关系，像五谷和生活的关系一样，它可能给我们提供了一个生活的支持，也给我们提供对生命本身的理解，还给我们提供一个永恒的意义，在这三个意义上，儒学真的是如五谷一样的东西。这是我读黄老师的这本书以后对"儒如五谷"判断的一点新的体会。

此外，我想向黄老师请教两个问题：

第一个问题是黄老师说的"生活就是存在"。我不同意郭美华老师对生活儒学考据内容的理解，黄老师对"存""在"这两个字的考据，我觉得特别精彩。他解释的"存"和"在"非常美。我一直以为黄老师是思辨性很强的学者，没想到他的考据功夫也这么好、这么强，我真的是由衷地感佩！各位老师可以再去翻读一下黄老师解释的"存""在"二字，是汉字字源学意义的理解，真有点像《诗经》的"方苞方体，维叶泥泥"的生生意象，就是刚刚生长的小苗、小叶，露水汇集在苗、叶上，一个个晶莹透亮的，那是一种生命刚刚展现的状态，无比美好。黄老师对"存""在"这两个字的解读，我觉得真正体会、把握、触动了中国哲学中非常初始的也是非常有情义的东西，非常能打动人的心弦。我觉得考据的概念是非常枯燥的，是比较老古董的那种东西，但是黄老师的演绎特别好，非常能感动人，让人很难忘。

但是，黄老师说的"生活"就是"存在"，这种存在可能是生活的一个投射，或者生活的一个影像。这种"存在"概念跟我们理解的一般哲学意义上的"存在"概念，是不是有很大的区别？把"生活"理解成"存在"，这种"存在"是不是一种建构性的东西？因为它是主体的一种自我反思，我们说"仰观天、俯察地"，对客观世界的认知是不是有所差异？这是我一直在想的一个问题。

当然，黄老师这个存在判断，我觉得是非常精彩的。就像我刚才说的，黄老师做生活儒学，是接续"道统"意义上的，是在传承我们孔孟儒学，我是这样理解的。因为历代的大思想家，所谓"成一家之言"，总有几个非常重要的概念，就像陆九渊跟朱熹辩论的时候，他就说"吾心即是宇宙"，就这一点跟朱熹辩来辩去，给我们提供了一个重要的判断，为我们理解儒学和理解生活提供了一个非常重要的媒介，或者说给了我们一双慧眼。"生活就是存在"，我觉得是黄老师的一个非常重要的发现。这是我自己的一个观点。这个"存在"，我理解它是有建构性的，它肯定跟我们一般意义上所说的"存在"是有差异的。那么，这种差异怎么来分，这是我向黄老师请教的第一个疑惑。

第二个问题，黄老师还有一个判断，我觉得很有意思，其实也是个常识，就是说"儒学是常新的"。这也是一个很大众的判断。我就在想：儒学为什么是常新的？儒学为谁而常新？其实，儒学自身是不可能自我改变形态的。刚才说到，历代无数的先贤在不断地按照对前人，特别是对原典的理解，加以解释，使原典的意义不断丰富，不断地向前发展和推进。我就想，黄老师的"儒学是常新的"这个判断肯定有微言大义，我就想请教：儒学为什么是常新的，为谁而常新的？儒学常新的意义到底在哪里？我在想这些问题，没有弄明白，向黄老师也向大家请教。

谢谢各位！

关于"生活儒学"哲学创新的若干问题

高秀昌

◇ 编者按 ◇

此文原载《当代儒学. 第16辑》，杨永明主编，四川人民出版社2019年版。这是在第二届"生活儒学"全国学术研讨会上的发言，会议由苏州大学政治与公共管理学院主办、该院哲学系承办，于2019年4月20日在苏州举行。高秀昌，西南大学教授、博士生导师。

各位老师、各位同道：大家上午好！

十分感谢玉顺教授、可真教授的盛情邀请，让我有机会来苏州大学和大家一起研讨玉顺教授的"生活儒学"。

从接到邀请函至今，我几乎每周都要读玉顺教授的书和文章，也兼顾读其他学者和玉顺教授商榷、讨论、质疑的文章。在阅读的同时，做笔记，写札记，对玉顺教授的"生活儒学"有了一些零散而不系统的思考，现提出来，和大家一起讨论。

我赞同何善蒙教授的观点："生活儒学"是一种创新，一种哲学创新。我们知道，二十世纪三四十年代，熊十力、冯友兰等哲学家创建了自己的新心学、新理学等哲学体系。而从1950年代至今，我们则常常感叹很久很久没有出现真正的哲学家，自然也就没有真正哲学意义上的哲学体系。所以，当我们看到玉顺教授经过十多年的艰苦探索，著书立说，创立了"生活儒学"的新哲学体系时，我和学界的师友们自然会感到由衷的高兴。

这里我想强调的是，玉顺教授创立"生活儒学"之新说，以其仁、智、勇的精神，孜孜以求，笔耕不辍，提出并不断完善化了"生活儒学"的哲学思想体系，在大陆新儒家中可谓是独树一帜。从新体系上看，"生活儒学"突破了传统儒学"形上学—形下学"的二级架构，构筑了"生活本源—形上学—形下学"的三级架构，并且有总论、方法论、本源论以及形上学（变易本体论)、形下学(知识论、理论学:中国正义论),还有诠释观、时间观、历史观、宗教观,并因此成就了一个独具特色的思想系统。

这里的"仁"指的是玉顺教授的爱,对学术的爱,对哲学的爱,对儒家的爱,对创建融贯古今中西之新说的爱。若无这种大情、大爱,要想建构一种新哲学,那是不可能的。

这里的"智"指的是玉顺教授的大知与大智,对哲学、科学、宗教、艺术、政治、社会、历史等系统而有机的会通,以及转识成智之智慧的融贯与点化。若无此大知、大智,要想创立新说,那也是不可能的。

这里的"勇"指的是玉顺教授的勇敢精神,"勇"于"标新立异","敢"于"树立新说"。若无这种大无畏的追求真理的精神,要想突破旧说、创立新说,那也是不可能的。

玉顺教授以其仁、智、勇的精神创立了"生活儒学"的哲学体系,这是难能可贵的,也是值得称道的,更是值得我们学习的。其实,从一定意义上可以讲,仁、智、勇这"三达德"、三种精神是成就哲学家的三种最基本的品质。中外哲学史上的哲学家应该说大都具备了这三种精神、品质和德行。在我们这个需要哲学创新的大转变时代,作为真正的哲人应当自觉地弘扬仁、智、勇之精神。

在此,我首先要强调一点:玉顺教授的"生活儒学"是自觉地接着冯友兰先生、蒙培元先生讲的。我们知道,在现代新儒学的系统中,熊十力先生、牟宗三先生的"新心学",三四十年来可以说是蒸蒸日上,后继者人才辈出;而"新理学"好像是在走下坡路,或者说好像没人接着冯先生来讲"新理学"。这是我们大家的一个普遍的感受。从这个意义上来说,玉顺教授的"生活儒学"的创立是特别有意义的。我认为,从玉顺教授所提出的"生活儒学"的概念、命题,到整个"生活儒学"哲学体系的架构,确实形成了一个完整的哲学系统,而这个系统应该说是自觉地接着冯友兰先生的"新理学"来讲的,接着蒙培元先生的"情感儒学"来讲的。这使得玉顺教授在当今大陆新儒家当中成为独特的一家。在这一点上,我不同意刚才李广良教授所说的"不成家、不成派"的提法。恰恰相反,在当今时代,凡是真正有志于做哲学研究的,都要发奋自创"学说",自立"学派",唯其如此,才能够形成像先秦诸子一样的"百家争鸣"的局面,在不同学派的相互争鸣中,推进当代中国哲学的创新与发展。

进一步讲,玉顺教授的"生活儒学",不仅仅是接着冯先生、蒙先生往下讲,而且是接着中国传统儒学,甚至先秦儒学往下讲,接着西方哲学特别是现象学、解释学往下讲。因此,从一定意义上可以说,"生活儒学"是融贯古今中西的创新,也就是对以往各大哲学传统所作的"综合创新"。

其次,看"生活儒学"的形上学沉思。我们看到,"生活儒学"追根溯源,追到了"生活"这个源头。在玉顺教授看来,"生活"既不是某种"形而上者",也不是某种"形而下者",而是前存在者的存在。这就是说,"生活"本身是不可以再追问、不可以再言说的,因为它是在形而上之前的大本大源。这里的"生活"是最为"根本"的,是不可以追问的;一旦被追问,就是在言说"生活";而生活一旦被言说,那就不再是原本的大本大源的"生活"了,就已经是用语言所指称的一种对象化的东西了。这里是不是存在着一种"张力",或者说是一个"悖论"?这是不是就陷入了像老子的"道可道,非常道"那样一个语言的困境当中?当然,玉顺教授有他自己的一些系统化的思考,比如说:生活之被言说,是符号化的言说,并不是本源的言说。但是,我想,这个问题还是可以提出来做进一步讨论的。我们到底是追到形而上的问题为止呢,还是可以再继续往前追问?事实上,针对这些问题,玉顺教授有他自己独到的回答,在"生活儒学"建构的过程中也在不断地做着解释与澄清的工作。不过,我仍觉得这是一个需要继续深入讨论的大问题。

再次,是关于"生活"和"情感"的关系问题。"生活儒学"追问"生活",而"生活"显示为"情感",显示为"仁爱"。这里存在着一种推导关系。尽管玉顺教授是接着蒙先生讲的,而蒙先生的"情感儒学"强调"情感",不过玉顺教授又追问"情感"背后的"生活"。因为在"生活儒学"中,"生活"是更加本源的,而"情感"则只是生活的一种显示。用玉顺教授的话说就是:生活首先显示为生活情感,而生活情感又显示为儒家的仁爱,仁爱情感的背后又是其宗法社会的生活方式。而"生活"又是作为"有意义"的"规范生活"和"无意义"的"本源生活"的统一。这种浑然一体的解读,其实是建立在玉顺教授的"本源"的"生活"之预设信念之上的。这里需要追问的是:"生活"是否就是"终极性"的,"生活"的背后是否还有一个更为根本的"源头"之"本身"呢?"生活"与"情感"是"一"("生活"即

"情感")还是"二"("生活"是"生活","情感"是"情感")呢?作为情感的仁爱(爱)是否真的可以代替上帝、代替宗教呢?

再其次,是关于"现代生活"和"现代性"的问题。今天早上我们都拿到了玉顺教授的新书《生活儒学》,其副标题是"面向现代生活的儒学"。我赞同玉顺教授的判断,即我们的时代是一个处于社会大转型的时代。二十世纪的老一辈学者,包括冯友兰先生,也是这样来看近代以来的中国社会的。冯先生把中国哲学史分为"子学时代"和"经学时代",与中国历史上古、中古的分期是相契合的。这可以说是冯先生的一个创见。冯先生于二十世纪三四十年代所创立的"新理学",就是接着程朱理学讲的一种近代哲学或现代哲学。在当今我们这样一个大转变的时代,其实仍然需要我们对"现代生活""现代性"做出系统而深入的思考,唯其如此,我们才能够把传统哲学创造性地转化成为体现时代精神的当代中国哲学。玉顺教授对"现代生活""现代性"做出了系统的反思、沉思,这是他提出"生活儒学"的一个重要的思想前提,也是他谋求建构作为"现代性诉求的民族性表达"的"生活儒学"的大愿。我常常想,我们到底要不要跟着西方后现代主义者来看西方和中国?我们现在要在哲学思想上、理论上实现创新与发展,那么,我们如何来消化、理解现代、现代生活、现代性这样一些根本的问题?在当代中国哲学建构的过程中,我们是不是要跟着西方来解构现代性、主体性?如何理解和建构当代中国理性问题?在这些方面,我觉得,未来中国哲学的建构是可以借鉴玉顺教授所提出的诸多命题和思想的。

最后我再补充一点。昨天晚上已经跟玉顺教授讲到了我在来苏州的飞机上写的一段话。这段话是这样说的:"应当重视玉顺兄所开创的学术研究的对话模式。创立新说,不能停留在自说自话之中,而要积极主动地与其他学者对话交流。其他学者的质疑、批评乃至批判,是创立新说者借以答疑、辩难、阐释从而不断完善己说的重要途径。不经历广泛而深入的对话与争鸣,新说是不太可能真正立起来的。近十年来,玉顺教授积极主动地邀约同行学者进行多层次、多元化的交流对话,由此'生活儒学'的日趋完善,其内在的关联是显而易见的。"

我十分赞赏玉顺教授所开创的这种学术对话模式。我也观察到,学界的一种常见的现象是,大多数学者,往往费了九牛二虎之力出版了一本书,也只是相互赠阅一下,就没有下文了;至多是希望同行、同道能够写写书评,仅此而已。而玉顺教授则是以高度自觉的理性方式,寻求积极的学术的对话交流,这可以说是一种富有建设性的有利于促进学派、学说完善化、系统化的做法,是值得大力倡导和发扬的。

谢谢大家!

关于生活儒学的三个问题

谢晓东

◇ **编者按** ◇

此文原载《当代儒学. 第16辑》，杨永明主编，四川人民出版社2019年版。这是在第二届"生活儒学"全国学术研讨会上的发言，会议由苏州大学政治与公共管理学院主办、该院哲学系承办，于2019年4月20日在苏州举行。谢晓东，厦门大学哲学系教授、博士生导师。

谢谢周可真老师的邀请！谢谢黄玉顺老师创造了这样的思想体系供我们讨论！

我以前就读过黄老师的一本书，就是《爱与思》[①]。但是从2018年9月到2019年8月底，我在韩国访学，这本书放在厦门了，没带去韩国；这次虽然你们发了电子版，但我这个人习惯翻书，在上面写写画画，所以只能凭着大脑里的一些记忆。我昨天晚上来了之后，立刻向会议工作人员提要求，说黄老师的书能不能现在就给我？我现在好好读一下，然后再回忆一下，把提纲想好。

我现在谈一下我对黄老师的生活儒学的一些理解，向黄老师请教。我讲三点。

第一点是生活儒学与儒学的多元化发展。我们知道，先不说海外，在现在的中国大陆，儒学出现了一种可喜的局面，各种各样的儒学形态纷纷出现。很明显，儒学在朝多元化的方向发展。我这里引用一下杨国荣老师在《文史哲》2018年第5期发表的一篇论文《何为儒学？——儒学的内核及其多重向度》，就是讲儒学的内核及其多向度发展，里面提到了中国大陆的五种儒学形态，他可能是按照时间先后排列的：政治儒学、心性儒学、制度儒学、生活儒学以及社会儒学。

---

① 黄玉顺：《爱与思——生活儒学的观念（增补本）》，四川人民出版社，2017年版。

关于社会儒学，目前中国大陆有几个学者在倡导这个理念，比如在座的涂可国老师、韩星老师以及我本人。我们三家在谈"社会儒学"这个概念，并加以阐发。当然，目前可能都还处在一个比较初步的阶段。我本人对社会儒学的看法，其实是基于一个比较小的问题，就是想了解一下：儒学在现代社会还能不能发挥作用？如果能，它应当在什么样的领域发挥作用，发挥何种作用？在这个问题上，很明显，我的主要批评对象是政治儒学。我的基本理念是根据政治国家和市民社会的二元划分，认为政治国家层面应该是交给立宪民主制度，以解决儒学几千年都没有解决的治乱循环问题。也就是说，中国要跳出历史周期率，必须靠立宪民主制度。这是我的一种看法，可能在这一点上跟一些学者是有共识的，我觉得黄老师可能也认同这一点。那么，儒学在哪里发挥作用？它应该在社会层面，就是在一个广义的市民社会层面发挥作用，包括个人修身、家庭内部关系调整、公司组织等。我提出这个概念的时候，想法很简单，就是试图回答上述问题。将来随着思考的深入，可能我也会像黄老师一样进入形而上学领域。我本人还是有点想法的，想做哲学家。而想做哲学家，如果在形而上学层面没有一些独到的思考和阐发，那是很难的。我把目前一些现有的工作做完之后，就会进入形而上学领域。对此，目前我有一些思考，以后有机会再和大家分享。

黄老师的生活儒学就是当代儒学向多元化方向发展的一个比较成功的典范，更值得重视。

第二点，我谈一下黄老师的生活儒学的前提设定。

黄老师说了，生活儒学最重要的观念，其实跟原有的儒学是一样的，就是"仁"的观念。不过，他用了一个词"仁爱"。这里，是"仁爱"还是"仁"，还是"爱"，在此我们不做区分（当然，在一定的学术脉络里，这些概念是有比较严格的区分的）。根据我的理解，自孔子阐发了"仁"这个概念以来，儒家最基本的概念就是"仁"。儒家为什么会从"仁"这个观念出发？以"仁"为根本出发点，道家就不赞成。老子《道德经》里面有这样的话："天地不仁，以万物为刍狗。"他是一种自然主义的视野，而没有"仁""爱"这样一种价值。他是强调"自然"，而儒家是强调"人文"，强调"仁"和"爱"。因此，儒家和道家在起源的时候就是不一样的，走上了不同的路。换句话说，他们对人性、对"仁"持有一种根本不同的看法。

黄老师讲过,他是试图在冯友兰先生和蒙培元先生的基础上推陈出新,做出新的发展。我们知道,冯友兰先生是"新理学"体系的阐发者,他是接着朱子讲的,他最重要的、最关注的概念是"理"。而蒙先生,根据我的一点粗浅的了解,他所重视的是"情感",他的哲学是"情感儒学"。那么,我在想:这两者之间或许会有一致的地方,但是也可能有冲突的地方。待会儿还要向黄老师请教。

关于"仁",孟子有比较明确的阐述。但生活他有两种表述:一种是"恻隐之心,仁也",恻隐之心就是仁;另外一种是"恻隐之心,仁之端也"。"仁"和"仁之端"是不一样的。在我看来,朱子和陆象山的基本差别,就在于对这两个命题的不同的阐发。朱子更多地强调恻隐之心是"仁之端",所以恻隐之心不是"仁",恻隐之心是"情",爱也是情;仁是"心之德""爱之理",就是说,爱的道理、爱的原理才是"仁"。所以,仁是性,爱是情。他区分得很清楚。我们知道,朱子学不仅是中国的学问,而且在古代的时候就已经成了东亚的学问。这几年越来越多的人开始关注从东亚视角研究儒学,或可称为"东亚儒学"。我本人也受到了一定的影响,这几年我就在研究东亚儒学中的一个问题:人心道心问题。以朱熹为代表的宋明理学家中有不少的关于人心道心的阐述。朝鲜李朝的性理学家,他们主要属于朱子后学。这些人展开了"四端七情之辩""人心道心之辩"和"人性物性异同论之辩"。韩国儒学喜欢以辩论(debate)的形式展开学术思想,就此而言,和现代英美的分析哲学颇为相似。以人心道心问题为中心,我就进入了东亚儒学领域。退溪学派、栗谷学派是韩国性理学的主流,这两个人都是朱子之后非常重要的东亚的朱子学者。陈来老师曾经有一个判断,我是很赞成的。他说:朱熹之后的中国所有朱子学者,他们的学术水准都没有达到李退溪和李栗谷的高度。换句话说,从朱子学的水平来说,李退溪和李栗谷是朱子之后整个东亚大陆最高的。这两个人的基本差别,我觉得可以归结为一点,就是说:"理"是动的,还是不动的?在李退溪那里,他似乎有某种想法,承认理是动的,是活理,用牟宗三先生的话说,是"即存有即活动"的。而李栗谷可能比较忠实于朱子思想,说"理无为而性有为",理是无为的,它是静的,它是不动的。我是想通过这样的一些问题讨论,说明在儒学里面,在东亚儒学里面,关于"仁"其实是有一些不同的看法的。有的人认为,"仁"可能更多的是一种情感性因素。有人就这样解读孟子,解读陆象山,解读王阳明,然后把他们引向苏格兰启蒙学派的情感主义,像哈奇森、休谟以及亚当·斯密。还有的人是这样阐释的,按照朱熹的理论,"仁"是"理",从这个意义上来说,朱子的哲学就是一种理性主义。

这就回到了我刚才想问黄老师的一个问题:生活儒学继承了两种学术传统,当然这两种学术理论之间可能有一致之处,但是一方面是试图接着冯先生的"新理学"讲,它的核心概念是"理",另一个方面是试图接着蒙先生的"情感儒学"讲,而情感儒学既然是凸显"情感"两个字,那么,它可能更多的是情感主义。那么,怎样把这两种不同的理论方向整合在生活儒学里面,使之能够成为一种一以贯之的儒学?当然,有人可能会说:这很简单,"仁"是情理合一的,两方面是和谐统一的。但是,我觉得还必须有合乎逻辑的严密的论证。我很想听听黄老师对这个问题的看法:是强调理论的调和呢还是强调理论的纯粹的逻辑彻底性呢?

第三个问题,我想知道儒家以及黄老师的生活儒学,如何承诺个体的团结?这是一个非常严重的问题。历史上不乏小群体欺压甚至消灭大群体的实例。我想问的是:人数占据绝对优势的一方为何能够被对方轻易消灭?在保持个体的团结,凝聚成一个团结的、有战斗力的社会这个问题上,儒学是不是有什么缺陷?如果有缺陷的话,生活儒学以及我本人想阐发的社会儒学,如何弥补这样的缺陷,让儒学在实现社会的团结方面能够做一些工作?从历史上来看,从东汉后期到中唐,中国出现了大家族的一种特殊的组织方式——部曲制,从而出现了一种地方自治的局面。这种组织形式强化了社会在家族(广义的)层面的团结,从而保护个体。但是却是以个体对某个次权力中心的依附为代价的,同时还和中央集权产生了对立。宋明理学兴盛的时代,家族制度获得了某种重建,比如,建祠堂、修族谱等。不过,这样的制度形式主要出现在中国南部省份,比如广东、福建、浙江和江西等地。近代以来,西学传到了中国,自由结社的思想引起了国人的高度关注。或许,公民之间的自由结社,是强化社会团结和保护个体的一种有力的制度形式。那么,儒家和生活儒学是否可以对结社理论予以某种儒家式阐发,从而改造和适应中国的土壤呢?

我就说到这里,谢谢!

生活儒学：儒家哲学面向时代的系统建构

何善蒙

◇ 编者按 ◇

此文原载《当代儒学．第16辑》，杨永明主编，四川人民出版社2019年版。这是在第二届"生活儒学"全国学术研讨会上的发言，会议由苏州大学政治与公共管理学院主办、该院哲学系承办，于2019年4月20日在苏州举行。何善蒙，浙江大学人文学院哲学系教授、博士生导师。

非常感谢周老师，感谢黄老师，让我们又有了这么一个见面的机会。我来这儿，主要是学习黄玉顺老师的生活儒学。黄老师的生活儒学，我个人是获益匪浅的，也是一直在学习、在思考。但是学习是没有止境的，每一次学习的时候，都会有新的体会，这是一件很有意义的事情。

刚才李广良老师一直强调"边疆"的概念，但如果从生活的角度来看，生活是一体的，是浑然的，当然也就没有所谓的"边疆"（或者非边疆）的生活了。我们的日常生活，如果按照李老师刚才说，要从"大本大源"来讲的话，那也是不能说"边疆"或者"非边疆"的。生活就是一个大化流行，正是在这样的动态之中，我们关于生活的一切领悟可能就都具有了非同一般的意义，生活儒学可能也就具有了活的基础。

对于黄老师的生活儒学，我想谈几点自己学习后的想法，不一定准确，但是，代表着我此刻对于这个问题的一些肤浅的感受。

第一点是我们在座的诸位都知道的，所谓"大陆新儒家"有各种派别、各种细分的形态。在这个意义上来看，生活儒学有什么样的特点呢？也就是说，如果我们把黄老师的生活儒学置于今日所谓的"大陆新儒家"的各种"学派"中，生活儒学有什么样的特殊意义呢？

这几年随着传统文化的复兴，儒学的各种所谓"学派"纷纷出现，这当然是一种好现象。但是，从根基处说，这实际上也在某种意义上说明：儒学在面向当今世界的时候,可能存在着某种深层次的焦虑。为什么会存在焦虑?这大概是因为在学术的话语系统上和现实的纬度上,我们长期"失语",长期"失声"。也就是说,在过去很长时间里,由于种种因素,我们没有能够很响亮地说出自己的话语,表达自己对于现实的关注,而大概都只是在"僻静处"徘徊。而这几年,因为各种因素的"和合",儒学也逐渐走到人们的视线中间,它的这种存在感就如同突然爆发出来一般。我觉得首先这是一个好的现象,说明儒学已经开始不断地去面向生活,面向世界,面向现代生活,而且是非常积极主动的,这是传统文化复兴(或者说现代转型)所必须要有的状态。但是在积极之外,我们也感受到了某种焦虑。说焦虑,这是因为我们虽然有了种种"学派"的提法,但是,大多数的所谓"学派"都可能只是为了提而提,因为他们事实上似乎并没有找到面对现实的一种很恰当的方式。焦虑也代表着某种不安,而这种不安的根源是跟以往的失语、失声的经历密切相关的。从这个角度来说,种种的"学派"林立,也是值得我们警惕的。可能我们需要的更多是一种面对现实生活的有效方式,而不是各种名号。

在这些不同的儒学的提法当中,我觉得黄老师的"生活儒学"是非常值得去梳理和关注的。为什么这么说?首先,立足于生活世界,这是儒学在当代发展所应有的态度。如果从儒学的传统来说,它所具有的种种价值就是因为其坚定的生活立场。我们通常都会说,儒学是一种面向现实的学问,其实这就是对于儒学生活立场的最直接的认可。因此,立足于生活,是对儒学基本立场的坚持,也是对于生命本身的重视,儒学如果具有生命力,那么,它一定和生活本身是相贯通的。生活世界,才是儒学的精神源泉、大本大源,也是儒学的生命力所在。从这个意义上说,儒学首先不是一种纯思的、抽象的知识系统,而是面向生活世界本身的一种实践智慧。

其次,如果作为学理来讨论的话,黄老师的生活儒学跟其他的各种各样的儒学的最大差异在于,黄老师的"生活儒学"有一个非常自觉的、完整的哲学架构,这是非常难得的。因为其他很多的儒学形态,"政治儒学"也好,其他形态的儒学也好,实际上都只是用儒学来解决某一个方面的问题,或者说只是回答儒学的某一个方面的问题,而没有像刚才李老师所讲的从"大本大源"上去讨论儒学怎么样面对当今社会的问题。如果不从"大本大源"的意义上去回应现实问题,那么儒学对于生活的关注,只能是支离破碎的,无法形成一个圆融的系统。而只有一个圆融的系统的存在，才能保证儒学精神生生不息。

所以，我觉得黄老师的生活儒学有一个很大的特点，就是建构了一个非常细致和完整的哲学系统。黄老师的书里面讲得非常清晰，怎么从生活感悟转成形而上学的讨论和形而下学的建构。这样的建构，不管它是不是存在问题，至少提出了一种哲学的系统。这种自觉的哲学意识和建构的努力，是当前其他大陆儒学流派所缺乏的。很多人在讲儒学的时候，没有这样一种非常清晰的问题意识，只是为了讲儒学而谈论儒学而已，并没有把儒学放在一种自觉的生命运动中去理解，并没有真正意义上去尝试从儒学的角度应对现实。黄老师从2004年开始讲"生活儒学"，就有非常强烈的哲学建构的意识，最近几年尤其强烈。

我觉得这样一种持续性的建构有一个好处，就是可以使这个哲学系统本身不断完善。而其他的新儒学可能不仅在学理上存在一些问题，更为麻烦的是，它们实际上避开了哲学讨论的基础，而直接来谈论儒学在当今世界的运用，或者说如何把儒学用到现代社会当中来，然后呈现出儒学所谓的意义和价值。这样的讨论，看上去为儒学在现代生活中谋求了极大的地位，但是很多时候，这样的讨论可能只是一厢情愿罢了。没有哲学架构的儒学，没有自觉问题意识的儒学，很难真正去回应当今生活。离开了哲学理论的建构，去谈论儒学的当代意义，只是一种抽象的讨论，也就是说，只是自己觉得儒学有这个用处而已。但是黄老师的做法，是从十多年前一开始就致力于建构一个新的哲学系统。我觉得，不管是从学理或者从系统的完整程度来讲，生活儒学都是一个非常可观的东西，我想我们在座的诸位都很清楚地看到了黄老师的建构能力。

因此，即便当代有诸多据称是"大陆新儒家"的学派，黄老师的生活儒学是少数有着现代问题意识和系统哲学架构的，这是黄老师区别于其他人的重要特点。

第二点，就是"生活儒学"跟"生活的儒学"的差别。黄老师的书里面也谈到了这个问题，我觉得这很重要，因为两者有着根本的差异。

"生活的儒学"是龚鹏程老师的提法，看起来是一个很好的提法，就是说，他关心的是儒学在今天这个社会当中对今天的生活还有什么意义，那就像黄老师的书的副标题所说的"面向现代生活的儒学"。"面向现代生活"对于儒学的复兴（或者发展来说）当然很重要，因为如果儒学不面向现代社会，那就仅仅是一种哲学或者一种思想，就跟这个时代脱节了，那就只是一种纯思的兴趣罢了。而一切真正的哲学、真正的思想，都必须面向生活世界本身，必须关注现实，才能获得现实的滋养，由此才具有生命力，才会生生不息。但问题是，儒学应该怎么去面向现代生活呢？我刚才讲了，"生活的儒学"这个提法有个很严重的问题，就是它尽管是用儒学去解决现代生活当中的问题，认为儒学在这个方面有用、在那个方面有用，但实际上，这样一种列举方式不仅可能是一种一厢情愿的想法，它更严重的问题是会把儒学的整个系统解构了。比如说，如果儒学可以用来解决政治问题，那儒学实际上就变成仅仅是政治儒学了。但是，政治儒学只是站在儒家的角度来对政治做出的回应，姑且不论这个回应有没有效，如果我们只是从生活现象的本身来讨论儒学对于现代社会的意义，那只是把儒学贴在一个个的生活事实上，这样一来，儒学就被切割成一片一片的东西，它只能适应现代生活的某个方面，从最好的意义上来讲，儒家也仅仅变成了一种思想资源。当然，作为思想的资源好不好？那肯定也是好的，因为它毕竟意味着儒学的某个方面还是可以被"激活"。但是，它最大的问题是儒学被"激"得粉碎了。所以，在这个意思上来讲，"生活的儒学"的出发点固然是好的，它要用儒学去回应现代生活，但它的问题同样是很严重的，是对儒学精神的一种肢解。所以我觉得，如果我们要把儒学当作一个非常重要的传统，那么，在面对现代社会的时候，最为重要的是让它从学理上得到一种适应现代生活的系统延续，就像黄老师的生活儒学的建构那样。我觉得这是"生活儒学"和"生活的儒学"的最大差异，虽然中间只差了一个字。

第三点，我想谈谈自己的一些不同的想法。

我觉得"生活儒学"的提法很好，它可以在保持儒学的系统性的前提之下来做出一种理论形态，使儒学可以有很好的发展。实际上，从历史的角度来看，从先秦儒学到现代新儒家的出现，任何一个时代的儒学都是在不断地变化的。包括黄老师的生活儒学，其实也很清楚地是在回应这样一个时代的生活"life"，那就是在现代性背景下产生的一个非常好的文明形态。但是我觉得生活儒学可能有一个问题，我不知道究竟是不是问题，就是黄老师在书里面也提到的,生活本身是没办法作为一个对象去言说的,但是当你讲"生活儒学"的时候,实际上是把它当作一个对象在言说,尽管你在书中也尽量地避免产生作为一个对象化的东西。

黄老师其实意识到了生活本身的特点和作为一种哲学形态架构之间的那种张力,但是,我觉得这样的提法在别人看来可能会产生一个或者说两个问题。

第一个问题是什么呢?就是说,生活本身被非生活化。因为生活本身是事实,而当我把生活当作一种学理来建构的时候,它本身的那种灵动的意识可能会被消解,从而变成了一种纯粹思维形式。生活的非生活化,是不是这种思辨的讨论所无可避免的呢?

第二个问题是什么呢?就是说,生活儒学会不会消解生活本身?这个想法就是说,生活本身是一个感性的事实、感性的经验、感性的体验,而当我们把生活当作一个理论系统去谈论、去推行的时候,是不是会把生活本身给消解掉?也就是说,我们在谈生活儒学的时候,是对生活从儒学的角度进行了建构,而建构出来的东西,由于它学理的特点,会消解掉生活本身所具有的意义。

说到这里,我想起当年向秀说要注《庄子》之时,嵇康和吕安等人甚为鄙视,"秀与嵇康、吕安为友,趣舍不同。嵇康傲世不羁,安放逸迈俗,而秀雅好读书。二子颇以此嗤之。后秀将注《庄子》,先以告康、安,康、安咸曰:'此书讵复须注?徒弃人作乐事耳!'及成,以示二子,康曰:'尔故复胜不?'安乃惊曰:'庄周不死矣!'"(《向秀别传》)在嵇康和吕安看来,对于《庄子》的注释,当然就是对于生活本身意义的消解,所谓"徒弃人作乐事",这说明,语言的固定化、抽象化是会对生活本身的那种灵动性、丰富性构成冲击的,也正是从这个意义上来说,在嵇康等人看来,"此书讵复须注?"但是,后来在向秀完成注庄之后,嵇康与吕安对于此书的称赞中,我们也看到了语言的成功和完满之处。这样说起来,重要的不是去不去描述生活,而是怎么描述、怎么讨论,我们相信,黄老师的讨论是一种比较成功的方式,因为,他对这个问题一直有着清醒的自觉!

这是我的一些非常粗浅的想法,可能不对,请黄老师多多批评。我就讲这么多,谢谢大家!

生活儒学与儒学史的贯通问题

翟奎凤

◇ **编者按** ◇

此文原载《当代儒学. 第 16 辑》，杨永明主编，四川人民出版社 2019 年版。这是在第二届"生活儒学"全国学术研讨会上的发言，会议由苏州大学政治与公共管理学院主办、该院哲学系承办，于 2019 年 4 月 20 日在苏州举行。翟奎凤，山东大学儒学高等研究院教授、博士生导师。

尊敬的黄玉顺老师、林安梧老师、谢文郁老师、周可真老师，今天非常高兴跟各位老师交流黄老师的"生活儒学"。其实，我很早就认识，也很仰慕黄老师，后来很荣幸来到山东大学，近距离地跟黄老师学习。但是也很惭愧，我虽然这么多年常和黄老师见面，在很多场合也常听到黄老师阐发他的思想观点，但一直没有特别系统地看过黄老师的著作。所以，我这次只能谈一下粗浅的体会，向各位老师学习请教。

我知道黄老师把儒学跟现象学、海德格尔思想结合，有很多新的提法，但是，黄老师主张回到先秦孔孟，而对宋明儒学有不少批评。但是，我自己的体会，生活儒学所讲的"仁爱"还是跟宋明儒学有相似之处的，黄老师讲的人的本源性、"生生"，宋明儒学也讲。当然，宋明儒学是对佛老挑战的回应，所以对于先秦儒学来说有很大的转变。先秦儒学对"仁"的解释更多是主体性的，而在宋明理学、程朱陆王，倾向于强调"仁"是一种本体。宋明理学一个很大的特点，就是对"仁"的诠释强调"生生""生意"。我看到阳明后学有一个学者叫万思默，我无意中看到他的一句话，说"生活是仁体"，这与黄老师生活儒学的相关思想确实有很大契合。黄老师是把先秦儒学与现象学结合起来。近现代儒学虽然对宋明儒学有一些反思，但是从大的方面来说，也是沿着宋明理学的脉络下来的，所以我倾向于整体上把儒学从先秦到宋明、到近现代看成一个绵延、一个发展。

确实，从孔子到宋明，到近现代，再到当代，"仁"都是儒学的一个非常核心的范畴。先秦不说，就是在近代也是如此。特别是康有为，"仁爱"在康有为的思想中也是根本性的，他强调"仁"的完全实现就是"大同"世界，"仁"在社会上的不断扩充实现就是"大同"。可见"仁"是"大同"思想的根本性的内容。当代来说，陈来老师、牟钟鉴老师、黄老师，他们也都强调"仁"，当然各自的诠释有所不同。"仁"是当代新儒学建构中非常关键的一个词。仁与情感是密切关联的，就此而言，李泽厚先生、蒙培元先生强调倡导的情本体、情感儒学与仁学也是非常密切的。

黄老师和张祥龙老师都有现象学和海德格尔的背景，对儒学都有很深的情感；但与黄老师相比，张祥龙老师更强调"孝"的观念。我最近也很想写这方面的文章，也特别关注"孝"观念，关注在当代如何看待"孝"的问题。我最近看康有为的著作，他对"孝"也特别重视，而且有他自己相当精辟的解析。"仁"属于精神、灵魂方面，而"孝"更多是跟人的血缘、亲缘相联系，所以康有为认为，"仁"可以与其他宗教进行比较，而"孝"则是儒家的一个特色，"仁""孝"并重是儒家的一个特色。

关于近现代社会儒学的一些体会，我曾经写过近现代大学校歌校训与儒家文化的文章。在近现代大学的校训里面，除了基督教背景的大学，大都来自儒家经典，他们很少强调仁爱，但更多突显两个观念，一个是强调诚，还有一个是强调至善，"止于至善"，中南大学、厦门大学等都突显了"至善"。这是很有特点的。这是从儒家文化、从社会发展的层面来看。

如何从哲学层面上借助现象学来诠释先秦儒学甚至宋明儒学，黄老师有很多很有新意的见解。但是据我一孔之见，我觉得是不是还可以扩展一些，包括具体的工夫论方面，在落实到生活中去方面，儒家还有一些资源可以挖掘。生活儒学现在还是在"理"的层面谈得比较多，而在"气"的层面、在落实的层面是不是还能再进一步展开。当然，黄老师近年也建构了中国正义论，这可以看作是其生活儒学在现实层面的一个展开。总体而言，黄老师的儒学思想上承冯友兰、蒙培元，又自成一家，富有思想活力，是当代儒学发展的重要代表。

我就说这么多，请各位老师指教。

生活儒学的哲学突破

郭萍

◇ 编者按 ◇

此文原载《当代儒学．第16辑》，杨永明主编，四川人民出版社2019年版。这是在第二届"生活儒学"全国学术研讨会上的发言，会议由苏州大学政治与公共管理学院主办、该院哲学系承办，于2019年4月20日在苏州举行。

在儒学复兴的大势下，造论的冲动催生了形式多样的儒学理论，然而要实现真正的哲学突破却并非易事。黄玉顺教授创建的"生活儒学"是当前少有的一个具有实质性哲学突破的儒学理论，它以不同于传统儒学和现代新儒学，同时也不同于西方现代以及后现代哲学的"当代"哲学进路，为当代中国原创性哲学理论的发展提供了一种积极的示范。

生活儒学采取的"当代"哲学进路是"黄先生通过反思前现代主义、现代主义以及后现代主义思想进路所导致的理论诟病而找到的'打通传统与现代'的一条新的思想途径"[①]。作为思想途径的"当代"并不是指线性时间意义上的"现在"，即与过去、未来相对的"有间"的"时段"，而是熔铸着过去与未来，与过去、未来"无间"的"当下"。

正是依凭着"当代"的思想途径，生活儒学展现出两方面的哲学突破：一是生活儒学以前将对象性的、浑然无我的"当下"作为理论建构的思想视域，从而实现了哲学视域的突破；二是生活儒学将"当下"作为本源性的思想观念，并将之贯彻到主体性观念（即形而上学与形而下学）的建构中，从而推动了哲学观念的突破。

---

① 郭萍：《自由何以可能——从"生活儒学"到"自由儒学"》，《齐鲁学刊》2017年第4期。

一、哲学视域的突破

从人类哲学的发展看,自轴心时代哲学发端,一直到近现代,对象化的思考已经成为一种习以为常的哲学视域。然而,进入 20 世纪之后,随着"回归生活世界""面向事情本身"的现象学运动等前沿思潮的推动,尤其是以海德格尔为代表的生存论现象学的开展,当代思想界意识到两千多年来的传统哲学已经遗忘了造就一切对象化存在者的存在本身,因此对象化的传统哲学视域遭到了瓦解。与此同时,哲学家们开始尝试从前对象化的存在本身来重新解释世界,这就是当代哲学思想视域的革命。

然而就儒学的发展而言,尽管近现代乃至当代儒学,不论其问题意识、思想内容,还是其理论形态,都早已不是古典儒学,而是某种现代性的儒学理论了,但是这些理论所共同呈现的形上—形下理论架构,暴露出近代以来的儒学依然延续着对象化的传统哲学视域。以代表现代儒学理论高峰的 20 世纪现代新儒学为例,他们努力"返本"的宋明儒学正是一种传统形上学的典型,他们为"开新"而借鉴的近现代(主要是 18—19 世纪)的西方哲学也是基于形上—形下架构的主体性哲学,不论是梁漱溟所借鉴的唯意志主义,冯友兰所借鉴的逻辑实证主义,还是牟宗三、唐君毅等所借鉴的德国古典哲学,都无一例外。当然,当代儒学通过批判现代新儒学,创建了诸多富有新意的理论,其思考的角度、观点以及内容等都不乏独特的价值,但在思想视域上却没有实质性差别。也就是说,当前的儒学理论绝大多数还是沿袭了传统的哲学视域,在"形上—形下"的二元架构下进行思考。这恐怕也是当前儒学形式多样,但在哲学上却难以真正超越现代新儒学,取得突破的一个根本原因。其实,当前中国学界,主要是西方哲学研究者,已经对哲学视域的转变展开了积极的探索,而且也取得了很多值得儒学借鉴的研究成果,只可惜这些研究还是集中于对西方思想的分析、阐释,并没有运用于中国哲学理论的创构中。

在此局面下,生活儒学通过与西方现象学的对话,借鉴了现象学研究的相关方法,提出前对象化的本源思想视域。这种视域既是一种哲学方法,也是一种哲学观念,即本源观念,它构成了生活儒学最具特色的内容(详见下节)。基于本源思想视域,生活儒学重新审视了既有的儒学理论的得失,对既有的儒学拘于形上—形下的对象化思维模式做了彻底的解构，同时完成了自身的理论建构。这种新视域的运用根本颠覆了以往哲学的理论进路，即自觉或不自觉地以某种确定性的主体观念（包括经验主义的假设和先验主义的预设）去匡正和剪裁处于可能性的生活本身，取而代之的是，直面事情本身，投身当下，以生生不息的生活本身去塑造、去更新一切主体性观念。如此一来，生活儒学就为儒学真正切入当下社会提供了一种方法论的参考，同时也从方法论的意义上将儒学推向当代哲学的前沿。

二、哲学观念的突破

生活儒学是由本源观念—形而上学—形而下学的三层观念构成的理论体系，这在突破传统哲学形上—形下两层观念架构的同时，也推动了哲学观念的突破。

（一）本源观念的开启

生活儒学的本源观念虽然得益于海德格尔存在论现象学的启发，但它并没有沿着海德格尔的脚印前行，而是以儒家话语对存在本身做了新的言说。

（1）生活儒学强调存在本身就是当下的生活本身，生活本身被儒家领会为本源的仁爱情感，这既不同于海德格尔的烦、畏等负面情绪，也不同于舍勒带有主体伦理意味的爱的情感，而是生活的实情，也就是先于主体，先于伦理与认知的"事之情"，这作为了儒学切入当下生活，确立"人之情"的前提，也为进一步展开的对象性言说提供了最深层的观念支撑。① 生活儒学对"仁"的本源性言说，释放出了"仁"作为形上的"德性"和形下的"德行"之外的更为原始的含义。与此同时，它以本源情感作为先行于存在者的存在本身，意味着理性、德性以及道德情感等一切存在者化的观念皆源于情感，这就突破了长久以来理性主义以理克情、情理对立的观念，以及传统儒学以性为本、以情为末的观念，并且在新的观念层级发展了与儒家王道政治传统、

---

① 黄玉顺：《爱与思——生活儒学的观念（增补本）》，四川人民出版社，2017年版。

道德伦理传统不同的，儒家情感主义传统。①

（2）生活儒学对海德格尔思想中"此在"对"存在"的纠缠深为警惕，尤其批判了"此在"僭越"存在"的理论陷阱，即如德里达所指出的海德格尔是在更高的层面上确立了"大写的人"。②因此，克服海德格尔的思想风险也是生活儒学更彻底地突破对象化思维，切入当下生活的一个关键。对此，生活儒学提出"生活即是存在，生活之外别无存在"的思想，以此清除"此在"对存在本身的侵扰，并以"本源生活"表征了一种比海德格尔之"生存"（Existenz）更为透彻的当下观念。

（3）本源观念的开启无疑是对传统形而上学解构的结果，但生活儒学并没有因此否定形而上学存在的意义，更没有因此放弃形而上学的建构，反而是明确提出要基于本源观念重建形而上学。

我们知道，不论海德格尔，还是后现代主义，都不做任何形而上学的努力，因为他们认为，形而上学的建构，乃至一切主体性的建构，都是疏离存在本身的做法，因此"对形而上学不加过问"③，沉浸于"存在"，消解一切主体价值，成为其根本的主张。然而，如此一来，无异于否定了一切现实的价值和意义，其结果是既不能引导我们积极地投身当下，也不能有效地解答现实生活的问题。而如果我们认可当下的生活不是无价值、无意义的，也认为有必要回应现实生活的挑战，那么就必然需要赋予生活本身、存在本身某种价值（包括形下的价值，形上的价值），这也就必然需要建构某种主体性观念作为支撑，因此，在当下重建主体性观念（包括形上的主体，形下的主体）仍是必要性的，而且是不可逃避的。生活儒学就是本着重建主体性观念的意图而进行本源观念的阐释，这使它并不同于各种"哲学终结论"的论调，也不会像存在主义、后现代主义那样导致相对主义、虚无主义的风险。

---

① 当前已有学者指出，黄玉顺"生活儒学"提出的本源观念，乃是对其师蒙培元先生"情感儒学"的发展，而蒙培元先生则是对冯友兰先生开创的情理进路的发挥，因此，从冯友兰的"新理学"经蒙培元的"情感儒学"再到黄玉顺的"生活儒学"已经形成了现代儒家哲学的"情理学派"。（参见胡骄键《儒学现代转型的情理进路——以冯友兰、蒙培元、黄玉顺为对象》，《学习与实践》2019年第4期。）
② 德里达：《论文字学》，汪堂家译，上海译文出版社，2005年版，第4页。
③ 海德格尔：《面向思的事情》，商务印书馆，2011年版，第28页。

（二）形上观念的突破

主体性的重建，不仅包括形而下学的重建，还包括形而上学的重建。生活儒学认为，重建形而上学之所以可能，是在于形而上学有着生活的渊源，先于存在者的生活本身为之奠基。唯其如此，形而上学才不会成为哲学家书斋里的概念游戏，进而才可能为形而下学（伦理与物理）提供切合当下的本体依据。

也正因如此，形而上学必然具有随生活流变而更新的变易性。因此，生活儒学提出"变易本体论"，以"变易"融摄"不易"与"简易"，并解释说"'简易'是说'变易'乃是极为简单的道理；'不易'是说'变易'乃是永恒不变的道理"[①]。此论突出强调的是形而上学并非亘古不变，而总是随着生活的衍流而日生日成，不断更新，同时形而上学所承载的主体价值也自然随生活变迁而不断超越。其深刻之处在于揭示出形而上学唯有在与时"变易"的过程中才能保持自身切入当下的状态，其实际是以"变易"的内涵维系着"不易"的至上地位。这种观念无疑是颠覆了世人对形而上学的传统理解。

古往今来人们已习以为常地认为，形而上的存在者作为本体，也作为一切具体存在者的根本依据，是超越时空、永恒不变的，即便我们转化它的形态，也无法更新它承载的价值。但事实上，古今中外的哲学家总是通过构建形而上学进行着最隐秘的价值革命，历代的本体观念都是哲学家基于当时代的问题意识，对当时代的主体价值进行的最高抽象，其意图都是为当时代诸领域的言说提供一个根本的观念承诺，否则哲学也就称不上是时代精神的精华。虽然西方哲学史上出现过不少"回到……"的潮流，但不论是主张"回到柏拉图"的柏拉图主义者，还是高喊"回到康德"口号的新康德主义者等，他们重新构建的本体观念都并不同于柏拉图或是康德的本体观念。反观儒家哲学也是如此，以接续孔孟道统为己任的宋明理学，其重建的道统并不是原始儒学的本体观念，而是帝国后期主体意志的最高表达"天理"；以"返本宋明"为旗帜的现代新儒学，其本体论也绝不同于传统宋明理学的本体，而是为民主科学奠基的现代性本体观念；甚至当前拒绝现代价值，一厢情愿退守

[①] 黄玉顺：《形而上学的黎明——生活儒学视域下的"变易本体论"建构》，《湖北大学学报（哲学社会科学版）》2015 年第 4 期。

前现代的原教旨主义，其阐发的本体观念，也绝非古代圣贤的本意，而只是一种当代主体价值的畸形。

之所以如此，是因为我们始终处于当下，总是不由自主地基于当下感悟来诠释传统，筹划未来，因而不论哲学家是否自觉，是否情愿，他所确立的本体，作为最高主体性观念，必然是对当下主体价值的表达。只不过由于以往的哲学家根本没有自觉到形而上学的变易性，或者没有恰当的理论路径去解释这种变易性，因而其本体观念掺杂着一些与当下生活不匹配的内容，例如现代新儒学老内圣与新外王的错位等。如今，"变易本体论"坦诚地揭示出形而上学表征的绝对主体价值的当下性，并阐明其更新的生活渊源，从而可以有效保障本体观念与当下生活的契合性。

（三）形下观念的突破

在形下观念层面，生活儒学的突破体现在历史哲学、政治哲学等领域的论述中。

基于生活本身造就主体的观念，生活儒学做了历史哲学的阐述。它将生活本身的衍流导致主体的转变，对象化地描述成了生活方式的转变导致了社会主体的时代性转变，即由宗族到家族，再到国民个体的转变，由此主体的情感倾向以及价值诉求随之转变，进而又导致社会一系列制度规范的转变，这些转变最终就促成了社会形态的历史转换，即由王权社会到皇权社会再到民权社会的转变。① 这种以生活方式的转变导致的社会主体转变为主轴，对社会发展及其观念、制度演变的理顺和勾勒，是独到而深具解释力的。据其论说已然推出，当下现代性的生活方式造就了现代性的社会主体——个体，而且势必需要建构一套与个体价值诉求相一致的社会制度规范。

为此，生活儒学以"中国正义论"② 提供了一种古今中外社会制度建构与主体诉求相一致的基本原理，即以"仁→义→礼"为基本环节的制度正义原理，着意强调要根据正当性原则、适宜性原则，对既有的社会制度进行损益。

---

① 黄玉顺：《论儒学的现代性》，《社会科学研究》2016 年第 6 期。
② 黄玉顺：《中国正义论的重建——儒家制度伦理学的当代阐释》，安徽人民出版社，2013 年版（英文版：*Voice From The East: The Chinese Theory of Justice*, UK, Paths International Ltd, 2016）；《中国正义论的形成》，东方出版社，2015 年。

相较于其他探讨正义的理论，包括罗尔斯正义论，"中国正义论"有两点重要的突破：其一，它不是针对某一个时代或某一个国家的具象论述，而是给出了一种古今中外制度建构所遵循的基本伦理原则，这使它具有其他正义理论不能比拟的普适性；其二，它是关于制度正义的理论，也即解答的是制度建构本身正义与否的问题，而不是根据某种既定的制度或观念考察言行是否正义的问题。这不仅将政治哲学维度上的正义问题推到了更深的层次，而且打破了长期以来人们不假思索地执守于行为正义的观念，具有深刻的观念启蒙意义。①

上述蜻蜓点水的概括并不能充分体现生活儒学哲学突破的深远意义，然而我们由此可以认识到，黄玉顺教授创建的生活儒学对于当代儒学的创新和中国哲学理论的创建来说是一个极富参考价值的范本。

---

① 郭萍：《儒学的启蒙——关于制度正义的思考》，《当代儒学．第 14 辑》，四川人民出版社，2018 年。

生活儒学的"大本大源"

李广良

◇ 编者按 ◇

此文原载《当代儒学．第 16 辑》，杨永明主编，四川人民出版社 2019 年版。这是向第二届"生活儒学"全国学术研讨会提交的发言提纲，会议由苏州大学政治与公共管理学院主办、该院哲学系承办，于 2019 年 4 月 20 日在苏州举行。

◇ 摘要 ◇

一切真正的思想和一切奠基性的学术都是从"大本大源"处契入的，自古至今之"（真正的）儒学"，亦皆是"大本大源"的开显与发用。黄玉顺在"儒学与现象学的比较视域中"，阐明了一种本土性、当代性的原创思想："面向生活本身"的"生活儒学"思想。"生活儒学"是一种本源性思想，其把"作为存在本身"的"生活本身"视为"大本大源"。此"大本大源"说虽然使用了海德格尔氏"存在论差异"的术语，但本质上是一种以"爱"为"本源"的儒家思想。

一切真正的思想和一切奠基性的学术都必须从"大本大源"处契入。"轴心时代"的思想之所以至今仍然能打动人心并启人之思，就是因为其是从"大本大源"处契入的，孔子、孟子、老子、庄子如此；《吠陀经》《奥义书》《薄伽梵歌》如此；巴门尼德、柏拉图、亚里士多德如此；佛陀、耶稣基督，《华严经》《圣经》亦如此。后世的大思想家亦皆是从"大本大源"处悟入的，王弼、郭象如此，僧肇、智𫖮、玄奘、慧能如此，朱子、阳明、船山如此；笛卡尔、康德、海德格尔如此，牛顿、爱因斯坦亦如此。而不从"大本大源"处悟入者，因其无"为天地立心，为生民立命，为往圣继绝学，为万世开太平"之宏大誓愿和"三智一心中得"之根本智慧，故格局固陋，眼界狭窄，气机不畅，易为人所乘，虽亦可掀动一时之风云，终不能有"天长地久""长生久视"之大用，甚至有堕入"魔道"，祸害天地万物、涂炭世间生灵者。

儒家和儒学在中国历史上毫无疑问是最成功的，即使经历了20世纪"西风俄雨"之狂暴洗礼，仍保持了其绵绵生机，以致有今日"新儒学"之胜景。对于儒家和儒学成功的原因，20世纪的学者习惯于展开宏大的或细腻的"历史理性"或"辩证理性"分析，此种分析诚然有其"逻辑与历史统一"的"辩证理性"根据，但因其站在儒家和儒学之外，故不知儒家和儒学之成功，是因为其有着永不枯竭的"大本大源"，有着"民族生存的动态结构不断兴发出的风云雨雪""补给给它新的生命元素，维持它的源头不竭，使它流淌成大江大河"。①而自古至今之"（真正的）儒学"，无不是"大本大源"的开显与发用，亦唯有从此"大本大源"处悟入者，方可称"真儒""大儒""醇儒"也。所谓"新儒家"者，亦唯有坚守此"大本大源"者，才是"儒家"，"新儒家"之"新"既是"别开生面"，亦必须是此"大本大源"本身的可能性的展开，非从外部强加于"儒家""儒学"者。

许多人视"生活儒学"为"大陆新儒学"的一派，视黄玉顺教授为"大陆新儒学"之"十大代表人物"之一。所谓"大陆新儒学"，隐有与"港台新儒学"分庭抗礼之意；所谓"十大代表人物"者，似有"门派"掌门之身份权势，故此种看法实乃学术思想之"江湖门派"观所致，为智者所不取，亦不合黄玉顺教授之思想。我对"生活儒学"之研究，严格坚守现象学原则，"朝向""生活儒学"思想之"事情本身"，以开显"生活儒学"本身之"思想大义"。

"生活儒学"不是"儒学"的"一派"。任何思想如果自身就是从"本源"而来，自身就是"本源"的呈现，那就不是作为"派别"而出现的。当代儒学运动中出现的思想皆不是作为"派别"而出现的，而是作为"儒学"本身的"真义""大义"而出现的，"政治儒学""自由儒学""制度儒学""文化儒学"等是如此，"生活儒学"亦是如此。"儒家的观念当然是历史地'变易'的，然而其中自有其'不易'的底蕴，这种底蕴是颇为'简易'的，在我看来，那就是'生活儒学'的观念：'儒学'就是'生活儒学'，'生活儒学'就是'儒学'。"②"我所理解的儒学原来的样子，就是我所提出的

---

① 张祥龙：《先秦儒家哲学九讲：从孔子到荀子》，广西师范大学出版社，2010年版，第2页。
② 黄玉顺：《爱与思：生活儒学的观念》，四川大学出版社，2006年版，叙说，第2页。

'生活儒学'。"①

既然"儒学"就是"生活儒学","生活儒学"就是"儒学",那还有什么必要特意标明"生活"二字呢？这是因为"自从原创时期以后、秦汉以来,儒学已经长久地遗忘了生活本身；这就正如轴心时期以后、雅典哲学以来,西方哲学已经长久地遗忘了存在本身。"②正因为儒学"长久地遗忘了生活本身",今日要"重建儒学"就必须"回归生活"。"在目前情况下,儒学复兴的最紧要、最迫切的任务,首先就是详尽地阐明'生活本源',亦即'生活本身'这个大本大源、源头活水。"③"儒学的一切的一切,都从'生活本源'说起。"④

"生活儒学"就是从"生活本身"这个"大本大源"处契入的"儒学",其整个思想理路和系统如下："儒家将作为操作本身的生活视为大本大源,将生活情感尤其是'仁'即'爱'的情感的显现视为源头活水。在这种本源上,通过'思'去'成己''成物',既而给出存在者,从而构建出形而上学、形而下学。因此,爱首先是作为不忍之心的本源之爱,而递转为作为绝对主体性、实体性、本体的形上之爱,并落实为作为道德情感的形下之爱。所以,思首先是生活本源中的情感之思、生活情感中的领悟之思,而表现为生活感悟的言说方式、诗意的言说；进而是生活感悟中生成的形上之思,而表现为哲学的言说；最终是在这种形而上学的基础之上展开的形下之思,而表现为伦理学、知识论的言说。⑤所以,所谓境界,不外乎是一种回归：首先是从形而下存在者回归到形而上存在者,最终是回归'无我''无物'的纯真的生活情感。"⑥据此,"生活儒学"之"观念系统"实际上由四个部分组成："生活本源论"、"爱"之观念、"思"之观念、"境界"之观念。

"生活儒学"将"生活本身"视为"大本大源"。对此"生活本身"如何

---

① 黄玉顺：《爱与思：生活儒学的观念》,四川大学出版社,2006年版,第1页。
② 同①,叙说,第2页。
③ 同①,叙说,第3页。
④ 同①,第185页。
⑤ 黄玉顺在《回望"生活儒学"》中指出："儒家最关注的形而下者领域是社会的伦理政治秩序,为此生活儒学建构了一套制度伦理学——'中国正义论'。"由此看来,在"形而下"的层面上,"生活儒学"不仅是"伦理学""知识论"的"言说",更是"政治学""法学"的"建构"。
⑥ 同①,叙说,第3页。

理解？黄玉顺教授将"生活本身"理解为"存在本身"。而对此"存在本身"的理解有两个路径："西方哲学的路径"与"中国思想的路径"。所谓"西方哲学的路径"即是海德格尔的"存在论差异"，指"存在"与"存在者"之间的差异，亦可称之为"存在"与存在者"之区分"（Unterschied）。"存在"与"存在者"彼此维系，当人们思及存在（Sein）时，总是在思考存在者之存在；另一方面，当人们思及存在者（Das Seiend）时，所思虑的又总是存在之存在者。① 黄玉顺教授对海德格尔的判断也许有问题，但"生活儒学"确实坚守了"存在论差异"，并"从存在者的观念达到了真正彻底的存在的观念"，并声称这就是"生活儒学"的基本观念。② 但为什么"存在本身"就是"生活本身"？我们完全可以设想"存在本身"是"存在本身"，"生活本身"是生活本身，尽管"存在"与"生活"可以通过某个"第三者"发生关联。黄玉顺教授从海德格尔的存在论出发，走向了中国存在论，他所谈的"存在"并不是海德格尔等西方哲人所谈的"Being"或"Sein"，不是什么"是"及其相关联的"是者"。黄玉顺教授的思想是："生活即是存在"。这一命题对于海德格尔的存在论来说，确实是不可思议的，但对于"生活儒学"来说，这确实是一个"基本观念"。

在当代这个哲学中，一说到"存在"，我们就会想到"存在论"，想到那个魔性的"Ontology"。然而，"生活儒学"却给我们提供了一条中国思想的存在论道路，通过对汉语的"是""有""在"的训诂考察，来回答"中国人是怎样来理解存在观念的"，并由此引入"儒家对存在、无的领悟"，也就是"对情感、爱的领悟"。③ "是"是"从形而上的层级向形而下的层级的落实"④，"有"是"从形而上的存在者向形而下的存在者的落实"⑤，"都是在说存在者"，而"存在本身"的观念，在汉语的"存""在"中显示出来。⑥ "在"即存在，是与土地、大地相关的，是"草木生长在大地上"。"在"即"生"，

---

① 张柯：《道路之思：海德格尔的"存在论差异"思想》，江苏人民出版社，2012年版，第3页。
② 黄玉顺：《爱与思：生活儒学的观念》，四川大学出版社，2006年版，第23页。
③ 同②，第25页。
④ 同②，第28页。
⑤ 同②，第34页。
⑥ 同②，第35页。

"草木之生与人之生是一回事",就是"生活本身",即"生活本身的本源情境"。①而"生"就是"活","生活如水","水"的"流动性",就是"生活本身的本源结构"。这是"生活儒学"中最富有现象学意味的分析。②

汉语中还有"存","存"是"恤问""温存",是"爱的情感"。"存就是在,就是存在;同时也就是生活情感,就是爱的情感。这就是这个人的'存在'观念;如果说,存在即生活,那么,生活就是生活情感,首先是爱的情感。"到了这里,我们才能真正理解"存在本身"即是"生活本身"的意义。这是只能在"华夏思想"文本和"华夏经验"中才能理解的,西方的存在论是不足以为此提供论证的。然而,"儒学"在哪里?就在这"爱的情感"中。"生活之为存在,首先显现为爱的情感。这种爱的情感,儒家谓之'仁''仁爱'。在本源意义上,仁就是爱。所以我经常说,不管你怎样讲,只要不讲仁爱,不讲生活情感,那就不是儒家了。"③从文字的原始构造上,"存"字从"子",归入"子"部,所以"存"作为"温存之问",说的就是"母爱"这样一种生活情感,"渊源于母爱的温存的体验之问"。之所以说"亲亲仁也",就是因为"亲亲"之爱才是爱的最基本的样式,爱本就是"亲爱"。"存在作为一种生活领悟,在本源上不过是说的生活本身的生活情感,而其源头,乃是母子之爱。这一点对于儒家来说乃是最本源的感悟;如果说爱的情感是一切的本源,那么,亲子之爱就是本源的本源。"④

黄玉顺教授说:"爱,所以在。这就意味着:一切存在者,包括人,都是由爱给出的。而爱本身却不是存在者,而是存在本身。就其是存在而不是存在者而言,爱就是'无'物,也就是'无'。"⑤"生活儒学"就是"儒学","儒学"就是"爱","爱"就是"存在本身"。这就是生活儒学的"大本大源",是真正"第一性"的,只有在此"本源"的存在之基础上,一切才有"意义"。不管是"形而上者"还是"形而下者",最终也只有回归此"本源"之存在,才能真正成就"有无相生、主客相融、虚实不二"的"动人境界"。

---

① 黄玉顺:《爱与思:生活儒学的观念》,四川大学出版社,2006年版,第38页。
② 我曾经写过《现象学视域中的中国水哲学》一文,强调的也是此意。
③ 同①,第43页。
④ 同①,第44页。
⑤ 同①,第44页。

生活：本源、展开及其意义
——关于"生活儒学"三个问题的讨论

郭美华

◇ 编者按 ◇

此文原载《东岳论丛》2020年第3期。郭美华，上海师范大学哲学学院教授、博士生导师。

◇ 摘要 ◇

生活儒学作为一种哲学理论创构，强调生活作为本源，是爱与思（情感与领悟）同生活本身的浑融一体，其中蕴含着以当下之行动作为真正本源的意义；而在一无所有的生活本源中，经由思而生成人和万物（主体与客体），最为重要的是重建以个体主体为本体的本体论，这是富于哲学洞见的致思进路；同时，生活儒学在哲学、生活本身与儒学的关系上，尽管皈依于儒学的价值立场，但因为其哲学进路和对于生活本身的强调，使得生活儒学具有不同于原教旨主义儒学的深刻性与开放性。

"生活儒学"是黄玉顺教授提出的一个具有创构性的概念："所谓'生活儒学'，是作者创构的一种儒学理论，其宗旨是回答这样一个问题：如果承认，前现代的儒家形下学（如帝国时代皇权社会的伦理学及其政治哲学）及其为之奠基的形上学（如心性本体论）不能照搬到今天的现代性的生活方式中来，即必须重建儒家的形上学和形下学，那么，在逻辑上就意味着：存在着某种观念，这种观念比形上学和形下学更为本源，然而这种观念又是儒学所固有的，不过后来被遮蔽和遗忘了。因此，生活儒学在理论上的一个基本特征，就是突破两千年来传统哲学的那种'形上—形下'的观念架构，重新发现更加本源的观念层级，在这种本源上重建形上学、形下学，于是形成'本源—形上—形下'的三级观念系统。对于传统哲学来说，这是一种全新的视域：如果说，传统的形上学思考的是形而上的存在者，形下学思考的是形而下的存在者，它们都是存在者，而不是存在；那么，生活儒学揭示的则是存在，亦即生活。"① 这一简略的说明，将生活儒学的基本主旨及其展开环节都进行了提示，即以生活为本源，并由之生发出世界、人和万物。

可以很明确地说，"生活儒学"并不是一种简单而抽象的语词标签或派别符号，而是一种与胡塞尔、舍勒尤其海德格尔的具体对话，这种对话的具体性拒斥所谓中西之别，而引向如此理解："这种对话实质上是我们自己的生活的展开，亦即生活本身的一种显示形态。"② 简言之，生活儒学本身的致思，就是生活本身及其展开的一种样式。因此，进入到"生活儒学"的视域，得有一个"入口"，一个作为起点也作为终点的"入口"——既从之出发，又回归于它的本源："形而上学正是以生活本身为自己的本源"③，"生活儒学所要回归的，乃是非先验性的、前主体性的本源情境，即生活本身"④。既从自身出发，又回归自身，作为本源的生活就具有"在生活并且去生活"的本源结构。⑤ 如此作为本源的生活之为生活，当然就是动词，是一种以自身为宾语并自为内容的活动："人们生活着（vit）他们的生活（vie）。生活（Vivre）就像及物动词一样，生活内容是它的直接宾语。而根据这一事实，生活着这些内容的行为，也是生活的内容。"⑥ 生活就是生活内容与生活活动本身的统一。

因此，生活自身内在地蕴含着"去生活"，或者说，生活就是生活本身的绵延："生活的每一环节，无不处于与不同于这一环节本身的另一环节的关系之中。"⑦ 就生活儒学对于生活的强调而言，其基本的视野在于透悟了"出离生活的不可能性"⑧。因此，作为本源的生活，在其本质上就自身展开，而本源生活的展开，也就是在生活本源中绽放出形而上学的实体、主体，认识论的客体以及世界和世俗生活等，从浑沦的本源生活绽放出世界及其万物。浑沦的生活本身是无："在本源的意义上，生活背后没有任何物，生活本身也

---

① 黄玉顺：《走向生活儒学》，齐鲁书社，2017年版，第1—2页。
② 黄玉顺：《面向生活本身的儒学：黄玉顺"生活儒学"自选集》，四川大学出版社，2006年版，第29页。
③ 同②，第32页。
④ 同②，第36页。
⑤ 同②，第37页。在《爱与思：生活儒学的观念》中，黄玉顺教授有一篇附论《生活本源论》，以相当篇幅强调了这个"在生活且去生活"的本源结构。后文将多次引用其中的具体论述。
⑥ 列维纳斯：《总体与无限：论外在性》，朱刚译，北京大学出版社，2016年版，第89页。
⑦ 同⑥，第102页。
⑧ 同⑥，第127页。

无任何物,在这种意义上,生活是无","生活是无:生活本身一无所有"。①而从一无所有中,人和万物都要生成、绽放出来:"人被生活生成,人诞生于生活;物亦然,任何存在者皆然。"②从生活本源作为浑沦之无,到世界、人和万物的生成、绽放,黄玉顺教授称之为"无中生有":"究竟是怎样在'无'的情境中生成了存在者?究竟怎样'无中生有'?"③

"无中生有"本来是道家(老子)的观念,但黄玉顺教授认为:"对于儒家来说,作为'无'的'存在'或'生活'并不是道家之所谓'道',而是儒家之'道',即儒家所说的'仁爱',亦即自然本真的情感,在儒家的观念中,仁爱情感乃是万事万物的大本大源,也是一切形而上者、形而下者的大本大源,所以也是一切形上学、形下学的大本大源。正是在这种本源上,儒家因应着生活方式的转换、社会形态的转型,不断地重建自己的形上学、形下学。"④在生活作为本源及其展开中,黄玉顺教授又有一个价值取向,或者说意义目标、信仰归属,即生活儒学皈依于儒家。生活儒学本身以生活为本源,但是,在黄玉顺教授看来,只有儒学所提倡的本真情感或仁爱或亲子之爱才是本源之本源,即最终的本源:"儒家观念的大本大源:生活情感。"⑤"'存在'的意义,乃渊源于本源的生活情感的意义:没有生活情感,也就没有存在。而这正是儒家思想的核心所在:没有爱的情感,就没有存在";"存在作为一种生活领悟,在本源上不过是说的生活本身的生活情感,而其源头,乃是母子之爱。这一点,对于儒学来说乃是最本源的感悟:亲子之爱乃是本源的本源。"⑥儒学的最终皈依,在儒学与生活和哲学的关联上,显露出生活儒学的意蕴底色。

因此,就生活儒学的整体创构而言,所谓生活之为本源,本源之展开自身而生成世界与万物(人和物)以及儒学与生活和哲学的关系,这三个方面,就成为理解生活儒学的基本方面。

---

① 黄玉顺:《爱与思——生活儒学的观念(增补本)》,四川人民出版社,2017年版,第227页。
② 同①,第227页。
③ 同①,第122页。
④ 黄玉顺:《走向生活儒学》,齐鲁书社,2017年版,第2页。
⑤ 同①,第205页。
⑥ 同①,第226页。

一、生活之为本源：源初存在与生活感悟、本源之爱的浑融

实际上，生活之为本源，黄玉顺教授特别强调不是说"生活的本源"，而是说"生活即本源"："儒学的一切的一切，都从'生活本源'说起。但须注意，所谓'生活本源'，并不是说的'生活的本源'。生活没有本源，因为生活本身就是一切的本源。生活本身既是形而上学的本源，更是形而下学的本源。这里，'生活'和'本源'乃是同位语。"[1]在哲学上，形而上学追求万物的最终根据或所谓本源，黄玉顺教授所谓本源不是这种作为思辨给出的形上根据，而是更进一步强调，"形而上学正是以生活本身为自己的本源的"[2]，"本源就是生活本身"[3]，如此作为本源的生活或生活作为本源，"本源不是一个物，不是一个存在者。本源之为本源，在于它先行于任何形而上学构造"[4]。因此，所谓"生活即本源"，有一种更为深刻的哲学意蕴，"所谓'生活本源'，就是'生活本身'。我们讨论生活本源，就是阐明生活本身"，而"生活本身，就是事情本身"[5]。

事情本身，就是"生活即是存在，存在即是生活"，"生活之外别无所谓存在"[6]——在生活自身展开自身的"至大无外"[7]中，一切源自生活，一切归于生活。而事情本身就是存在本身，"就是生活本身，就是纯真的生活情感本身"[8]，"生活就是生活情感，首先是爱的情感"[9]。本源生活本身就是本源情感，生活与情感源始一体。

作为本源的生活或生活作为本源可以被阐明出来，根源在于生活作为本源，本身自行领悟着："生活显现为感悟"[10]，"生活领悟并不是对存在者的认

---

[1] 黄玉顺：《爱与思——生活儒学的观念（增补本）》，四川人民出版社，2017年版，第210页。
[2] 黄玉顺：《面向生活本身的儒学：黄玉顺"生活儒学"自选集》，四川大学出版社，2006年版，第32页。
[3] 同[2]，第34页。
[4] 同[2]，第33页。
[5] 同[1]，第210页。
[6] 同[1]，第220页。
[7] 同[1]，第221页。
[8] 同[1]，第160页。
[9] 同[1]，第49页。
[10] 同[1]，增补本序，第4页。

识,而是对存在本身的领悟:我们领悟着生活本身,这种领悟本身就归属于生活"①。作为本源的生活领悟着自身,领悟归属于生活本身,这就是生活与领悟的源初融合。这是作为本源之生活的一个根本性之处:"本源的事情显现着自己——生-活。"②如此自身显现的本源生活,即是生活情感与生活本身及生活领悟的统一:"我所谓'生活感悟',是说的在生活情感当中的生活领悟"③,"生活本身作为存在本身,首先显示为生活情感,尤其是爱的情感"④。领悟生活情感的生活感悟就是"本源之观":"本源之观中……我们是在领悟着生活情感,领悟着生活本身。"⑤ 简言之,本源生活之为本源,就是生活与情感、情感与领悟、生活与领悟的源初一体浑融。

这个源初一体浑融,即是爱与思的统一:"爱,所以思……思首先是情感之思,是爱之思"⑥;"'情'有两种基本用法:一是事情本身……事情本身也就是生活本身;二是情感,即本源的生活情感……两种用法是一个意思:所谓生活本身,不过就是本源的生活情感本身,因为离却了生活感悟,所谓生活本身也是子虚乌有的;而生活感悟,首先就是生活情感。"⑦ 一方面强调的是爱并不能自身显现自身,必须与思结合在一起;另一方面强调的是思并非单纯的自身显现,而总是对于爱的显现。模仿康德的话来说,就是"没有爱的思是空的,没有思的爱是盲的"。爱与思和生活的统一,当然是有内容的,因为这些内容的无比丰富,我的当下的存在才能被超越,或者说,当下的生活才在去生活中展开:"生活是对生活之爱,是与这样一些内容的关联,这些内容并不是我的存在,而是比我的存在更珍贵:(它们是)思考、吃饭、睡觉、阅读、劳动、晒太阳,等等。这些内容有别于我的实体,但又构成之;它们构成我生活的珍贵之处。"⑧

爱与思统一的本源生活,构成"先行于一切的本源情境":"儒学把'在

---

① 黄玉顺:《爱与思——生活儒学的观念(增补本)》,四川人民出版社,2017年版,第297页。
② 同①,第213页。
③ 同①,第45页。
④ 同①,第51页。
⑤ 同①,第206页。
⑥ 同①,第110页。
⑦ 同①,第260页。
⑧ 列维纳斯:《总体与无限:论外在性》,朱刚译,北京大学出版社,2016年版,第91页。

生活中'理解为生活本身的本源情境","人之所以为人,首先不是根据什么'人性',而是渊源于生活情境:正是生活情境'规定'着所谓人性,并从而'塑造'了人本身。所以,情境先行于人,先行于物,先行于一切存在者","这种本源情境就是:在生活中"①。

作为本源情境的"在生活中",情境本身并没有清晰地区分出人和万物,而只是浑沦或浑沌:"本源的生活就是'无分别相',就是'浑沌'……我称之为'生活的本源情境'。这种本源情境就是'浑沌'"②,"生活就是生活本身,就是浑沦。浑沦之为浑沦,就是浑沦的生活本身"③。本源生活内蕴着存在的源初涌动与源初领悟和源初情感:"本源情境里发生着生活感悟——生活情感、生活领悟。"④但情感与领悟融而为一在生活本源之中,作为本源的无穷丰润与潜在,只能归结为浑沦或浑沌。生活或存在将自身理解为混沌一体的本源,这本身是一种"极端的清晰化"——生活本身不可能被认识论意义上的反思直观所透彻关照,而是永远持存为一切从之而出、一切复归于它的深邃与广袤之在,这才是生活作为本源或本源性生活的真正本性:"我们把这样的作为大本大源、源头活水的生活本身的浑沦,称为本源;把一切归属于生活本身的事情,称为本源的。"⑤如此浑沦的本源情境一个突出之点在于对爱和共在整体的强调:"生活之为生活,在本源上就是共同生活"⑥,"'我们在生活中'意味着:作为本源情境的共同生活","共同生活是说:在本源意义上,生活从来不是'独立自主'的个人的生活、单独的生活——不是我的生活,也不是你的生活、他的生活;不是主体性的生活,更不是物的'生活'。共同生活就是无分别相的、浑沦的生活本身","对于这种意义的共同生活的领悟,儒家用'仁'字来传达"⑦。在此,生活之为本源就彰显为浑沦的共同整体情境,以具有情感——价值归属意义的仁作为概括。

黄玉顺教授认为,本源的爱,根底上就是亲子之爱,在一定意义上是亲

---

① 黄玉顺:《爱与思——生活儒学的观念(增补本)》,四川人民出版社,2017年版,第233页。
② 同①,第43页。
③ 同①,第229页。
④ 同①,第316页。
⑤ 同①,第231页。
⑥ 同①,第245页。
⑦ 同①,第238页。

子之爱本源的本源:"存在作为一种生活领悟,在本源上不过是说的生活本身的生活情感,而其源头,乃是母子之爱。这一点,对于儒学来说乃是最本源的感悟:亲子之爱乃是本源的本源。"①如此言说,一言以蔽之,就是真正的生活本源,就是儒家所给出的亲子之爱。浑沌与亲子之爱的双重突出,给出了生活作为本源自身的不可究诘的本性。如此作为本源的浑沦整体,是不可究诘的,黄玉顺教授甚至称之为"天命":"天命,亦即生活本身。"②将作为本源之生活视为天命,生活儒学的本源也就走到了其终极性意义——人无可逃于生活,人"命定"处于生活之中。

值得一提的是,在某种意义上,黄玉顺教授的生活儒学以生活为本源,与马克思(主义)哲学的一个基本观念,即人只有活着,才能进行哲学、文学、艺术等创作,具有一致性:"我们首先已经在生活,然后才有可能去饮食男女、吃喝拉撒、从事政治、经营生意、献身宗教、研究科学、摆弄艺术、玄思哲学等。"③这是恩格斯在马克思墓前的讲话中的一个基本判定:"人们首先必须吃、喝、住、穿,然后才能从事政治、科学、艺术、宗教,等等。"④由此而言,生活儒学以生活本身作为大本大源,与马克思将人类生活实践及其历史展开理解为一切思想(哲学、文学、艺术、宗教等)的根源,本质上具有相通的致思倾向。而且,就生活儒学所谓"当下本源"或真正的"当下性"而言——"生活就是当下"⑤也与马克思主义哲学将人类生活实践的真正展开视为"今"或"当下"具有一致性。李大钊就说:"今是生活,今是动力,今是行为,今是创作。"⑥黄玉顺教授的整个"今""当下""本源"的说法,与李大钊"今"的哲学具有共同的意蕴,即生活就是内蕴着人类觉悟的活生生的、能动性的创作行动本身。

黄玉顺教授讨论"事情本身"的时候,突出情感和情实的统一,并回到孟子那里说"实情"之情。在情感与情实的统一中,本质上蕴含着"心"或

---

① 黄玉顺:《爱与思——生活儒学的观念(增补本)》,四川人民出版社,2017年版,第49、226页。
② 同①,第257页。
③ 同①,第255—256页。
④ 恩格斯:《在马克思墓前的讲话》,见《马克思恩格斯选集》第三卷,人民出版社,2012年版,第1002页。
⑤ 同①,第79页。
⑥ 李大钊:《时》,《李大钊全集》第四卷,人民出版社,2006年版,第359页。

心思。而蕴含着心或心思的情感与情实之统一，其间有深意。很多人在讨论阳明和孟子、讨论心学的时候，很容易忽略一个最基本的东西，就是"必有事焉"。在《孟子》原文中，"必有事焉"与"勿正"是连起来说的，即"必有事焉而勿正"。按照焦循的解释，"正"就是"止"。①"必有事焉而勿正"，就是"必有事焉而勿止"。什么叫"必有事焉而勿止"？就是说生活永远在绵延，不可能有悬滞的时候。在黄玉顺教授所强调的生活的本源结构——"在生活且去生活"中，就含蕴着生活永远绵延不息的意思。如此，如果将马克思哲学的生产实践与心学的"必有事焉而勿止"联系起来理解作为本源的生活，那就具有一种"具体历史性"。就此而言，当下与今的强调，也就突出了生成的意义，按照马克思的说法，自然的历史是自然向人生成的历史。②同样地，生活作为本源也就是在"去生活中"不断生成的本源；本源作为不断生成的本源，生成作为本源不断的生成，如此作为本源之生活才得以彰显其真正的深意。

二、生活的展开：无中生有

作为本源的生活，就是自我展开，黄玉顺教授称为"打开"："生活从不幽闭自己，生活总是'打开'着的。生活就是打开"，"生活之为打开，这就是本身的一种本源结构。生活本身的这种本源结构就是：在生活并且去生活"③。作为本源的生活，其"在生活并且去生活"的本源结构，实质上就是自身开放、绽放、生成。

在黄玉顺教授看来，作为本源的生活之展开而生成主体（人）和客体（物），也就是无中生有的问题："生活感悟的存在者化——主体化、对象化，这就是'无中生有'。"④无中生有的问题，也就是"存在者被存在本身给出，

---

① 焦循：《孟子正义》（上册），中华书局，2004年版，第203页。
② 马克思：《1844年经济学哲学手稿》，见《马克思恩格斯全集》第42卷，人民出版社，1979年版，第128页。
③ 黄玉顺：《爱与思——生活儒学的观念（增补本）》，四川人民出版社，2017年版，第262页。
④ 同③，增补本序，第4页。

人和物在生活本身当中生成"①的问题。以"当下的生活"为大本大源,而作为"大本大源"的"当下生活本身"是"无","本来是无"。生活本身一无所有,是情感(本源性情感),是爱与思的统一。这个本来一无所有的"本源",如何产生出无所不有的万物?或者说,外物和主体是怎么建起来的?黄玉顺教授强调:"生活儒学的一个基本观念:存在者、物(人、物)是在作为大本大源的生活情感中生成的,而不是相反。"②将生活豁显为本源,生活儒学对于当代形而上学以及形形色色的原教旨主义儒学的破解,但这只是第一步,黄玉顺教授认为从这个作为无的生活本源中生成一切(人和物)是更为重要的第二步任务:"生活儒学认为,生活才是一切的大本大源、源头活水。没有生活,便没有人,没有主体,没有实体,没有社会,没有文化,没有哲学,没有道德,等等。而我们的最终任务,正是要阐明:这一切究竟是怎样在生活中生成的?"③

从根本上与总体上说,自我主体和外物的建立,根源于一无所有的生活本身之本源结构,即"在生活且去生活",在此结构中,由于"思",人把自己形而上学地理解为人,就将自身设立为主体,并从而有了众多外物。黄玉顺教授说:"生活本身的本源结构就是:在生活并且去生活。形而上学建构的秘密,就隐藏在这种本源结构之中:形而上学与形而下学,都发生于'在生活'与'去生活'之间。我们'在生活'之际,发生着生活情感、获得了生活领悟;我们将生活领悟对象化、客体化,由此而获得存在者观念、主体性观念。"④简单地说,黄玉顺教授认为,主体、客体以及世界与万物的生成,是生活自身展开自身、实现自身的必然:"形而上学发生于本源情境被突然打破之际,然而本源情境总是要被打破的,在这个意义上,我们说形而上学的建构是'必然的'"⑤;"本源情境总是不断地被打破,我们总是要成为一个存在者……我们总是要'去生活'。这完全是无可避免的事情。"⑥

---

① 黄玉顺:《爱与思——生活儒学的观念(增补本)》,四川人民出版社,2017 年版,第 3 页。
② 同①,第 189—190 页。
③ 同①,第 233 页。
④ 同①,第 312 页。
⑤ 同①,第 317 页。
⑥ 同①,第 123 页。

在此必然中,大体上,本源生活自身的感悟内蕴着万物的生成可能:"在生活本身的本源情境中,生活感悟显现出来。在生活感悟中,形而下的众多相对存在者、'万物'得以生成,又在对万物的终极根据的追问中,形而上的唯一绝对存在者、'道之为物'得以生成。"① 更进一步说,生活感悟中,渗透情感之思生成表象:"正是思——情感之思——生成了表象……这是从情感之思过渡到认知之思的秘密所在:认知总是表象的"②,"表象化意味着对象化:表象是观念中的一个对象。对象化就是客体化,所以同时意味着主体化,因为主体与客体是同时并存的"③。具体而言,即是从思到想蕴含着一个转变的枢纽,"思→想而又意欲","'思'不是在当下的,其所思者不在面前","在'思→想'中,会出现所思者的形象,这就是'想'字里的那个'相'字"④,"思总是意味着一种时空上的距离","'思'当中给出存在者"⑤。如此,由于思,无中生有的问题转变为本源情感如何生成表象、生成对象的问题:"当你把情感之思当中的,或者情感涌流当中的想象——形象,把握为一种存在者,对它进行对象化打量的时候,存在者就诞生了,主体和客体就给出来了,表象就生成了,物就被给出来了。"⑥ 如此,在一无所有的本源生活中,人和物都生成了。

本源生活的展开,生成着一切,包括世界、人和万物。就人自身的生成而言,并非生成某种抽象而普遍的人类本质,而是生成自由的个体。当黄玉顺教授在阐述重建形而上学的主体之时,明确地强调是重建回到生活本身的个体主体性,重建自由个体作为一切的本体(第一实体):"我说重建'第一实体',就是要重建个体主体性。"⑦ 生活儒学认为群体主体性是前现代的人格精神,个体主体性才是现代人格精神,由此黄玉顺教授批评了儒家原教旨主义捍卫集体主义主体性的悖谬,强调回到本源上,回到生活中,去重建主体性,这样的主体性是"个体主体性,我们必须把它确立为我们的绝对主体性、

---

① 黄玉顺:《爱与思——生活儒学的观念(增补本)》,四川人民出版社,2017年版,第168页。
② 同①,第314页。
③ 同①,第315页。
④ 同①,第112—113页。
⑤ 同①,第114页。
⑥ 同①,第122页。
⑦ 同①,第138页。

唯一的存在者，也就是确立为本体。这意味着重建本体论"①。重建个体主体性作为第一实体，作为重建本体论的本质要义，这是生活儒学走出原教旨主义儒家的一个深刻之处。如此作为绝对主体性的唯一存在者，不是大而无当的囊括一切物理、价值、文化、宇宙乃至人自身生存的什么"宇宙本体"。囊括一切的本体，这是熊十力及其部分后学的一个迷思，在某种意义上与近代以来世界与自身的不断分化和自由个体的趋求背道而驰。本体论的重建，指向真正的自由个体经过哲学而生成为本体的境界本体论或意义本体论。黄玉顺教授认为，真正的境界，就是个体自身自在其自身的境界："境界问题的实质，在于个体人格的回归。"②

重建自由个体的本体论意义，这是近代以来哲学自身的一个本质之一："（平民化的）人格也体现人类的本质和历史的联系，但是首先要求成为自由的个性。自由的个性就不仅是人类的分子，不仅是社会联系中的细胞，而且他有独特的一贯性、坚定性，这种独特的性质使他和同类的其他分子相区别，在纷繁的社会联系中保持着其独立性。'我'在我所创造的价值领域里或我所享受的精神境界中是一个主宰者。'我'主宰着这个领域，这些创造物、价值是我的精神的创造，是我的精神的表现。这样，'我'作为自由的个性具有本体论的意义。"③

将自身生成为本体，也就是自我成为某种独一无二的存在或具有唯一性："自我的唯一性并不在于它仅仅作为一个唯一的例子而现身，而是在于它之实存是没有属的，在于它的实存不是作为一个概念的个体化。自我的自我性在于它处于个体与普遍的区别之外。"④不断生成为本体的自我就是自足的自我，自足的自我"置身于一个摆脱了时间之连续性的、不必接受或拒绝一个过去的瞬间之中，那么自我就并没有凭借一种从永恒中获得的优先权而受益于这种不必性。凭借诸开端，自我使时间抑扬顿挫。充满节奏，并由此打断时间；自我在时间中的真正安置就在于这种打断。这一点通过各种行动产生。连续

---

① 黄玉顺：《爱与思——生活儒学的观念（增补本）》，四川人民出版社，2017年版，第138页。
② 同①，第169页。
③ 冯契：《人的自由与真善美》，《冯契文集》第三卷，华东师范大学出版社，1996年版，第320—321页。
④ 列维纳斯：《总体与无限：论外在性》，朱刚译，北京大学出版社，2016年版，第97页。

性中的开端唯有作为行动才可能。"① 在时间性之外寻求一种超越的实体，经由与如此实体的神秘合一，反过来消解时间流程中的每一瞬间，这是大多数信仰主义生存论的取向。

三、生活的意义：生活、儒学与哲学

在实质上看，生活儒学首先是哲学思考，是对生命存在意义的思考。本来，一无所有的生活本源，无所谓意义，但是，生活的本源结构又使得我们去构造意义："就生活而言，生活本身没有任何意义；生活的意义，是我们去生活的建构：我们去生活，就是去构造意义。"② 黄玉顺教授强调："哲学——形而上学、本体论等，绝非经院中、书斋里的概念游戏；哲学是一种生活，或者说是生活的可能性的一种敞开——通过建构一个可能的世界，从而获得一种可能生活；哲学就是由'在生活'而积极地'去生活'。更通俗地说，哲学的宗旨就是从根本观念上解决生活问题。"③ 哲学与生活的本源结构具有一致性，实质上，哲学本身就是生活，或者说哲学就是合于本质的生活。如果对于生活之作为大本大源的强调，仅仅作为一种哲学的思考而言，这在思想自身的范围之内，就可以获得其深邃的意义。

如果生活的意义在于"去生活"的建构，那么，就不存在某种抽象的、脱离历史的超越价值，而是要在现实生活中实现或生成出来。黄玉顺教授说："文化并不具有形而上学的地位，更不用说本源的意义了。文化是由生活方式规定的，因而是渊源于生活显现样式的……文化的真切本源乃是生活，乃是被把握为生活方式的生活显现样式。"④ 同时，儒学作为一种历史事物，"从来不是现成的东西，历史恰恰是被当下的生活给出的。一方面，历史的'客观存在'不过是当下的生活本身的在生活的际遇当中的一种涵摄；而另一方面，

---

① 列维纳斯：《总体与无限：论外在性》，朱刚译，北京大学出版社，2016年版，第125页。
② 黄玉顺：《爱与思——生活儒学的观念（增补本）》，四川人民出版社，2017年版，第266页。
③ 同②，第331页。
④ 同②，第279页。

历史的'文本解释'不过是当下的生活本身的去生活的一种显现样式。历史的存在,乃渊源于当下的生活本身的显现样式;历史的解释,乃渊源于当下的生活感悟。追根溯源,历史就是当下的生活的历史。"①生活儒学"不同于'儒家原教旨主义'的地方:我的出发点始终是我们当下的现实生活"。"唯有生活才是我们的'大本大源''源头活水'";"生活儒学就是面向生活本身的儒学。所谓'面向生活',就是:我们的一切的一切,无不源于生活、归于生活"②。如果"当下的生活"是一切文化与历史的根源,那么,儒学就没有任何优先于生活的意义。生活儒学批评钱穆"民族文化生命史观",认为他将民族文化视为一种本体,忽视了"民族文化生命历史的观念,是被当下的生活感悟给出的"③。生活儒学反对文化先验主义把民族文化悬设为一个先行的根据,而是强调"民族和文化都不是本源的事情"④。就此而言,更为注重当下的生活展开本身,而不是用历史上的儒学来囚禁当下的生活本身。如此,生活的意义就与生活所展开而生成的自由个体或个体主体具有一致性。

但是,生活儒学认为,作为本源的生活就是本源情感,而强调生活情感,就是儒家观念:"生活情感……或者叫作本源性的仁爱情感,在这个意义上,爱即存在、存在即爱;也是在这个意义上生活儒学乃是儒学"⑤,"儒家观念的大本大源:生活情感"⑥;"'存在'的意义,乃渊源于本源的生活情感的意义:没有生活情感,也就没有存在。而这正是儒家思想的核心所在:没有爱的情感,就没有存在";"存在作为一种生活领悟,在本源上不过是说的生活本身的生活情感,而其源头,乃是母子之爱。这一点,对于儒学来说乃是最本源的感悟:亲子之爱乃是本源的本源。"⑦如此言说,一言以蔽之,就是真正的生活本源,就是儒家所给出的亲子之爱。

在黄玉顺教授自己看来,生活儒学似乎首先归结为儒学:"所谓'生活儒

---

① 黄玉顺:《爱与思——生活儒学的观念(增补本)》,四川人民出版社,2017年版,第285页。
② 同①,第292页。
③ 同①,第285—286页。
④ 同①,第318页。
⑤ 同①,增补本序,第4页。
⑥ 同①,第205页。
⑦ 同①,第226页。

学',是作者创构的一种儒学理论。"①自觉归属于儒学,这便是赋予生活儒学一种"意义"或"价值"属性。基于此,黄玉顺教授强调,生活儒学就是儒学,儒学就是生活儒学:"儒家的观念当然是历史地'变易'的,然而其中自有其'不易'的底蕴,这种底蕴是颇为'平易'的,在我看来,那就是'生活儒学'的观念:'儒学'就是'生活儒学','生活儒学'就是'儒学'。那么,我们还有什么必要特意地标明'生活'这样的字样呢?那是因为:自从原创时期以后、秦汉以来,儒学已经长久地遗忘了生活本身。"②在儒学的自救中,似乎生活只成为了儒学的一个手段或工具:"今日儒者的使命就在于:回归生活,重建儒学。这就是生活儒学的使命。"③

黄玉顺教授明确说他关于生活儒学的思考和写作是为了儒学,他自己说《爱与思:生活儒学的观念》"致力于儒学的'还原'与'建构',究中西之际,通古今之变,在儒学与现象学的比较视野中,阐明一种本土性、当代性的原创思想:面向生活本身的'生活儒学'思想"。但在黄玉顺教授的"为了儒学"中,他突出的是"儒学为了生活"。但为了生活却又体现为拯救儒学,"在目前情况下,儒学复兴的最要紧、最紧迫的任务,首先就是详尽地阐明'生活儒学',亦即'生活本身'这个大本大源、源头活水。"④关注生活本身,是为了复兴儒学。或者可以这样理解,在学的层面,生活儒学注重生活;在生活的层面,生活注重儒学。简言之,生活儒学首先意味着以儒学的方式来生活;而在儒学内部,则意味着生活儒学以回归生活本身的方式来展开儒学。

儒学价值的皈依,彰显的不再是单纯哲学与生活本身的道理,而是黄玉顺教授自己的一个情感选择和责任担当。生活儒学有明确的问题意识:"生活儒学是从这样的问题意识切入的:儒学与中国之命运乃至与当今人类之命运。"⑤基于此,黄玉顺教授自述他的个人理想是过"一个儒者的生活",他说自己有一个转变过程:"从一个中国古典文学、文献的研究者,转为一个中国

---

① 黄玉顺:《走向生活儒学》,齐鲁书社,2017年版,第1页。
② 黄玉顺:《爱与思——生活儒学的观念(增补本)》,四川人民出版社,2017年版,叙说,第3页。
③ 同②。
④ 同②。
⑤ 同②,第344页。

哲学的研究者，最终成为一个儒者；又怎样从一个儒家、儒学的思考者，转为一个生活的思考者，最终形成自己的'生活儒学'思想"；面向未来，"我不仅将继续坚持自己的'生活儒学'的思考，还将继续做一个生活的儒者，过一种儒者的生活"①。生活的思考者就是哲人的生活，将生活的思考者和儒者的生活统一起来的，一方面是用哲学致思转化了儒者，另一方面也是用情感归属和责任担当转化哲学。

儒学的情感与价值皈依，与哲学的致思进路相结合，使得生活儒学对于儒学保持着批判意识。在哲学思考下，黄玉顺教授认为，生活儒学并不认为作为文化现象的儒学优先于生活本身——"文化并不具有形而上学的地位，更不用说本源的意义了。文化是由生活方式规定的，因而是渊源于生活显现样式的……文化的真切本源乃是生活，乃是被把握为生活方式的生活显现样式。"同时，儒学作为一种历史事物，"从来不是现成的东西，历史恰恰是被当下的生活给出的。一方面，历史的'客观存在'不过是当下的生活本身的在生活的际遇当中的一种涵摄；而另一方面，历史的'文本解释'不过是当下的生活本身的去生活的一种显现样式。历史的存在，乃渊源于当下的生活本身的显现样式；历史的解释，乃渊源于当下的生活感悟。追根溯源，历史就是当下的生活的历史。"黄玉顺教授明确拒斥儒家原教旨主义，他认为生活儒学不同于儒家原教旨主义的地方，是其出发点始终是我们当下的现实生活，认为唯有生活才是我们的大本大源、源头活水，生活儒学就是面向生活本身的儒学。所谓"面向生活"就是强调我们的一切的一切，无不源于生活、归于生活。如果"当下的生活"是一切文化与历史的根源，那么，生活就不必是儒学的。生活儒学批评钱穆"民族文化生命史观"，认为他将民族文化视为一种本体，忽视了民族文化生命历史的观念，是被当下的生活感悟给出的。就此而言，生活儒学更为注重当下的生活展开本身，而不是用历史上的儒学来囚禁当下的生活本身。这一点，生活儒学有着清晰的肯认。

生活与儒学的纠缠，在哲学的视野之中，基于中西哲学交融，体现为对西化派与原教旨主义的双重拒斥，而提倡本土性与当代性的统一，追求一种

---

① 黄玉顺：《爱与思——生活儒学的观念（增补本）》，四川人民出版社，2017年版，第338页。

形上学与形下学统一的哲学进路:"本书致力于儒学的'还原'与'建构',究中西之际,通古今之变,在儒学与现象学的比较视域中,阐明一种本土性、当代性的原创思想:面向生活本身的'生活儒学'的思想。本书的宗旨在于:既拒绝西化派的立场而坚持本土性,也拒绝儒家原教旨主义的立场而坚持当代性。"① 这是哲学之路,这是对生活与儒学不可究诘关联的超越。在某种意义上,哲学就是哲学,生活必须是哲学的,儒学也必须是哲学的。但哲学不仅也不必是儒学,生活更不仅更不必是儒学。

这也就意味着,为了本源生活,生活儒学必然地突破了儒学藩篱的束缚与限制。无疑,这与生活儒学自身坚持哲学的进路具有内在关联。在当前的儒学复兴中,不少学者明确反对哲学,甚至斥之为西方话语霸权,或者至少以为儒学无所不包,而哲学则只是很狭小的领域。与之不同,生活儒学显示了不同致思进路。

这里面有着很多可能性的样式——经过哲学的儒者生活,或者儒者经过哲学洗礼的生活,或者生活经过哲学洗礼的儒者,或者儒者生活在哲学里,或者哲学地生活在儒里,等等,揭去儒者的"固定"标签,本质上就是一种哲学的生存方式——因为哲学意味着生活不断绽放新的可能。仅仅就哲学自身的本性而言,之所以不必以"儒学"作为一个终极性的价值本源,就在于生活与哲学本身就是"反自然的运动,这种运动就在于去寻找比其本原更高的本原;这种运动证明了或描述了一种被创造的自由"②。生活与哲学或哲学地生活,其本质之处就在于不断地自由创造,不断地将自身生成为越来越深邃的本体。如此,生命和哲学就是"一种向总是更深的深渊的下降运动"③。历史上的儒学或儒学的历史形态,作为既成之物,显然并不允诺向更深的深渊的沉入,在某种意义上,反而是对不断跃入更深之深渊的遏断。黄玉顺教授在其浑沦的生活本源之说中,也在避免着儒学本身对于当下生活"不断跃入更深深渊"的遏断,但是,在儒学作为某种价值与情怀时,生活本身就不得不被遏断其跃入可能性。毕竟,就当今的现实性状况而言,儒学只是诸多给予

---

① 黄玉顺:《爱与思——生活儒学的观念(增补本)》,四川人民出版社,2017年版,叙说,第2页。
② 列维纳斯:《总体与无限:论外在性》,朱刚译,北京大学出版社,2016年版,第59页。
③ 同②,第70页。

世界意义的"信仰"的一种，而一种意义根本不能穷尽存在本身。

尽管存在着生活、哲学与儒学的纠结，但无论如何，对于生活自身的强调，生活儒学彰显出来一种哲学的洞见，即生活的本质在于生活自身之贞定自身，亦即"生活是享受"："当我们在它（感觉）中看到的不是客观性质的主观对应物而是一种享受，而这种享受又是'先于'意识在主体和对象中的凝固，即我与非我，那么这时，感觉就重新找到了一种'现实性'。这种凝固并不是作为享受的最终目的而发生，而是作为意识变化的一个环节而发生，这一意识变化要根据享受加以解释。"①这就意味着，纯粹思想自身也有一个生命自身自我享受的维度——抽象的、以生命自身的牺牲为代价的理念世界，一定意味着某种特殊个体及其私人观念的僭越。思想为了生活，或思想本身成为生活，这才是思想本身的本质。生活儒学作为"学"与"生"的统一，显现出如此本质。

如果存在的问题是哲学的基本问题，生活儒学最终就依然是一个哲学的致思："生活儒学的一个基本观念就是：生活即是存在，生活之外别无所谓存在。"②生活儒学的最终目标，不是作为符号的"儒学"："儒家的本源言说意味着：根本无须'儒学'这样的东西。"③生活儒学最终指向的，是实实在在的生活境界："最高的境界就是：自觉地回归生活本身，自觉地回归生活情感尤其是爱的情感，自觉地在生活并且去生活。"④

---

① 列维纳斯：《总体与无限：论外在性》，朱刚译，北京大学出版社，2016年版，第172页。
② 黄玉顺：《爱与思——生活儒学的观念（增补本）》，四川人民出版社，2017年版，第296页。
③ 同②，第294页。
④ 同②，第186页。

附录一："生活儒学"著述

图书

1. 黄玉顺. 面向生活本身的儒学：黄玉顺"生活儒学"自选集 [M]. 成都：四川大学出版社，2006.
2. 黄玉顺. 爱与思：生活儒学的观念 [M]. 成都：四川大学出版社，2006.
3. 黄玉顺. 爱与思——生活儒学的观念（增补本）[M]. 成都：四川人民出版社，2017.
4. 黄玉顺. 儒家思想与当代生活——"生活儒学"论集 [M]. 北京：光明日报出版社，2009.
5. 黄玉顺. 儒学与生活——"生活儒学"论稿 [M]. 成都：四川大学出版社，2009.
6. 黄玉顺. 生活儒学讲录 [M]. 合肥：安徽人民出版社，2012.
7. 黄玉顺. 儒教问题研究 [M]. 北京：人民出版社，2012.
8. 黄玉顺. 中国正义论的重建——儒家制度伦理学的当代阐释 [M]. 合肥：安徽人民出版社，2013.
9. 黄玉顺. 生活儒学：黄玉顺说儒 [M]. 贵阳：孔学堂书局有限公司，2014.
10. 黄玉顺. 中国正义论的形成 [M]. 北京：东方出版社，2015.
11. 黄玉顺. 从"生活儒学"到"中国正义论" [M]. 北京：中国社会科学出版社，2017.
12. 黄玉顺. 生活儒学与现代性问题 [M]. 成都：四川人民出版社，2019.
13. 黄玉顺. 哲学断想："生活儒学"信札 [M]. 成都：四川人民出版社，2019.
14. 黄玉顺. 生活儒学与当代思想 [M]. 成都：四川人民出版社，2021.
15. 黄玉顺. 生活儒学：面向现代生活的儒学 [M]. 济南：济南出版社，2020.

文章

1. 黄玉顺. 形而上学的奠基问题——儒学视域中的海德格尔及其所解释的康德哲学 [J]. 四川大学学报（哲学社会科学版），2004（2）.
2. 黄玉顺. 儒学的生存论视域——从蒙培元先生《情感与理性》说起 [J]. 中华文化论坛，2004（2）.
3. 黄玉顺. 儒家良知论——阳明心学与胡塞尔现象学比较研究 [J]. 阳明学刊，2004（1）.
4. 黄玉顺. 梁漱溟文化思想的哲学基础的现象学考察——重读《东西文化及其哲学》[M]// 重庆社会科学院哲学研究所. 文化与人生：梁漱溟先生诞辰110周年纪念文集. 重庆：重庆出版社，2004.
5. 黄玉顺. 我们的语言与我们的生存——驳所谓"现代中国人'失语'"说 [J]. 南京师范大学文学院学报，2004（4）.

6. 黄玉顺. 唐君毅思想的现象学奠基问题——《生命存在与心灵境界》再探讨 [J]. 思想家，2005（1）.

7. 黄玉顺. 复归生活 重建儒学——儒学与现象学比较研究纲领 [J]. 人文杂志，2005（6）.

8. 黄玉顺. "生活儒学" 导论 [M]// 陈明. 原道. 第 10 辑. 北京：北京大学出版社，2004.

9. 黄玉顺，杜霞. 儒学与现象学的分野——关于《生活儒学导论》的对话 [M]// 陈明. 原道. 第 14 辑. 北京：首都师范大学出版社，2007.

10. 黄玉顺. 绝地天通——天地人神的原始本真关系的蜕变 [J]. 哲学动态，2005（5）.

11. 黄玉顺. 从"西方哲学"到"生活儒学" [J]. 北京青年政治学院学报，2005（1）.

12. 黄玉顺. 论生活儒学与海德格尔思想——答张志伟教授 [J]. 四川大学学报（哲学社会科学版），2005（4）.

13. 黄玉顺. 生活与爱——生活儒学简论 [J]. 郑州航空工业管理学院学报（社会科学版），2006（4）.

14. 黄玉顺. "生活儒学"以及公民道德问题 [J]. 北京青年政治学院学报，2006（2）.

15. 黄玉顺. 儒学与生活：民族性与现代性问题——作为儒学复兴的一种探索的生活儒学 [J]. 人文杂志，2007（4）.

16. 黄玉顺. 爱的观念：儒学的奠基性观念？——儒学与现象学比较研究 [J]. 求是学刊，2008（4）.

17. 黄玉顺. 论"观物"与"观无"——儒学与现象学的一种融通 [J]. 四川大学学报（哲学社会科学版），2006（4）.

18. 黄玉顺. 价值主体的生活渊源——回复孙美堂教授的一封信 [J]. 杭州师范学院学报（社会科学版），2006（6）.

19. 黄玉顺. "价值"观念是何以可能的？——基于"生活儒学"阐释的中国价值论 [J]. 四川大学学报（哲学社会科学版），2007（1）.

20. 黄玉顺. 现代新儒学研究中的思想视域问题 [M]// 易小明. 中国传统哲学与现代化. 北京：中国文史出版社，2007.

21. 黄玉顺. 儒学与制度之关系的生活渊源——评干春松著《制度儒学》[J]. 中国图书评论，2007（3）.

22. 黄玉顺. 注生我经：论文本的理解与解释的生活渊源——孟子"论世知人"思想阐释 [J]. 中国社会科学院研究生院学报，2008（3）.

23. 黄玉顺. 恻隐之"隐"考论 [J]. 北京青年政治学院学报，2007（3）.

24. 黄玉顺. 论儒学与哲学的关系——对任文利先生批评的回应 [J]. 学术界，2007（4）.

25. 黄玉顺. 论"恻隐"与"同情"——儒学与情感现象学比较研究 [J]. 中国社会科学院研究生院学报，2007（3）.

26. 黄玉顺. 论"仁"与"爱"——儒学与情感现象学比较研究 [J]. 东岳论丛，2007（6）.

27. 黄玉顺. 论"一体之仁"与"爱的共同体"——儒学与情感现象学比较研究 [J]. 社会科学研究，2007（6）.

28. 黄玉顺. 生活儒学与形而上学之关系——致胡治洪教授 [J]. 学术界，2008（1）.
29. 黄玉顺. 孔子仁学的现代意义何以可能？——依据生活儒学的阐明 [J]. 理论学刊，2007（10）.
30. 黄玉顺. "刑"与"直"：礼法与情感——孔子究竟如何看待"证父攘羊"？[J]. 哲学动态，2007（11）.
31. 黄玉顺. "儒学"与"仁学"及"生活儒学"问题——与李幼蒸先生商榷 [J]. 四川大学学报（哲学社会科学版），2008（1）.
32. 黄玉顺. 儒学当代复兴的思想视域问题——"儒学三期"新论 [J]. 周易研究，2008（1）.
33. 黄玉顺. 存在·情感·境界——对蒙培元思想的解读 [J]. 泉州师范学院学报，2008（1）.
34. 黄玉顺. 形而上学略论——回复陈明先生 [J]. 湖南社会科学，2008（5）.
35. 黄玉顺. 儒学复兴的两条路线及其超越——儒家当代主义的若干思考 [J]. 西南民族大学学报（人文社会科学版），2009（1）.
36. 黄玉顺. 当代儒学"生活论转向"的先声——梁漱溟的"生活"观念 [J]. 河北大学学报（哲学社会科学版），2008（4）.
37. 黄玉顺. 大汉帝国的正义观念及其现代启示——《白虎通义》之"义"的诠释 [J]. 齐鲁学刊，2008（6）.
38. 黄玉顺. 危机还是契机？——当前金融危机与儒家正义原则之思考 [J]. 阴山学刊，2009（1）.
39. 黄玉顺. 思想及其历史的生活渊源——论"思想史"及其"对象"问题 [J]. 湖南社会科学，2009（2）.
40. 黄玉顺. 符号的诞生——中国哲学视域中的符号现象学问题 [J]. 中山大学学报（社会科学版），2009（3）.
41. 黄玉顺. 儒学与中国之命运——纪念五四运动90周年 [J]. 学术界，2009（3）.
42. 黄玉顺. 生活儒学：关于"实践"的"理论"——答干春松教授 [J]. 杭州师范大学学报（社会科学版），2009（3）.
43. 黄玉顺. 当代性：中西马对话的共同场域 [J]. 中国社会科学（英文版），2009（3）.
44. 黄玉顺. 生活儒学的基本观念 [M]// 庞朴. 儒林. 第5辑. 上海：上海古籍出版社，2016.
45. 黄玉顺. 生活儒学的正义理论 [M]// 陈炎，黄俊杰. 当代儒学. 第1辑. 桂林：广西师范大学出版社，2011.
46. 黄玉顺. "民本"的"人民主权"实质及其正义原则——周公政治哲学的解读 [J]. 河北学刊，2010（3）.
47. 黄玉顺. 反应·对应·回应——现代儒家对"西学东渐"之态度 [J]. 上海师范大学学报（哲学社会科学版），2009（5）.
48. 黄玉顺. 中国正义论纲要 [J]. 四川大学学报（哲学社会科学版），2009（5）.
49. 黄玉顺. 孟子正义论新解 [J]. 人文杂志，2009（5）.
50. 黄玉顺. 儒教论纲：儒家之仁爱、信仰、教化及宗教观念 [M]// 中国人民大学孔子研究院. 儒学评论. 第5辑. 保定：河北大学出版社，2009.

51. 黄玉顺. 生活儒学与当代哲学 [J]. 理论学刊, 2010（8）.
52. 黄玉顺. 孔子的正义论 [J]. 中国社会科学院研究生院学报, 2010（2）.
53. 黄玉顺. 制度规范之正当性与适宜性——《周易》社会正义思想研究 [M]// 江畅等. 价值论与伦理学研究. 2010 年卷. 武汉：湖北人民出版社, 2010.
54. 黄玉顺."中国正义论"：儒家制度伦理学的当代政治效应 [J]. 文化纵横, 2010（2）.
55. 黄玉顺. 仁爱以制礼, 正义以变法——从《商君书》看法家的儒家思想渊源及其变异 [J]. 哲学动态, 2010（5）.
56. 黄玉顺. 生活儒学与中国正义论——从我研究儒学说起 [J]. 深圳大学学报（人文社会科学版）, 2014（1）.
57. 黄玉顺. 谈谈"思想"——《四川思想家研究丛书》序 [M]// 杨永明. 当代儒学. 第 3 辑. 桂林：广西师范大学出版社, 2013.
58. 黄玉顺. 追溯哲学的源头活水——"中国哲学的合法性"问题再讨论 [J]. 四川大学学报（哲学社会科学版）, 2011（4）.
59. 黄玉顺."周礼"的现代价值究竟何在——《周礼》社会正义观念诠释 [J]. 学术界, 2011（6）.
60. 黄玉顺. 中国正义论的重建——生活儒学的制度伦理学思考 [J]. 文史哲, 2011（6）.
61. 黄玉顺. 生活儒学关键词语之诠释与翻译 [J]. 现代哲学, 2012（1）.
62. 黄玉顺. 荀子的社会正义理论 [J]. 社会科学研究, 2012（3）.
63. 黄玉顺."中国正义论——中国古典制度伦理学"系列研究项目情况汇报 [J]. 当代儒学, 2013.
64. 黄玉顺."全球伦理"何以可能？——《全球伦理宣言》若干问题与儒家伦理学 [J]. 云南大学学报（社会科学版）, 2012（4）.
65. 黄玉顺. 从"西学东渐"到"中学西进"——当代中国哲学学者的历史使命 [J]. 学术月刊, 2012（11）.
66. 黄玉顺. 诚者何罪？——《〈中庸〉君子论》评议 [J]. 哲学门, 2012.
67. 黄玉顺. 主体性的重建与心灵问题——论当代中国哲学的形而上学重建 [J]. 山东大学学报（哲学社会科学版）, 2013（1）.
68. 黄玉顺. 作为基础伦理学的正义论——罗尔斯正义论批判 [J]. 社会科学战线, 2013（8）.
69. 黄玉顺. 儒学之"本"与"源"——评安靖如"进步儒学"的思想方法 [J]. 烟台大学学报（哲学社会科学版）, 2014（1）.
70. 黄玉顺."角色"意识：《易传》之"定位"观念与正义问题——角色伦理学与生活儒学比较 [J]. 齐鲁学刊, 2014（2）.
71. 黄玉顺, 杨虎. 儒学与生活——黄玉顺教授访谈录 [J]. 当代儒学, 2015.
72. 黄玉顺, 宋大琦. 从"生活儒学"到"中国正义论"——黄玉顺先生访谈录 [J]. 当代儒学, 2014.

73. 黄玉顺. 情感与存在及正义问题——生活儒学及中国正义论的情感观念 [J]. 社会科学，2014（5）.

74. 黄玉顺. 儒家的情感观念 [J]. 江西社会科学，2014（5）.

75. 黄玉顺. 前主体性对话：对话与人的解放问题——评哈贝马斯"对话伦理学" [J]. 江苏行政学院学报，2014（5）.

76. 黄玉顺. "时间"观念何以可能——从"无间性"到"有间性" [J]. 河北学刊，2014（4）.

77. 黄玉顺. 制度文明是社会稳定的保障——孔子的"诸夏无君"论 [J]. 学术界，2014（9）.

78. 黄玉顺. 养气：良知与正义感的培养 [J]. 中国社会科学院研究生院学报，2014（6）.

79. 黄玉顺. 儒学与作为科学理论基础的知识论的重建 [J]. 当代儒学，2015.

80. 黄玉顺. 论"重写儒学史"与"儒学现代化版本"问题 [J]. 现代哲学，2015（2）.

81. 黄玉顺. 儒学的意义：原理、历史与现实 [J]. 中国文化论衡，2016（2）.

82. 黄玉顺. "以身为本"与"大同主义"——"家国天下"话语反思与"天下主义"观念批判 [J]. 探索与争鸣，2016（1）.

83. 黄玉顺. 比较：作为存在——关于"中西比较"的反思 [J]. 社会科学战线，2015（12）.

84. 黄玉顺，郑秋轶. 黄玉顺：儒学为了生活而存在 [J]. 瞭望东方周刊，2015（4）.

85. 黄玉顺. 国民政治儒学——儒家政治哲学的现代转型 [J]. 东岳论丛，2015（11）.

86. 黄玉顺. 形而上学的黎明——生活儒学视域下的"变易本体论"建构 [J]. 湖北大学学报（哲学社会科学版），2015（4）.

87. 黄玉顺. 新文化运动百年祭：论儒学与人权——驳"反孔非儒"说 [J]. 社会科学研究，2015（4）.

88. 黄玉顺. 儒学的"社会"观念——荀子"群学"的解读 [J]. 中州学刊，2015（11）.

89. 黄玉顺. 孔子怎样解构道德——儒家道德哲学纲要 [J]. 学术界，2015（11）.

90. 黄玉顺. 中国正义论：儒家制度伦理学 [J]. 衡水学院学报，2016（3）.

91. 黄玉顺. 论"生活儒学"与"生活的儒学" [J]. 中州学刊，2016（10）.

92. 黄玉顺. 论儒学的现代性 [J]. 社会科学研究，2016（6）.

93. 黄玉顺. 论阳明心学与现代价值体系——关于儒家个体主义的一点思考 [J]. 衡水学院学报，2017（3）.

94. 黄玉顺. 中国哲学的"现象"观念——《周易》"见象"与"观"之考察 [J]. 河北学刊，2017（5）.

95. 黄玉顺. 亚洲和平繁荣之道：生活儒学价值共享 [J]. 社会科学家，2017（1）.

96. 黄玉顺. 儒家自由主义对"新儒教"的批判 [J]. 东岳论丛，2017（6）.

97. 黄玉顺. 论"儒家启蒙主义" [J]. 战略与管理，2017（1）.

98. 黄玉顺. 儒家"道德个人主义"是否可能——略评"心性论礼法学"的政治哲学建构 [J]. 学术界，2017（1）.

99. 黄玉顺，赵立庆.生活儒学与"古今中西"问题——山东大学儒学高等研究院博士生导师黄玉顺先生访谈[J].社会科学家，2017（1）.

100. 黄玉顺."贤能政治"将走向何方？——与贝淡宁教授商榷[J].文史哲，2017（5）.

101. 黄玉顺，安靖如.生活儒学与进步儒学的对话[J].齐鲁学刊，2017（4）.

102. 黄玉顺."直"与"法"：情感与正义——与王庆节教授商榷"父子相隐"问题[J].社会科学研究，2017（6）.

103. 黄玉顺，方旭东."生活儒学"问难：何为正义——关于儒家伦理学的富春山对话[J].中原文化研究，2018（2）.

104. 黄玉顺.未能成己 焉能成人？——论儒家文明的自新与全球文明的共建[J].甘肃社会科学，2018（3）.

105. 黄玉顺.评"自由儒学"的创构——读郭萍《自由儒学的先声》[J].当代儒学，2017.

106. 黄玉顺.关于"情感儒学"与"情本论"的一段公案[J].当代儒学，2017.

107. 黄玉顺.论经典诠释与生活存在的关系——乾嘉学术"实事求是"命题的意义[M]//崔发展.乾嘉汉学的解释学模式研究.北京：人民出版社，2017.

108. 黄玉顺，Wang Keyou.回望"生活儒学"[J].孔学堂，2018（1）.

109. 黄玉顺.社会儒学与生活儒学之关系——与谢晓东教授商榷[J].学术界，2018（5）.

110. 黄玉顺.中国哲学怎样"开新"——评"据本开新"方法论[J].东岳论丛，2018（4）.

111. 黄玉顺.前主体性诠释：主体性诠释的解构——评"东亚儒学"的经典诠释模式[J].哲学研究，2019（1）.

112. 黄玉顺."文化"新论——"文化儒学"商兑[J].探索与争鸣，2019（9）.

113. 董平，黄玉顺，罗传芳，等.专家激辩"仁爱"与"博爱"——孔学堂秋季论辩大会[J].当代儒学，2019（1）.

114. 黄玉顺，林安梧.泉城之会：林安梧与黄玉顺对谈录[J].当代儒学，2019（1）.

115. 黄玉顺.阳明心学与儒学现代化问题[J].中国文化论衡，2019（1）.

116. 黄玉顺.回应：再谈生活儒学[J].当代儒学，2019（2）.

117. 黄玉顺.生活儒学的内在转向：神圣外在超越的重建[J].东岳论丛，2020（3）.

附录二："生活儒学"研究文献

1. 鞠曦.黄玉顺的"生活儒学"论——当前的儒学研究[M]// 崔发展,杜霞.生活·仁爱·境界——评生活儒学.合肥:安徽人民出版社,2012.
2. 段炎平.哲学的终结——评黄玉顺"生活儒学"[M]// 崔发展,杜霞.生活·仁爱·境界——评生活儒学.合肥:安徽人民出版社,2012.
3. 张志伟.关于海德格尔与中国哲学之间关系的几点思考——对黄玉顺《生活儒学导论》的批评[M]// 崔发展,杜霞.生活·仁爱·境界——评生活儒学.合肥:安徽人民出版社,2012.
4. 杨万江.现代新儒学之诚论的问题性和意义——与黄玉顺教授谈"生活儒学"问题[M]// 崔发展,杜霞.生活·仁爱·境界——评生活儒学.合肥:安徽人民出版社,2012.
5. 邓曦泽.生活敞开儒学,儒学化成生活——评黄玉顺"生活儒学"[M]// 崔发展,杜霞.生活·仁爱·境界——评生活儒学.合肥:安徽人民出版社,2012.
6. 葛安台.对"生活儒学"的批评——致黄玉顺先生的一封信[M]// 崔发展,杜霞.生活·仁爱·境界——评生活儒学.合肥:安徽人民出版社,2012.
7. 吴伯天.体在成仁与生活儒学[M]// 崔发展,杜霞.生活·仁爱·境界——评生活儒学.合肥:安徽人民出版社,2012.
8. 任文利.生活、哲学与信念——评黄玉顺的"生活儒学"[M]// 崔发展,杜霞.生活·仁爱·境界——评生活儒学.合肥:安徽人民出版社,2012.
9. 李幼蒸.请用"仁学"代替"儒学"——给儒学朋友的一封信[M]// 崔发展,杜霞.生活·仁爱·境界——评生活儒学.合肥:安徽人民出版社,2012.
10. 干春松.多元化的儒学面向——在四川大学"儒学研讨会"上的报告[M]// 崔发展,杜霞.生活·仁爱·境界——评生活儒学.合肥:安徽人民出版社,2012.
11. 干春松.儒学复兴声浪里的"生活儒学"——评黄玉顺重建儒学的构想[M]// 崔发展,杜霞.生活·仁爱·境界——评生活儒学.合肥:安徽人民出版社,2012.
12. 杜霞.理性·情感·生活——对冯友兰、蒙培元、黄玉顺之间学术嬗变的考察[M]// 杜霞.生活·仁爱·境界——评生活儒学.合肥:安徽人民出版社,2012.
13. 崔罡.生活儒学与现代新儒学[M]// 崔发展,杜霞.生活·仁爱·境界——评生活儒学.合肥:安徽人民出版社,2012.
14. 李广良.现象学视野中的儒学[M]// 崔发展,杜霞.生活·仁爱·境界——评生活儒学.合肥:安徽人民出版社,2012.
15. 邓曦泽.断裂与传承:中国现代学术的学统问题——以冯友兰、蒙培元、黄玉顺为例[M]// 崔发展,杜霞.生活·仁爱·境界——评生活儒学.合肥:安徽人民出版社,2012.

16. 李龙. 仁爱的"层级"观念——评黄玉顺对孔子仁学的理解与诠释[M]// 崔发展，杜霞. 生活·仁爱·境界——评生活儒学. 合肥：安徽人民出版社，2012.

17. 汪纽孜. 忘记了天或天的忘记——与黄玉顺"生活儒学"对话[M]// 崔发展，杜霞. 生活·仁爱·境界——评生活儒学. 合肥：安徽人民出版社，2012.

18. 米继军. 再谈"重建（传统/绝对）"——写给黄玉顺教授[M]// 崔发展，杜霞. 生活·仁爱·境界——评生活儒学. 合肥：安徽人民出版社，2012.

19. 周剑铭. 作为阐释学的"生活儒学"[M]// 崔发展，杜霞. 生活·仁爱·境界——评生活儒学. 合肥：安徽人民出版社，2012.

20. 李明. "生活儒学"批判[M]// 崔发展，杜霞. 生活·仁爱·境界——评生活儒学. 合肥：安徽人民出版社，2012.

21. 龚传星. 错误层出的批判——评所谓《"生活儒学"和"情感儒学"批判》[M]// 崔发展，杜霞. 生活·仁爱·境界——评生活儒学. 合肥：安徽人民出版社，2012.

22. 宋大琦. 生活的第一义是什么[M]// 崔发展，杜霞. 生活·仁爱·境界——评生活儒学. 合肥：安徽人民出版社，2012.

23. 宋大琦. "由仁义行"与"行仁义"——与黄玉顺先生探讨生活儒学及其实践化[M]// 崔发展，杜霞. 生活·仁爱·境界——评生活儒学. 合肥：安徽人民出版社，2012.

24. 蒋孝军. 情感与制度——近十年来中国哲学研究的突破[M]// 崔发展，杜霞. 生活·仁爱·境界——评生活儒学. 合肥：安徽人民出版社，2012.

25. 吴光. 生活儒学——中国当代儒学的两种新形态之一[M]// 崔发展，杜霞. 生活·仁爱·境界——评生活儒学. 合肥：安徽人民出版社，2012.

26. 李慧子. 生活儒家与当代生活——评黄玉顺《儒家思想与当代生活》[M]// 崔发展，杜霞. 生活·仁爱·境界——评生活儒学. 合肥：安徽人民出版社，2012.

27. 崔罡. "生活儒学"与"当代性"观念[M]// 崔发展，杜霞. 生活·仁爱·境界——评生活儒学. 合肥：安徽人民出版社，2012.

28. 汪纽孜. 评黄玉顺"生活儒学"的思想视域[M]// 崔发展，杜霞. 生活·仁爱·境界——评生活儒学. 合肥：安徽人民出版社，2012.

29. 宋大琦. 生活儒学的儒学特质及其实践性格[M]// 崔发展，杜霞. 生活·仁爱·境界——评生活儒学. 合肥：安徽人民出版社，2012.

30. 崔发展. 论"儒学复兴运动"说[M]// 崔发展，杜霞. 生活·仁爱·境界——评生活儒学. 合肥：安徽人民出版社，2012.

31. 龚传星. 当代儒学的观念转向——生活儒学评论[M]// 崔发展，杜霞. 生活·仁爱·境界——评生活儒学. 合肥：安徽人民出版社，2012.

32. 郭沂. 黄玉顺"生活儒学"之理论创构[M]// 崔发展，杜霞. 生活·仁爱·境界——评生活儒学. 合肥：安徽人民出版社，2012.

33. 魏东林.蜀中自古出名士[M]// 崔发展，杜霞.生活·仁爱·境界——评生活儒学.合肥：安徽人民出版社，2012.

34. 李慧子.黄玉顺先生侧影[M]// 崔发展，杜霞.生活·仁爱·境界——评生活儒学.合肥：安徽人民出版社，2012.

35. 崔发展，杜霞.《生活·仁爱·境界——评生活儒学》前言[M]// 崔发展，杜霞.生活·仁爱·境界——评生活儒学.合肥：安徽人民出版社，2012.

36. 石永之.评黄玉顺"儒学三期"新论[M]// 杨生照.生活·情感·思想：评黄玉顺"生活儒学".成都：四川人民出版社，2018.

37. 张乃芳."生命儒学"与儒学之"三学并建"[M]// 杨生照.生活·情感·思想：评黄玉顺"生活儒学".成都：四川人民出版社，2018.

38. 周良发.儒学展开的新向度：略评黄玉顺的"生活儒学"[M]// 杨生照.生活·情感·思想：评黄玉顺"生活儒学".成都：四川人民出版社，2018.

39. 杨生照.张祥龙"现象学儒学"和黄玉顺"生活儒学"的若干比较[M]// 杨生照.生活·情感·思想：评黄玉顺"生活儒学".成都：四川人民出版社，2018.

40. [美]安靖如.作为一种综合儒学的生活儒学[M]// 杨生照.生活·情感·思想：评黄玉顺"生活儒学".成都：四川人民出版社，2018.

41. [美]陈欣.生活儒学评介——读黄玉顺《儒家思想与当代生活》[M]// 杨生照.生活·情感·思想：评黄玉顺"生活儒学".成都：四川人民出版社，2018.

42. 田超.公义语境下的儒家社会正义原则——与黄玉顺教授商榷[M]// 杨生照.生活·情感·思想：评黄玉顺"生活儒学".成都：四川人民出版社，2018.

43. 李幼蒸.请用"仁学"替换"儒学"——给黄玉顺教授的一封公开信[M]// 杨生照.生活·情感·思想：评黄玉顺"生活儒学".成都：四川人民出版社，2018.

44. 王建毅.从生活到制度的思考——评干春松对黄玉顺"生活儒学"的评论[M]// 杨生照.生活·情感·思想：评黄玉顺"生活儒学".成都：四川人民出版社，2018.

45. 李海超.生活儒学多元开展之可能与必要——与黄玉顺先生商榷[M]// 杨生照.生活·情感·思想：评黄玉顺"生活儒学".成都：四川人民出版社，2018.

46. 杨生照.冯友兰中国哲学研究范式之赓续及其嬗变——现代中国哲学中的"清华传统"研究[M]// 杨生照.生活·情感·思想：评黄玉顺"生活儒学".成都：四川人民出版社，2018.

47. 刘宏.生活的儒者、儒者的生活——《生活儒学讲录》读后[M]// 杨生照.生活·情感·思想：评黄玉顺"生活儒学".成都：四川人民出版社，2018.

48. 徐庆文."生活儒学"与"当代新儒学"[M]// 杨生照.生活·情感·思想：评黄玉顺"生活儒学".成都：四川人民出版社，2018.

49. 李慧子.生活儒学对现象学与现代新儒学的回应[M]// 杨生照.生活·情感·思想：评黄玉顺"生活儒学".成都：四川人民出版社，2018.

50. 杨虎. 别具一格的"非人的生活"——评生活儒学对"生活"与"人的生活"的区分 [M]// 杨生照. 生活·情感·思想：评黄玉顺"生活儒学". 成都：四川人民出版社，2018.

51. 蒙培元，安乐哲，余涌，田辰山，李存山，李翔海，干春松，傅有德，傅永军，颜炳罡，郭沂，孙春晨，白彤东，罗传芳，丁耘. 中国正义论——中国古典制度伦理学系列研究启动仪式专家发言 [M]// 杨生照. 生活·情感·思想：评黄玉顺"生活儒学". 成都：四川人民出版社，2018.

52. 周良发. 生活儒学的建构 [M]// 杨生照. 生活·情感·思想：评黄玉顺"生活儒学". 成都：四川人民出版社，2018.

53. 石永之. 中国当代正义理论的一种建构——黄玉顺"中国正义论"述评 [M]// 杨生照. 生活·情感·思想：评黄玉顺"生活儒学". 成都：四川人民出版社，2018.

54. 孙铁骑. 作为儒家哲学体系重建的生活儒学——《生活儒学与宋明理学比较研究》自序 [M]// 杨生照. 生活·情感·思想：评黄玉顺"生活儒学". 成都：四川人民出版社，2018.

55. 李海超. 情感观念比较：生活儒学与情感主义德性伦理学 [M]// 杨生照. 生活·情感·思想：评黄玉顺"生活儒学". 成都：四川人民出版社，2018.

56. 杨虎. "情性"论：传统"性情"论的突破——黄玉顺的儒学情感论 [M]// 杨生照. 生活·情感·思想：评黄玉顺"生活儒学". 成都：四川人民出版社，2018.

57. 杨万江、宋大琦. "生活儒学"评议 [M]// 杨生照. 生活·情感·思想：评黄玉顺"生活儒学". 成都：四川人民出版社，2018.

58. 孙铁骑. 当代儒家的当代主义——评《新世纪大陆新儒家研究》[M]// 杨生照. 生活·情感·思想：评黄玉顺"生活儒学". 成都：四川人民出版社，2018.

59. 李海超. 关于正义问题的中国理论——评黄玉顺《中国正义论的重建》[M]// 杨生照. 生活·情感·思想：评黄玉顺"生活儒学". 成都：四川人民出版社，2018.

60. 张新. 当代儒学复兴运动的思想视域问题——以黄玉顺先生的"生活儒学"为例 [M]// 杨生照. 生活·情感·思想：评黄玉顺"生活儒学". 成都：四川人民出版社，2018.

61. 孙铁骑. 从"生活儒学"到"修身儒学" [M]// 杨生照. 生活·情感·思想：评黄玉顺"生活儒学". 成都：四川人民出版社，2018.

62. 张丰乾. 规矩的实践意义、价值原则及其根本缺陷——略评"中国正义论" [J]. 当代儒学，2014（2）.

63. 郑治文. 两种不同的"生活儒学" [M]// 杨生照. 生活·情感·思想：评黄玉顺"生活儒学". 成都：四川人民出版社，2018.

64. 刘宏. 生活的儒者 儒者的生活——"生活儒学"创始人黄玉顺先生略记 [M]// 杨生照. 生活·情感·思想：评黄玉顺"生活儒学". 成都：四川人民出版社，2018.

65. 涂可国. 从正义论到责任论——儒家之"义"的多元指向 [M]// 涂可国. 黄玉顺生活儒学研究. 济南：齐鲁书社，2017年.

66. 林存光. "生活儒学"之我见 [M]// 涂可国. 黄玉顺生活儒学研究. 济南：齐鲁书社，2017年.

67. 谢爱华 . "生活儒学"与儒学在中国的第三期复兴 [M]// 涂可国 . 黄玉顺生活儒学研究 . 济南：齐鲁书社，2017 年 .

68. 孙铁骑 . 黄玉顺"生活儒学"的存在观 [M]// 涂可国 . 黄玉顺生活儒学研究 . 济南：齐鲁书社，2017 年 .

69. 石永之 . 中国正义论的兴起 [M]// 涂可国 . 黄玉顺生活儒学研究 . 济南：齐鲁书社，2017 年 .

70. 蔡祥元 . 感通本体引论——兼论当代儒学的实体论与情感论 [M]// 涂可国 . 黄玉顺生活儒学研究 . 济南：齐鲁书社，2017 年 .

71. 崔罡 . "去生活"的哲学——生活儒学的生活观念论 [M]// 涂可国 . 黄玉顺生活儒学研究 . 济南：齐鲁书社，2017 年 .

72. 杨生照 . 诗情、易道与正义——论黄玉顺"生活儒学"中的易学思想 [M]// 涂可国 . 黄玉顺生活儒学研究 . 济南：齐鲁书社，2017 年 .

73. 郭萍 . 生活与自由——论"生活儒学"对"自由儒学"的启示 [M]// 涂可国 . 黄玉顺生活儒学研究 . 济南：齐鲁书社，2017 年 .

74. 刘宏 . 当代儒学复兴中的概念建构与生活语言的关系问题——以"生活儒学"为视域 [M]// 涂可国 . 黄玉顺生活儒学研究 . 济南：齐鲁书社，2017 年 .

75. 郑治文 . "后新儒学"时代的生活儒学——兼与黄玉顺先生"生活儒学"的比较 [M]// 涂可国 . 黄玉顺生活儒学研究 . 济南：齐鲁书社，2017 年 .

76. 李海超 . 去生活——生活儒学中的实践哲学 [M]// 涂可国 . 黄玉顺生活儒学研究 . 济南：齐鲁书社，2017 年 .

77. 高春林 . 生活儒学视域下的经典诠释 [M]// 涂可国 . 黄玉顺生活儒学研究 . 济南：齐鲁书社，2017 年 .

78. 郝兴宏 . 当代儒学复兴与"科学的复位"——简论黄玉顺"生活儒学"的科学观念 [M]// 涂可国 . 黄玉顺生活儒学研究 . 济南：齐鲁书社，2017 年 .

79. 杨虎 . 论变易的三重显现：不易·简易·交易——黄玉顺"变易本体论"的一种启示 [M]// 涂可国 . 黄玉顺生活儒学研究 . 济南：齐鲁书社，2017 年 .

80. 王硕 . 论"纯阳终极形而上存在者"的设定——"生活儒学"三级架构视域下佛教的阴阳问题与判教问题 [M]// 涂可国 . 黄玉顺生活儒学研究 . 济南：齐鲁书社，2017 年 .

81. 张新 . 儒家政治哲学复兴的新向度——评黄玉顺"中国正义论" [M]// 涂可国 . 黄玉顺生活儒学研究 . 济南：齐鲁书社，2017 年 .

82. 张小星 .《易传》形上学的双向开展——以"变易本体论"为指引 [M]// 涂可国 . 黄玉顺生活儒学研究 . 济南：齐鲁书社，2017 年 .

83. 吴越强 . 批评·回应·丰富——学界关于"生活儒学"的论辩 [M]// 涂可国 . 黄玉顺生活儒学研究 . 济南：齐鲁书社，2017 年 .

84. 傅有德 . 生活儒学：一种西绪福斯式的形而上学努力 [M]// 杨永明 . 当代儒学 . 第十一辑 . 桂林：广西师范大学出版社，2017.

85. 徐国利. 儒家历史哲学建构的新探索——评"生活儒学"的历史哲学 [M]// 杨永明. 当代儒学. 第十一辑. 桂林：广西师范大学出版社，2017.

86. 涂可国. 从正义到责任——黄玉顺"中国正义论"略评 [M]// 杨永明. 当代儒学. 第十一辑. 桂林：广西师范大学出版社，2017.

87. 王学典. 儒家应当打造一种高于自由主义的生活方式 [M]// 杨永明. 当代儒学. 第十一辑. 桂林：广西师范大学出版社，2017.

88. 傅永军. 超越国族叙事，走出儒西对抗——评黄玉顺"生活儒学" [M]// 杨永明. 当代儒学. 第十一辑. 桂林：广西师范大学出版社，2017.

89. 杨永明. 生活儒学：现代生活方式的儒学建构 [M]// 杨永明. 当代儒学. 第十一辑. 桂林：广西师范大学出版社，2017.

90. 王新元. 立足现代生活，重新认识儒学 [M]// 杨永明. 当代儒学. 第十一辑. 桂林：广西师范大学出版社，2017.

91. 任剑涛. 启蒙、复魅与儒学重建 [M]// 杨永明. 当代儒学. 第十一辑. 桂林：广西师范大学出版社，2017.

92. 王庆节. 感动与儒家伦理的生活基础 [M]// 杨永明. 当代儒学. 第十一辑. 桂林：广西师范大学出版社，2017.

93. 程志华. 生活儒学：当代儒学发展的一种哲学向度 [M]// 杨永明. 当代儒学. 第十一辑. 桂林：广西师范大学出版社，2017.

94. 赵法生. 儒家性情论诠释的新模式 [M]// 杨永明. 当代儒学. 第十一辑. 桂林：广西师范大学出版社，2017.

95. 林存光. 怎样对待生活？——略评生活儒学与大陆新儒家 [M]// 杨永明. 当代儒学. 第十一辑. 桂林：广西师范大学出版社，2017.

96. 胡波. 回到"存在"而重构"存在者"——关于生活儒学思想进路的一些思考 [M]// 杨永明. 当代儒学. 第十一辑. 桂林：广西师范大学出版社，2017.

97. 罗传芳. 儒学的当代形态与现实生活 [M]// 杨永明. 当代儒学. 第十一辑. 桂林：广西师范大学出版社，2017.

98. 杨海文. 以简朴的生活态度践行生活儒学 [M]// 杨永明. 当代儒学. 第十一辑. 桂林：广西师范大学出版社，2017.

99. 徐国利. 生活儒学的历史哲学 [M]// 杨永明. 当代儒学. 第十一辑. 桂林：广西师范大学出版社，2017.

100. 谢爱华. 生活儒学与现象学及正义论问题 [M]// 杨永明. 当代儒学. 第十一辑. 桂林：广西师范大学出版社，2017.

101. 沈顺福. 生活儒学与儒家情感理论的关系 [M]// 杨永明. 当代儒学. 第十一辑. 桂林：广西师范大学出版社，2017.

102. 魏彦红.生活儒学对儒学与生活的意义和价值[M]// 杨永明.当代儒学.第十一辑.桂林：广西师范大学出版社，2017.

103. 陈治国.对生活儒学"中国正义论"的几点困惑[M]// 杨永明.当代儒学.第十一辑.桂林：广西师范大学出版社，2017.

104. 任文利.哲学性与现代性问题——评"生活儒学"在当代大陆儒学中的两个特点[M]// 杨永明.当代儒学.第十一辑.桂林：广西师范大学出版社，2017.

105. 徐庆文.时代的主题与儒学发展的理路——读"生活儒学"有感[M]// 杨永明.当代儒学.第十一辑.桂林：广西师范大学出版社，2017.

106. 朱雪芳.生活儒学的形而上与形而下建构[M]// 杨永明.当代儒学.第十一辑.桂林：广西师范大学出版社，2017.

107. 宋大琦.生活儒学与缘情制礼[M]// 杨永明.当代儒学.第十一辑.桂林：广西师范大学出版社，2017.

108. 石永之.评"生活儒学"及其"中国正义论"[M]// 杨永明.当代儒学.第十一辑.桂林：广西师范大学出版社，2017.

109. 孙铁骑.破除对"生活儒学"存在观的误读[M]// 杨永明.当代儒学.第十一辑.桂林：广西师范大学出版社，2017.

110. 陈晨捷.论生活儒学中"仁爱"之地位的合法性[M]// 杨永明.当代儒学.第十一辑.桂林：广西师范大学出版社，2017.

111. 巴文泽.从儒家正义论到"中国正义论"[M]// 杨永明.当代儒学.第十一辑.桂林：广西师范大学出版社，2017.

112. 杨生照.生活儒学的易学思想[M]// 杨永明.当代儒学.第十一辑.桂林：广西师范大学出版社，2017.

113. 蒋孝军.儒家政治哲学的源头活水——论民本原则的价值性及其普适意义[M]// 杨永明.当代儒学.第十一辑.桂林：广西师范大学出版社，2017.

114. 王堃.从生活儒学到儒家商业伦理的诗性构建[M]// 杨永明.当代儒学.第十一辑.桂林：广西师范大学出版社，2017.

115. 郭萍.自由儒学："生活儒学"自由之维的开展[M]// 杨永明.当代儒学.第十一辑.桂林：广西师范大学出版社，2017.

116. 张新.中国正义论：儒家政治哲学复兴的新向度[M]// 杨永明.当代儒学.第十一辑.桂林：广西师范大学出版社，2017.

117. 高春林.生活儒学视域下的经典诠释[M]// 杨永明.当代儒学.第十一辑.桂林：广西师范大学出版社，2017.

118. 王硕.生活儒学视域下的佛教阴阳观念与判教问题[M]// 杨永明.当代儒学.第十一辑.桂林：广西师范大学出版社，2017.

119. 张小星. 生活儒学与《易传》的形上学 [M]// 杨永明. 当代儒学. 第十一辑. 桂林：广西师范大学出版社，2017.

120. 吴越强. 学界"生活儒学"论辩的启示 [M]// 杨永明. 当代儒学. 第十一辑. 桂林：广西师范大学出版社，2017.

121. 孙海燕. 现代人应该行拜礼吗——与黄玉顺先生商榷 [EB/OL].（2016-10-22）.https://www.rujiazg.com/article/9473.

122. 沙见龙. 中美儒学专家大明湖畔共话世界儒学发展新动向 [EB/OL].（2017-4-25）.http://www.chinanews.com/cul/2017/04-25/8208931.shtml.

123. 约书亚·梅森. 评《东方之声：中国正义论》[M]// 杨生照. 生活·情感·思想：评黄玉顺"生活儒学". 成都：四川人民出版社，2018.

124. 安靖如. 对话"生活儒学" [M]// 杨生照. 生活·情感·思想：评黄玉顺"生活儒学". 成都：四川人民出版社，2018.

125. 杨虎. 生活儒学与"新基础主义"——《泉城之会》[M]// 杨生照. 生活·情感·思想：评黄玉顺"生活儒学". 成都：四川人民出版社，2018.

126. 姚新中. 爱、思与存在——对生活儒学基本概念的商榷 [J]. 社会科学家，2018（1）.

127. 董平. 儒学与生活："转俗成真"与"回真向俗" [J]. 社会科学家，2018（1）.

128. 赵法生. 存在、性情与工夫——生活儒学之性情理论的贡献与局限 [J]. 社会科学家，2018（1）.

129. 余治平. 黄玉顺"生活儒学"的理论勇气与关键问题 [J]. 社会科学家，2018（1）.

130. 方旭东. 正义的中国面孔——评"生活儒学"的"中国正义论" [J]. 社会科学家，2018（1）.

131. 刘梁剑. 生活儒学与观念问题 [J]. 社会科学家，2018（1）.

132. 程志华. 存在即生活，生活即存在——"生活儒学"之形而上学的建构 [J]. 河北大学学报（哲学社会科学版），2018（2）.

133. 杨生照. 评"生活儒学"及其"中国正义论"建构 [M]// 杨永明. 当代儒学. 第14辑. 成都：四川人民出版社，2018.

134. 郭萍. 儒学的启蒙：关于制度正义的思考——与吴兴明教授和黄玉顺教授商榷 [M]// 杨永明. 当代儒学. 第14辑. 成都：四川人民出版社，2018.

135. 程志华. "追问根源"与"哲学困难" [J]. 社会科学研究，2018（3）.

136. 胡骄键. "生活儒学"全国学术研讨会在苏州大学举行 [EB/OL].（2019-4-22）.https://mp.weixin.qq.com/s/MaFhsgIx-yYUSeNY6QNcQw

137. 胡骄键. 儒学现代转型的情理进路——以冯友兰、蒙培元、黄玉顺为对象 [J]. 学习与实践，2019（4）.

138. 林安梧. 从生活儒学看儒学的生长 [M]// 杨永明. 当代儒学. 第16辑. 成都：四川人民出版社，2019.

139. 周可真. 生活儒学与后现代文化哲学 [M]// 杨永明. 当代儒学. 第 16 辑. 成都：四川人民出版社，2019.

140. 谢文郁. 生活儒学与生存分析 [M]// 杨永明. 当代儒学. 第 16 辑. 成都：四川人民出版社，2019.

141. 李广良. 关于生活儒学"大本大源"观念的若干思考 [M]// 杨永明. 当代儒学. 第 16 辑. 成都：四川人民出版社，2019.

142. 涂可国. 关于生活儒学研究的若干问题 [M]// 杨永明. 当代儒学. 第 16 辑. 成都：四川人民出版社，2019.

143. 胡发贵. 生活儒学与儒家道统：感想与疑惑 [M]// 杨永明. 当代儒学. 第 16 辑. 成都：四川人民出版社，2019.

144. 高秀昌. 关于生活儒学哲学创新的若干问题 [M]// 杨永明. 当代儒学. 第 16 辑. 成都：四川人民出版社，2019.

145. 谢晓东. 关于生活儒学的三个问题 [M]// 杨永明. 当代儒学. 第 16 辑. 成都：四川人民出版社，2019.

146. 郭美华. 关于生活儒学的几个问题 [M]// 杨永明. 当代儒学. 第 16 辑. 成都：四川人民出版社，2019.

147. 何善蒙. 生活儒学：儒家哲学面向时代的系统建构 [M]// 杨永明. 当代儒学. 第 16 辑. 成都：四川人民出版社，2019.

148. 翟奎凤. 生活儒学与儒学史的贯通问题 [M]// 杨永明. 当代儒学. 第 16 辑. 成都：四川人民出版社，2019.

149. 吴忠伟. 关于生活儒学的"生活""情感"概念的讨论 [M]// 杨永明. 当代儒学. 第 16 辑. 成都：四川人民出版社，2019.

150. 周建刚. 大本大源是儒学复兴的根本——关于宋明理学与生活儒学的对比 [M]// 杨永明. 当代儒学. 第 16 辑. 成都：四川人民出版社，2019.

151. 王正. 儒学与现代生活之张力 [M]// 杨永明. 当代儒学. 第 16 辑. 成都：四川人民出版社，2019.

152. 陈畅. 回到大本大源，激活中国哲学的创造性 [M]// 杨永明. 当代儒学. 第 16 辑. 成都：四川人民出版社，2019.

153. 郭萍. 生活儒学的哲学突破 [M]// 杨永明. 当代儒学. 第 16 辑. 成都：四川人民出版社，2019.

154. 胡骄键. 生活儒学在现代中国哲学"情理学派"中的地位 [M]// 杨永明. 当代儒学. 第 16 辑. 成都：四川人民出版社，2019.

155. 朱光磊. 生活儒学献疑 [M]// 杨永明. 当代儒学. 第 16 辑. 成都：四川人民出版社，2019.

156. 尚文华. 生活儒学的西方哲学审视 [M]// 杨永明. 当代儒学. 第 16 辑. 成都：四川人民出版社，2019.

157. 孙钦香. 生活儒学的政治哲学及其问题 [M]// 杨永明. 当代儒学. 第16辑. 成都：四川人民出版社，2019.

158. 林柏宏. 诠释学、心性论与生活儒学 [M]// 杨永明. 当代儒学. 第16辑. 成都：四川人民出版社，2019.

159. 刘琳娜. 关于"生活""儒学"的几点困惑 [M]// 杨永明. 当代儒学. 第16辑. 成都：四川人民出版社，2019.

160. 李广良. 生活儒学的"大本大源" [M]// 杨永明. 当代儒学. 第16辑. 成都：四川人民出版社，2019.

161. 张小星. 后新儒学的"公民儒学"建构及其问题——与生活儒学的"中国正义论"比较 [J]. 东岳论丛，2019（11）.

162. 郭美华. 生活：本源、展开及其意义——关于"生活儒学"三个问题的讨论 [J]. 东岳论丛，2020（3）.

163. 胡骄键. 生活儒学的"新礼教"蕴涵——中国正义论的"情义伦理"思想 [J]. 东岳论丛，2020（3）.

164. 崔罡. 爱，所以思——评生活儒学代表作《爱与思》[M]// 胡骄键，张小星. 生活儒学：研究·评论·拓展——第三届"生活儒学"全国学术研讨会论文集. 成都：四川人民出版社，2020.

165. 邓曦阳. 孔子"礼有损益"的生活儒学诠释——生活本源论的"生活"观念和中国正义论的"仁—义—礼"原理 [M]// 胡骄键，张小星. 生活儒学：研究·评论·拓展——第三届"生活儒学"全国学术研讨会论文集. 成都：四川人民出版社，2020.

166. 何刚刚. 论"中国正义论"的理论创新及其存在的问题 [M]// 胡骄键，张小星. 生活儒学：研究·评论·拓展——第三届"生活儒学"全国学术研讨会论文集. 成都：四川人民出版社，2020.

167. 何晓. "真"与"圣"："生活境界论"探微 [M]// 胡骄键，张小星. 生活儒学：研究·评论·拓展——第三届"生活儒学"全国学术研讨会论文集. 成都：四川人民出版社，2020.

168. 胡骄键. 情义：生活儒学敞开的"新礼教"意涵 [M]// 胡骄键，张小星. 生活儒学：研究·评论·拓展——第三届"生活儒学"全国学术研讨会论文集. 成都：四川人民出版社，2020.

169. 李海超. 领会天命以超越宿命——对生活儒学"生活之为际遇"的解读 [M]// 胡骄键，张小星. 生活儒学：研究·评论·拓展——第三届"生活儒学"全国学术研讨会论文集. 成都：四川人民出版社，2020.

170. 李妮娜. 儒家个体主义何以可能？——论"生活儒学"中的"个体自我"观念 [M]// 胡骄键，张小星. 生活儒学：研究·评论·拓展——第三届"生活儒学"全国学术研讨会论文集. 成都：四川人民出版社，2020.

171. 林柏宏. 有限性之觉知——谈诠释学、心性论与生活儒学 [M]// 胡骄键, 张小星. 生活儒学：研究·评论·拓展——第三届"生活儒学"全国学术研讨会论文集. 成都：四川人民出版社，2020.

172. 刘文鹏. "天下"的限度——论生活儒学的天下观 [M]// 胡骄键, 张小星. 生活儒学：研究·评论·拓展——第三届"生活儒学"全国学术研讨会论文集. 成都：四川人民出版社，2020.

173. 刘兴鲁. 中国正义论的情感问题研究 [M]// 胡骄键, 张小星. 生活儒学：研究·评论·拓展——第三届"生活儒学"全国学术研讨会论文集. 成都：四川人民出版社，2020.

174. 秦晓. 中国正义论对于利益问题的阐释 [M]// 胡骄键, 张小星. 生活儒学：研究·评论·拓展——第三届"生活儒学"全国学术研讨会论文集. 成都：四川人民出版社，2020.

175. 孙铁骑. 黄玉顺"生活儒学"本源视域的思想史意义 [M]// 胡骄键, 张小星. 生活儒学：研究·评论·拓展——第三届"生活儒学"全国学术研讨会论文集. 成都：四川人民出版社，2020.

176. 王堃. 情－性－情：本于仁爱的语言层次——生活儒学对于第三期儒学的突破 [M]// 胡骄键, 张小星. 生活儒学：研究·评论·拓展——第三届"生活儒学"全国学术研讨会论文集. 成都：四川人民出版社，2020.

177. 王培坤. "中国正义论"视野下"礼"的优劣性比较 [M]// 胡骄键, 张小星. 生活儒学：研究·评论·拓展——第三届"生活儒学"全国学术研讨会论文集. 成都：四川人民出版社，2020.

178. 王绪琴. 生活儒学与过程哲学 [M]// 胡骄键, 张小星. 生活儒学：研究·评论·拓展——第三届"生活儒学"全国学术研讨会论文集. 成都：四川人民出版社，2020.

179. 吴多键. 论儒家乐教的现代转型问题——从生活儒学存在观念出发的一种研究 [M]// 胡骄键, 张小星. 生活儒学：研究·评论·拓展——第三届"生活儒学"全国学术研讨会论文集. 成都：四川人民出版社，2020.

180. 吴依涵. 浅析"生活儒学"对冯友兰哲学的传承与发扬 [M]// 胡骄键, 张小星. 生活儒学：研究·评论·拓展——第三届"生活儒学"全国学术研讨会论文集. 成都：四川人民出版社，2020.

181. 吴越强. 儒学·哲学·经学——"生活儒学"视域下的讨论 [M]// 胡骄键, 张小星. 生活儒学：研究·评论·拓展——第三届"生活儒学"全国学术研讨会论文集. 成都：四川人民出版社，2020.

182. 杨虎. 论"生活领悟"与"形式显示"之道路——生活儒学与海德格尔生存论的根本差异 [M]// 胡骄键, 张小星. 生活儒学：研究·评论·拓展——第三届"生活儒学"全国学术研讨会论文集. 成都：四川人民出版社，2020.

183. 张小星. "训诂"的存在论意义——基于生活儒学的考察 [M]// 胡骄键, 张小星. 生活儒学：研究·评论·拓展——第三届"生活儒学"全国学术研讨会论文集. 成都：四川人民出版社，2020.

184. 赵嘉霖. 存在者观念的生成——论生活儒学的问题意识 [M]// 胡骄键, 张小星. 生活儒学：研究·评论·拓展——第三届"生活儒学"全国学术研讨会论文集. 成都：四川人民出版社，2020.

185. 赵立庆. 生活儒学视域下的"身"观念 [M]// 胡骄键, 张小星. 生活儒学：研究·评论·拓展——第三届"生活儒学"全国学术研讨会论文集. 成都：四川人民出版社，2020.

186. 郑建钟. "实践儒学"的出场——从生活儒学的"实践"观念出发 [M]// 胡骄键, 张小星. 生活儒学：研究·评论·拓展——第三届"生活儒学"全国学术研讨会论文集. 成都：四川人民出版社，2020.

187. 王定宇.《哲学断想》新书发布辞 [M]// 胡骄键, 张小星. 生活儒学：研究·评论·拓展——第三届"生活儒学"全国学术研讨会论文集. 成都：四川人民出版社，2020.

188. 王培坤. 第三届"生活儒学"全国学术研讨会——首届"生活儒学"青年学者论坛成功举行 [M]// 胡骄键, 张小星. 生活儒学：研究·评论·拓展——第三届"生活儒学"全国学术研讨会论文集. 成都：四川人民出版社，2020.

189. 胡骄键. "生活儒学"之哲学贡献及持续开展——第三届"生活儒学"全国学术研讨会学术总结 [M]// 胡骄键, 张小星. 生活儒学：研究·评论·拓展——第三届"生活儒学"全国学术研讨会论文集. 成都：四川人民出版社，2020.

190. 尚文华. 正义观：参与式的，还是解构式的？——评苏州科技大学的"中西对话中的正义概念"对谈 [M]// 杨慧琳. 基督教文化学刊·第43辑.2020年春：神圣与日常. 北京：宗教文化出版社，2020.

191. 胡骄键.《生活儒学：面向现代生活的儒学》编者弁言 [M]// 黄玉顺, 胡骄键. 生活儒学：面向现代生活的儒学. 济南：济南出版社，2020.

192. 赵晓、邱江波. 儒学专家黄玉顺海外出书，向西方读者展示东方特色哲学思考 [EB/OL].（2016-10-22）.http://www.chinanews.com/cul/2020/06-23/9219978.shtml.

193. 孙铁骑. 生活儒学与宋明理学比较研究 [M]. 合肥：安徽人民出版社，2014.

194. 孙铁骑. 正义及其文化进路——从"生活儒学"到"修身儒学"[M]. 济南：山东人民出版社，2018.